U0107121

国家社科基金项目结题成果（批准号：16XWW002）

早期中国符号学思想与伦理转向

祝东 著

上海人民出版社

目 录

绪　论

人类生活在一个由符号建构起来的意义网络之中，追寻意义不仅是人之为人的前提，更是人类社会发展的动力之源。而意义则是通过语词、图像、艺术作品以及其他人工建构的模型来传达的，正如托马斯·阿尔伯特·西比奥克（Thomas Albert Sebeok）所言："人类世界实际上是一个意义携带形式（meaning-bearing forms）的世界"，[①] 这种形式是通过建模（modeling）实现的，而人类通过符号模塑自然、规范秩序，就是伦理符号学的起源。如聂珍钊先生所言："人类从无序到有序的过程，应该说就是伦理和道德起源的过程"，[②] 伦理符号学尽管是一个后起的概念，但其生成发展与人类的生命现象、符号活动同步，并维系着人类社会的秩序。

一、当今世界伦理符号学的勃兴

美国符号学家苏珊·朗格（Susanne Langer）在其《心灵：论人类的情感》一著中通过大量人类学、生物学及生物化学等方面的资料，证明是符号促成了人类心灵的进化，符号的发明和运用是引发人类心灵变革的根本原因，大多数有机体

[①] 西比奥克，马塞尔·德尼西：《意义的形式：建模系统理论与符号学分析》，余红兵译，成都：四川大学出版社 2016 年版，第 1 页。

[②] 聂珍钊：《文学伦理学批评：文学批评方法新探索》，《外国文学研究》，2004 年第 5 期。

动物群体都无法与人类比较，因为只有人类才立于智力和道德价值之上，所有道德特征仅仅是对人类而言的，而观念的交流则是智力产生、发展的首要前提。① 这充分说明符号的运用与人类的诞生、社会的发展同步，道德在行为上给人类以秩序，人类社会的进化也是一个伦理发展的过程。本乎此，我们可以说，符号与伦理是与人类社会的发展相伴始终的，因此对人类社会符号现象的考察本身就意味着对人类伦理的反思，符号学作为研究符号的学说，本身就关乎符号伦理。西方学界之所以要单独提出"伦理符号学"这一学术命题，有其特殊的研究背景，其中最为重要的是其由人类符号活动转向生物符号活动，注重对两者互动关系的考察，凸显的是一种生态意义上的伦理符号学思想。

伦理符号学是符号学研究中的一种视角，认为整个人类知识都与符号活动相关，融入了对人类行为（human behavior）的控制，以及由此而来的对人类行为的责任担当。它从总体上指出符号活动与生命是一致的。作为术语的"伦理符号学"（semioethics，又译符号伦理学）是意大利学者奥古斯都·庞齐奥（Augustos Ponzio）与苏珊·佩特丽莉（Susan Petrilli）于 2003 年提出的，他们在文中指出，作为学科的"伦理符号学"，是一门真正尚在发展中的新型学科，迄今都还处在不断的发展和完善之中。② 庞齐奥与佩特丽莉合著有《打开边界的符号学——穿越符号开放网络的路径》（*Semiotis Unbounded—Interpretive Routs through the Open Network of Signs*），《符号疆界——从总体符号学到伦理符号学》（*Semiotic Horizons. From Gobal Semiotics to Semioethics*）等；两人在《劳特利奇符号学指南》（*The Routledge Companion to Semiotics*）一著中合写的《伦理符号学》可以视作对这个议题的一次初步总结，如保罗·科布利（Paul Cobley）在此书的绪论中所言，此文向读者显示了"人类这种符号性动物如何拥有出自符号意识的'责任'"。③ 作为一门尚在建构发展中的学科门类，它开拓了符号学研究的锋面，而任何新领域的开拓建立，都

① 参见吴风：《艺术符号美学》，北京：北京广播学院出版社，2002 年版，第 8 页。
② 周劲松：《苏珊·佩特丽莉及其开辟和倡导的伦理符号学》，《符号与传媒》，2012 年第 2 期。
③ 保罗·科布利：《劳特利奇符号学指南》，周劲松，赵毅衡译，南京：南京大学出版社，2013 年版，第 12 页。

伴随着原本沉睡的历史背景的苏醒和发展脉络建构，伦理符号学亦如此。

在西方，伦理符号学的源头可以追溯到公元前的"症状学"（semeiotics），而现代意义的伦理符号学则从人际交流意义传达开始，伦理哲学家罗斯（William David Ross）在20世纪30年代就提出人际交流"诚信原则"，政治哲学家罗尔斯（John Rawls）在其《正义论》中借用了此原则，并将它扩展成政治伦理学的"公平原则"。语言学家格赖斯（Herbert Paul Grice）也提出"合作原则"——对话者"作出符合谈话方向的贡献"，必须遵循四个准则："真实、足够、相关、清晰"。而巴赫金（Mikhail Bakhtin）在"对话理论""符号生机论"中也对人类的伦理符号问题进行了有效思辨。

如果说以上部分学者对伦理符号学的关注尚属于吉光片羽式的，那么真正从理论维度开始深化这一领域的学者当属美国的符号学家西比奥克。西比奥克1920年生于布达佩斯，1937年到美国学习生活，成为符号学家莫里斯（Charles William Morris）的学生。尽管西比奥克曾经接受的是语言学方面的教育，但是他并没有把自己局限于人类语言交际领域之内，而是扩展到非语言领域，并建立了他的动物符号学研究门类。但在西比奥克看来，动物并没有像人类一样的语言能力。西比奥克接受了雅各布·冯·乌克斯库尔（Jakob von Uexküll）的"周围世界"（Umwelt，又译"周围世界""模型世界"）理论，① 即生物体以自我为中心形成的主观世界。如瑞因·马格纳斯（Riin Magnus）与卡莱维·库尔（Kalevi Kull）所言，周围世界是生命体创造的世界，它居住在以符号关系为基础的意义世界里。一个相当普遍的定义认为，周围世界是生命体的个体世界，或者说它是以自我为中心形成的世界，"是已知的、模塑的世界"。② 模塑概念源自萨丕尔（Sapir）所用的"塑形"（patterning）这个术语，指文化和语言原初的、专门的组织：文化塑形和语言塑形。在符号学中，模式以像似性或同形思想作为基础，因此同皮尔斯

---

① 参见余红兵：《符号建模论》，苏州：苏州大学出版社，2019年版，第3—4页。
② 卡莱维·库尔：《生命符号学：塔尔图的进路》，彭佳，汤黎，等译，成都：四川大学出版社，2014年版，第41页。

（Charles Sanders Peirce）所理解的像似符号彼此相关。乌克斯库尔进一步发展了该理论：某事物通过该过程而在模式或图示——无论是想象中还是真实的——基础上得以实施或再现。西比奥克在此基础之上继续缕分，指出语言（language）是专门设计来产生和组织世界观的，话语（speech）是为交流的目的而适应性地从人（Homo）身上衍生出来的，人因此有能力建构各种可能世界，将有限的要素赋予无限量的涵义。①西比奥克进而描述了意指活动是怎样在周围世界中发生的，也就是说，所有的意指活动都在基因代码和语言代码两个普遍符号系统中发生，而基因代码普遍存在于所有的有机体之中，从这个意义上说，以语言代码为标志的人类意指活动只是整个意指活动中很小的一部分。因此，西比奥克大大拓展了符号学的边界，符号学研究不再局限于索绪尔以来的语言符号学领域，符号学与生命活动同步。这样，西比奥克就将符号学拓展到整个宇宙，跳出了语言中心论的牢笼，发展出一个整体符号学的视域。

与西比奥克一脉相承的是其弟子约翰·迪利（John Deely），在其《符号学基础》（Basics of Semiotics）中，迪利花了一章的篇幅来谈动物符号学和人类符号学。其实作者在切入这一研究之前，已经在第二、三章中做了一些铺垫，也即先对符号学说的统一对象进行了界定和分析，将其明确视为一种活动或一个过程的符号作用，"它不仅建构人类的经验，也建构一切生物的经验"，②因而无论是人还是动植物，都可以通过客观世界建构丰富多彩的周围世界，也即物理环境成分会通过以认知为媒介的经验被客观世界的关系网吸收并重新布局，从这个意义上来说，"指号过程如果从符号的作用这个最充分的意义去理解，就已经远远超出了文化的范围，甚至远远超出了动物社会范围，它囊括了动态的植物生命"。③迪利在与奥古斯都·庞奇奥和苏珊·佩特丽莉的学术交流中受到了他们的影响，他也曾坦言

---

① 保罗·科布利：《劳特利奇符号学指南》，周劲松，赵毅衡译，南京：南京大学出版社，2013 年版，第325—327 页。
② 约翰·迪利：《符号学基础》，张祖建译，北京：中国人民大学出版社，2012 年版，第98 页。
③ 同上书，第92 页。

自己因此加强了对西比奥克符号思想领域的拓展，并在《符号学基础》第五版中增加了对于符号动物的伦理要求。在迪利看来，符号动物高于理性动物，它能够意识到自己的世界，从开始即与周围世界紧密相联。而人类则是地球上唯一的符号动物，并因此担负着特殊的责任，无论人类愿意与否，他都在进行一个从符号动物到符号伦理动物的转变："符号动物仅仅意识到符号的存在和作用，符号伦理动物却对这一存在负有责任，而且肩负起人类的福祉，以及符号动物与之密不可分的整个盖亚的福祉。"① 所谓盖亚（Gaia）即希腊神话中的大地女神，后被引申为自然界与所有生命共同构成的地球生命体。作为符号动物的人类，也是唯一能够了解符号的存在的动物，也即不仅仅运用符号，而且知道有符号存在的动物，自然与其他只寻求自身福祉的动物不同，其对自然存在的思辨性把握超出了所有其他动物，而这种思辨也是通过符号关系进入可能世界的，他会意识到人类运用符号所产生的一切后果，因此人类必须担负其应有的责任。

在佩特丽莉和庞奇奥看来，符号学是生命科学与符号科学交汇的地方，因此符号活动与生命活动是交相重叠的。他们明确提出伦理符号学必须以全球视野关注符号域（semiosphere）和生命界以及文化界和自然界之间的交流："作为总体符号学的符号学研究面临着巨大的责任，即将当今交流—生产社会的局限揭示出来。要充分地了解全球的交流和生产，就必须对交流和符号活动采取一种全球性的方法。"② 这种交流不仅仅局限于人类文化的交流，同时包括其他生物之间的符号交流行为，交流是与符号活动、生命活动同步的，没有生命也就意味着符号的终结。在此基础之上，佩特丽莉和庞奇奥对这种交流—生产体系中产生的各种不协调的、对全球生命产生威胁的地方进行批判和反思。所以这种交流不仅仅是人类的社会交往，更是包括整个物质环境及人类周围的所有有生命之物的交往。佩特丽莉和庞奇奥吸收了西比奥克关于符号活动与生命耦合的思想："符号界远远超出人类文

---

① 约翰·迪利：《符号学基础》，张祖建译，北京：中国人民大学出版社，2012年版，第240页。
② 苏珊·佩特丽莉，奥古斯都·庞奇奥：《打开边界的符号学：穿越符号开放网络的解释路径》，王永祥，等译，南京：译林出版社，2015年版，第424页。

化范畴，是与庞大的生物界相互耦合的。"① 只要有生命的地方就会涉及符号，动植物都会在指号过程中形成自己的周围世界，但是这种指号过程与交往活动只是为了其自身的发展及福祉，它们自身没有能力意识到符号的存在，而人则是这个星球上唯一能够意识到符号存在并拥有符号反思能力的动物，能力意味着责任和担当，"'担当'和'承担'的能力对人类具有结构性意义，意味着人类能够对全球性的地球生命持一种负责任的态度"。② 其理论视域远远超出了以索绪尔为代表的人类中心主义的范畴，进而关涉整个生命系统。其学术旨趣在于将符号学"回复人类符号活动的价值论维度"，③ 也即对符号活动进行价值评判——其行动者是否为高尚的、善良的，动机是否好心的，行为是否应该的，结果是否良好的，也即从伦理的角度关注、评判、反思符号活动，因为符号活动与生命现象同步，这就意味着对生命负责的态度，恰如周劲松所言："伦理符号学更多地是一种世界观和一种态度，它既是同步地又是带有一定批判距离地关注当下尚在进行之中的全球化浪潮，企望通过对全球性的交流—生产的反思，从符号活动和符号伦理维度来凸显人作为'符号活动的动物'、'符号的动物'和'伦理符号的动物'对地球对生命的关怀和责任"。④ 周劲松指出，在全球化传播—生产的语境中，符号学必须担负起必要的责任；符号过程本身就是生命交汇的过程，人类作为"符号的动物"，是一个责任主体；伦理符号学不是以其本身为目的的学科，而是符号学研究中的一种视角，是以全球视野来"关爱生命"。总而言之，西方伦理符号学转向对生物符号活动的关注，主要凸显的乃是一种生态意义上的伦理符号学思想。

相较而言，中国学者对伦理符号学的关注起步较晚，直至上世纪九十年代，相关内容才逐渐纳入部分学者的研究视域。尽管中国学者没有运用"伦理符号

① 苏珊·佩特丽莉：《符号疆界：从总体符号学到伦理符号学》，周劲松译，成都：四川大学出版社，2014年版，第18页。

② 同上书，第21页。

③ 保罗·科布利：《劳特利奇符号学指南》，周劲松，赵毅衡译，南京：南京大学出版社，2013年版，第171页。

④ 周劲松：《苏珊·佩特丽莉及其开辟和倡导的伦理符号学》，《符号与传媒》，2012年第2期。

学"这样的术语，但是其研究内容已经在不同程度上有所涉及。如李幼蒸对中国传统人本主义伦理学进行发掘阐发，著有《中国伦理学的原型结构》(*The Structure of Chinese Ethical Archetype*, 1997)、《仁学解释学——孔孟伦理学结构分析》(2004)、《儒学解释学——重构中国伦理思想史》(2009)，致力于一种普适性的人本主义伦理学的重建。此外，涉及中国传统礼乐文化符号系统及伦理思想研究的还有谢谦的《中国古代宗教与礼乐文化》(1996)、陈来的《古代宗教与伦理》(1996) 和《古代思想文化的世界》(2002)，其侧重点在中国传统文化的伦理思想，也就是说，从伦理符号学角度审视早期中国的文献典籍，以一种对话和比较的方式挖掘和阐发中国传统文化。相关研究在国内外还不多见，而这也正是本书要建立理论框架的基本着力点。

尽管伦理符号学研究视域的提出迄今已有十余年，但是在西方，学界的主要着力点在文化符号学和生物符号学领域，对中国传统文化，特别是雅斯贝尔斯（Karl Theodor Jaspers）所称"轴心时期"文献典籍的考察则不多见，而这个时期正是中国传统符号思想奠基的时期；李幼蒸等学者尽管已经在不同程度上注意到中国传统伦理符号思想研究的价值及意义，但多限于语义分析，于自然符号学思想亦着墨不多。因此，有关早期中国文献典籍的伦理符号学思想研究在理论上存在较大的学术拓展空间。本乎此，我们将以文化符号学与自然符号学为理论基础，以伦理符号学为基本视角，系统梳理考察早期中国文献典籍中蕴藏的伦理符号学思想，特别是先哲对自然与社会符号交流过程的反思，以及由中而来的影响中国文化心理的人生智慧，并发掘其中的有益成分，给当代社会生活和文化伦理以参考借鉴，规范调整当代社会生活秩序，进而从一个全新的角度整理吸收传统文化资源，为培育弘扬社会主义核心价值观作出贡献。

二、早期中国的伦理符号学思想

从一般符号学的角度对中国传统符号学思想，特别是先秦符号学思想进行研究，学界目前已经有了较多的成果，如李先焜、陈宗明、陈道德、张再林等学者的研究，都已走在了学界前列。我于 2014 年出版的《先秦符号思想研究》也是这个方向的一个综合研究的尝试，并指出《周易》拟物取象是先民用符号以简驭繁模塑世界的开始，位、中、时、当是发展中不断建构起来的易学元语言；儒家符号思想源于周公编制的礼乐文化系统，孔子将其伦理化，礼乐符号系统其实是用分节的礼乐将社会分层，但它并非全域覆盖，而只适用于上层社会；道家的老子确有对道的形上思考，但是他在礼崩乐坏的社会现实中看到了符号给人类带来的灾难，主张通过"去符号化"来解决人生困境，庄子提出了"与时为用"，即根据不同的"语境"来调适表意行为，以达到全身避害之用；墨家、名家在区分了"物"与"实"的基础上，进一步认识到了类似现代符号学表达原理的一个关键环节，也即意指过程——"指"与"物"为再现关系，"名"与"实"为意指关系；荀子看到礼乐符号系统并不能完成对秩序的重构，于是倡导礼法并重；韩非以法律符号体系来规范人类社会的各种表意行为，法律符号系统是全域覆盖的，为人的表意行为设计不可触碰的底线，法律符号解释项的权威是用暴力维系的。

早期中国文献典籍中保留着对人与自然、人与社会的思考评价材料，[①] 特别是符号对自然的映现、对人类生活符号世界的反思等，其中包含着生命关怀和道德价值评判的准则，与国际上还在兴起的伦理符号学理论观点有极大的契合性。特别是西周王朝建立后，在文化制度上进行了一系列重大改革，整体上朝着人文化和伦理化方向发展，由此奠定了中国文化的基本精神特质。轴心时代的智者，探

---

① "早期中国"是美国学者吉德炜（David N. Keightly）于 1975 年创办 Early China（《早期中国》）刊物时提出的概念，受到广泛关注；哥伦比亚大学近年设置的一个常年汉学讲座也以"早期中国"命名。上海古籍出版社近年也策划翻译了"早期中国研究丛书"，朱渊清在《丛书序》中指出，早期中国经历了从文明起源到文化初步成型的成长过程，这个过程也是中华民族的形成过程，因此，"'早期中国'不仅是西方汉学研究长期实践中形成的一种实用分类，而且是探求中国传统文化之源的重要实质性概念"。早期中国的研究方法是一种在中西学术交流背景下的多学科、跨学科研究。参见蒲慕州：《追寻一己之福——中国古代的信仰世界》，上海：上海古籍出版社，2007 年版，第 001 页。此外，中国学界编辑的学术辑刊《早期中国研究》的《编者语》亦曾指出，其所言的"早期中国"主要"是指秦汉以前中国大部分地区文化彼此交融联系而形成的相对的文化共同体"，参见北京联合大学考古学研究中心编：《早期中国研究》第 1 辑，北京：文物出版社，2013 年版，第 i 页。

讨的是带有人类共性和根本性的东西，这些东西成为后世不断反思、不断前进的动力之源。而早期中国符号系统及道德因素对人的表意行为的规约，以及人类对符号行为的伦理反思，更加值得我们去研究探析。尽管早期中国并没有伦理符号学这样的术语，但是确实存在有关的思考和实践，我们需要对古典文献进行爬梳剔抉，归纳总结，并使之转换为当代文化建设的养料。而要对早期中国文献典籍中的伦理符号学思想进行阐发，则必须用到符号学、诠释学的方法。本书采用现代伦理符号学的视角，将早期中国伦理符号思想的研究置于符号全球化的背景之下，更加注重生命关怀，期望通过对全球性的交流、生产的反思，从符号活动和符号伦理的维度来凸显人作为"使用符号的动物"和作为"伦理符号的动物"之间的关联；用现代阐释学理论、文化人类学理论对中国传统符号思想进行梳理阐发，结合伦理符号学的观点对中国传统符号思想中蕴藏的人文关怀、伦理道德评判的元语言机制等进行深度阐发。

如前文所述，在当今国际符号学界，伦理符号学理论方法正在兴起，相关学者采用整体符号学的视域，凸显对生命的关爱，但是其研究视域严重不足——对中国传统伦理符号思想缺乏应有的关注；中国的先哲，用他们的智能所模塑、解释的这个世界，在这种活动之中对世界的认知、改变，以及由此而建构的世界系统，这些其实是在地球圈、生物圈和理智圈之间的互动之中经过漫长的演变而逐渐形成的，而符号学正是建构理智圈的一个系统，也就是说，无论是"文化"还是"自然"，其实都是理智建构出来的。如张汉良所言，要建构这种系统，还是要回到理智圈之中"重新规模、解释文化与自然的互动关系"，[①] 也就是说，"自然"与"文化"的互动成为符号学建构系统的两大板块。因此，我们试图结合彭佳博士改进过的乌克斯库尔的周围世界之功能圈理论模式图，[②] 将中国的传统伦理符号思想缕析为自然符号学与文化符号学两大部分，并以意义问题作为联系二者的纽

① 张汉良：《何谓生物符号学》，《文学的边界——语言符号的考察》，上海：复旦大学出版社，2012 年版，第158 页。
② 彭佳：《文化对自然的模塑：一个生态符号学模式的提出》，《哲学与文化》，2015 年第 8 期。

带；然后结合有关早期中国的文献典籍，从文化符号学与自然符号学两个面向具体考察其中蕴藏的伦理符号思想，并将其价值意义进行现代转换。在这一过程中，研究的重点在于发掘早期中国文献典籍中蕴藏的伦理符号思想，并使之转换成当代社会文化发展的必要养料。当然我们深知这个过程也并非易事，首先是从伦理符号学视域审视早期中国文献典籍，如何用符号学的思想和伦理学的视角进行跨学科的整合，这个问题需要深入思考；在具体分析中如何运用并调适符号域、周围世界等理论，使之成为分析先秦诸子百家文本的有效工具，这个问题也亟待解决；而如何对中国传统符号思想进行现代阐释，使其为当今的文化建设起到指引作用，这也是人文学科研究必须面临并试图回答的问题。

早期中国典籍中的伦理符号学思想研究，即采取伦理学的视角，考察其文献典籍中有关自然和文化方面的符号思想，考察语言符号系统对自然世界进行模塑（自然符号学）、对人类社会的表意行为进行规范（文化符号学）的影响及意义，以及由此而来的责任担当（伦理符号学视域），如图0.1所示。在这个过程中，意义贯通了文化与自然的领域，成为核心对象。

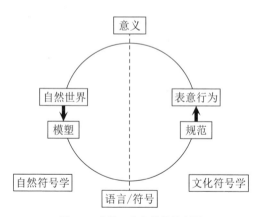

图0.1　自然、文化模塑示意图

我们进而在此基础之上建构早期中国典籍的伦理符号学思想研究的总体框架。首先，对发展中的伦理符号学理论进行系统梳理，梳理其理论对象之间的关系，分析归纳其理论范式及长处和不足，并以改进过的卡莱维·库尔的符号学系统模型来建构伦理符号学框架。周围世界是生命体以符号关系为基础模塑的意义世界，是符号域中生命体所具有的一整套符号关系，符号域则是符号交流意义的生成空间，是文化发展的结果和前提，而文化又被认为是一个社会所有意义活动的总集合，也就是说，文化符号学乃是以周围世界为基础、以符号域为对象的意义生产交流之学；"自然"基本上是符号性质的，是生命体符号化的结果，如有机体所构成的现象世界——周围世界，自然符号学包括研究生命系统的生物符号学，这一命题拓展了符号学的领域，总体来说，自然符号学希望建立一种关爱自然的方式，使自然如其所是，这是因为自然常是语言符号模塑的非零度自然，这就涉及自然与文化关系的生态符号学，后者处理的是人类及其自然环境，或者说人类在生态系统中的符号过程。对于所有这些，人类必须有责任担当，这也就进入了伦理符号学视域，其关系如图 0.2 所示：

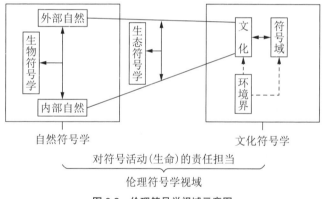

图 0.2　伦理符号学视域示意图

相较于西方伦理符号思想传统中的关爱生命这一主题，中国传统自然符号思想更加强调人与自然的对话关系，这是一种非人类中心主义的观点；在文化符号学方面，则注重符号表意行为中的中和原则、道德价值和伦理规范，一方面用伦理符号系统来规约人的表意行为，另一方面用伦理思想对已发生的符号行为进行评判，对其意义进行阐发，形成圆形的意义生产流动机制。从符号表意行为的发生到后期评判阐发的整套过程中，符号表意的伦理精神贯穿始终。中国的伦理符号传统关注面较之西方更为全面完整，对社会的影响也更加深远。

其次，提出适宜于中国文化典籍的伦理符号学分类机制，即以改进过的乌克斯库尔周围世界理论的功能圈模式为基准，以语言对自然的持续模塑来考察早期中国的先哲如何处理人与自然的关系，即主体和对象如何经由感知世界（Merkwelt）和行动世界（Wirkwelt）产生关联；以语言文化对人类表意行为的影响考察先哲如何用符号系统来对社会文化进行的规范调整，以及对符号过程的反思。

第三，结合早期中国传世文献和出土文献等典籍资料，从伦理符号学角度具体考察中华优秀文化原典中蕴藏的自然符号学思想，分析人对自然的模塑及其中包蕴的自然和文化的意义关系。如《周易》中"拟物取象"对自然的模塑映现出来的建构"世界"的方法，对天地自然的模塑与意义的建构，听音制律等通过对自然界的观察反思而获取的智慧及其对人类社会的作用，以及从正名百物到名以制义，是如何通过名分来建构自然社会人伦秩序，通过对语言秩序的控制达到对社会秩序的调控的。人类居住在以符号关系为基础的意义世界里，也即"周围世界"，这是以生命体为中心形成的世界，同时又是已知的模塑的符号世界，人与自然的对话正是通过符号进行的。从哲学上来看，对话的空间并非先在的，而是在对话的过程中被创造出来的，唯有如此，才能去掉人类中心论，达成人与自然和平共处。

第四，结合有关早期中国的传世典籍与出土文献，从伦理符号学角度具体考察中华优秀文化中蕴藏的文化符号学思想。如伦理符号学思想对《周易》的渗透，比德观中的伦理符号学意义，五行的伦理转向，周礼的文化符号系统及其价值认同，乐对政治伦理的调节等，所有这些，其实考察的都是用于描述作为符号系统的人、文本和文化，以及它们在共有的符号空间中相互交织的模型，也即洛特曼所言的所有符号过程——符号域。符号域被认为是意义的生成空间，文化被认为是一个社会所有意义活动的总集合，符号域是文化发展的前提和结果。人是不断追求意义的动物，作为个体为了维护自己的存在制造并寻找意义，必须在他者的视域下反思自己，调适自己，建构自己。正是在这一视域下，中国传统符号思想在当代社会的制动价值才会凸显。

最后，从伦理符号学角度总结早期中国文献中蕴藏的优秀符号思想，推进其现代转型，让中华优秀传统文化成为涵养社会主义核心价值观的重要源泉。如习近平同志所言："要认真汲取中华优秀传统文化的思想精华和道德精髓"；强调"对历史文化特别是先人传承下来的价值观念和道德规范，要坚持古为今用，推陈出新，有鉴别地加以对待，有扬弃地加以继承，努力用中华民族创造的一切精神财富来以文化人、以文育人"。① 发掘中华优秀传统文化中的伦理符号学思想，并不是为了印证西方的伦理符号学理论思想中国古已有之，而是为了更好地弘扬中华传统文化，使之为转型期的文化建设服务，为提升中华民族的文化软实力、为文化自信和中华民族的伟大复兴的中国梦提供文化支持上的精神养料。

三、现实关怀与理论对话的意义

从人类发展的角度而言，伦理符号学是对人类中心主义的一种批判反思和调适。当代符号学家李幼蒸曾经在一篇文章中指出："在人文科学领域内没有什么比价值和信仰的问题更需要符号学知识的了，价值和信仰的混乱依旧是人类灾难频生的主因。"② 而伦理符号学的学术旨趣正在于回归人类符号活动的价值论维度，去分析、评判、反思人类的符号活动，以此来规范人类的活动行为，而不至于为所欲为。而实际上，人类中心主义的观念一直甚嚣尘上——人定胜天、征服自然，人类的生存发展成为价值判断的唯一尺度，而这些在伦理符号学的视域下必须改写。如保罗·科布利所言："人类中心主义与意志有密切的关系，它将人类视作地

---

① 习近平：《培育和弘扬社会主义核心价值观》，《习近平谈治国理政》，北京：外文出版社，2014 年版，第164 页。
② 李幼蒸：《理论符号导论》，北京：中国人民大学出版社，2007 年版，第 754 页。

球上的主导者；而伦理符号学将人类置于与他共同生存的群体符号域中（当然也包括与之相邻的生物圈），因此必须对不受限制的意志保持戒心。"[1]因为伦理符号学的理论起点即唯有人在所有进行符号活动的生命体中能够意识到其自身在使用符号，他有义务关照所有的生命体，并为生命的发展担负伦理的责任。

从转型期的中国文化现状而言，伦理符号学对秩序失衡之际的文化具有调整和规范的作用。当代社会符号泛滥以及由此引发的意义危机，被赵毅衡先生总结为"符号危机"，[2]当下的符号危机不同于单轴化的前现代社会，是选择多元、意义泛滥背景下的危机，传统文化价值观念等作为多元中的一极，不再是文化意义的元语言。传统文化热、国学热等现象的背后，折射出的正是传统文化价值观念之意义缺失的现状，因为某种符号大量出现，其实是社会严重缺少某种意义的体现，意义的缺失正是符号挤压之下造成人空虚失落的根本原因，也正是在这个意义上，民众才急于从传统文化典籍中寻求价值规范和意义支持，特别是先秦文献典籍又是涵养中华文化精神的渊薮，确实具有丰富的启示意义。如《论语》开篇讲到"学而时习之"，强调的是"习"，所谓习即练习实践，将符号意义落实到人伦实践之中，在实践中找寻传统文化价值观念的真实意义。

斯宾诺莎在《伦理学》中曾经指出人的幸福在于保持自我的存在，德性的基础亦在于努力保持人的自我的存在（to preserve one's own being）。[3]而人的自我存在即人的真实存在，是身份与自我的合一，否定两者之间的分裂。但是，现代社会人们不幸福一个重要原因就是人的身份与自我的分裂，这一分裂导致了人的存在危机。如赵毅衡言："现代文化的各种表意活动，要求的身份变化，过多也过于复杂。由此，身份非但不能帮助构建稳定的自我，相反，把自我抛入焦虑之中。"[4]

---

① 保罗·柯布利：《符号伦理学、意志论、反人本论》，方小莉译，张碧，唐小林编：《欧洲马克思主义符号学文集》，成都：四川大学出版社，2016年版，第247页。

② 赵毅衡：《符号学：原理与推演》，南京：南京大学出版社，2016年版，第361页。

③ Spinoza: *On the Improvement of the Understanding, The Ethics, Correspondence,* Dover publications, Inc., 1955, p.201.

④ 赵毅衡：《符号学：原理与推演》，南京：南京大学出版社，2016年版，第345页。

现代社会交际面扩大，人们的身份不断增多，这造成了身份与自我的不对等，形成压力，当代人的精神分裂和自我危机是造成社会问题的一大根源。而道家传统强调去奢入简、见素抱朴，能在简单素朴中找回自我，释放压力，这也是道家对伦理符号学的一大贡献。庄子注重调整身份与自我的关系，强调艺术性平衡，这也值得思考。如果这些传统思想的有益因子能够融入当代人的生活，势必会改善当代人生存的困境，使人获得更多的幸福感。

而幸福感其实就属于伦理符号学论域，如谭光辉所言，幸福感是主体对符号自我意义的确认，主体在这种确认之中获得一种满足感、成就感。① 然而现代社会变动不居，让人难以确认自我的意义，自我的危机正是当代人幸福指数下降的关键问题。先秦典籍文献其实已经或多或少地涉及符号自我的确认问题。如孔子强调通过反躬自省，在急剧变化的社会环境中完善自我的人格道德，进而以德求福，孔颜乐处就是这种观念的体现；道家的老子追求无名之朴，自我意义的获得不是外在的虚名俗利，而是"道法自然"，"自然强调生存个体或行动主体的存在与发展的动因的内在性"，② 也就是说，个体生命的发展之中，各种身份的表意行为应该以满足符号自我的内在需求为准，这一点在《庄子》中则表现得更为明显。③

所有这些，其实都是意义问题。在中国社会经济的转型，以及由此而来的文化转型中，传统道德价值尺度依然对社会活动与个体行为起着重要的规范阐释作用。传统伦理思想有其积极意义，但是也有其消极落后的部分，对道德元语言的调治势在必行。如佩特丽莉所言，符号的动物不仅具有符号的能力，而且具有符号的符号能力，因此是一个负责任的行为者。这一对整个星球上的符号活动进行相关的调适、反映、意识的能力，④ 首先是人类对符号活动负有的责任，即伦理的

---

① 谭光辉：《幸福感符号研究的现状与未来》，《贵州社会科学》，2012 年第 12 期。
② 刘笑敢：《老子古今：五种对勘与析评引论》，北京：中国社会科学出版社，2006 年版，第 239 页。
③ 参见祝东：《先秦符号思想研究》，成都：四川大学出版社，2014 年版，第 132—142 页。
④ 苏珊·佩特丽莉：《符号疆界：从总体符号学到伦理符号学》，周劲松译，成都：四川大学出版社，2014 年版，第 16—17 页。

责任，其次是符号伦理对人类活动的责任，也即符号活动发生之前的规范责任和符号活动之后的评判责任、反思责任。

从学术思想方面而言，本书则试图将有关早期中国的文献典籍置于"整体符号学"的背景之下，结合当今中国文化语境之下伦理道德缺失的实际情况，从伦理符号学的视角审视中国传统的自然符号与文化符号学思想，积极与国际伦理符号学研究对话，促进中国传统伦理符号学思想的现代转型。此外，我们还将结合国外符号学界正在兴起的伦理符号学思想中的"关爱生命"这一主题，以及中国传统符号思想中一直以来对人类生存发展的关注，建构中国特色的伦理符号学，进而在此基础之上，建立中国传统符号思想史，促进中西不同文化之间的交流对话。而对中国自然符号思想的梳理，有利于处在工业、信息时代的人们重新反观人与自然的关系；对文化符号思想的检视，有助于规范人的表意行为，缓解社会文化急剧转型期普遍存在的焦虑感。

就理论方法而言，本书以早期中国文献典籍与考古发掘的材料为依托，结合历史文化背景与先民的生产生活实践，以现代符号学理论与方法作为理论背景，来探讨早期中国意义世界的生成传播诸议题，特别注重其对意义生产交流的反思，也即侧重伦理符号学维度的考察。符号学作为一种理论方法，本身具有强大的语义分析能力，能帮助我们更有效地从文献材料现象的背后发掘其深层语义和意义生成流动机制，并对意义理论对于社会秩序的建构与人与人之间的意义生产流动机制等作一系统探讨。本书力图避免将符号学作为理论框架去框套中国的历史文献，或者用中国的文献典籍与思想材料去为西方的符号学理论做注脚，这无异于削足适履，不仅得不偿失，亦不能见出中国传统符号学思想的生成传播的实际情况。用符号来传递意义是无论中西的，从生物符号学到文化符号学无不证明了这一点。中国先民对符号的运用以及对符号现象的思考构成了中国特色的符号学传统，这也是生产建构华夏民族文化特色的重要基石。因此，我们始终会将中国的历史文化背景与相关文献典籍及其注疏训诂等作为立论阐发的基础，不作无根游谈；从符号学理论方法入手，适当参照符号学界的最新研究成果，来探析早期中国特有的意义的生产传播与实践反思。

在具体的研究过程中，为了理论逻辑上的方便，我们将从自然与文化两个维度来考察早期中国文献典籍中的伦理符号学进程。自然符号学的维度重点关注语言符号系统对自然界的模塑，以及相关意义的生成；文化符号学的维度主要考察先民的文化符号系统对其生活的规范调适。但实际上这种划分只是为了操作的方便，因为自然符号学与文化符号学本身就是交融在一起的，前者主要源于意义的建构，来自对自然的感知模塑，同时形成文化系统，作用于人类。后者其实也源于先民对自然的感知及所建构的相关的文化符号系统，但更注重的是既成的文化符号系统对人类生存发展的规范和调适，以及人类对文化自然的反思与应用。二者并无严格的区别，只是着重点各有不同而已。

总之，本书一方面作为符号学思想史的研究，并不局限于关于符号思想的史料（如先秦名辩学），而是参照李幼蒸先生关于符号学思想史的范围和意义的论述，以及赵毅衡先生关于符号学与意义理论关系的思考，① 充分检讨人类对符号系统（意指关系系统）的思考和运用的历史，特别是意义体现的形式方法，如仪式、象征等，为文化思想史研究提供有效的方法论工具和研究范例，以便增强文化思想史研究的意义分析与结构分析意识；② 另一方面作为伦理符号学研究，注重挖掘中华优秀传统文化的价值规约和伦理精神，以期贴近现实，为当今文精神文明建设与文化发展提供有益参考。

---

① 参见赵毅衡：《哲学符号学：意义世界的形成》，成都：四川大学出版社，2017 年版，第 1—4 页。
② 参见李幼蒸：《理论符号学导论》，北京：中国人民大学出版社，2007 年版，第 64—65 页。

上　编

自然符号思想：符号对自然世界的映现模塑

第一章 拟象传意：易学的发生及伦理进路

　　《周易》是中国先民在与自然、社会的反复交流反思中逐渐创制出的一套结构严密完整的符号系统，被视为中国符号学思想的源头。[①]《周易》又可分为《易经》《易传》两部分，一般认为《易经》为殷周之际的作品，属于宗教占卜时代的思想结晶；而《易传》则属于战国以迄秦汉之间的作品，包含《彖辞》上下、《象辞》上下、《系辞》上下、《文言》、《系卦》、《说卦》、《杂卦》十篇，合称"十翼"。《易传》是对《易经》的诠释，属于诸子哲学时代的思想汇集，故而钱穆有云："这本来是当时占卜人事吉凶的书，但中国后代的人生哲学，却由此有所渊源。"[②]《周易》在汉代上升为"经"，尽管经部范围不断扩大，从五经扩展至十三经，《周易》仍稳居群经之首，数千年来一直为文人士子推重，历代学者注《易》的作品可谓汗牛充栋。逮至西学东渐，国人对《周易》的研究视角发生了诸多变化，如哲学的、史学的、文学的等不同维度的观照，但是在普通民众心中，《周易》依旧是一部神秘莫测的传统典籍。若是从符号学的角度来看，《周易》其实就是一套借符号表达意义的系统，意义必须经由符号来传达，卦爻等符号就是先民用来传达意义的载体。从符号学的角度来探视《周易》，不仅可以对其祛魅，而且对探析中华民族的思维形式、伦理思想等皆具有重要意义。尽管近年来已有诸多学者投入易学符号学研究，但我们相信苏智博士的一个判断："《周易》符号学研究是一个较为年轻但具有

---

① 祝东：《先秦符号思想研究》，成都：四川大学出版社，2014年版，第16页。
② 钱穆：《中国文化史导论》，北京：商务印书馆，1994年版，第68页。

21

重要意义的学术课题，今后该领域势必成为易学乃至中国传统文化研究的创新着眼点。"①《周易》的符号学研究，是一个需要有更多的学者来持续观照的学术领域。以下我们将主要从符号现象学与伦理符号学角度来审视《周易》蕴含的符号学思想，如果说前者重在探寻意义的发生，那么后者则强调意义对社会行为的规范。

第一节 观物：意义的生发

《周易》符号系统的创制，是历代先民经过不懈的观察思考、归纳总结、反思提炼而成的。《周易》的创制绝非成于一人一时一地，尽管《汉书·艺文志》认为："至于殷、周之际，纣在上位，逆天暴物，文王以诸侯顺命而行道，天人之占可得而效。于是重《易》六爻，作上下篇。孔氏为之《彖》、《象》、《系辞》、《文言》、《序卦》之属十篇。"②传说伏羲作八卦，文王重卦，作《易经》，孔子作《易传》，自宋代以来，论争纷起，以迄于今，张舜徽认为今人研究《周易》，"不必强求作者主名以实之。但知其言事物变化运动之理，义蕴弘深，足资探究，必非出于一手，成于一时也"。③故而《汉书·艺文志》言《周易》乃是"人更三圣，世历三古"而成，④《周易》经历三伏羲、文王、孔子三位圣人的创制，不必强求，但其云"世历三古"（伏羲为上古，文王为中古，孔子为下古）基本上还是可信的，《周礼·春官·宗伯》谓太仆"掌《三易》之法，一曰《连山》，二曰《归藏》，三曰《周易》"。《连山》被认为是夏代《易》之名，《归藏》被认为是殷代《易》之名，《周易》则是周代《易》之名，这些占筮之书皆可称作"易"，说明"易"应该是古代卜筮之书的通称。至于占卜之书称"易"，历史上有不同的解释，如认为易是

---

① 苏智：《〈周易〉的符号学研究》，成都：四川大学出版社，2018年版，第5—6页。
② 陈国庆：《汉书艺文志注释汇编》，北京：中华书局，1983年版，第17—18页。
③ 张舜徽：《汉书艺文志通释》，武汉：华中师范大学出版社，2004年版，第186页。
④ 陈国庆：《汉书艺文志注释汇编》，北京：中华书局，1983年版，第18页。

象形蜥蜴，蜥蜴善于变形，易取其变化之意；也有人认为易是日月构成，日月交替为易，也是取其交互变化之意。无论易究竟来源于什么，其变化之意是一定的。从三代《易》名来看，《易》之发展是源远流长的，而《周易》的《易传》部分直至秦汉间才逐渐完成并定型。易学符号系统是先民在不断的观物与反思过程中逐步完成的，这里既有对自然的观察，也有对社会的反思，是一个不断的仰观俯察、远观近取的建模过程。

一、仰观俯察与分类实践

《周易》符号系统的创制之所以历时悠久，与先民思维水平、抽象能力等皆有关联。《周易·系辞上》云"方以类聚，物以群分"，高亨《周易大传今注》指出"方"当作"人"，是因为篆文形似之误，[①] 本乎此，此句即我们今天所言"人以类聚，物以群分"。以类以群，今天看似容易，在先民那里，则是需要经过长期的仰观俯察，不断的归类总结，才逐渐形成的分类，分类其实就是用符号对世界进行的缕分。

生命体要求得自身的生存与发展，必须与其生活的环境世界不断进行物质能量和信息的交换，建构其特有的周围世界，以便不断判断并调整自己的生存活动。这个就是生命符号学（biosemiotics）理论中乌克斯库尔提出的周围世界模式："生命体首先必须辨认出外界环境中的相关对象（Objekt），尤其是，接收到对象的相关特质，将其转化为符号或再现体（Representamen），然后才能按照自己的生命图示，对这种符号做出相应的反应，这种反应就是解释项（Interpretant）。"[②] 如非洲草原上的动物啃食完所有的草皮之后，面对食物的危机，长颈鹿就开始"调整"

---

① 高亨：《周易大传今注》，北京：清华大学出版社，2010年版，第384页。

② 彭佳，刘玲：《论先验意识的指示性框架及作为第二性的指示性：兼与赵毅衡商榷》，《上海大学学报》，2017年第6期。

脖子的长度，以便能够吃到驼刺合欢树冠上的叶子；驼刺合欢树为了求得自身的生存而不被啃光，在叶子上长出钢针一样的带刺变态叶来。在这一情况下，长颈鹿又开始"调整"自身的发展，在其口腔到肠胃中都长出皮制"铠甲"；驼刺合欢为了生存，会在被啃食的十分钟之内从叶子中分泌出毒素，如果吃多了一棵驼刺合欢树的叶子，动物就会中毒而亡。长颈鹿在啃食的五到十分钟之内，会尝到毒素的苦味，然后转移到下一棵树，驼刺合欢树还会释放警告气味，通过风将信息传递到五十米之内的其他树上，这样，当长颈鹿走到下一棵树的时候，啃食的时间会更短。① 这里，无论是作为植物的驼刺合欢树还是作为动物的长颈鹿，都在不断根据外界环境建构其周围世界，以实现信息与能量的交换，"生命有机体就是利用信息来调节、控制自己的行为，以达到适应环境、保障生存和繁殖的目的"，② 信息交换是为了求得自身的生存和发展。当然，这种模塑是一个极为漫长的过程，绝非一日之功。人与动植物的建模还有不同之处，动植物的建模是针对具体的个别的事物的一种信息交流和反映，而人类的建模则具有普遍意义，以一种观念符号的形式来反映对象世界的普遍性，因为"人们在反映客观事物的本质和规律的基础上，对客观事物进行了观念的分解和综合，创造作为实践结果的未来客体的观念模型。这种观念模型的形成和建立，以对客观现实事物的本质、规律的反映为前提和基础，但它同时又是思维活动观念的创造"。③ 因此，人类的建模和反映并非消极被动的，而是积极能动的，人类通过符号模型积极主动地把握世界，求得自身的发展。对人类而言，马这一概念模型反映的是一种头小面长、双耳直立、颈部有鬣、四肢强劲、有蹄善跑的哺乳动物，当先民论及马的时候，不必拿一匹具体的马到这个地方来说这是马。这样，人类就通过不同的符号模型创造性地把握了具体的物质世界，并用人造符号模型对世界进行了分类和赋义。

当初民面对纷繁复杂的动物世界时，他们感到的只能是杂多与纷乱，随着其

---

① 参见王小波：《动物和植物的战争》，《视野》，2007 年第 7 期。

② 夏甄陶：《认识论引论》，北京：人民出版社，1986 年版，第 197 页。

③ 同上书，第 172 页。

认知的加深，符号建模的扩展，逐渐有了对动物世界的分类，如家畜类马、牛、羊，飞禽类鸡、鸭、鹅。这些分类逐渐细化，是因为先民逐渐观察到其中的不同。马之所以是马，是由马与牛、羊之间的差异性所导致的，其实质就是符号学的差异性原则。索绪尔曾将差异性原则与任意性原则视作语言符号学的两大原则，中国先民虽然没有现代符号学理论，但是其对天地万物的分类其实就是一种符号学思维的实践，如陈嘉映所言："我们并不是面对一个已经清楚分节的世界，然后用语词给这些现成的成分贴上标签，实际上，语言才把现象加以明确区分。"①这个对先民来说，尤为切实。如马、牛、羊的分类，实际上就是一种符号操作，分类的细化标志着认识的深入与思维水平的提升。

《周易》符号系统的创制，是经过长期的仰观俯察之实践，被不断赋义的过程。《周易·系辞下》谓：

> 古者包牺氏之王天下也，仰则观象于天，俯则观法于地，观鸟兽之文与地之宜，近取诸身，远取诸物，于是始作八卦，以通神明之德，以类万物之情。

所谓包牺氏即伏羲。伏羲氏生活的年代据学界推测距今大概七千年左右，传说伏羲氏通过对天地万物及自然现象的仰观俯察，创制了八卦，八卦的创建本就是一种分类实践，如高亨所言："此言包牺画八卦时，观察天象、地法、鸟兽、草木、人身、器物等，分为八类，画八卦以象之。"②也即八卦是初民早期对世界的分类实践，并用八卦符号予以表征。

八卦的取象，源于对天地之间的仰观俯察。孔颖达的《正义》认为，"仰则观象于天，俯则观法于地"是"言取象大"，而"观鸟兽之文，与地之宜"则是"言

---

① 陈嘉映：《简明语言哲学》，北京：中国人民大学出版社，2013年版，第50页。
② 高亨：《周易大传今注》，北京：清华大学出版社，2010年版，第419页。

取象细也"，^① 所以《周易》取象，无论精粗，尽皆纳入先民的视域之中，因为人类的生存和发展，必然要与天地自然的各种事物与现象打交道，进行交流互动。在这种原初性质的交流中，人类的身体是最初的媒介，他通过自身的身体与世界万物沟通互联，"通过肉体，对宇宙万物的体认，人从物的世界进入了符号的世界，从可知觉的世界进入了可理解的意义世界"。^② 先民以身度物，使外在世界在人身之度量下转化为人类的世界，与此同时，人类也将自身融入世界之中，成为世界的一部分，也就是说，人与世界是互有差异又不可分割的，人和世界因此不会产生绝对的冲突。世界万物通过身体的度量成为意义世界的一部分，人与世界成为一个相互依存的整体。意义世界的建构，通过符号编码而成，编码有赖于人类将自己的经验世界结构化，于是在这种"近取诸身，远取诸物"的交流互动中，人类创造了符号模型，即"八卦"。八卦模型的创立，使人们可以根据这个带有普遍意义的符号模型来认知天地万物，也即"以通神明之德，以类万物之情"。八卦是对性质相同事物的符号抽象，通过八卦符号就可以把握相关事物的性质，同时，八卦本身就是一种分类实践，将天地万物缕分为八类，那么通过八卦中的不同符号，人们就可以掌握其相应的事物，进而掌握天地万物的情况。这是对八卦符号执简驭繁思想的总结，因为"古人画八卦，乃通过对宇宙万物之观察、分析、综合，制出此八个符号，以代表八类物质"。^③《正义》进而指出，"近取诸身"即耳目鼻口之类，而"远取诸物"则是风雷山泽之类，如此"举远近则万事在其中矣"，^④ 也即远观近取实际上是将天地万物都纳入先民观察之中，先民在这种观物之中获取对事物性状特质的认识，并根据其属性、特征获得某种意义。如夏甄陶言："人们不能主观任意地规定某种意义，意义总是取决于客体。客体的某种属性、特征、本质或状况反映在人的头脑中成为观念的东西，观念的东西就具有某

---

① 李学勤主编：《十三经注疏·周易正义》，北京：北京大学出版社，1999 年版，第 298 页。

② 耿占春：《隐喻》，北京：东方出版社，1993 年版，第 95 页。

③ 高亨：《周易大传今注》，北京：清华大学出版社，2010 年版，第 419 页。

④ 李学勤主编：《十三经注疏·周易正义》，北京：北京大学出版社，1999 年版，第 298 页。

种意义。"① 也就是说，先民在观物的活动之中，面对不同的事物和现象获取的意义并不是任意的，而是根据事物本身的性质特征有针对性与关联性地获取的意义，当然，这也不是说面对事物获取的意义就是固定不变的，"由于客体本身处在运动变化之中，它的结构有多层次性，规定和联系有多方面性，因而反映它的观念的意义也会有变化，也可以是多方面的"。② 事物自身处于运动变化之中，其本身的结构也有不同的层次，如一个苹果，在其成长过程中，会有一个由小到大的过程，甚至会腐烂变质，其颜色也会有不同阶段的变化，青苹果、红苹果、烂苹果，不一而足，因此其反映出来的意义也会各有不同。而且主体在面对同一事物的时候，每次获取的观相不同，比如同样一个红苹果，画家可能关注的是其色彩和形状，食客注重的是其口感，而圣诞节前夕送出的苹果，人们可能更加关注其寓意，因此，同样一个苹果会传递出不同的意义。本乎此，我们就更容易理解先民在仰观俯察中根据事物的属性和自身摄取的观相提取不同的意义，并根据需要建构合适的模型。

二、意义生成与符号抽象

先民在认知过程中，面对形态纷纭的事物，将事物作为意识观照的对象，然后结合自身的感知体认，进行分类归纳和总结，用符号加以再现。但是我们需要注意的是，这里所论及的事物不仅包括物体本身，还包括其发展变化，因为在认知中，意识所面对的事物包含三种情况，也即物体及其变化，通过媒介再现的符号文本，以及意识（他人及对象化的自我意识等），这三种不同的"事物"构成了世界上各种意义的对象范畴。③ 先民在观物的时候，天地之间的各种事物也正是这样成为意义的对象，如《坤》卦的六篇爻辞：

---

① ② 夏甄陶：《认识论引论》，北京：人民出版社，1986年版，第214页。
③ 苏智：《〈周易〉的符号学研究》，成都：四川大学出版社，2018年版，第127页。

初六：履霜，坚冰至。

六二：直方大，不习无不利。

六三：含章可贞，或从王事，无成有终。

六四：括囊，无咎无誉。

六五：黄裳元吉。

上六：龙战于野，其血玄黄。

《坤》卦六爻皆阴，《周易》阳爻称"九"，阴爻称"六"，初六居卦下第一位，由下而上，表示事物逐渐发展，初六则为事物起始阶段，"履霜，坚冰至"，霜之初降，这是意识对事物的观照，履之则寒气始来，这是主体获得的感知，在综合感知的基础上会形成判断，获取关于事物的部分意义，"坚冰至"，天气转凉，日寒一日。九二之爻辞为"直方大"，如李镜池言，这是对大地的一种认识，大地是平直、四方、辽阔的，①这种认识使主体获得相关的经验，并形成关于大地的部分意义；"不习无不利"，哪怕不是很熟悉，在"直方大"的土地上行走，也不会有什么问题。而六三爻辞"含章，可贞"，山川大地秀美，这是主体对自然的观照，从中可以得出"可贞"的意义。六四卦爻辞为"括囊"，也即收紧口袋，防止财物流失，形成的意义则是"无咎无誉"。六五卦爻辞为"黄裳"，也即穿上美丽的衣裳，其意义则是"元吉"，也即大吉大利。上六卦爻辞为"龙战于野，其血玄黄"，李镜池认为龙是被神化的大蛇，两蛇相斗，流血甚多，两败俱伤，故其意义不言自明。以上是对《坤》卦爻辞所涉及物象的分析，兹再举一例，《渐》卦六篇爻辞也涉及不同物象的发展变化：

初六：鸿渐于干，小子厉，有言，无咎。

六二：鸿渐于磐，饮食衎衎，吉。

---

① 李镜池：《周易通义》，北京：中华书局，1981 年版，第 6 页。

九三：鸿渐于陆。夫征不复，妇孕不育，凶。利御寇。

六四：鸿渐于木。或得其桷，无咎。

九五：鸿渐于陵。妇三岁不孕，终莫之胜，吉。

上九：鸿渐于陆。其羽可用为仪，吉。

这六篇爻辞观察到鸿雁栖止在不同的位置，分别是水岸、磐石、陆地、树木、山岭，以及天上之云路，[1]形成一个连续运转的系列，因为栖息的位置不同，于鸿自身而言，时地有异，吉凶有别，于占筮者而言，其意义又有不同。如九三"鸿渐于陆"，水鸟栖于陆地，是失其所处，所以这个卦象本身就隐喻着物失其宜，故而不吉，所以接下来的两句爻辞"夫征不复，妇孕不育"，就是对这种失其所宜的进一步印证，占筮遇此爻，自然不吉利；但是如果遇到战争而得此爻，又是有利的，因为水鸟栖于陆，居于高处，视野开阔，不容易被猎人袭取，所以"利御寇"。可见同样一爻，因为占筮的事情不同，获取的意义也各不相同。

当然，主体仅从对象中获取意义还不够，还得通过一定的形式将意义再现出来，而符号就是用来表达意义的，任何意义必须经由符号来表达。前文已述，易学符号系统本是先民在不断的仰观俯察、远观近取的生活实践中归纳而来的，是先民人生经验的积累和总结，先民在这种经验事实的基础上进行了思维操作，形成某种思想观念，并用符号的形式予以外化。如夏甄陶所言："人们在实践基础上通过对外部世界的能动的、创造性的反映，形成观念的东西，而这种观念的东西又有语言文字符号系统这种社会性的物质外壳；或者通过社会性的实践活动积淀在其他物化形式中；因而人们反映外部世界所取得的认识成果，不会随着个体的消亡而丧失。"[2]先民的思想观念通过语言符号和其他象征符号得以外化保存下来，而符号本身就是简化抽象的形式，通过这种简化抽象的符号形式，认识才能作用

---

① 释文参考余敦康：《周易现代解读》，北京：中华书局，2016 年版，第 264—267 页。

② 夏甄陶：《认识论引论》，北京：人民出版社，1986 年版，第 191 页。

于变化万千的各类具体事物。孔颖达《周易正义卷首》引郑玄《易赞》《易论》云："易一名而含三义：易简，一也；变易，二也；不易，三也。"[①] 以此而言，《周易》是以"易简"的符号抽象形式来应对"变易"万千的自然和社会。

我们看到的卦爻符号及卦爻辞，是历代先民在持续不断的仰观俯察过程中归纳总结出来的意义模型，这些意义是主体在观物的活动中逐次提取并加以抽象而得来的，如苏珊·朗格所言，"符号即我们能够用以进行抽象的某种方法"。[②] 其实通过这种抽象，先民面对杂多的世界，逐渐将其条理化、秩序化，无限丰富的物质世界和自然世界被《周易》的符号形式化繁为简，最后成为一个"《易》道广大，无所不包"的符号体系，[③] 中国先民也用这套符号系统指称世间万物，并根据不同语境来预测吉凶。所以我们现在看到的《周易》六十四卦，象征世间万物，预测吉凶祸福，但这套符号并非先民凭空创制出来的，而是经过了反复的观物思辨，然后用卦爻之象来予以指代和象征的。因此，卦爻之象实际上是现实世界中品类繁多的人事之象，每种象的背后都包含着杂多的信息，但在符号抽象的过程中，很多冗余信息实际上都被过滤了，因为人类在进行信息识辨时会对来自客体的信息有所识别和选择，会悬置那些暂时无关的信息，抓住与自身生存实践攸关的那部分信息，以此来建构关于对象意义的模型。因此，建模不可能是全部原初对象的特征，而只能是选择加工过的信息，是一种简化过的意义模型，这个模型将对象信息进行了适度的抽象，并通过各种符号予以外化。因此，符号意义并不能等同于来自客体的信息内容，因为经过信息意义的内化和外化两个过程，很多存乎于对象的信息被悬置了。而这种被简化和抽象的意义模型则更能够为更多不同语境的占断服务。因此，先民在观物的过程中，实际上是从中抽取出带有普遍性的哲理意义，然后创制卦形卦象予以表征。如高亨所言，这"必然是宇宙事物的矛盾对立和运动变化的现象反映在古人的头脑中，古人对于这种现象的规律，

① 李学勤主编：《十三经注疏·周易正义》，北京：北京大学出版社，1999 年版，第 5 页。

② 苏珊·朗格：《情感与形式》，刘大基，等译，北京：中国社会科学出版社，1986 年版，第 5 页。

③ 纪昀，等：《四库全书总目》，北京：中华书局，1997 年版，第 3 页。

具有一定的认识，然后才能创造具有矛盾对立的形态和动则变化性质的六十四卦，用来象征事物，显示人事的吉凶"，① 也就是这套符号系统的创制经过了先观察再拟议取象的过程，并非先创制符号再对应世界万物。

而《周易》的符号系统是如何来表征世界的呢？ 这个问题还需进一步思考。"符号的功能是表现，是逻辑意义上而非生物学意义上的表现"，②《周易》其实就是用一种逻辑意义上的形象功能来表现，将人类生活认识经验世界的东西用形象化的事物表现出来，进行抽象表达，这就涉及《周易》的取象表意的问题。

第二节 取象：归类与赋义

用符号来表征意义本身就是一种抽象的方法，《周易》的符号系统能够"无所不包"，也正是因为其符号系统的抽象性，毕竟抽象的程度越高，其所指涉的范围才能越广。于《周易》而言，这种抽象是通过观物取象来实现的，也就是《周易·系辞上》所云的圣人"设卦观象"的过程，其实就是由先民在构造卦画之前，通过仰观俯察，广泛摄取天地万物，然后总结规律，抽象而成的。如上文所言，主体意识观照到客体之后，使客体成为意识对象，并在主客交融中形成意义，而意义需要通过符号来表征，"符号就是通过意义而同客体联系起来"。③

一、立象尽意与符号表征

世间万物，纷纭淆乱，不可胜数，历代先民在反复的仰观俯察之中，不断进

---

① 高亨：《周易杂论》，济南：齐鲁书社，1979 年版，第 3 页。
② 苏珊·朗格：《情感与形式》，刘大基，等译，北京：中国社会科学出版社，1986 年版，第 440 页。
③ 夏甄陶：《认识论引论》，北京：人民出版社，1986 年版，第 213 页。

行归纳总结，才逐渐将其条理化、系统化，这就是《周易·象辞上》所言的"君子以类族辨物"的过程。从差异性中观察同一性，进行归类，以此区分事物的异同，并用一套符号系统将其表征出来，《周易》就是先民建构的一套表征世界的符号系统，《易传》所言包牺氏作八卦"以类万物之情"说的就是这个意思。而八卦以及由此推演出来的六十四卦，是通过"立象"来"尽意"的，因为世界本身是杂多繁复的，而立象则是通过取象来为复杂的表象世界勾勒出某种草图，或者建构出某种认知模型。所谓"象"，《周易·系辞上》有云："圣人有以见天下之赜，而拟诸其形容，象其物宜，是故谓之象。"这里必须先将"赜"解释清楚，方能完整理解本段之意思。《正义》认为"赜"是"幽深难见"之意，① 朱熹认为是"杂乱"之意，② "赜"字《说文》未收，《广雅·释言》《集韵·麦韵》皆认为"赜"通"啧"，《左传·定公四年（506BC）》卫大夫子行敬子有云"会同难，啧有烦言，莫之治也"，意谓诸侯会盟难得其宜，争论不休，无人能治，论者多依《说文》训"啧"为大声，马叙伦认为啧啧之声细微，疑"啧"当训为众声，并援引他典，证明"啧"非微至义，而当为众多之义。③ 由此，"啧有烦言"则是众声杂乱，争论不休之意，又《荀子·正名》谓"故愚者之言，芴然而粗，啧然而不类"，论者多注意到此句与"君子之言，涉然而精，俛然而类"相对，"类"是有区别、有条理之意，"啧"亦当是杂乱没有条理之意，由此可见，"啧"通"赜"，皆众貌纷纭、杂乱不堪之意。本乎此，就可以理解"圣人有以见天下之赜"之意，当是见天下万物杂乱纷繁，所以才观象设卦，找出杂乱背后共同的本质特征，化繁为简。如龚鹏程言，观象并不是原物复现，而是自觉地透过抽象能力，寻找、提取物象的特点或性质，让物象对人形成意义，这才是"取象"，这个活动本身是一种创造性活动。④ 天地万物，因其结构相似而被视同为一，这是一个符号化的过程，也即取

---

① 李学勤主编：《十三经注疏·周易正义》，北京：北京大学出版社，1999 年版，第 274 页。

② 朱熹：《周易本义》，上海：上海古籍出版社，1987 年版，第 59 页。

③ 古文字诂林编纂委员会：《古文字诂林》册二，上海：上海教育出版社，2000 年版，第 123 页。

④ 龚鹏程：《文化符号学导论》，北京：北京大学出版社，2005 年版，第 27 页。

象是观物的抽象和归纳，使卦象成为一种带有普遍性的隐喻或象征，以此来表征世界。

《易传》有云："天垂象，见吉凶，圣人象之"，所谓"天垂象"，其实就是自然现象，如风雨雷电，地震洪水。当先民将这些迹象视作"上天"垂示的信号，并认为这是吉凶祸福的征兆的时候，实际上是确定了世间万物之间的联系性；"圣人象之"则是一种符号建构活动，如庞朴所言即是："圣人看到天垂下来的象，能够领会其中暗含的或吉或凶的寓意，然后画出一个符号来加以表征。"① 也就是说，"圣人象之"乃是根据自然"信号"创制的人造符号，如将八卦推演为六十四卦，来象征世间万物，赋予世界以意义，并根据其中的运动规律来预测吉凶祸福，所以王小盾将这段话的意思解释为："符号最重要的功能是表达天地万物的变化，圣人最重要的业绩是以'象'为媒介而同天地相交流。"② 这种"交流"本身是一个反复观察、多次验证、不断总结提炼的过程，如汪宁生所言，占筮之法乃是人类由原始社会就流传下来的一种占卜方法，③ 现在出土的大量殷商甲骨卜片，说明先民占卜之风的兴盛，殷人凡事必卜，并且记录保存了大量的占卜甲骨文献，这种占卜资料一般都是有其具体的事由和语境的。这种占卜的思想和文献在殷周之际得到了整理，如传说中的文王"其囚羑里，盖益易之八卦为六十四卦"，④ 先民的占卜文献得到了编排整理，这样就把起初带有个案性质的占卜普遍化为一种带有人类集体经验意义的符号象征，这是一个在不断的重复叠加的经验活动中积累抽象而来的系统，如《复》象辞云："'反复其道，七日来复'，天行也。'利有攸往'，刚长也。复，其见天地之心乎。"孔颖达疏谓："天之阳气灭绝之后，不过七日，阳气复生，此乃天之自然之理，故曰'天行'。"⑤ 可知阴阳消长乃是天地运行的规律，

---

① 庞朴：《中国文化十一讲》，北京：中华书局，2008 年版，第 75 页。
② 王小盾：《经典之前的中国智慧》，北京：北京大学出版社，2016 年版，第 236 页。
③ 参见汪宁生：《八卦起源》，黄寿祺，张善文主编：《周易研究论文集》第 1 辑，北京：北京师范大学出版社，1987 年版，第 101 页。
④ 司马迁：《史记》册一，北京：中华书局，1982 年版，第 119 页。
⑤ 李学勤主编：《十三经注疏·周易正义》，北京：北京大学出版社，1999 年版，第 112 页。

先民据此"复其见天地之心",对于"天地之心",学界多有发明,但是从意识的角度来发明的是金景芳,其云:"天地之间万事万物中刚柔相摩,阴阳消长的规律,它无处不在。虽无处不在,却唯有在复的时候看见的最清楚。"①为什么规律在复的时候看得最清楚,这其实就道出了一个符号现象学的问题。《孟子·告子上》指出"心之官则思","心"官能负责人类的思维活动,也即意识,重复是经验化的开始,而意识的经验积累功能被认为是意识成为意识的关键,重复不断加工经验意识,意识又会反作用于我们对重复的处理,最后,重复用部分代替了我们对整体意义的认知。因此赵毅衡指出,只有在重复中才能保证经验被抽象为规律,②经验抽象为规律才能上升为具有普遍意义的文本符号,为更多人所掌握,具有个别性、关联特定语境的占卜就上升为具有人类普遍经验的符号系统,也就是《周易》符号系统诞生的过程。经由抽象符号世界的创生,人类才摆脱具体的物质世界的束缚,通达无限的可能世界。

《周易》的"象",实际上有两套符号系统,一套是以卦辞、爻辞为主的语言符号系统建构的寓言,可以视作语象;一套是以卦符、卦象建构的图像图画系统,可以视作图像。此二者又相互配合,达到"立象以尽意"(《周易·系辞上》)的效果。根据其历史发展来看,应是图像在前,语象在后。清人钱曾在总结易学发展史的时候曾指出,伏羲画八卦,并重为六十四卦,并未有辞,逮至文王作上下经,乃始有辞,孔子作"十翼",其辞乃备,"然辞本于象,象本于画,易之理尽于画,讵可舍象而专论辞之理哉"。③《周易》不一定为伏羲、文王、孔子之作,应是历代先贤集体智慧的结晶,但是这个发展脉络应该是可信的,特别是画、象、辞的发展顺序,应是比较切合易学发展实际的。画是八经卦的图像,象则是其取象的事物,辞乃是对象的解释,按照皮尔斯的符号三分法而言,画是符号再现体,象是对象,而辞则是解释项。这个中间最关键的一点是在对对象取象中完成的"立

---

① 金景芳,吕绍纲:《周易全解(修订本)》,上海:上海古籍出版社,2005年版,第218页。
② 参见赵毅衡:《哲学符号学:意义世界的形成》,成都:四川大学出版社,2017年版,第153页。
③ 钱曾:《读书敏求记》,北京:书目文献出版社,1984年版,第2页。

象"过程，用象来传递意义，这也是中国先民"重视视觉认知"的符号观的最好体现。[1]

二、符号组合与系统建构

从取象到立象，先民初步完成了对世界的"形式直观"，也即"意向性是如何把对象变成符号的"这一过程，[2] 如果说取象是直观的话，那么立象就是符号化过程。然而人类面对的是一个复杂多变世界，形式直观也只是初步的符号化过程，要表达复杂的意义，还需要对符号进行组合加工。

先看卦符卦象符号。《周易》最基本的卦爻符号是阴阳二爻，分别是"**--**"和"**—**"，关于阴阳二爻符号的意义，学界也是众说纷纭。如郭沫若认为阴爻象女阴，阳爻象男根，属于古代生殖崇拜的孑遗。[3] 而高亨则认为古人将天地、日月、昼夜、水火、男女、雄雌等矛盾现象加以归纳，形成阴、阳两个概念，然后用竹棍来表征，一节竹棍象征阳性，为"**—**"，两节竹棍象征阴性，为"**--**"，也就是说，阴阳二爻的符号是象竹节之形。[4] 张政烺认为阴阳二爻符号是由筮数演变而来，张氏通过考古资料发现数字一和六在数字卦中出现最多，一代表奇数，六代表偶数，发展到周初，"筮数的数值已被抽象化了，只因其为奇为偶而作为阴为阳的符号"，[5] 这同时反映出先民分类观念的发展和抽象思维能力的提升。刘文英则认为阴阳二爻的符号与圭表和日影有关，是由圭表和日影之形蜕变过来的。[6] 除此之外，还有结绳说、文字说、卜筮说等，不一而足。然而，不论哪种源起，都

---

[1]　王小盾：《经典之前的中国智慧》，北京：北京大学出版社，2016 年版，第 270 页。
[2]　赵毅衡：《哲学符号学：意义世界的形成》，成都：四川大学出版社，2017 年版，第 62 页。
[3]　郭沫若：《中国古代社会研究》，北京：商务印书馆，2011 年版，第 30 页。
[4]　高亨：《周易杂论》，济南：齐鲁书社，1979 年版，第 4—5 页。
[5]　张政烺：《帛书六十四卦跋》，《周易研究论文集》，北京：北京师范大学出版社，1987 年版，第 603 页。
[6]　刘文英：《"易"的抽象和"易"的秘密——圭表和日影的启示》，《天府新论》，1988 年第 2 期。

说明阴阳二爻是用来表征一定相关意义的符号。而阴阳二爻排列组合，又可生成"⚏"（老阳）、"⚏"（老阴）、"⚍"（少阳）、"⚎"（少阴）四象，四象只是象征阴阳，还不能表征事物，如孔颖达言："但二画之体，虽象阴阳之气，未成万物之象，未得成卦，必三画以象三才，写天、地、雷、风、水、火、山、泽之象，乃谓卦也。"① 于是四象又进一步和阴阳二爻组合，形成八经卦，也即"☰"（乾卦）、"☱"（兑卦）、"☲"（离卦）、"☳"（震卦）、"☴"（巽卦）、"☵"（坎卦）、"☶"（艮卦）、"☷"（坤卦），这就是"《易》有大极，是生两仪。两仪生四象。四象生八卦"（《周易·系辞上》），八经卦象征先民世界中的八种基本构成元素，但是事物之间的交流变化却不能由八经卦来显示，因此八经卦再次排列组合，就是六十四卦。孔疏指出，"但初有三画，虽有万物之象，于万物变通之理，犹有未尽，故更重之而有六画，备万物之形象，穷天下之能事"，② 如此则《周易》的符号系统不仅能象征天地万物，还能穷其变化之理。究其根源，则在于这套系统本身是一个不断扩展的层级系统，由阴阳二爻的低级阶段到四象阶段，再由四象生成八卦，八卦生成六十四卦，不同层级都有其意义，而且其要素之间的组合存在着变数，会生成不同的意义，形成一个动态的意义之网。这个或许可以从前文提及的洛特曼的符号域理论来理解，也即如果将《周易》看作一个文化符号系统的话，其内部的各要素并非孤立存在，而是相互影响、相互作用，形成一个不可分割的整体，但是其内部又因为发展层次不同而展现出层级性与差异性，是一种部分与整体相互生成、动态发展的结构。洛特曼符号域的系统性整体性思维，早期中国哲人早已运用自如了。

八经卦分别用八种卦形象征天、地、雷、风、水、火、山、泽，也即卦象，而卦象又各有其义，《周易·说卦》有云："乾，健也。坤，顺也。震，动也。巽，入也。坎，陷也。离，丽也。艮，止也。兑，说也。"八经卦表征的意义又称为卦德，其关系如表1.1所示：

---

① ② 李学勤主编：《十三经注疏·周易正义》，北京：北京大学出版社，1999年版，第1页。

表 1.1　卦形、卦象、卦义对应表 ①

卦　形	卦　象	卦义（卦德）
☰（乾）	天	健
☷（坤）	地	顺
☵（坎）	水	陷
☲（离）	火	丽
☳（震）	雷	动
☶（艮）	山	止
☴（巽）	风	入
☱（兑）	泽	说（悦）

如果将卦形视作图像符号的话，那么卦象其实就是符号表征的对象，卦义是连接卦形与卦象的，如"☰"（乾卦）取象的对象为天，天是其客体对象，而"健"则是其意义，是先民在观察天的运行中得出来的意义，《正义》有云："乾象天，天体运转不息，故为健也。"② 也就是说，"☰"这个符号的意义"健"是对天象的反映，所谓"天行健，君子以自强不息"（《周易·象辞上》），即从观物中体察提取的意义，其关系可以借用皮尔斯的符号三角来表示，如图 1.1 所示：

图 1.1　卦形、卦象、卦义符号三角图

在前面我们论及先民在观物时，经过抽象归纳，提取出事物的共性特征，用卦爻进行表征，如果说从"☰"（乾卦）中提取出健的意义，那么在对其他事物

---

① 廖明春研究指出，"卦德实质就是卦名的基本义"，也就是说，卦德就是卦名释义，八经卦每卦卦德即本卦的卦义。参见廖明春：《〈周易〉经传十五讲》，北京：北京大学出版社，2012 年版，第 28 页。

② 李学勤：《十三经注疏·周易正义》，北京：北京大学出版社，1999 年版，第 329 页。

体察的过程中，凡是具有这种意义的对象皆可用乾卦的符号予以表现，故《周易·说卦》中进一步申述"乾为马"，"乾为首"，"乾，天也，故称乎父"，"乾为天，为圜，为君，为父，为玉，为金，为寒，为冰，为大赤，为良马，为老马，为瘠马，为驳马，为木果"。《周易·说卦》尽管晚于《易经》部分，但是对了解观物取象的过程还是具有重要意义的，如廖明春所言，《说卦》不仅集中阐明了八经卦取象的特征，而且强调了"八种基本物象及其象征意义，并广引众多象例，是今天探讨《易》象的产生及推演的重要资料"。①《易》象是在仰观俯察的观物活动中产生的，因此从《说卦》中还是能够反观《易》象产生过程的。乾卦的基本取象是天，而天刚健有力，推而广之，马也是奔腾跳跃，显得刚健；父亲作为一家之主，得刚健有为，才能使家兴业旺，故也为"健"；而"圜"则周转不停，《正义》有云："乾既为天，天动运转，故为圜也"，②圜环如同天一样运动不息，也具有"健"的意义，故乾卦为圜。除此之外，乾卦的取象还有金、玉、寒、冰、木果之属，皆取其有"健"之义。廖明春曾指出，《说卦》取象丰富，有近150个取象，其实就是试图对万物进行分类，然后再用八经卦进行模拟表征，因为大量的物象中，最基本的物象也就是八经卦所取象的天、地、雷、风、水、火、山、泽，以此作为万物生成的基础，进而象征世间万物。③其取象的对象可以变换，如乾可以是良马、老马，也可以是瘠马或驳马，马虽不同，但均有强健的体魄，如《正义》所云："为良马，取其行健之善也。为老马，取其行健之久也。为瘠马，取其行健之甚。瘠马，骨多也。为驳马，言此马有齿如倨，能食虎豹。"④也即取象虽然变换，但是所取之象表征的意义却是相同的，故王弼《周易略例·明象》指出："义苟在健，何必马乎？类苟在顺，何必牛乎？"⑤举凡有强健之义者，则马、龙、君、父之象均可，不必拘泥。

---

① 廖明春：《〈周易〉经传与易学史新论》，济南：齐鲁书社，2001年版，第334页。
② 李学勤主编：《十三经注疏·周易正义》，北京：北京大学出版社，1999年版，第330页。
③ 廖明春：《〈周易〉经传与易学史新论》，济南：齐鲁书社，2001年版，第337—338页。
④ 李学勤主编：《十三经注疏·周易正义》，北京：北京大学出版社，1999年版，第330—331页。
⑤ 王弼：《王弼集校释》，楼宇烈校释，北京：中华书局，1980年版，第609页。

八经卦再行组合，生成六十四复卦，卦象由单个意象进而成为组合意象，因其意象之间的取象和意义不同，在组合中，无论是卦形符号还是卦象符号，皆会因卦象组合而产生意义增殖。这种组合的发展，也是因人类社会的发展、交往的扩大而来的表意需求的扩展，人类面对的意义世界越是繁复，越是需要更多的符号来表征其复杂多变的意义世界。如"䷔"（《噬嗑》卦），从卦形来看，上卦为"☲"（离卦），下卦为"☳"（震卦），当其组合之后，卦形像张口咬物，初九与上九像口腔之上下嘴唇，六二、六三、六五三爻像牙齿，九四阳爻则像口中所欲啮咬之物，故《周易·彖辞上》曰："颐中有物，曰噬嗑。"从卦象来看，震卦在下，离卦在上，震卦取象于雷，卦义为动，离卦取象于火，"为日，为电"（《周易·说卦》），卦义为丽，故《周易·彖辞上》谓"刚柔分，动而明，雷电合而章"，震卦与离卦相组合，震卦为刚为动为雷，离卦为柔为明为电，组合后为雷电交加之象，故《集解》引宋衷之言曰："雷动而威，电动而明，二者合而其道章也。用刑之道，威明相兼。若威而不明，恐致淫滥；明而无威，不能伏物。"[1]雷动则有威，电闪则明亮，故能明察事理，明辨是非曲直，故而《周易·象辞上》曰："雷电，噬嗑。先王以明罚敕法"，取象在于断狱，以此"明罚敕法"。卦象组合往往也是易理抽象化的来源，如"䷆"（《师》卦），上卦为坤（☷），下卦为坎（☵），坤象地，坎象水，所以《周易·象辞上》说"地中有水，师"，李鼎祚《集解》引陆绩曰："坎在坤内，故曰'地中有水'。师，众也。"[2]水（坎卦所象）潜藏在地（坤卦所象）下，意为地下藏水众多，取用不绝，而师的本义为军队，由多人组成，二者在抽象的"多"这一意义上存在相同之处，故将此卦命名为师，以象"众多"这种抽象之意。

以上是就卦形卦象符号而言的（实际上，卦形卦象符号也不能脱离卦爻辞语言符号而独立存在，毕竟语言符号才是最大的符号系统），下面就卦爻辞等语言符号建构的寓言系统，再来看其符号系统的抽象性。

---

① 李鼎祚：《周易集解》，北京：中央编译出版社，2011年版，第87页。
② 同上书，第42页。

庞朴先生曾经指出，象其实有两种主要的表现形式，也即寓言和图形，以此来"立象以尽意"。①《周易》的图像符号前文已经分析，而所谓寓言，按照庞先生的说法，就是将思想寄寓在一个形象的表达里面，听众通过形象领悟主体所要表达的意思。依旧以《噬嗑》卦为例，如上文分析，《噬嗑》卦卦象像口中横梗一物，必须咬断才能上下整合在一起。这其实就是一个寓言，随着人类生产力的发展和社会的进步，阶级、国家产生，为了保证一定的统治秩序，必要的暴力机构和刑罚惩治是必不可少的，因此本卦的爻辞"屦校灭趾""噬肤灭鼻""噬腊肉""噬干胏""噬干肉""何校灭耳"，皆是刑罚，本卦的象辞也是"利用狱"，本乎此，就容易理解此卦的寓意，即用暴力形式解决作梗之事物，如明人来知德所言："以人事论，如寇盗奸尻，治化之梗；蛮夷猾夏，疆场之梗；以至君臣父子、亲戚朋友离贰谗谤，间于其中者，皆颐中之梗也。"②"颐中之梗"可以寓意各种相关人事和社会现象，故而"噬嗑"之，因此总体上来说，《噬嗑》卦卦爻辞本身就是一个寓言，通过形象化的寓言启迪观象者寻求寓言背后的寓意，而寓言本身属于象喻性文本，能指没有直指所指，故而增加了解释的弹性，扩展了喻指的容量，不同的接受者可以从中解读出不同的意义。我们承认《周易》在观物取象的时候是有特定对象与语境的，从八卦到六十四卦也有其自身模塑的对象，但是这并不妨碍其预测占断更为复杂的社会历史问题，其原因在于这种象喻性文本扩充了解释的空间，发展了阐释者的主观能动性，如陈来所言："八卦在开始形成的时候可能曾被赋予模拟的意义，但作为成熟体系的《易经》的特有思维，并不是一个具体的象与另一具体的事物间的联系。它在能指（卦象）与所指（事象）之间建立了一种普遍性质的象征联系。"③ 这样，《周易》就由占卜的卦象神迹指示符转变为象征逻辑推理符，这是人类思维发展的一大进步。

在《周易》中，这种寓言性文本还有很多，基本上都是通过取象的象喻来喻

---

① 庞朴：《中国文化十一讲》，北京：中华书局，2008 年版，第 74 页。
② 来知德：《周易集注》，北京：九州出版社，2012 年版，第 228 页。
③ 陈来：《古代宗教与伦理：儒家思想的根源》，北京：生活·读书·新知三联书店，2009 年版，第 96 页。

指某个方面的意思，但是又没有坐实，有待读者涵咏玩味。兹再举一例，如《大壮》卦上六谓"羝羊触藩，不能退，不能遂。无攸利，艰则吉"，公羊用羊角触击藩篱，结果羊角挂在藩篱里面，进退两难。这其实是先民观物并结合自身的人生体验而设立的卦象，用来喻指人生中进退失据的困境。人生不可能一帆风顺，往往因为准备不足而导致进退维谷，故有此寓言，喻指生命中的困境，观象者自可根据此象，结合自身的人生体验得出自己的理解。卦爻辞本身是一种寓言，"其言曲而中，其事肆而隐"（《周易·系辞下》），卦爻辞等委婉曲折，没有直陈其义，正是因为通过寓言等象喻性文本立象以尽意，才能取得"旨远辞文"的效果。

陈良运在论及《周易》的符号象征时曾指出，《周易》建构起来的符号象征与西方的象征并不完全相同，"是与感性形象的抽象符号结合，形成独特的符号象征"，[①] 这确实道出了东方符号学的特征。《周易》符号系统是由卦象卦形与卦爻辞以及象辞等共同建构的，一方面有抽象的符号形式，如八经卦卦象与六十四别卦卦象，同时又有相应的卦爻辞以及解释性象辞等语言符号形式，而后者也不是"所指优势"符号，使符号表达面直抵内容面，而是通过寓言等象喻性文本，拉开了"能指"与"所指"之间的距离，扩展了文本的容量，增加了解释的空间。《周易》符号的意义因此而发达，《周易·系辞上》托言孔子谓"圣人立象以尽意，设卦以尽情伪"，即对这种符号表意及功能的总结。

第三节 制器尚象：符号指导生活实践

《周易》符号系统的创制，主要作用是指导生活实践，趋吉避凶。如钱穆所言："占卜人事吉凶，亦属人生实际方面的事，但《易经》的卦象，却用几个极简单极空灵的符号，来代表着天地间自然界乃至人事界种种的复杂情形，而且就

---

① 陈良运：《周易与中国文学》，南昌：百花洲文艺出版社，1999 年版，第 37 页。

在这几个极简单极空灵的符号上面，中国的古人想要即此把握到宇宙人生之内秘的中心，而用来指示人类种种方面避凶趋吉的条理。"① 因此，早期易学阐释者根据卦爻之象来反观社会生活，以此作为指导生活实践的理论方法。也就是说，人类创制了符号，符号负载的是人类给予的意义，人作为追求意义的动物，又会通过符号形式来加工改造自己的生活。这或许就是易学阐释者提出制器尚象的思想根源。

一、符号隐喻与意义阐发

《周易·系辞上》有云："《易》有圣人之道四焉：以言者尚其辞，以动者尚其变，以制器者尚其象，以卜筮者尚其占。是以君子将有为也，将有行也，问焉而以言，其受命也如响。无有远近幽深，遂知来物。"《周易》通过观物取象而立意，是一种象喻性符号系统，故而其诠释本身具有一种开放性，而非能指直达所指的"所指优先"文本。这一点前贤已有注意，如《集解》引崔憬之言曰："圣人德合天地，智周万物，故能用此易道。大略有四：谓尚辞、尚变、尚象、尚占也。"② "圣人"精通易道，故而能从辞、变、象、占等不同方面切入易学，令后者为其所用。而且，因主体每次的观相不同，获取的意义也各不相同。如立于言时，则重乎辞章义理；将有所为时，则重乎卦爻刚柔变化之理；当制造器物时，注重卦象体现出来的结构原理；如若欲占断决疑，则注重占筮原理。然而无论哪一维度，皆体现出易学符号对生活实践的指导。质言之，"尚辞"者注重的是易学符号的义理（符义学）；"尚变"者注重卦爻之变以及其对占筮者表征的意义（符用学）；"尚象"者注重卦爻符号的组合（符形学）暗藏的规律对现实的指导，如依照"象"揭示出来的规律制造器物（符用学）；而所谓"尚占"者，《正义》云：

---

① 钱穆：《中国文化史导论》，北京：商务印书馆，1994 年版，第 68 页。
② 李鼎祚：《周易集解》，北京：中央编译出版社，2011 年版，第 249 页。

"'象'是形象，'占'是占其形状，并是有体之物"，① 如此，"尚占"兼具卦爻符号及其组合变化等（符形学和符用学之结合），并以此推测未来，占断吉凶。"遂知来物"，"物"即"事"，知道将来之事态变化，提前做好准备，因此，"尚占"关注的是其对生活实践的直接指导性意义。当然，《周易》起源于卜筮，其文本本身就具有很强的实践指导性，因此，在实际易学活动中，这四个方面并不是绝缘分开的，相反，它们时常是互相依托的。以下试分而论之。

"尚辞"注重的是易学符号系统所包蕴的义理，而尚辞者也主要是就其符号中蕴藏的义理予以阐释，其实质为符义学（semantics）。符义学是研究符号本身所蕴含的基本意义，也就是不依赖于语境而具有的意义。如《左传·襄公九年（564BC）》记载有关穆姜的一次占筮，遇《艮》之八䷳，太史认为《艮》变为《随》䷐。而《随》有出的意思，穆姜被迫迁于东宫，能出去自然是趋吉避凶，但是穆姜不这么认为，她对卦辞有一段自己的阐释：

> 亡！是于《周易》曰："《随》，元、亨、利、贞，无咎。"元，体之长也。亨，嘉之会也。利，义之和也。贞，事之干。体仁足以长人，嘉德足以合礼，利物足以和义，贞固足以干事，然，故不可诬也，是以虽《随》无咎。

这里穆姜对元、亨、利、贞之辞做出了自己的阐释，据杨伯峻所言，此八句皆见于《周易·文言》，只有两个字不同，但"穆姜非引《文言》，乃《文言》作者袭用穆姜语"。② 也即这段文字是穆姜对《随》卦卦辞的阐释与体认，而《随》卦的句意就是如此，并不诬枉。当然穆姜很快又结合自身的情况对占筮进行了分析："今我妇人，而与于乱，固在下位，而有不仁，不可谓元；不靖国家，不可谓亨；作而害身，不可谓利；弃位而姣，不可谓贞。有四德者，《随》而无咎。我皆无之，岂《随》也哉？我则取恶，能无咎乎。必死于此，弗得出矣！"此即从符义

---

① 李学勤主编：《十三经注疏·周易正义》，北京：北京大学出版社，1999年版，第283页。
② 杨伯峻：《春秋左传注》，北京：中华书局，1990年版，第965页。

学转向了符用学。

在先秦贤哲看来，易学系统光大精微，无所不包："夫《易》广矣大矣，以言乎远则不御，以言乎迩则静而正，以言乎天地之间则备矣。夫乾，其静也专，其动也直，是以大生焉。夫坤，其静也翕，其动也辟，是以广生焉。"（《周易·系辞上》）《易》之义理变化无穷，无论远近，皆可象征，如乾卦坤卦，其中具有的阳刚或温柔的气质，始终如一。而阳刚阴柔之性，也是创生天地万物的基本原理，这也就是"一阴一阳之谓道"（《周易·系辞上》）的意义。道生万物，而一阴一阳是道的具体表征，因此阴阳其实就是具体创生万物的法门。这一议题也得到了历代易学家的重视。《周易》阴阳和合化生万物的哲学精神，也成为后世中国哲学文化发展的原动力，中国哲学家也往往在易学中寻找可以生发的辞句作为理论的依托，这也是"尚辞"观的活学活用。这属于易学史研究的内容，兹不赘言。

二、组合关系与观象制器

"尚变"者注重的是符用学（pragmatics）议题，而符用学关注的则是符号与其使用接收者之间的意义关系，于《周易》而言，即卦爻之变对求占者的意义，所谓"变化者，进退之象也"（《周易·系辞上》），讲的是卦爻符号之升降变化对求占者不同的意义情况。一卦之中，爻位从初位到上位，其位置不同，表明所占事物所处的变化阶段也不同，于占筮者而言，若爻性相同，但处于不同的爻位，其意义也会不同，如《乾》卦：

初九：潜龙勿用。

九二：见龙在田，利见大人。

九三：君子终日乾乾，夕惕若厉，无咎。

九四：或跃在渊，无咎。

　　九五：飞龙在天，利见大人。

　　上九：亢龙有悔。

　　爻位自下而上，从初九到上九，于爻性而言，同是阳爻，但因为爻位的变化，对占筮者的意义也会不同。如初九之位，这是事物刚刚萌芽状态，所以注意潜藏保护；到了九二之位，则事物已经开始崭露头角，因此求占者此期可以适当进取；到九三之位，已经取得部分成功，此时需要谨慎小心，切忌骄傲自满，"终日乾乾，夕惕若厉"，意思是保持戒惧，提高警惕；到九四之位，已经接近成功，更需保持警惕，防止功亏一篑；到了九五之位，"飞龙在天"，于求占者而言，业已取得成功；而上九之位，则是物极必反的征兆。当然，在具体的占筮过程中，求占者还需要根据爻性与爻位等变化来具体判断卦爻之变的意义，如"刚中""柔中"，"当位""不当位"，以及比、应关系等，于求占决疑者来说，意义自然也各有不同。①《周易·系辞上》云"刚柔相推而生变化"，考察阳爻与阴爻之间的进退、升降情况，进而预测求占者的吉凶悔吝，此皆为易学符用学议题。

　　"尚象"首先注重的是卦爻符号之间的排列组合关系，属于符形学（syntactics）范畴。因为符形学就是研究总结符号的构成及组合规则，②借用语言符号学的术语，就是考察"能指"与"能指"之间的关系问题。而这种组合中蕴藏的规律用于指导生活实践，这又转化为符用学议题。《周易·系辞下》云"八卦成列，象在其中矣"，是说八卦本是《周易》用来象征万物的基本卦形，这是先民从杂多的现象世界抽象出来的八种基本物质，而这八种基本物质的排列组合，则是由一度抽象变为二度抽象，其间蕴藏的规律即"天地之道"（《周易·系辞下》)，用这个规律来指导生活实践，这就是"观象制器"，《周易·系辞下》讲到了诸多观象制器的例子：

---

① 祝东：《符号学视域下的易学元语言研究》，《符号与传媒》，2016年第1期。
② 王铭玉，等：《现代语言符号学》，北京：商务印书馆，2013年版，第33页。

作结绳而为网罟，以佃以渔，盖取诸《离》。

包牺氏没，神农氏作，斫木为耜，揉木为耒，耒耨之利，以教天下，盖取诸《益》。

日中为市，致天下之民，聚天下之货，交易而退，各得其所，盖取诸《噬嗑》。

黄帝、尧、舜垂衣裳而天下治，盖取诸《乾》、《坤》。

刳木为舟，剡木为楫，舟楫之利，以济不通，致远以利天下，盖取诸《涣》。

服牛乘马，引重致远，以利天下，盖取诸《随》。

重门击柝，以待暴客，盖取诸《豫》。

断木为杵，掘地为臼，杵臼之利，万民以济，盖取诸《小过》。

弦木为弧，剡木为矢，弧矢之利，以威天下，盖取诸《睽》。

上古穴居而野处，后世圣人易之以宫室，上栋下宇，以待风雨，盖取诸《大壮》。

古之葬者，厚衣之以薪，葬之中野，不封不树，丧期无数。后世圣人易之以棺椁，盖取诸《大过》。

上古结绳而治，后世圣人易之以书契，百官以治，万民以察，盖取诸《夬》。

这里连举了十余条观象制器之例，虽不乏猜度之词，但其实《周易口义》业已指出，"'盖'者，疑之之辞也"，"盖圣人作事立器，自然符合于此之卦象也，非准拟此卦然后成之"。[1]人类为了自身的生存发展，逐渐学会制造使用工具，如为了捕鱼而制作渔网，为了耕地而制作耒耜，为了涉水而制作舟楫，但是如荀志效所言："人类并不是先拥有关于外在世界的意义模型再来制造工具，而是在学会

---

① 黄寿祺，张善文：《周易译注》，上海：上海古籍出版社，2004年版，第534页。

制造工具的过程中逐渐建立起自己的意义模型的"，① 如果将这里的卦象视作意义模型的话，那么这些"模型"是在人类发展进程中逐步建立起来的，然后人们再用这种意义"模型"来建构生产生活工具，指导生活实践。所以圣人制作器物，并非模拟卦象然后成器，而是先有生产实践，建立了相关的意义模型，再用这种模型来指导规范生活实践，使实践符合于卦象模型。从卦象来看，也是符合这一原理的。如《离》卦（☲）上下两卦皆是"离"，《周易·说卦》谓"离为目"，《离》卦上下两目相重，以此象征制作罗网；又如《益》卦（䷩），下震上巽，震为动，巽为木为入，如耒耜（刚好也是木制工具）在耕作使用的时候，上入下动，因此系辞的作者推测神农氏以此规律建构了意义模型，然后用此模型指导，创制了耒耜。当然，如余敦康所言，这其实"是一种思想渊源上可能存在的猜想，并非必然如此，所以不必牵强附会，具体落实"，② 这里具体而微的十三条观象制器的例证自然不必落实，但却包含了人类由田猎到农业，由宫室到礼仪，由文字创立到制度创建等一整套的人类文明发展史，这是符合实际的。人类在劳动生产实践过程中不断总结规律，以符号加以表征，反过来，由人类经验与智慧形成的符号系统又指导人类的生产实践，促进人类知识文化的发展，二者相辅相成，观象制器或许当作如是观。

第四节　文化秩序：伦理符号学的渗透

如前文所言，《易经》属于占筮之书，大概成书于殷周之际，为巫史文化的遗存，而《易传》则是战国至秦汉时期学者对《易经》部分的哲学发挥。《易经》与《易传》的结合，形成了《周易》这部奇书。《周易》的基础是阴阳二爻，《周易·系辞下》所云的包牺氏（伏羲氏）观象于天，观法于地，通过远观近取，以

---

① 苟志效：《意义与符号》，广州：广东人民出版社，1999 年版，第 48 页。
② 余敦康：《周易现代解读》，北京：中华书局，2016 年版，第 348 页。

作八卦，表征天、地、水、火、雷、风、山、泽八种在先民看来构成世界的代表性物质。如李镜池所言，"八卦标志着人类对自然界的认识"，[①] 八卦奠定了《周易》哲学思想的基础，后来六十四卦及相关阐释都与八卦性质及其组合相关。

一、占筮演进与逻辑推理

先民因为对自然现象和人类社会的认识有限，遇到事情犹豫不决时，往往依靠卜筮来决疑解惑，如《礼记·曲礼上》指出占卜是"决嫌疑，定犹与"（按，"犹与"即"犹豫"），《左传·桓公十一年（701BC）》斗廉亦云："卜以决疑"，这些都已表明了卜筮是人类早期科技文化不发达而求神问卜的证明。《礼记·表记》云："昔三代明王，皆事天地之神明，无非卜筮之用，不敢以其私亵事上帝。"卜筮活动是人类敬祀神灵的表现，因此卜筮的结果乃是"神意"的体现，甲骨的灼文则是神迹，指示着展问之事的吉凶。《尚书·洪范》论及占卜稽疑时云：

> 择建立卜筮人，乃命卜筮。曰雨，曰霁，曰蒙，曰驿，曰克，曰贞，曰悔，凡七。卜五，占用二，衍忒。立时人作卜筮，三人占，则从二人之言。汝则有大疑，谋及乃心，谋及卿士，谋及庶人，谋及卜筮。汝则从，龟从，筮从，卿士从，庶民从，是之谓大同。身其康强，子孙其逢，汝则从，龟从，筮从，卿士逆，庶民逆，吉。卿士从，龟从，筮从，汝则逆，庶民逆，吉。庶民从，龟从，筮从，汝则逆，卿士逆，吉。汝则从，龟从，筮逆，卿士逆，庶民逆，作内吉；作外凶。龟筮共违于人，用静吉；用作凶。

求占者为了稽疑，乃命人占卜，然后根据龟兆判断神意，确定吉凶，占断有

---

① 李镜池：《周易探源》，北京：中华书局，1978年版，第3页。

"从""逆"两个维度，并综合参考"乃心"（王者自己内心的考虑和意见）、卿士、庶人、卜筮结果等。但是从上文来看，问占者的意见如果和卿士、庶人、卜筮结果一致，则是大吉，如果意见不一致，只要"龟从、筮从"，还是吉利的，如果龟和筮也出现了分歧，则于内事为吉，于外事为凶，最重要的是，如果"龟筮共违于人"，那就不要行事了，否则就是凶险的。这说明决定吉凶的终极语言在于龟筮的结果，而龟筮乃是神意的符号表征，因此三代占筮其实有一个预设的符号发送者，也就是天神。但是随着人类心智的发展和成熟，占筮也逐渐趋于理性化，《周易》即占卜趋于理性化的体现。

占卜的形式技法也有其发展过程，"龟为卜，筴为筮"（《礼记·曲礼上》）明确指出了卜与筮之不同，卜用龟甲占卜，筮用蓍草占筮。从占卜到占筮，被认为是一个进步的过程，如论者指出："同是迷信，二者相比，有两点不同。其一，钻龟取象，其裂痕是自然成文，而卦象是手数蓍草之数，按规定的变易法则进行推衍而成。前者出于自然，后者靠人为的推算。其二，龟象形成后，便不可改易，卜者即其纹，便可断其吉凶。但卦象形成后，要经过对卦象的种种分析，甚至逻辑上的推衍，方能引出吉凶的判断，同观察龟兆相比，又具有较大的灵活性和更多的思想性。这两点都表明，占筮这一形式的形成和发展意味着人们的抽象思维能力的提高，卜问吉凶的人为的因素增加了。"[1] 占卜以灼烧甲骨之裂纹（兆象）来推求祸福，盛行于殷商时期，而占筮乃是用蓍草进行数理推算，是理性观照下的逻辑思维的体现，表明了人类思维的进步，占筮中人为的因素增加了，人类不再盲从于神秘莫测的"天意"，而是在占卜中增加了自己对事物的理解与推测。从龟卜的取象到蓍草的演算，逻辑思维活动大大增强，然而无论取象还是演算，都是早期先民的思维活动，思维活动本身就被认为是一种携带信息、具有意义的符号操作，[2] 通过将符号化的元素进行组合，对其中蕴藏的信息加以推理运算，形成一个新的系统信息，完成对未来的前瞻与引导。

---

① 朱伯崑：《易学哲学史》，北京：华夏出版社，1995年版，第7页。
② 参见夏甄陶：《认识论引论》，北京：人民出版社，1986年版，第218页。

现传《周易》的阴阳二爻（"--"和"—"），据张政烺先生考证，当时由筮数演变而来，张先生依据古筮考古资料发现一和六出现的频率最高，一是奇数是阳数，六是偶数是阴数，而筮法又是在奇数与偶数分类基础上建立起来的，筮数中的一和六已经带有符号的性质，当其转化为爻象的时候，就彻底符号化了，"从筮数到爻象，是一个重大的变化过程，筮数的数值已被抽象化，只因其为奇为偶而作为阳为阴的符号，而不论其数值的大小"。①

当阴阳二爻组合为八卦，推演为六十四卦的时候，一套新的占筮符号系统就基本形成。而殷周代际则是这一新的占卜体系形成的关键时期。按照易学史家高怀民的观点，先秦易学大致可以分为三期，也即自伏羲画卦至周文王的符号易时期，从文王演易到孔子的筮术易时期，自孔子赞易以下的儒门易时期。② 根据高氏的分析，筮术易时期，六十四卦从八卦的自然现象转入人事之中，人事关系、个人修养、男女情感、家庭婚姻、国家兴替等，都被纳入易学领域，易之内容也由天地自然转向人事关系等世俗生活领域，这其实是一种进步。三代先王以卜筮事神明，不敢以私意亵渎上帝，其行事皆"不违卜筮"（《礼记·表记》），以占筮所求之"神意"作为行事准则，当易学由天命神迹而人事，乃至融入生民日用之中时，体现的是先民从盲目的自然崇拜、鬼神信仰中的解脱。更为重要的是，无论文王演易是否属实，《周易》之"周"与周民族的兴盛有关，周民族在与殷商的斗争中取得了胜利，周人在论证自己取得政权合法性的过程中，一大创造就是在权力的合法性中注入了"德"的因素，形成"皇天无亲，惟德是辅"（《尚书·蔡仲之命》）这样以德配天的观念，西周金文中大量出现"德"字，是这种思想背景的历史再现。"'德'是先王能配上帝或昊天的理由"，③ 而儒家孔子"祖述尧舜，宪章文武"（《礼记·中庸》），孔子赞易之后，孔门后学所作"十翼"，依旧是对道德名分思想的发挥，这就是易学对中国传统文化秩序的建构的深层背景。

---

① 张政烺：《帛书六十四跋》，《周易研究论文集》，北京：北京师范大学出版社，1987 年版，第 603 页。

② 高怀民：《先秦易学史》，桂林：广西师范大学出版社，2007 年版，第 26—31 页。

③ 侯外庐，赵纪彬，杜国庠：《中国思想史》卷一，北京：人民出版社，2011 年版，第 83 页。

二、尚德思想与伦理转向

按照周人的观点，"小邦周"（《尚书·大诰》）的发展与壮大与其"德"有关，《史记·周本纪》记载了文王的祖父古公亶父"积德行义，国人皆戴之。……民皆歌乐之，颂其德"的故事，[①] 古公亶父之子季历，其孙姬昌皆修古公亶父之遗德，才有周民族的兴盛，以及后来的伐纣成功之举。如前文所言，德这一概念为周人所创，"周人创造性地将'德'与权力的合法性联系起来，使中国古代的政治伦理化，德成为衡量权力合法与否的标准准则，进而对主体行为产生约束、进行规训"。[②]《周易》作为周人的文化产品，自然也为其德治观所渗透，而占卜在周人这里，增加了人为的因素，不再是纯粹天意的显现，因此，无论是《易经》部分还是后来的《易传》部分，德的成分都在逐渐增加。符合周人倡导的德性伦理的，其卦爻辞的占筮结果则是好的，反之则为不吉，占卜所得的"天意"，不再是纯粹自然的天之主宰的意志，而与问占者自身的德行相关，《周易》也成为周人道德伦理的符号载体。这其中首要的是政治伦理问题，《观》卦、《临》卦、《遁》卦等皆是。如《临》卦：

临：元亨利贞。至于八月有凶。

初九：咸临，贞吉。

九二：咸临，吉，无不利。

六三：甘临，无攸利。既忧之，无咎。

六四：至临，无咎。

六五：知临，大君之宜，吉。

上六：敦临，吉，无咎。

---

① 司马迁：《史记》册一，北京：中华书局，1982 年版，第 113—114 页。

② 祝东：《礼与法：两种规约形式的符号学考察》，《上海大学学报》，2017 年第 5 期。

所谓"临",即由上视下,引申为政治治理。因此,本卦实际上是讲政治伦理的,如初九之"咸临",王弼、韩康伯注为"感也。感,应也",·① 以德感化民众,自然能够收到好的治理效果;九二"咸临",李镜池认为与初九之"咸临"辞同义异,本处"咸"同于"諴",《说文》:"諴,和也",因此九二之"咸临"即"諴临",也即諴和于民,"用温和的政策治民则吉,无不利";② 六三为"甘临",高亨认为"甘犹严也。从甘得声之字,多有强制之义",③ 李镜池亦认为"甘临"就是用拑制压迫手段治民,所以没有好结果;④ 六四为"至临",李镜池训为统治者躬亲政治、处理国事,故无咎,⑤ 高亨训"至"为"质",质者诚也,因此,"至临"则是以诚信临民,故而无咎;⑥ 六五为"知临","知"同"智",也即用聪明睿智以治民则吉;上六为"敦临","敦"同"惇",敦厚诚实之意,以敦厚诚实对待百姓,自然能得到民众拥戴,因此吉而无咎。李镜池在总论此卦时指出,前半部分是就感化、諴和、忧宽的政治政策而言,后半部分则是就统治者躬亲、明智、惇厚的品质而言,前者为人治,后者为德治,并在周公德治的基础上加入了"知"的因素,对后世影响很大。⑦ 因此,《临》卦整体上是将政治治理的占筮伦理化,强调的是政治政策与统治者的道德伦理精神在政治治理中的作用,这个与周人以德取天下的政治话语传播自然关系密切。

除了政治伦理之外,个人德行修养和家庭伦理也是易学伦理转向的重要方面,如《谦》卦、《节》卦、《无妄》卦等皆围绕个人私德修养展开,又如《蛊》卦,围绕子承父业的家庭伦理问题展开:

---

① 李学勤主编:《十三经注疏·周易正义》,北京:北京大学出版社,1999 年版,第 95 页。
② 李镜池:《周易通义》,北京:中华书局,1981 年版,第 40 页。
③ 高亨:《周易古今注》,北京:中华书局,1984 年版,第 218 页。
④ 参见李镜池:《周易通义》,北京:中华书局,1981 年版,第 40—41 页。
⑤ 同上书,第 41 页。
⑥ 参见高亨:《周易古今注》,北京:中华书局,1984 年版,第 218 页。
⑦ 参见李镜池:《周易通义》,北京:中华书局,1981 年版,第 41 页。

　　蛊：元亨，利涉大川。先甲三日，后甲三日。

　　初六：干父之蛊，有子，考无咎。厉终吉。

　　九二：干母之蛊，不可贞。

　　九三：干父之蛊，小有悔，无大咎。

　　六四：裕父之蛊，往见吝。

　　六五：干父之蛊，用誉。

　　上九：不事王侯，高尚其事。

　　本卦论述的是子承父业之事，实际上是西周宗法伦理的体现，因此，卦辞就业已指出"元亨"，也即对这种宗法伦理的肯定。继承父业是受到肯定的，其占断自然也是吉利的，在爻辞中，也继续申述了这一理论，如初六指出继承父业是为孝子，有此德性，即使有不好之处，最终也会化为平安吉祥。九三爻也是如此，即便有小问题，也是"无大咎"，而到了六五爻，则是继承父业获得成功，自然受到褒扬，甚至在孝（继承父业）与忠（服务王侯）的选择上，也是以孝为主。因此，卦爻辞的解释项实际上是引向了西周统治阶层倡导的宗法伦理上面，这也正是西周道德伦理在《易经》中的体现。

　　到了《易传》中，这种伦理思想进一步得到强化。如《周易·彖辞上》论《蛊》卦云："蛊，刚上而柔下，巽而止，蛊。《蛊》，'元亨'，而天下治也。利涉大川，往有事也。'先甲三日，后甲三日'，终则有始，天行也。"根据《蛊》卦卦象，巽下艮上，巽为风为柔，艮为山为刚，以阳刚为正，以阴柔为邪，邪不压正，所以才有"天下治也"的结论，这一结论被进一步引向了政治伦理领域。也许正因如此，后人才有这样的评论："《彖传》主张拯弊、治乱之事，要刚毅处下，柔弱处上，停息歪风，以正压邪，以德治国，旨在维护贵贱有序的封建统治秩序。"[1]

---

① 唐明邦：《周易评注》，北京：中华书局，2009 年版，第 57 页。

这实际上是结合了卦辞、爻辞及卦象而做出的合理推演。而《萃》卦，其卦辞为"亨，王假有庙。利见大人。亨，利贞。用大牲吉。利有攸往"，君王亲临宗庙祭祀，是对宗法礼仪的推崇，自然吉利。而《周易·彖辞下》对这其中蕴含的政治伦理思想做了进一步申述："'王假有庙'，致孝享也。'利见大人亨'，聚以正也。'用大牲吉，利有攸往'，顺天命也。"致孝属于西周统治者倡导的宗法伦理内容，故而为"正"，属于"顺天命"之举，自然"利贞"。此外，如《谦》卦倡导谦虚之德，《节》卦倡导节俭之德，不一而足，凡是符合西周道德伦理精神的，其占断一般为吉，反之则不吉，这其实是制卦者有意识地在卦爻辞中加入了人为的内容，使占筮由"天命"转向人事。如论者所言："作者是通过吉凶祸福的占断进行道德评价，进而达到去劝善惩恶的目的"，[①] 可谓一语中的。

这一点在《周易·文言》中表现得尤为明显。《周易·文言》充分肯定了人的能力："夫大人者，与天地合其德，与日月合其明，与四时合其序，与鬼神合其吉凶。先天而天弗违，后天而奉天时。天且弗违，而况于人乎，况于鬼神乎！"所谓"大人"即君子，或者统治阶层之人，其行事无论是"先天"还是"后天"，都不会有差失，正是因其有"与天地合其德"的能力，也就是充分肯定了人自身的主动性和德性。人不再盲从于天命，其行事能够与天地的德行相一致，则不会招致祸患。进一步讲，如果积德行善，就不会遭到祸害，相反，则会有祸患，所谓"积善之家，必有余庆；积不善之家，必有余殃"（《周易·文言》）。说到底，吉凶悔吝，不是上天所造，而是人自身行为所致，行善则有善果，作恶则有恶果，这实际上将《周易》符号系统的天占转向了人事。因此，对于人来说，做好"进德修业"即可：

> 君子体仁足以长人，嘉会足以合礼，利物足以和义，贞固足以干事。（《周易·文言》）

---

① 吴培德：《〈易经〉中的伦理道德思想》，《曲靖师专学报》，2000 年第 1 期。

忠信，所以进德也；修辞立其诚，所以居业也。(《周易·文言》)

君子以成德为行，日可见之行也。(《周易·文言》)

君子学以聚之，问以辨之，宽以居之，仁以行之。(《周易·文言》)

直其正也，方其义也。君子敬以直内，义以方外，敬义立而德不孤。(《周易·文言》)

易学符号系统的伦理倾向，其实是为了通过神秘的天命观来建构现实世界的文化秩序，而这种文化秩序正是西周统治者所倡导的宗法伦理思想。到了《易传》的时代，无论是孔子还是其门人弟子，信奉和推崇的就是西周的宗法伦理，故这种德性伦理思想在《易传》中进一步得到申述和强化。

因此，看似神秘的易学符号系统，其实已经浸润了周人的道德伦理思想。这种思想在战国以迄秦汉，又经儒门弟子的阐发，成为一套理想文化秩序的象征符号系统，如阴阳二爻的当位与不当位，爻位与身份等级等，其深层语义其实就是封建等级文化秩序。因此，《周易》的解释系统其实已经深深为道德伦理思想所渗透。

第二章　天道自然：世界的模塑与秩序建构

　　作为一门学问的"符号学"尽管晚起，但是对符号的使用却是与人俱来的，对符号现象的思考也是古已有之。人是追寻意义的动物，人类是如何通过符号来建构自己的意义世界，这些都是现代符号学需要回顾与反思的。人类孕育诞生于天地自然之中，自诞生以来，一直与自然共生发展。先民在仰观俯察中对天地自然进行观察思考，如葛兆光所言："中国古代思想世界一开始就与'天'相关，在对天体地形的观察体验与认识中，包含了宇宙天地有中心与边缘的思想，而且潜含了中国古代人们自认为是居于天地中心的想法，……对天地的感觉与想象也与此后中国人的各种抽象观念有极深关系。"[1] 天地自然成为意识的对象，已经不再是纯然之物，邢昺云："先儒因自然遂以人事为义，或据理事实，或虚构不经。"[2] 无论是有理据的，还是虚构不经的，"自然"都演化为携带意义的文本，当其抽象化之后，就会转化为表示观念意义的符号。因为其源自天地自然，而天地自然本身具有恒久不变的性质，所以这种符号观念也就具有了规则与模范的意义，对人类生活世界产生影响。

---

① 葛兆光:《中国思想史》卷一，上海：复旦大学出版社，2005年版，第19页。
② 李学勤主编:《十三经注疏·尔雅注疏》，北京：北京大学出版社，1999年版，第164—165页。

第一节　天道：自然神话与等级秩序

　　人类社会为了自身的生产和发展，会对天地自然的运行等进行持续的观察，并依据其运行情况不断调整自身的活动。特别是进入农耕社会之后，对季节农时的把握要求就更高了，这就进一步强化了人类对太阳、月亮及其他天体的观测，以及对所生活的自然界的密切观测，在不断的经验积累和数据收集过程中，他们逐渐发现了其中的运行周期和规律，这种周期性的宇宙章法即被中国的史官集团视作"天道"。[①] 天道本是一种天地自然的运行规律，当其被发展为一种尤瓦尔·赫拉利意义上的"由想象建构的秩序"时，[②] 便成为一种普遍信仰，即一种人类社会的秩序法则。那么这种天道秩序是如何建构的，其背后的符号模型又是什么？这些问题值得我们探析。

一、建模：对天道的认知与模塑

　　在先秦文献典籍中，观象察法与设象表征的活动多有记载。如《尚书·皋陶谟》载皋陶之言曰："天叙有典，敕我五典五惇哉；天秩有礼，自我五礼有庸哉。同寅协恭和衷哉。天命有德，五服五章哉；天讨有罪，五刑五用哉。政事懋哉懋哉。"梁启超谓："叙也，秩也，皆表自然法则之总相。因则而有彝，因范而有畴，因叙而有典，因秩而有礼，则自然法则之演为条理者也。此总相即后此儒家道家之所谓道。其条理，则后此儒家之所谓礼，道家之所谓法也。而其渊源则认为出于天，前此谓有一有感觉、有情绪、有意志之天直接指挥人事者，既而此感觉情绪意志，化成为人类生活之理法，名之曰天道。"[③] 天道秩序其实是人类"感

---

①　浅野裕一：《古代中国的宇宙论》，吴昊阳译，南京：江苏人民出版社，2020 年版，第 26 页。
②　尤瓦尔·赫拉利：《人类简史》，林俊宏译，北京：中信出版社，2017 年版，第 105 页。
③　梁启超：《先秦政治思想史》，北京：商务印书馆，2014 年版，第 30—31 页。

觉""情绪""意志"对世界结构的符号化，这种文化结构又反作用于人类社会，以"天道"的名义来规范指导人类生活。这一点在《国语·周语下》中早有类似的记载，太子晋劝导周灵王效法万物之规律，以此为人间制度法则："其后伯禹念前之非度，厘改制量，象物天地，比类百则，仪之于民，而度之于群生，……帅象禹之功，度之于轨仪，莫非嘉绩，克厌帝心。"禹通过对天地物象的模塑，来制定人间准则法度，由此才能建功立业，因此，人类活动要遵照天道自然。当然，并非所有的人都能知晓天道，郭店楚简《五行》篇云"圣人知天道也"，[①] 通晓天道的乃是少部分"圣人"，也即能够与天地万物沟通并掌握其规律的人。

人类生存于自然界中，时间和空间作为两个纯形式的感性直观，"已经包含有前后相继、同时并存的关系"，[②] 也就是说，人类对时间和空间的直观之中，已经包含了赋予世界秩序感的能力。《庄子·天道》篇中明确提出天地四时的秩序的模塑问题："夫尊卑先后，天地之行也，故圣人取象焉。天尊，地卑，神明之位也。春夏先，秋冬后，四时之序也。万物化作，萌区有状。盛衰之杀，变化之流也。夫天地至神，而有尊卑先后之序，而况人道乎？"天地之上下，模塑尊卑之等级，春秋四时之时序，模塑社会演化之秩序。前者是对空间的模塑，后者是对时间的模塑。其实已有学者指出，道家对"道"的探究并非仅仅是对宇宙创生的思考，而是借由天道感悟人道而已，"道还需落实在人间秩序上"，[③] 而这种人间秩序又是对天地四时的观察和模塑，模塑自然天地四时，用以建构人类社会秩序法则，使混沌变得秩序化、条理化。

建模（model）理论是美国符号学家西比奥克在生物学、神经认知学及语言学心理学等基础之上发展起来的一种整体的符号学理论，这一理论在其《意义的形式：建模系统理论与符号学分析》中有较为集中的探讨。建模理论在西方符号学

[①] 本书所引郭店楚简原文主要参考李零《郭店楚简校读记》，北京：生活·读书·新知三联书店，2012年版；并参考了荆门市博物馆《郭店楚墓竹简》，北京：文物出版社，1998年版。为彰显文义，方便阅读，对异体字和假借字不再标注原文，下同，不另注。

[②] 康德：《三大批判合集》，邓晓芒译，杨祖陶校，北京：人民出版社，2009年版，第42页。

[③] 姜李勤：《〈文子〉思想研究》，成都：巴蜀书社，2017年版，第13页。

界得到了广泛的认同与应用，这个在近年相关符号学译著中亦多有反映，如《符号学基础（第六版）》（张祖健译，2012）、《生命符号学：塔尔图的进路》（彭佳等译，2014）、《劳特利奇符号学指南》（周劲松等译，2013）、《打开边界的符号学：穿越符号开放网络的解释路径》（王永祥等译，2015）等著作中，我们可以看见约翰·迪利、卡莱维·库尔、保罗·科布利、苏珊·佩特丽莉等西方符号学界的诸多学者对这一理论的阐述和回应；中国符号学界对这一理论有集中探讨的是余红兵、彭佳等青年学者，余红兵的博士论文《西比奥克建模系统理论研究》（2014），① 对西比奥克建模理论的理论渊源、发展演化情况以及这种理论的特征、意义和不足等都有较为详细的考论；彭佳则从语言与文化这种人类特有的模塑系统入手，致力于生态符号学和民族符号学方面的研究，探讨语言与文化如何映现自然，以及自然在文化的视角下被文本化，同时又影响人类的生活和文化实践等方面的内容。②

模塑系统这个概念是莫斯科—塔尔图学派引入符号学领域的。洛特曼认为模塑就是"关于认知对象的类比，在认知过程中对其取而代之"。③ 在洛特曼看来，模塑与对象之间的关系是通过模塑系统的结构展现出来的，类似于相似符号，也就是说，模塑与对象自己形成一种所谓结构同型（structural homology）的关系，但实际上这种相似不止于此，在实际操作中，形象式相似与比喻式相似也必不可少。

西比奥克等学者进一步将莫斯科—塔尔图学派的模塑系统发展为建模系统理论（Modeling Systems Theory），并明确指出，模塑"一方面是一种认识和理解的手段，另一方面是被制造的任何东西"，④ 也就是说，模塑于人类而言，意味着通

---

① 该论文已于 2019 年以《符号建模论》为名出版，参见余红兵：《符号建模论》，苏州：苏州大学出版社，2019 年版。

② 彭佳：《自然文化：概念、功能和符号学维度》，《河南师范大学学报》，2014 年第 4 期。

③ 保罗·科布利：《劳特利奇符号学指南》，周劲松，赵毅衡译，南京：南京大学出版社，2013 年版，第 59 页。

④ 同上书，第 53 页。

过符号系统去认识和理解事物，同时也通过符号系统来表征世界、制造事物。此时的自然世界已经不是原始本真的零度自然（zero nature），而是一度自然（first nature），甚至二度自然（second nature）和三度自然（third nuture）。一度自然是人类用语言符号范畴化的自然，二度自然则是在一度自然的基础上重塑的自然，三度自然是建构于人类头脑中、艺术中的自然。人类所认知的一切，都是经过语言符号过滤之后模塑而成的，人类对外在世界的理解也是经过这种模塑系统而来的。① 所以文化符号学家洛特曼指出，人类对世界的把握实际上就是将世界变成文本，世界"文本化"过程的实质就是世界"文化化"的过程。世界本身并没有意义，这个意义是人赋予的，是人将非文本文本化，因此，文化化就在于赋予世界文化的结构，② 而这种认识和结构又会反过来建构并巩固人类的社会结构，使之成为一种具有"自然"意义的结构。

建模系统理论在西比奥克等学者的推动下，发展成有关人类文化系统的一种方法论研究，这对我们的文化研究是有启示意义的。如西比奥克所言："符号活动是所有生命形式都具备的一种能力；而表征则是人类才有的一种独特的能力"，③ 人类和其他生物都具有产制与理解特定模型的能力，但人类还能够通过建模来表征世界，这种指称能力正是人类区别于其他动物的一个重要标志。如《礼记·明堂位》云："明堂也者，明诸侯之尊卑也"，一定的位置空间关系，表征的却是现实社会中一定的高下尊卑、远近亲疏的关系。明堂之位实际上是一种符号活动，即通过对空间关系的组合，来呈现一定的意义关系。以下，我们将就早期中国文献典籍中先民是如何通过对空间与时间的模塑来建构社会文化秩序进行一番探讨。

---

① 祝东：《论〈老子〉的"自然"符号思想》，《河南师范大学学报》，2017年第4期。
② 康澄：《文化及其生存与发展的空间》，南京：河海大学出版社，2006年版，第33页。
③ 西比奥克，德尼西：《意义的形式：建模系统理论与符号学分析》，余红兵译，成都：四川大学出版社，2016年版，第4页。

二、空间：天地阴阳与尊卑等级

阴阳被认为是人类最初对于宇宙的一种认识。从字源字形的发展来看，"陽"字象"日"在"一"之上，从"勿"，"陰"字从"云""今"声，为云覆日之象，因此，阴阳二字的意思即日在地上为阳，有云不见日则为阴，这也是人类对于自然界认识的第一步。[①]阴阳初始观念的诞生，就是一个符号化的过程，人生天地之间，日出而作，日入而息，每天面对的是昼夜交替，对昼夜和阴阳的认识，就是从自然获得相关意义的过程，这种经验在记忆中逐渐积累，产生了相应的观念，这个观念的外化，就是阴与阳的初始符号，其解释项就是阴阳二字的意义。而且，随着认识的发展，阴阳的解释项不断增加，《说文解字》及其后来关于阴阳二字的释义，其实已经是经过演进的义项。所谓"阴"，《说文》谓"水之南，山之北也"，而"阳"则与之相反，《穀梁传·僖公二十八年》云"水北为阳，山南为阳"，注云"日之所照曰阳"。[②]意思很明显，阳与阴，本指日光向背之处，向日之处为阳，背日之处为阴，两者都是表示空间位置的词语。这个在先秦文献之中也是有印证的，如《诗经·大雅·公刘》云"既景乃冈，相其阴阳，观其流泉"，这里的阴阳即山北山南这一本义。这与后世所言的阴阳之义相差甚远，所以梁启超指出，"商周以前所谓阴阳者不过自然界中一种粗浅微末之现象，绝不含有何等深邃之意义"。[③]后世"深邃之意义"乃是阴阳符号解释项扩容的结果。

当阴阳与"气"的观念结合时，便产生了阴阳二气的观念。如《国语·周语上》记载周幽王二年地震，伯阳父评论说："夫天地之气，不失其序，若过其序，民乱之也。阳伏而不能出，阴迫而不能烝，于是有地震。今三川实震，是阳失其所而镇阴也。阳失而在阴，川源必塞，源塞，国必亡。"阳为蒸，向上发展，阴为迫，向下发展。《庄子·田子方》云："至阴肃肃，至阳赫赫；肃肃出乎天，赫赫

---

① 徐文珊：《儒家和五行的关系》，《古史辨》册五，上海：上海古籍出版社，1982年版，第677页。

② 李学勤主编：《十三经注疏·春秋穀梁传注疏》，北京：北京大学出版社，1999年版，第149页。

③ 梁启超：《阴阳五行说之来历》，《古史辨》，上海：上海古籍出版社，1982年版，第347页。

发乎地。"肃肃为阴自天而下，赫赫为阳自地而上，阳与阴并非静止的上下相对，而是处于运动之中，如此交互激荡，才能生"气"生"物"。伯阳父认为阴阳不能流动故有地震，地震导致川源堵塞，国家危矣，进而将自然之阴阳失序与社会之变化（亡国）联系起来，为阴阳赋予一定的社会文化内涵。《老子》则将世间万事万物与阴阳联系起来："万物负阴而抱阳，冲气以为和"（四十二章），万物在阴阳二气的激荡之中交汇融合，生生不息。《庄子》中阴阳出现的频率就更高了，我们粗略统计，仅阴阳合用就达 23 次之多，阴阳与人事的结合也愈发频繁：

> 凡事若小若大，寡不道以懽成。事若不成，则必有人道之患。事若成，则必有阴阳之患。(《庄子·人间世》)
>
> 阴阳于人，不翅于父母。(《庄子·大宗师》)
>
> 是故天地者，形之大者也。阴阳者，气之大者也。(《庄子·则阳》)

据郭沫若《金文所无考》所云，金文中天若、皇天等字样多见，均可视为至上之神，但是跟天相配的后土等字样则没有，地字也不可见，而所见土字则均是本义，"用为神祇之例绝未有见"，因此地字当是后起之字，地与天为配为万物父母之意亦应是后起之事。① 《史记·管晏列传》中太史公曰："吾读管氏《牧民》《山高》《乘马》《轻重》《九府》，及《晏子春秋》，详哉其言之也。既见其著书，欲观其行事，故次其传。"② 以上诸篇可能保留有管仲遗说，其中"山高"即被认为是现存《管子·形势》篇，其中有云："天不变其常，地不易其则，春秋冬夏不更其节，古今一也。"这里就出现了天地对应的概念，认为无论是天地，还是春夏秋冬，都有其规则和顺序。管仲为春秋时人，说明至迟在春秋时期已经出现了天地的观念，与之相应的则是阴阳观念。白奚曾指出，将阴阳引入社会领域，用于解释论证社

① 郭沫若：《金文丛考》，北京：人民出版社，1954 年版，第 32—34 页。
② 司马迁：《史记》册七，北京：中华书局，1982 年版，第 2136 页。

62

会现象特别是政治伦理问题，首推《黄帝四经》①。如《黄帝四经·称》云：

> 凡论必以阴阳明大义。天阳地阴，春阳秋阴，夏阳冬阴，昼阳夜阴，大
> 国阳，小国阴；重国阳，轻国阴。有事阳而无事阴。伸者阳而屈者阴。主阳
> 臣阴，上阳下阴。男阳［女阴］。［父］阳［子］阴。兄阳弟阴。长阳少［阴］。
> 贵［阳］贱阴，达阳穷阴。娶妇生子阳，有丧阴。制人者阳，制与人者阴。
> 客阳主人阴。师阳役阴。言阳默阴。予阳受阴。诸阳者法天，天贵正；过正
> 曰诡，□□□□祭乃反。诸阴者法地，地［之］德安徐正静，柔节先定，善予不
> 争。②

这是一段纵论天地阴阳的文字，将事物按照阴阳缕分。实际上，这种情况如
马王堆汉墓帛书整理小组所言，在古籍中是很常见的，如《说苑·辨物》《鬼谷
子·捭阖》《春秋繁露·阳尊阴卑》等篇章中皆有类似的说法。如前文所言，阳与
阴本是指日光向背之处，是表示空间位置的词语，当阴阳与气的观念结合的时候，
阳气向上，阴气向下，"阳清为天，阴浊为地"，而与此对应的则是天上地下，这
样天地与阴阳在关系上形成一种构造类似，也即图表式相似，如皮尔斯所言，"许
多图表（diagrams）看起来一点都不像它的对象，它们的像似性仅仅存在于各自
组成部分的关系之中"。③ 当这种同型结构被进一步抽象的时候，如提取出其上／
下的品质，就形成比喻式相似，由是就可以理解《黄帝四经·称》这段材料中的
系列关于阴阳的比配。天与地，大国与小国，强国与弱国，君主与大臣，居上位
者与处下位者，男与女，父与子，兄与弟，年长者与年少者，高贵者与卑贱者，

---

① 白奚：《稷下学研究——中国古代的思想自由与百家争鸣》，北京：生活·读书·新知三联书店，1998 年
　版，第 133 页。
② 本书所引帛书原文及译文主要参考陈鼓应《黄帝四经今注今译》（北京：商务印书馆，2007 年版），以及国
　家文物局古文献研究室《马王堆汉墓帛书［壹］》（北京：文物出版社，1980 年版）。为彰显文义，方便阅
　读，对异体字和假借字不再标注原文，下同，不另注。
③ 皮尔斯：《皮尔斯：论符号》，赵星植译，成都：四川大学出版社，2014 年版，第 55 页。

显达者与穷困者，长官与士兵等，皆有一种上与下的关系，这些事物在人类秩序中本来也处于一种上／下等级结构之中，而思想理论界进而将其与天地阴阳的这种上下关系结合，并以天地阴阳为范本进行建模，反过来以这种模型来规范人间秩序。

　　一般认为，模塑即用符号建模的生物活动能力。模塑概念出现在萨丕尔所用的"塑形"（patterning）这个术语中，用以指文化和语言元初的、专门的组织：文化塑形和语言塑形。在符号学中，模塑以相似性或同形思想作为基础，因此同皮尔斯所理解的像似符号彼此相关。模塑由两个部分组成：先是模仿，这是一种生物性本能，不管是人类还是动物都有这种模仿的本能，这也是动物生存下去的基本能力；其次是建模，也即在模仿的基础之上，用符号模仿并建构模型，用符号来表征、建构生命体对世界的认知，并以此进行信息交流。人类的语言是一套特殊的建模系统，语言能够无限制地建立模型，以此表征无限可能的世界。如乌克斯库尔认为，语言是专门设计来产生和组织世界观的，话语是为交流的目的而适应性地从人身上衍生出来的。人因此有能力建构各种可能世界，将有限的要素赋予无限量的涵义。某事物通过该过程而在模式或图示——无论是想象中的还是真实的——基础上得以实施或再现。

　　本乎此，我们就容易理解先民通过考察阴阳天地的关系模式来拟配人间社会的等级秩序："贵贱有别，贤不肖衰也。衣服不相逾，贵贱等也。"（《黄帝四经·经法》）贵与贱，贤与不肖，是有等级差别的，这些在衣物日用之中皆有等差，而这种身份等级是自周公等西周初期统治者创制礼乐文化之时就业已建构起来的制度，稷下黄老学派的学者将其与天地阴阳拟配，使之理论化。吴龙辉指出："稷下学派通过对天地自然现象的观察总结出一套天道变化运动的规律，如度、数、阴阳五行等。在他们的学说中，这些有关天道运动的概念往往被直接引入到他们的政治理论之中。"[1] 也就是说，稷下学派在基于对天地自然的观测建模之后，用一套符号

---

[1] 吴龙辉：《原始儒家考述》，北京：中国社会科学出版社，1996年版，第160页。

系统模塑自然关系，进而以此来规范社会秩序和建构人伦秩序。这样，根据建立的"天地""阴阳"框架，将事物之间的对立性与差异性尽皆纳入其中，形成一种解释的普遍元语言，由此建构人类秩序：

> 天地有恒常，万民有恒事，贵贱有恒位，畜臣有恒道，使民有恒度。天地之恒常，四时、晦明、生杀、柔刚。万民之恒事，男农、女工。贵贱之恒位，贤不肖不相放。畜臣之恒道，任能毋过其所长。使民之恒度，去私而立公。……凡事无大小，物自为舍。逆顺死生，物自为名。名形已定，物自为正。（《黄帝四经·道法》）

根据天地之"恒长"的特征，将天地上下以及引申而来的观念（如尊卑贵贱等）神话化，以建立人类社会的秩序，名其实就是人类面对自然世界的初级建模，也正是因为有名，万事万物才由混沌的星云状而趋于秩序化。黄老学者试图通过引入刑法体系，强制规范形名对应关系，于是就将形名落实到社会秩序建构之中，[①] 也就是说，语言符号的塑形最终被落实为社会秩序结构的塑形。而《庄子·天道》篇亦被学界视作体现黄老思想的文献材料，其中也论及天地秩序的问题："夫尊卑先后，天地之行也，故圣人取象焉。天尊，地卑，神明之位也。春夏先，秋冬后，四时之序也。万物化作，萌区有状。盛衰之杀，变化之流也。夫天地至神，而有尊卑先后之序，而况人道乎。宗庙尚亲，朝廷尚尊，乡党尚齿，行事尚贤，大道之序也。"（《庄子·天道》）所谓的大道之"序"，其理论渊源取自天地上下之象，这种上下进而被比拟为权力尊卑之等级关系，亦如《管子·任法》所言："夫君臣者，天地之位也"，天地阴阳，逐渐落实到人间尊卑秩序之上，于是人间秩序的尊卑等级成为天地"自然"的反映。这种观念在战国中后期以迄秦汉的文献之中被进一步确认。如被认为是始于战国后期的《易传》进一步将天地

---

① 祝东：《论形名：从语言规范到行为秩序》，《江西社会科学》，2017 年第 8 期。

高下之位势比配人间之尊卑等级："天尊地卑，乾坤定矣，卑高以陈，贵贱位矣"（《周易·系辞上》），其建模取象的天地位势成为模塑人间秩序的符号理据。在《周易·序卦传》里面还有更为详细的论述：

> 有天地然后有万物，有万物然后有男女，有男女然后有夫妇，有夫妇然后有父子，有父子然后有君臣，有君臣然后有上下，有上下然后礼义有所错。

天地之间的万物，皆是对天地的取法与模拟。曾有学者指出，《淮南子》一书将阴阳五行思想"构造了一个完整的解释宇宙的总间架，这一间架竟为二千年间封建学者一致遵守"，① 天地阴阳所建构的意识形态成为不折不扣的神话。天地阴阳在人类的认知和建模的过程之中，被逐渐赋予了形式和意义，成为一种符号，当它们与人间秩序及权力等级形成一种结构对应的时候，如徐小霞言，这种相互关联的符码原则其实是社会规约的，而这种结构上的上／下同型与人间尊卑等级也存在着某种类似性，使得这种符号成为动机符号。"再现体与意指对象间不但结构上同系而且在感知上具有像似性，这便是我们今天说的东方整体性思维方式"，② 也就是说，这种模塑活动对我们考察东方符号思维模式具有启迪意义。

三、时间：四时月令与社会秩序

自然和人产生关系的时候，时间就开始与人共舞。如果说所谓的"纯粹的自然"，是指没有人参与其间的自然，那么可以说有人参与的自然，就是时间的开始。从时间观念发生的角度来看，"人类对时间、空间的认识，正如对客观世界各

---

① 任继愈：《中国哲学发展史》，北京：人民出版社，1985 年版，第 297 页。
② 徐小霞：《佛教像似符号探究：以大日如来的再现为例》，《符号与传媒》，2017 年第 2 期。

种事物的认识一样，无不来自于实践"。[1] 日出而作、日入而息，太阳月亮的交替甚至被认为是先民时间观念萌芽的渊薮。而对四季（四时）的认识，也经过了漫长的发展历程：春种秋收的实践，进而对夏生冬藏的观察，一直到西周末期，华夏民族才形成了明确的"四时"观念。[2] 正是因为先有具体的生活实践及体验，抽象的时间观念才逐渐形成。当然，时间问题是个非常复杂的哲学问题，这里也不是我们谈论的重点。我们关注的重点是，时间的绵延和四时月令的轮回是如何影响到政治伦理秩序的建构的，毕竟古代中国是一个以农业文明著称的社会，时间或者四时的循环往复对农业生产生活具有极其重要的意义，在这种周而复始的循环中，先民自然会体验到一种冥冥之中的规律性特征，而把握这种规律则对农业生产生活都有重要意义。如《尚书·尧典》所云："乃命羲和，钦若昊天；历象日月星辰，敬授民时。"羲和氏观察日月星辰运转规律，测定时令并传授给民众，便于他们从事春耕秋收的工作。"允厘百工，庶绩咸熙"，也即百官取法天时，办理政事，才有各种功业的兴盛。

所以，先民在对这种规律的不断总结归纳之中，自然也会将其联系到社会政治生活之中，梁启超指出："中国人信守宇宙有一定的自然法则，把这些法则适用到政治，便是最圆满的理想政治。"[3] 如对四时月令的归纳总结，以及这种时间规律与政治伦理的关系，这些在《大戴礼记·夏小正》《逸周书·时训解》《管子·四时》《吕氏春秋·十二纪》《礼记·月令》《淮南子·时则》中都有涉及，而东汉月令仪式亦保留在《后汉书·礼仪志》中。

这其中，学界一般以《夏小正》为最古，如四库馆臣就认为《大戴礼记》中《夏小正》篇最为古老，并且"《小正》文句简奥，尤不易读"。[4] 天文学家陈遵妫亦认为此书可能是春秋前期杞国人所作，或春秋时居住在原夏代领域、沿用夏时

① 刘文英：《中国古代时空观念的产生和发展》，上海：上海人民出版社，1980年版，第2页。
② 同上书，第10页。
③ 梁启超：《先秦政治思想史》，北京：商务印书馆，2014年版，第234页。
④ 纪昀：《钦定四库全书总目》，北京：中华书局，1997年版，第276页。

者所作，其中一部分确信是夏代流传下来的。① 礼学家沈文倬亦认为此书尽管属于后人追记前代事物，存于《大戴礼记》之中，但仍不失为研究夏后氏的重要资料，属于我国最古老的文献资料之一。② 从语言发展的角度来看，这篇文献基本上以二言、三言、四言为主，这点亦可证明它是早期文献。学者冯时曾研究指出："从人类认识自然的进程分析，在他们摆脱掉原始的动物状态之后，首先主动地规划自然的行为，便是对空间和时间的分辨。"③ 这种"规划行为"其实就是一种初级建模的活动，如《夏小正·五月》：

> 五月：参则见。浮游有殷。鴃则鸣。时有养日。乃瓜。良蜩鸣。启灌蓝蓼。唐蜩鸣。初昏大火中。煮梅。蓄兰。菽糜。颁马。将闲诸则。

这里经文一共记有十五事，其中有对五月星象的观测，如参星现，心星位于天正中；有对动植物的观测，如浮游出现，百鹩和蝉开始鸣叫。时日渐长，随着这种自然物候之变化，人们也有相关的工作要做，如煮梅，采兰草，做豆酱，分开公马母马。诸如此类，皆是为了使其工作符合法则，而这里的"则"就是由建模而来的活动规则模型，后者进而规划指导着人类的生产和生活。如果按照西比奥克的符号活动、建模与表征之间的关系来看，星象与动植物的变化是人类感知的结果，在这种感知下形成的符号活动即对这种形式的理解，如"时有养日"。由此，对时间长短的分辨就出现了，在这个基础之上就有进一步的建模活动，其结果就是形成各种法则规范，进而由这种符号化的法则规范来指导规训人类的活动，以这种法则规范来指称世界其实就是人类特有的符号表征能力。这个在后来的以《夏小正》为基础形成的系列相关文本中有比较切实的反映，如《逸周书·时训解》："雨水之日，獭祭鱼；又五日，鸿雁来；又五日，草木萌动。獭不祭鱼，国

① 陈遵妫：《中国天文学史》册一，上海：上海人民出版社，1980 年版，第 200 页。
② 沈文倬：《菿闇文存》，北京：商务印书馆，2006 年版，第 999—1002 页。
③ 冯时：《中国古代的天文与人文》，北京：中国社会科学出版社，2006 年版，第 1 页。

多盗贼；鸿雁不来，远人不服；草木不萌动，果蔬不熟。"人对世界的建模和表征反过来又指导人类的生活实践。

《管子·四时》纵论四时与政令之关系，指出"令有时。无时则必视，顺天之所以来，五漫漫，六惛惛，孰知之哉？"。天地自然，本是昏昏茫茫的，没有人类"时"的切割则如同索绪尔所言的混沌星云，当人类认识到时间之流并对其进行建模规范的时候，时间就秩序化，这种秩序又反过来规范政令人事活动。春政、夏政、秋政以及冬政各有其表意规范，也即要"刑德合于时"，于统治者而言更要"务时而寄政"(《管子·四时》)。诚如赵毅衡先生所言，"模塑，就是人的意识自觉与不自觉地按照符码体系的规律来进行意义实践"。[1]人通过自然模塑建造社会理论模式，在理论的自觉上，大抵以《吕氏春秋·十二纪》为最。"十二纪"应当是业已合流的诸子百家想通过四时月令的运行变化建构的一套统治者处理政务的行动指南，以自然时间来模塑政治秩序。学者指出，这些其实是"根据物候掌握时令又为安排政治活动所需"。[2]"十二纪"将一年分为春夏秋冬四季，每季又缕分为孟、仲、季纪三部分，合为"十二纪"，而这"十二纪"纪首又被后来学者编入《礼记·月令》之中。此《礼记正义》孔疏引郑注已有发明，目的在于"记十二月政之所行"，[3]从"十二纪"的篇首内容来说也确实如此。如《孟春纪·孟春》先叙孟春之月的天象物候情况，接下来叙述天子百官在衣食住行方面相应的规定：

> 天子居青阳左个，乘鸾辂，驾苍龙，载青旗，衣青衣，服青玉，食麦与羊，其器疏以达。
>
> 立春之日，天子亲率三公、九卿、诸侯、大夫，以迎春于东郊。
>
> 是月也，天子乃以元日祈谷于上帝。乃择元辰，天子亲载耒耜，措之参于保介之御间，率三公、九卿、诸侯、大夫，躬耕帝籍田。

---

① 赵毅衡：《哲学符号学：意义世界的形成》，成都：四川大学出版社，2017年版，第283页。
② 任继愈：《中国哲学发展史·秦汉》，北京：人民出版社，1985年版，第546页。
③ 李学勤主编：《十三经注疏·礼记正义》，北京：北京大学出版社，1999年版，第438页。

> 王布农事，命田舍东郊，皆修封疆，审端径术。

> 是月也，命乐正入学习舞。乃修祭典，命祀山林川泽，牺牲无用牝，禁止伐木。

在四时月份的运行之中，人类以此为参照，为社会活动建构了一个无所不包的模型，人的活动，在遵循模型的基础上，才能收到成效，否则就会有灾殃："孟春行夏令，则风雨不时，草木早槁，国乃有恐；行秋令，则民大疫，疾风暴雨数至，藜莠蓬蒿并兴；行冬令，则水潦为败，霜雪大挚，首种不入。"政令活动不守四时规范，就会有灾祸发生。诚如李泽厚所言，这里确认了人事政治与自然规律有类别的同形和系列的同构，从而它们之间才可以互相影响、彼此配合。这也就是把天时、物候、人体、政制、赏罚统统分门别类地列入这样一种异事而同形、异质而同构的五行图表中，组成一个相生相克的宇宙—人事结构系统，以作为帝国行政的依据。① 这种建模思想在秦汉文献中多有相互参发之处，如《鹖冠子·天权》篇谓："取法于天，四时求象：春用苍龙，夏用赤鸟，秋用白虎，冬用玄武。天地已得，何物不可宰？"将四时与四方相配，作为取法的模型，则万物可制。这在《礼记》之中还可找到很多例证：

> 祭之日，王被衮以象天。戴冕璪十有二旒，则天数也。乘素车，贵其质也。旂十有二旒，龙章而设日月，以象天也。天垂象，圣人则之，郊所以明天道也。（《礼记·郊特牲》）

> 制十有二幅，以应十有二月，袂圜以应规，曲袷如矩以应方，负绳及踝以应直，下齐如权衡以应平。故规者，行举手以为容；负绳抱方者，以直其政，方其义也。（《礼记·深衣》）

---

① 李泽厚：《中国古代思想史论》，北京：生活·读书·新知三联书店，2009年版，第154页。

祭天的礼服图案等一切都是对"天道"的模塑，无论是王冕上、旗帜上的十二串旒，还是深衣十二幅的制度，都是对十二月的取效，皆是推天理以明人事，以天理为范本进行模塑，建构人类秩序的模型，进而将人事纳入以天理建构的秩序框架之中，以此来模塑人类社会的秩序。列维-斯特劳斯在《野性的思维》《结构人类学》等论著中指出，人类思维有一种普遍的二元对照的倾向，当我们思考某一事物时，总是不自觉地将它与另外一事物建立起一种对照。思想通过在一种特质与另一种特质之间建立对比关系，给自然和社会现象加上了逻辑秩序。

秦灭汉兴，百废待兴，《史记·郦生陆贾列传》记载高祖皇帝让陆贾等人探讨"秦所以失天下，吾所以得之者何，及古成败之国"之原因，[①] 统治者亟需稳固政权的权力秩序，而陆贾等也是从天道自然之中吸取人间秩序的合法性来源，如《新语·道基》："张日月，列星辰，序四时，调阴阳，布气治性，次置五行，春生夏长，秋收冬藏，阳生雷电，阴成霜雪，养育群生，一茂一亡，润之以风雨，曝之以日光，温之以节气，降之以殒霜，位之以众星，制之以斗衡，苞之以六合，罗之以纪纲，改之以灾变，告之以祯祥，动之以生杀，悟之以文章。"[②] 日月星辰，春夏四时，雷电霜雪之属，无不是"斗衡""纲纪"之来源，而这体现的正是"根据天地运行的自然理序而制定的各种度量、规范和制度"。[③] 人间的政治伦理秩序乃是对天地自然的模塑，所以陆贾进而指出："于是先圣乃仰观天文，俯察地理，图画乾坤，以定人道，民始开悟，知有父子之亲，君臣之义，夫妇之别，长幼之序。于是百官立，王道乃生。"[④] 所谓先圣即周文王，文王仰观俯察，创建《周易》符号系统，以此来规范人生，指导人类的生产生活，"以定人道"，人道即亲疏之别、尊卑之别、长幼之别、男女之别等，人间秩序亦由此建立，陆贾以此来说明人道秩序的建构还是要取法天地自然，以此作为建模的基准。

---

① 司马迁：《史记》册八，北京：中华书局，1982 年版，第 2699 页。
② 王利器：《新语校注》，北京：中华书局，2012 年版，第 2—3 页。
③ 丁原明：《黄老学论纲》，济南：山东大学出版社，1997 年版，第 236 页。
④ 王利器：《新语校注》，北京：中华书局，2012 年版，第 10 页。

总而言之，人类（甚至包括整个生命世界）建立的周围世界对其自身而言具有非凡的意义，它实际上是将生命体的主观世界和其面对的客观世界用符号进行了贯通融合，生成一种新的意义世界。如果说天地自然本身是皮尔斯意义上的第一性（Firstness），那么其作用于生命体或曰生命体对其的感知则是第二性（Secondness），如此勾连二者形成的符号意义就是第三性（Thirdness）。第一性和第二性相互作用，形成第三性的认知、创造和模塑的意义世界，成为"那种通过把某种品质给予未来的反作用力而为其所是的那种东西"。① 于人类社会而言，通过建模来模塑天地万物，使之秩序化，为其所是："有机体不只确立习惯、规则或关系，它们还使之合法化。"② 特别是对于人类社会秩序而言，最好的规训是将这种秩序神话化，如儒家的礼乐政治，在《礼记·乐记》中就披上了天地自然的外衣："乐者，天地之和也。礼者，天地之序也。和故百物皆化，序故群物皆别。乐由天作，礼以地制。过制则乱，过作则暴。明于天地，然后能兴礼乐也"。现实人间的等级制度，如果神话化，则具有神圣不可侵犯的品格，于统治秩序而言，则是不可质疑的长治久安之策。

现实人间的人道、王道源自先圣仰观俯察而来的天地自然之道，所以董仲舒《春秋繁露》有"官制象天"之说，认为"王道之三纲，可求于天"，③ "君臣、父子、夫妇之义，皆取诸阴阳之道"，④ 人间王道君臣秩序乃是天地阴阳自然世界之模塑；东汉《白虎通》亦有爵法五行、三光之说，《白虎通·封公侯》云："王者受命为天地人之职，故分职以置三公，各主其一，以效其功。一公置三卿，故九卿也。天道莫不成于三：天有三光，日、月、星；地有三形，高、下、平；人有三尊，君、父、师。故一公三卿佐之，一卿三大夫佐之，一大夫三元士佐之。天有三光，然后而能遍照，各自有三法，物成于三：有始、有中、有终。明天道而终

① 皮尔斯：《皮尔斯：论符号》，赵星植译，成都：四川大学出版社，2014 年版，第 24 页。
② 保罗·科布利：《劳特利奇符号学指南》，周劲松，赵毅衡译，南京：南京大学出版社，2013 年版，第 50 页。
③ 苏舆：《春秋繁露义证》，北京：中华书局，1992 年版，第 351 页。
④ 同上书，第 350 页。

之也。"① 人间统治秩序、人事安排等乃是象天道而成，是对天道的模塑，这正是尤瓦尔·赫拉利所言的通过想象建构出来的秩序，但统治阶层不会承认这是想象和虚构的，而会认为这是"自然、必然的结果"，② 属于"天道"。王亚南在论及中国古代官僚政治的时候曾指出："惟其中国专制的官僚的政治自始就动员了或利用了各种社会文化的因素以扩大其影响，……使全体生息在这种政治局面下的官吏与人民，支配者与被支配者都不知不觉地把这种政治形态看为最自然最合理的政治形态。"③ 这种政治秩序在对天道自然的模塑中形成，具有不可怀疑的品性，使得社会的分化与等级秩序的建构变成一种合理化与自然而然的形态，也即罗兰·巴特意义上的"神话运作"，毕竟"君主专制的事实，有必要将之纳入意识形态的光晕之中，才能获得不是基于强权，而是基于文化价值和文化象征的合法性"。④ 将统治阶级的意识形态和社会秩序变成合乎"自然"本性的神话，才是天道论从时间、空间出发来建模的深层语义。

第二节　比德：自然文本与伦理意义

比德是中国古典美学的重要概念之一，学界关于比德观的研究一般也是着眼于艺术美学这一角度，从比德观对中国传统艺术与审美的影响立论的。⑤ 日本符号学家池上嘉彦曾经指出："人类总是想给自己周围的事物赋予意义，而且，这时的'给与意义'完全是根据人类自己的关系进行的。哪怕对象是属于自然界，也将根据它与人类的关系来判断其价值，然后编入人类世界。这个世界是个出色的

① 陈立：《白虎通疏证》，北京：中华书局，1994 年版，第 130—131 页。

② 尤瓦尔·赫拉利：《人类简史》，林俊宏译，北京：中信出版社，2017 年版，第 130 页。

③ 王亚南：《中国官僚政治研究》，北京：中国社会科学出版社，1981 年版，第 43 页。

④ 阎步克：《士大夫政治演生史稿》，北京：北京大学出版社，1998 年版，第 291 页。

⑤ 如钟子翱：《论先秦美学中的"比德"说》，《北京师范大学学报》，1982 年第 2 期；张燕：《论中国艺术的比德观》，《文艺研究》，2000 年第 6 期；薛富兴：《先秦"比德"观的审美意义》，《陕西师范大学学报（哲学社会科学版）》，2009 年第 4 期。

文化世界。"①人类面对自然世界的时候，为了自身的生存和发展，会对自然世界做出分析和选择，在这个过程中自然会舍弃一些与人类自身发展无关的甚至有害的内容信息，而只抓取与自身生命实践攸关的部分，以此加工建构自然万物的模型。因为是选择加工的结果，所以很多无关内容信息被悬置，而有关部分则因选择而被放大。无论是悬置的部分还是放大凸显的部分，如池上嘉彦所言，都是根据其与人类的利益关系进行的，而这种进入人类生活实践的自然和物质，会根据其特质与自身的需要被赋予新的意义。这样，作为自然万物的客体在人类意向性观照之下，就会成为不同意义的载体。这是一个被不断符号化的过程，其最高形态就是成为象征，在中国文化语境中，很多比德之物最后都成为某种精神品质的象征，这就是自然物符号化的高级形态。然而，比德观的源起和发展是怎样的？在比德的视域下，自然之物是如何成为一种文化文本，甚至道德符号的？潜藏在比德观背后的操作机制又是什么？这些问题都亟需深入思考。

一、比德的语义溯源

所谓"比德"，即"取譬于自然之美的一种美德，……比德说通过引物取譬而把自然美与德行美联系了起来，所以它后来成为中国古典美学的一个重要概念"。②从修辞学角度来看，比德其实就是通过一种隐喻建立本体和喻体之间的联系，使喻体成为本体某个方面品质的符号表征。比德说较早见于《荀子·法行》：

> 子贡问孔子曰："君子之所以贵玉而贱珉者，何也？为夫玉之少而珉之多邪？"孔子曰："恶。赐，是何言也？夫君子岂多而贱之，少而贵之哉。夫玉者，君子比德焉。温润而泽，仁也。栗而理，知也。坚刚而不屈，义也。廉

---

① 池上嘉彦：《符号学入门》，张晓云译，北京：国际文化出版公司，1985年版，第6页。
② 方克立主编：《中国哲学大辞典》，北京：中国社会科学出版社，1994年版，第60页。

而不刿，行也。折而不挠，勇也。瑕适并见，情也。扣之，其声清扬而远闻，其止辍然，辞也。故虽有珉之雕雕，不若玉之章章。《诗》曰：言念君子，温其如玉。此之谓也。"

这段材料同时见于《礼记·聘义》及《孔子家语·问玉》，整体上基本相同，部分词句有出入。而此三者皆属儒家文献，可见儒家对比德观是颇为重视的。从材料中可知，子贡认为君子贱珉而贵玉乃是因为前者多后者少，看重的是玉石的世俗价值，对此孔子提出了批评，并指出君子重玉乃是因为玉之品质与君子之德之间存在一种相似关系，并从仁、知、义、行、勇、情、辞七个方面论及其相似之处，如君子有棱角但不伤人，优点和缺点都不隐藏，这些都像玉的品质一样，所以用玉来比喻君子的道德品行，而良好的道德品行又是君子的内在德行，因为君子与玉在意义上具有像似性。因此，与其说是用玉来比喻好的道德，不如说是用玉来比喻君子。但无论是"道德"还是"君子"，都是一种抽象的概念，难以把握，而玉则是先民现实生活中可以触摸体验的具体之物。通过对玉的体验，如"温润""坚刚"之属，来把握君子之德，玉的物性则转换为君子的德性，这实际上体现了"体验论"（bodily experience），[①] 即通过人类身体经验的某事物（如玉）来理解另一不同的事物（如君子之德）。而在《诗经·秦风·小戎》中，其实已经出现用玉比喻君子的诗句"言念君子，温其如玉"，即将君子比之如玉。《诗经》被学界公认为是西周初年到春秋中叶时的作品，如此则"比德于玉"的时间可以从战国上溯至春秋中叶以前，其历史可谓久远。而后世提出的玉之"五德"：仁、义、礼、智、信，则是在这种历史语境下的"比德"。

在中国古代文化中，以"物"比"德"是一种很重要的修辞方式，或者说是一种重要的认知方法。根据许慎《说文解字》，"比"意为"密也，二人为从，反从为比，凡比之属皆从比"，张舜徽《说文解字约注》谓："比之本义当为二人并

---

① 张沛：《隐喻的生命》，北京：北京大学出版社，2004 年版，第 13 页。

立。并立则近，故训为密"；① "德"许慎解释为"升也。从彳，悳声。多则切"。《古文字诂林》收入了前辈硕彦对"德"义诸多考释文字，如徐同柏认为："德古作悳。说文云。内得于己外得于人也。德作㥁，亦作㥁。此价㥁德字也。"② 吴大澂认为"德"乃是"得于心则形于外也"，③ 罗振玉则认为"德，得也。因此，卜辞中皆借为得失字。视而有所得也，故从屮"。④ 徐中舒认为根据字形的演变，"德"字中的"升"义，当是后起之意。⑤ 通过上面的例证我们可以看出，东汉许慎"德，升也"的解释，一般学者都认为是后起之意。因此，关于"德"的解释，一般都集中在"得到"或者"悳"上。《老子》二十三章言："希言自然。……故从事于道者，道德之；同于德者，德德之；同于失者，道失之。"关于其中的"德"，严可均认为古"德"与"得"字相通，因此上文中的"德之"即"得之"，并引河上公之言曰："同于道者，道亦乐得之；同于德者，德亦乐得之；同于失者，失亦乐得之。"⑥ 综上可以知，"德"确有"得到"之义。因此我们或许可以这样理解："比德"即通过关系密切的事物，以某种类比、比喻而获得新的意义。因此关于"比德观"，根据字面本来意思，我们可以这样认为："比德观"一开始就是有着相似特征的两个事物被加以比说，并且得出某种意义。殷商时期，这个"德"指的是天命，后来发展到西周社会，这个"德"就专指伦理道德了，只是类比象征的特点保留了下来。

"比德"观念在推演中，逐渐发展成为中国古代的一个重要美学概念。《美学百科全书》云："'比德'之'德'指伦理道德或精神品德，'比'意指象征或比拟"，⑦ 因此，"'比德'的基本特点就是将自然物象的某些特征与人的道德观念、精神品格相比附，使自然物象的自然属性人格化、道德化，成为人的精神拟态，成

① 张舜徽：《说文解字约注》册三，武汉：华中师范大学出版社，2009 年版，第 2004 页。
② 古文字诂林编纂委员会：《古文字诂林》册二，上海：上海教育出版社，1999 年版，第 471 页。
③④ 同上书，第 472 页。
⑤ 同上书，第 474 页。
⑥ 朱谦之：《老子校释》，北京：中华书局，1984 年版，第 95 页。
⑦ 李泽厚：《美学百科全书》，北京：社会科学文献出版社，1990 年版，第 23 页。

为人的道德观念的形象图解和物化准则"。[①] 这实际上就是将人类的思想精神赋予自然物象，将其人化，变成可以理解的符号形式，这样，抽象的道德观念便可以通过对自然物象及其属性的观察体验而被间接把握。随着时代的发展，儒家的"比德观"从玉文化扩展到了山川万物，如孔子所说的"知者乐水，仁者乐山。智者动，仁者静。知者乐，仁者寿"（《论语·雍也》）。在将自然事物比德的过程中，自然之物成为文本，其现实的物理意义被暂时悬置，而成为人的主观意义的替代符。也就是说，比德的过程是自然事物符号化的过程，诸如玉、山、水等自然之物，这些事物原本不是为了"携带意义"而出现的，他们被人的意识符号化，才有了超越事物本身的意义，从纯然之物滑向携带意义的符号载体。发送者以物比德，通过可以感知的物性去比拟抽象的道德伦理，接收者通过此前对物性的体验，去领会发送者通过此物传递的意义。此时，比德之物就业已成为携带意义的符号，而对这个符号意义的把握则离不开对其物性的体验，如儒家用玉的温润来比君子之仁德，玉则逐渐成为君子之德的符号表征。

但是"比德观"的这种审美并不是一开始就来自儒家的礼乐文化，它的发展经历了一个过程。殷商及以前的巫祝文化，是将自然之物神化，自然之物作为符号，传达的是神意；而西周的礼乐文化体系，则是将自然之物德化，自然之物符号化之后，承载的是儒家伦理道德。以下试分而析之。

二、自然之物的神化

比德观在儒家学说的阐释下，对中国的文化产生了深刻的影响，比如建筑中的山水文化，绘画中的梅、兰、竹、菊形象。这些自然物象被人的意识符号化了，因此在人们的眼中，这些事物不再单纯地指称事物，而具有了道德意义。但细究

[①] 付军龙：《比德于众禽——也论中国古代的"比德"观》，《北方论丛》，2007年第4期。

其根源，比德观的产生具有其特定的历史文化语境。在科学文化还不发达的古代社会，最早的比德观念导源于殷商时期的巫祝文化，成熟于西周的礼乐文化，使自然之物的神化向道德伦理转化。

世界各国的文化多多少少都和宗教有着一定的关联，"原始宗教的具体形态是多种多样的，但其核心却是共同的，那就是对于自然物象的神化"。[①] 神化自然的过程中便产生了神话，这是人们认识自然的成果，而每个国家的文化几乎都要从神话开始讲起。余英时《论天人之际：中国古代思想起源试探》中提到"只有信仰'人格化上帝'（'personal God'）才算宗教"，[②] 不管是自然物象的神化抑或是人格化上帝，都是人的意识下的产物，是古代的先民们将没有办法用具体的言语描述清楚的抽象事物具象化的过程。在这个过程中，人赋予了自然事物新的象征意义，而要让其完成表征意义的任务，自然之物首先应该符号化，只有符号化的物才会成为意义的载体。

根据现有的文献记载与研究，中国最早的宗教人群为殷商时期的"巫"。《国语·楚语下》记载："古者民神不杂。民之精爽不携二者，而又能齐肃衷正，其智能上下比义，其圣能光远宣朗，其明能光照之，其聪能听彻之，如是则明神降之，在男曰觋，在女曰巫。"[③] 不管是巫还是觋，他们存在的作用都是"事鬼神"，同时也是国家各种祭祀活动的执行者。而"巫"的对象并非普通人，也不是任何一个人就可以成为巫。作为巫不仅要内心非常虔诚，而且还要在"智""圣""明""聪"等方面有着异于常人的水平，才可以"明神降之"，才可以成为"人"与"天"交流、沟通的桥梁。"明神降之"使得"巫"不再仅仅是一个承担祭祀活动的人，也是一个可以通过某种神奇的力量感知到神的意志的"超人"。巫也不再是原来名字代表的那个人，而是以人格化的神的代言人的身份出现的。巫代表神的意旨，神不在场，才要巫作为"神意"再现。因此，一定意义上可以说，巫是"神"的意

① 赵沛霖：《兴的源起——历史积淀与诗歌艺术》，北京：中国社会科学出版社，1987年版，第104页。

② 余英时：《论天人之际：中国古代思想起源试探》，北京：中华书局，2014年版，第48页。

③ 徐元诰：《国语集解》，北京：中华书局，2002年版，第512—513页。

志的符号载体。正如赵毅衡所言："不用符号无法表达任何意义，任何意义用符号才能携带，既没有不用符号的意义，也没有缺乏意义的符号。"① 神是一个很神秘、也难以表述的存在，只有符号化这一抽象的形象，只有通过象征神意的符号——巫，人们才能知晓其所代表的意义。

不仅如此，当时人们对于自然的认知尚处于朦胧的阶段，人们往往将不太了解的自然事物神化。我们知道当人们面对一个陌生的事物时，往往会产生恐惧的念头，进而思考的是如何能够从这种恐惧中解脱出来，而古人思索的结果是对无法认知清楚的事物俯首称臣，对影响自身生活的周围事物进行崇拜。"自然崇拜，……一方面由于抽象思维能力以及语言或文字表达能力存在缺陷，导致很多人类群体无法以较强逻辑性阐述他们的认识；另一方面，由于人类自身所掌握的技术和业已拥有的社会组织力量有限，无法帮助他们实现对影响其生存与发展活动的自然环境因素实施有效影响和控制。因此，为了保障生存与发展能够顺利进行，他们通过主观意识活动，把已经形成的那些相关的自然环境因素拟人化，把科学的认识神秘化，以控制人们的思想和行为，达到与自然环境和谐相处的目的，实现人类自身安全生存与发展的根本目的。"② 自然崇拜是当时的人们认识自然的方式，是一种对自然事物的人格化的想象。

上文的表述很恰当，放到殷商以及之前的历史语境下，先民们对自然的认识，就是自然事物的拟神化。在这种拟神化的过程中，自然之物首先通过人们的意识，产生了新的内涵。通过人们的意识，这种自然事物被符号化，表达的是人们对未知自然的敬畏以及对自身发展的一种祈福。这一过程中，山不再是自然之山，水不再是自然之水，这在古籍中均有记载。例如《左传·昭公元年（541BC）》记载子产之言曰："山川之神，则水旱疠疫之灾，于是乎禜之；日月星辰之神，则雪霜风雨之不时，于是乎禜之。"《礼记·祭法》："山林川谷丘陵，能出云，为风雨，

---

① 赵毅衡：《哲学符号学：意义世界的形成》，成都：四川大学出版社，2017年版，第16页。
② 王东昕，万志琼：《论文化语境中自然崇拜的本质》，《云南民族大学学报》，2009年第3期。

见怪物，皆曰神。有天下者祭百神。"日月星辰、山川草木等在古人眼中不是单纯的事物，而是具有神格的事物。进而言之，日月星辰、风霜雪雨、山林川谷其实是神意的再现。"符号或再现体是这样一种东西，对某个人来说，它在某个方面或用某种身份代替某个东西。它可以对某人讲话，也就是说，它可以在那个人的心中创造一个相等的符号，甚至是一个更为发展的符号。"① 对于殷商国人来说，日月星辰、风霜雪雨可以代替神意，当民众们认同并接受这样一个符号的时候，这个符号的解释对他们有着绝对的影响力。带上意义的物已经符号化了，这些自然之物在被人们神格化的过程中，不再仅仅是它本来的面貌，而被赋予了新的含义，一方面是对未知事物的诚服以及对自身发展的祈求，有时也体现了神对人的统治得失的一种判断，如《周易·系辞下》所云"天垂象，见吉凶"。

人们不仅将自然之物比神化，即符号化，而且这种符号化往往是同祭祀一道进行的。祭祀作为沟通人神的活动，又是极为重要的。《礼记·祭统》谓："凡治人之道，莫急于礼。礼有五经，莫重于祭。"《墨子·天志上》亦云："故昔三代圣王禹、汤、文、武，欲以天之为政于天子明说天下之百姓，故莫不犓牛羊，豢犬彘，洁为粢盛酒醴，以祭祀上帝鬼神，而求祈福于天。"② 由此可知，"祈福于天"是统治者祭祀的目的。当然，根据《礼记·郊特牲》记载："祭有祈焉，有报焉，有由辟焉"，这说明了祭祀活动的主要目的除了祈福，还有报恩以及消灾。而余英时认为，"礼乐源于祭祀，而祭祀则从巫的宗教信仰里发展出来。因此我们可以说：早期的礼乐是和巫互为表里的。"③ 在很长的一段时间里确实如此，但是从周公"制礼作乐"开始，巫与礼乐渐渐显示出了差别。如杨向奎所言，"周公对于礼的加工改造，在于以德行说理。"④

自然之物符号化为神意，祭祀自然之物则是为了沟通神意。如张光直指

---

① 皮尔斯：《皮尔斯：论符号》，赵星植译，成都：四川大学出版社，2014 年版，第 32 页。
② 孙诒让：《墨子间诂》，北京：中华书局，2001 年版，第 192 页。
③ 余英时：《论天人之际：中国古代思想起源试探》，北京：中华书局，2014 年版，第 26 页。
④ 杨向奎：《宗周社会与礼乐文明》，北京：人民出版社，1992 年版，第 333 页。

出，甲骨卜辞中有诸多"山"字，这些山一般都是祭祀的对象，巫师也可以通过高山进入神界，[①]山也是一个隐喻，通过高山可以与上层的鬼神取得联系。祭祀的人是沟通神意的媒介，谁祭祀，谁能沟通神意，也即谁间接代表了神。如前文所言的巫，巫在开始的时候大抵就是政权的最高领导，巫专业化之后，天子掌握祭祀权，这其实是对媒介的垄断。"媒介即讯息"，[②]根据麦克卢汉的说法，人们往往只注意到内容讯息，而忽略承载以及传达信息的媒介。自然之物符号化神意，需要通过巫这一媒介传达。可神是虚幻而缥缈的，真正发号施令的是统治者，而统治者的行动则是为了部落种族的繁衍发展和政治的稳定。在殷商文化背景下，自然之物比神化是为了统治，而在西周文化环境下，为了统治和教化，人们又将自然之物符号化为"德"。

三、自然之物的德化

自然之物没有进入人的意识之前，只是自然界的一种物质的存在。而在人与自然的双向互动中，自然之物往往是经过人的意识呈现出来的。在人的意识活动中，它们被人的意识符号化，至于符号化之后的事物所代表的意义，不同的阐释群体有着不同的解释。就以儒家学说论之，儒者们要传达礼乐治国思想，只能借助于礼乐符号系统这个载体，即将自然之物符号化之后，进而使物象携带儒家的伦理道德。

儒家虽然因孔子而发扬光大，但是溯其根源，儒家的思想实际上来源于周公。周武王去世之后，成王尚年幼，为了维护周王朝的统治，周公制礼作乐，并

---

① 张光直：《商代的巫与巫术》，《中国青铜时代》，北京：生活·读书·新知三联书店，2013 年版，第 275—276 页。

② 胡易容，赵毅衡：《符号学-传媒学词典》，南京：南京大学出版社，2012 年版，第 144 页。

将其应用到政治文化以及人伦日用之中。后世认为周王朝是以礼乐文化治理国家的,礼乐文化的内在本质即"德"。如吴龙辉所言:"德是沟通天人关系的桥梁。它是上天藉以安排凡人命运的依据。"①而有学者指出,"西周初年,周公从周代商的历史经验教训中深切感受到天命靡常,进而认识到只有敬德才能保有庶民永享天命。在周初,这种包含着对民众作用的某种肯定的敬德保民思想,成为周王朝信守的政治统治信条。"②这两处所描述的"德"只是统治者长治久安的手段。《尚书·周书·召诰》中召公奭认为夏商灭国只是因为统治者不修其德,西周时期统治者认为只有敬德,才会得到上天的保佑,才可能延长自己的"天命"。因此我们曾指出,"周人创造性地将'德'与权力的合法性联系起来,使中国古代的政治伦理化,德成为衡量权力合法与否的准则",③王权的获取被叙述为"受命于天",底气来自自身之"德","德"进而演化为中国古代评判权力合法性的元语言。

到孔子的时代,礼作为一套符号系统,除了周公时代的等级制度之外,还加入了伦理道德的成分,这个道德与前文所说的"功利性"可以说是相对的,如《论语·里仁》篇谓"君子喻于义,小人喻于利"。而道德再细分之,最终的解释项归为"仁",如《论语》中所言:"克己复礼已为仁"。"仁"是一个君子最重要的品质,这在《论语·八佾》中有记载:"人而不仁,如礼何?人而不仁。如乐何?"但是"仁"是什么,我们很难用语言描述清楚,"仁"这一抽象意义必须要借助一个符号载体才可以传达。因此,以孔子为代表的儒家将目光放在了"玉""山""水"这些事物上面,试图对以"仁"为代表的君子德行做出相应的解释。

《管子·水地》篇曾言玉有九德:"夫玉之所贵者,九德出焉。夫玉温润以泽,仁也。邻以理者,知也。坚而不蹙,义也。廉而不刿,行也。鲜而不垢,洁

---

① 吴龙辉:《原始儒家考述》,北京:中国社会出版社,1996年版,第63页。
② 杨高南:《春秋时期两大思潮与孔学伦理政治》,《怀化学院学报》,2007年第3期。
③ 祝东:《礼与法:两种规约形式的符号学考察》,《上海大学学报》,2017年第5期。

也。折而不挠，勇也。瑕适皆见，精也。茂华光泽，并通而不相陵，容也。叩之其声清博徹远，纯而不杀，辞也。是以主人贵之，藏以为宝，剖以为符瑞，儿德出焉。"① 所以，与其说君子重玉，不如说君子重德。而"玉"恰好是君子之德这一意义得以表现的媒介。没有玉，也会有别的物体代替它，成为新的符号，只是玉温润、坚硬、纯洁的品质与儒家对君子的要求是一致的，所以，用"玉"这一符号来象征君子，也是顺理成章的事。赵毅衡曾言，"解释意义的有效性只能用解释本身来衡量：一旦解释者视某个感知为符号，它就成为解释对象；而符号一旦成为解释对象，就必然有意义。"② 《管子》篇中玉作为儒家礼乐符号之一，对其进行解释的过程，也是让这一符号携带君子之德意义的过程。

除了管子论玉，儒家文献也有论述，如《礼记·玉藻》载："君子无故玉不去身。君子于玉，比德焉。"君子如何能比德于玉？于是就有了前文所引子贡问玉之典，孔子通过将玉与君子之品性进行比较，解释了为什么"君子贵玉"。而在符号学中，解释的过程本身就是赋予意义的过程，一旦解释这一行为发生，必然会伴随着意义的产生。在儒家的伦理体系中，"礼"本身就包含礼义、礼制、礼器三方面的内容。玉作为一种礼器，一种符号，它再现的是礼义，③ 而这一意义的体现是在解释的过程中实现的。

"玉"作为符号形式，承担着一定的意义，需要进行解释，君子之"德"这一意义才会凸显出来。"德"作为一个抽象的概念，如果要让人们理解，就需要通过一定的符号形式，而"玉"就承担了这样一个媒介的作用。也就是说，是符号的功能赋予对象"玉"以形式和概念，人类的精神意义才得以在符号中得到表现，君子之德正是通过玉石的特征得到表现与传达的，玉石可以感知的品性进入人类的意义世界，成为君子之德。此外，玉作为一个"能指"符号，并不能等同于其"所指"的意义。"任何认知首先能感知到的只是事物的一部分观象，对事物的认

---

① 黎翔凤：《管子校注》，北京：中华书局，2004 年版，第 815 页。
② 赵毅衡：《哲学符号学：意义世界的形成》，成都：四川大学出版社，2017 年版，第 202 页。
③ 参见祝东：《礼与乐：儒家符号思想的伦理进路》，《贵州社会科学》，2017 年第 8 期。

识，必须依靠部分观象来代替整体。这部分观象就成为事物的符号。"①玉在被意识符号化之后，负载了超越自身自然品质的道德价值，成为美和善的表征，理想人格——君子的化身。如果"玉"不放在礼乐符号系统中进行解释，则它可能不会象征"德"的意义，但是也会有别的意义产生。

除了以玉比德之外，儒家孔子还用"山""水"来比德君子，其实是比德于君子所代表的品质。《论语·雍也》云："知者乐水，仁者乐山。智者动，仁者静。知者乐，仁者寿。"《论语正义》引皇疏云："乐水乐山为智仁之性，动静为智仁之用，寿乐为智仁之功。"②山、水与仁者、智者的性情相符合，所以才会有这样一种说法。为何"知者乐水"？《论语正义》引《韩诗外传》云："夫水者，缘理而行，不遗小间。似有智者动而下之，似有礼者蹈深不疑，似有勇者障防而清，似知命者历险致远，卒成不毁。似有德者天地以成，群物以生，国家以宁，万事以平，品物以正。此智者所以乐于水也。"③而"仁者乐山"则是因为"夫山者，万民之所瞻仰也，草木生焉，万物植焉，飞鸟集焉，走兽休焉，四方益取予焉。出云道风，从乎天地之间，天地以成，国家以宁，此仁者所以乐于山也"。④通过《正义》及其所引《韩诗外传》对这句话的解释，我们可以看到，这和上面提到的"玉"的解释有很多共通之处。"山"与"水"本是自然之物，它们的存在并不是为了象征某种意义。但是，在"比德观"审美方式的影响下，儒者眼中的山水不再是自然造化产生的那个山水实物，而是经过意识符号化之后的符号形式。通过上文对"山""水"的解释，我们可以看到，山、水这些符号是用来表达"德"的意义的，正是因为德的意义不在场，才需要山、水这些符号来传达。

从皮尔斯的符号学观念来看，符号由再现体、对象和解释项构成，"任何东西成为了符号，就必须再现其它事物，这种事物就叫做它的'对象'"。⑤山、水作

---

① 赵毅衡：《哲学符号学：意义世界的形成》，成都：四川大学出版社，2017年版，第201页。

② 刘宝楠：《论语正义》，北京：中华书局，1990年版，第237页。

③③ 同上书，第238页。

④ 皮尔斯：《皮尔斯：论符号》，赵星植译，成都：四川大学出版社，2014年版，第41页。

为符号，其表征的对象为儒家倡导的德，而德在儒家文化语境中的意义即其解释项。因此，不管是"知者乐水"抑或是"仁者乐山"，山与水皆以符号化成为德的符号表征。

到了战国时期，屈原将比德的范围继续扩大，如东汉王逸所云"故善鸟香草，以配忠贞；恶禽臭物，以比谗佞"，[①] 可谓是对比德观的继承和发展，甚至有通篇使用比德手法的《橘颂》。随着时间的推移，比德的范围越来越大，如东晋陶渊明笔下的菊，宋人周敦颐笔下的莲，以及松、竹、梅、兰、雁、鹤、狐、蝉，无不成为比德的对象。而通过比德，将人类经验到的自然对象特征拓展到不同的事物之中，不仅扩展了认知的领域，而且丰富了人类的意义世界。比德观的影响也因此日渐扩展，来自自然界的动植物因比德而被赋予了道德伦理意义，成为文化符号载体。而当某事物在文化社群中被反复比德使用的时候，随着理据性的上升，则会转化为文化象征，如荷花象征君子的高洁，松树象征君子的坚贞等，不一而足。这一系列的文化符号与象征体系则对中华民族独具特色的伦理符号学系统的建构起到了重要的助推作用。

综上，比德其实就是通过隐喻修辞建立本体和喻体之间的联系，使喻体成为本体某个方面品质的符号表征。比德不仅是一种修辞方式，也是一种认知方法，通过人性与物性的互动，扩展了人类的意义领域。比德观的历史源自先民的巫祝文化，后者将自然物象神化，使之成为具有神性意义的符号；而随着西周王朝的建立，德成为其权力合法性的来源。君子比德一方面是对理想道德伦理的肯定，对君子德性予以认同，另一方面，随着比德取象的扩大，自然物象被赋予道德伦理意义，进而成为相关意义的象征，建构了具有中华民族特色的伦理符号学系统。

本章探讨了人类对自然的认知与模塑过程，这个过程实际上就是自然的符号化过程。在人与外部自然相处的过程中，人类通过对外部自然信息的提取和加工，形成自己的认知，来建构自己的周围世界，并赋予其特定的意义，从而达到与外

---

① 王逸：《离骚经序》，《楚辞补注》，北京：中华书局，1983 年版，第 2 页。

部世界的交流。这样，人类在认知自然的过程中就会赋予自然以一定的意义，"自然"成为具有某种特定意涵的符号文本。在早期中国特定的政治文化背景下，作为自然规律的"天道"被赋予特定的伦理价值，是人类表意活动的重要参照，而将自然界的秩序视为某种具有建立秩序的能力的灵魂或神格的标志乃是人类与生俱来的智慧或信仰，是一种根深蒂固的倾向。[①] 实际上，自然事物的道德秩序来自行动者，毕竟任何表意行为都是在主体的道德秩序规范下发出的。天地自然作为符号，其意义因有待阐发而指向未来，而所有的意义都是由行为主体赋予的，人在对外部世界赋意的过程中将自身从自然状态中剥离出来，由此摆脱生命本能与外部自然的束缚。这样，人类面对的就不再是纯粹的物质世界，而是不断扩大的经验世界和意义世界，而符号则是其中的媒介，联系着精神形式和感觉材料，并不断扩大意义世界的范围。只要人类生命不灭，意义就永远是开放的，面对无限开放的宇宙自然，人类对意义的探索也是没有止境的。

[①] 耿占春：《隐喻》，北京：东方出版社，1993 年版，第 37—38 页。

第三章　五行演进：自然的认知与分类实践

　　符号学家约翰·迪利在概括宇宙符号与人类符号之关系时曾指出，人是一个诠释项，他的观念都是符号，整个宇宙是这些观念的对象。[①] 这是一个很有启发性的论断，因为人对宇宙万物的认识和反映，本就是一个不断获取信息和意义的过程，这种认识会形成观念，以反映人对宇宙万物之认识，并以一定的符号形式来表征，这种符号的意义也只能由人类来理解阐释，因而人是这个观念的诠释项。中国先民依据宇宙自然创制的五行符号系统，就很能说明这一道理。

　　五行观念的起源和发展，经过了一个漫长的过程，其自然也与易学符号系统一样，经历了先民的仰观俯察、类比推理，如《史记·天官书》所言："自初生民以来，世主曷尝不历日月星辰？及至五家、三代，绍而明之，内冠带，外夷狄，分中国为十有二州，仰则观象于天，俯则法类于地。天则有日月，地则有阴阳。天有五星，地有五行。天则有列宿，地则有州域。"[②] 这段话业已指出先民仰观俯察的观象活动，并依据日月、五星创建了阴阳、五行系统。五行是由星宿、五方转变而来的五种物质，然后继续演变为五种性质的抽象符号，其中相互生克的义理，也演化为万物消长的内在理据，人体运行的生理基础，以及王朝盛衰的深层原理，成为一套无所不包的符号系统。如论者所言："阴阳五行这一符号系统，不仅为精英思想家提供了一套解释宇宙万物的基本概念，同时也为民间小传统提供了一个

---

① 　约翰·迪利:《符号学基础》，张祖健译，北京：中国人民大学出版社，2012 年版，第 132 页。
② 　司马迁:《史记》册四，北京：中华书局，1982 年版，第 1342 页。

最基本的理论基础。"① 五行这套符号系统经过不断的重复加工改造，意义不断扩展，容量不断增加，最终成为一套无所不包的符号系统。

五行学说自发展成熟以来，主要是作为一套解释系统而存在的，举凡政治得失、朝代更迭，身体发肤、生老病死，无不在五行诠释系统之内。直至近现代以来，其渊源发展等才逐渐被纳入研究者的视野，如梁启超的《阴阳五行说之来历》②、顾颉刚的《五德始终说下的政治和历史》③、齐思和的《五行说之起源》④、陈梦家的《五行之起源》⑤、胡厚宣的《论五方观念及中国称谓之起源》⑥、徐复观的《阴阳五行及其有关文献的研究》⑦、李汉三的《先秦两汉阴阳五行学说》⑧、沈建华的《从甲骨文圭字看殷代仪礼中的五行观念》⑨、王爱和的《中国古代宇宙观与政治文化》⑩、李零的《从占卜方法的数字化看阴阳五行说的起源》⑪，而艾兰、汪涛等人编著的《中国古代思维模式与阴阳五行说探源》⑫，则几乎囊括了国内外相关研究的一批重要论文，颇具参考价值。上述研究成果一般都紧扣历史文献，或从方位角度考察，或从占卜入手，或以天文宇宙观念等方面作为切入点，

① 彭华：《阴阳五行研究（先秦篇）》，华东师范大学 2004 年博士论文，第 5 页。

② 梁启超：《阴阳五行说的来历》，《东方杂志》，1923 年 20 卷第 10 号，第 70—79 页。该文后收入《古史辨》第五册，第 343—362 页。

③ 顾颉刚：《五德始终说下的政治和历史》，《清华大学学报》，1930 年第 1 期。此文后收入《古史辨》第五册，第 404—617 页。

④ 齐思和：《五行说之起源》，《师大月刊》，1935 年第 22 期。此文后收入齐思和：《中国史探研》，石家庄：河北教育出版社，2000 年版，第 366—380 页。

⑤ 陈梦家：《五行之起源》，《燕京学报》，1938 年第 24 期。此文后收入《陈梦家学术论文集》，第 202—214 页。

⑥ 胡厚宣：《论五方观念及中国称谓之起源》，《甲骨学商史论丛初集》，成都：齐鲁大学国学研究所，1944 年版。

⑦ 徐复观：《阴阳五行观念之演变及若干有关文献的成立年代与解释的问题》，《民主评论》，1961 年第十二卷，第 19—21 期。本文被收入九州出版社 2014 年版《中国思想史论集续编》，后更名为《阴阳五行及其有关文献的研究》，第 1—71 页。

⑧ 李汉三：《先秦两汉阴阳五行学说》，台北：维新书局，1981 年版。

⑨ 沈建华：《从甲骨文圭字看殷代仪礼中的五行观念》，《文物》，1993 年第 5 期。

⑩ 王爱和：《中国古代宇宙观与政治文化》，金蕾，徐峰译，徐峰校，上海：上海古籍出版社，2018 年版。此书为王氏哈佛大学博士论文（1995）修订而成，剑桥大学 2000 年版。

⑪ 李零：《中国方术续考》，北京：中华书局，2006 年版，第 62—72 页。

⑫ 艾兰，汪涛，范毓周主编：《中国古代思维模式与阴阳五行说探源》，南京：江苏古籍出版社，1998 年版。

对五行渊源的探索都颇有创获，为我们打下了很好的基础，但也有其不能尽如人意之处，如没有看到"五行"观念之间的互动转化、"五行"符号本身意义的发展流变，缺少符号学的系统观念等。以下，我们试结合相关历史文献与前辈学者的研究成果，对五行系统的发展演变的符号化进程及其对现实世界的规约影响等作一探析，并努力揭示其伦理符号学意义。

第一节　五行的演进

学界关于五行之本义，有诸多观点，但在不同说法中，有一点是相同的，"即五行之名称分别是金木水火土。这说明，大家都认为，五行说之产生，是与金木水火土相关的。……这种现象当是由于金木水火土与人类生活密切相关所致。但金木水火土并非一开始就都与人类生活密切相关，其与人类生活密切相关是人类历史发展到一定历史阶段的产物"。① 五行说的产生与人类生活密切相关是肯定的，只有与人类生活相关，人们才能在持续的观照中不断对其进行归纳总结，并形成相关的认知，使之抽象化，并用一定的符号形式予以表征。但是五行是否自源起就是金、木、水、火、土还需商讨，因为人类铸造并使用金属的时间并不是特别长，特别是华夏民族。如张光直指出，到了二里头文化时代，青铜器的重要性才成为事实，也即在公元前 2000 年前，② 此前的人类社会则处于更为漫长的石器时代。中国的农业文明在新石器时代已经开始，五行如果被定格为金、木、水、火、土五种与先民生活密切相关的物质，其实是率意压缩了中国的传统文化精神的历

---

① 殷南根：《五行新论》，沈阳：辽宁教育出版社，1993 年版，第 2 页。

② 张光直：《中国青铜时代》，北京：生活・读书・新知三联书店，2013 年版，第 2 页。另据张忠培、严文明《中国远古时代》一著指出，在发明青铜器后的很长一段时间内，我们能见到的都是些很小的器具，如小刀、锥子、指环等小物件，青铜无论是在生产还是日常生活中都没有占据重要地位，这种情况一直持续到夏代以前，也即公元前 2000 年前的时期，从那以后，中国才进入青铜时代。上海：上海人民出版社，2017 年版，第 188—189 页。

史脉络，因此五行之源，还需探讨。

一、天有五星：五行符号与天文

首先，五行之"五"，应与人类以身为度及数字崇拜有关。"先民计数，源于屈指而数，手有五指，故数穷于五。"[①]世界上大多数数学体系里面的运算都是以"10"为群组，采用十进制，就是因为人类有两只手，每只手上五个指头，所以在运算的时候经常借用自己的十个手指；而哪怕是不以"10"为群组的个别文化里面，如新几内亚的依卡威计算体系，运算以"20"为群组进行，其运算规则无非是增加了双脚上的十个趾头。[②]因此，数字五与人类的密切关系乃是与人体自身有关，这是一个不争的事实。五行观念的缘起与数字五的崇拜有关，这也应是先民"近取诸身"的一个体现。此外，先民很早就观测到天空中的五大行星，这对确定时令节气等与人类生活有关的事情具有重大意义。如德·桑地兰那和冯·德克德指出，在所有包含创世神话的文化中，五大行星被认为是最大的神祇，马绛据此推测，数字"五"是源于可见的五大行星，[③]这也可备一说，可视作先民"远取诸物"的一个体现。也就是说，五行之名是一个远观近取的多重综合的结果。

我们现在见到的"五行"一词，最早出现在《尚书·甘誓》之中。夏君攻打有扈氏，在甘地颁发战前誓师之辞，在誓辞中批评了有扈氏的罪过"威侮五行，怠弃三正"。这简单的八个字，其含义与年代在历史上却有诸多争议。如孔颖达疏认为这里的五行就是水、火、金、木、土：

---

① 齐思和：《五行说之起源》，《中国史探研》，石家庄：河北人民出版社，2000年版，第368页。
② T.A.凯纳：《符号的故事》，朴锋春，颜剑丽译，北京：中国青年出版社，2010年版，第21页。
③ 马绛：《神话、宇宙观与中国科学的起源》，《中国古代思维模式与阴阳五行说探源》，南京：江苏古籍出版社，1998年版，第110页。

> 分行四时，各有其德。《月令》孟春三日，太史谒于天子，曰："某日立
> 春，盛德在木。"夏云"盛德在火"，秋云"盛德在金"，冬云"盛德在水"。
> 此五行之德，王者虽易姓，相承其所取法同也。言王者共所取法，而有扈氏
> 独侮慢之，所以为大罪也。且五行在人，为仁、义、礼、智、信。威侮五行，
> 亦为侮慢此五常而不行也。①

　　这样，孔氏就将五行与五常关联到了一起，伪孔安国传谓"五行之德，王
者相承所取法"，② 此即邹衍所倡的五德始终之说，如果按照这个解释，那么《尚
书·甘誓》的成书年代就要推迟到战国时期。实际上，学界大多也就是按照这
个解释来推断其成书年代的，如屈万里《尚书今注今译》谓："三正之名，始于
战国；且所谓五行，实指终始五德言。由此可知本篇当著成于战国之世。"③《尚
书·甘誓》提出的五行观念就这样被学界以晚出为由而视作伪作，轻易否定掉了。

　　我们需要思考的是，《尚书·甘誓》里面所言之"五行"，是否就是战国秦汉
年间说宣扬的金、木、水、火、土这个意义上的"五行"？如果是这个意义上的五
行，那么《甘誓》的材料为后出伪托则无甚疑问；如果不是，则这个材料的意义
尚需再评估。顾颉刚、刘起釪《尚书校释译论》是近年《尚书》研究的集大成之
作，据刘起釪考证，《尚书·甘誓》所言五行另有所指，并非地上的五种物质，而
是来自天上的五星，五行指天上五星的运行，代表的是天象，④ 这一论点颇有见地。
无独有偶，西方学者亦有此论，如前文所引西方学者马绛也认为中国的五行源于
五大行星。中国的农业文明起源甚早，黄淮流域的气候和土壤适合农业作物的栽
培和农业文明的生长，考古学界在河南舞阳发掘出的碳化稻说明中国先民很早就

---

① 李学勤主编：《十三经注疏·尚书正义》，北京：北京大学出版社，1999 年版，第 174 页。
② 同上书，第 173 页。
③ 屈万里：《尚书今注今译》，上海：上海古籍出版社，2015 年版，第 62 页。
④ 参见顾颉刚，刘起釪：《尚书校释译论》，北京：中华书局，2005 年版，第 868—873 页。

学会了水稻栽培。① 中国的农业文明没有起源于气候温润的华南地区，乃是因为这一地区气候适宜，植物生长繁盛，不需要刻意栽培，采摘就可以满足生活发展之需。② 相反，黄淮流域四季分明，土壤肥沃，但气候干旱，降水量较少，且主要集中在夏季，因此，中国最早的农业文明产生在这一地区就可以理解了。有学者研究指出，"至迟在七千年前，我国黄河流域、长江流域已经有了相当发达的原始农业，黄河流域种植了粟，长江流域栽培了稻，农业的出现，要求人们掌握季节、不误农时，亦即掌握由地球公转所引起的自然界周期性变化的规律。人们最初是通过诸如物候的推移、太阳的升落、日影的短长以及斗转星移这些看得见的表象来逐渐掌握自然界变化规律的"。③ 中国先民根据天文星象把握节候变化规律的活动在春秋时期依然存在，如《国语·周语中》记载单襄公出使中路过陈国，在陈看到礼法政令之废弛，一派衰落之象，归告周定王陈必亡，并引出了一段关于天象节气的论述："夫辰，角见而雨毕，天根见而水涸，本见而草木节解，驷见而陨霜，火见而清风戒寒。"其中，辰即星辰，角、天根、本、驷、火皆是星宿名，星象不同，节候各异，需要根据星象来指导农业活动："雨毕而除道，水涸而成梁，草木节解而备藏，陨霜而冬裘具，清风至而修城郭。"这样，星象就成为节候与农事的指示符号，如下表 3.1 所示：

表 3.1　星宿与节候农事对应表

星宿	角	天根	本	驷	火
节候	雨季结束	水流干涸	草木凋谢	霜来	寒冬至
农事	修路	造桥	储粮	备冬衣	修城郭

农业生产的发展必须遵守农时，特别是在黄河中游地区，四季分明，雨水定

---

① 参见河南省文物考古研究所：《舞阳贾湖》，北京：科学出版社，1999 年版，第 462—463 页。张居中，等：《舞阳贾湖碳化稻米粒型再研究》，《农业考古》，2009 年第 4 期。

② 参见严文明：《中国史前的稻作农业》，《周秦文化研究》，西安：陕西人民出版社，1998 年版，第 23—35 页。

③ 卢央，邵望平：《考古遗存中所反映的史前天文知识》，《中国古代天文文物论集》，北京：文物出版社，1989 年版，第 11 页。

量，要发展农业必须严格按照农时进行，否则错过农时，粮食作物没有收成，无论对家庭还是部落来说，都是非常危险的事情。解决农时问题，就要确定历法，因为"历法与农业有着极密切的关系"。① 确定历法，自然也需要仰观俯察，所谓观象授时，即通过观测天象，对天象运行周期进行精密计算，以尽量求得对农时的精确掌握。在这一语境下，先民的天文与数学也得到了很好的发展，"天数"的早期含义大概就是来源于此，即对天象的观测和数学计算，以此掌握天象和气候之间的关系规律等。② "天数"并非神秘符号，所以宋人郑樵作天文书意欲使学者"识垂象以授民时之意，而杜绝其妖妄之源焉"。③ 其实，清代学者顾炎武很早就曾指出上古先民对天文学的熟稔情况：

> 三代以上，人人皆知天文。"七月流火"，农夫之辞也；"三星在天"，妇
> 人之语也；"月离于毕"，戍卒之作也；"龙尾伏晨"，儿童之谣也。后世文人
> 学士，有问之而茫然不知者矣。④

三代以上之先民，因农业之需，观测天象，懂得天象之义理，故天文知识为老幼妇孺之常识。但是后世文人学士却都对此知之甚少，在刘起釪看来，是因为秦汉以后，天文工作者制定出二十四节气，人们可以依据二十四节气安排农事活动，不再需要直接观测天象确定物候农时，所以天文活动的一些名词术语随着时间流逝逐渐为人们所淡忘，只知其秦汉以后之意义，对其初始意义却因历史的尘埃太重而无法认清。⑤ 刘氏的根据是《史记·律书》记载的内容："盖黄帝考定星

---

① 范文澜：《与颉刚论五行说的起源》，《古史辨》册五，上海：上海古籍出版社，1982年版，第644页。

② 这个在早期中国传世文献中也有证明，如《逸周书·周月解》云："夏数得天，百王所同"，《左传·昭公十七年（525BC）》梓慎亦云："夏数得天"。此即认为夏朝的历法符合天象与农业时令。司马迁《史记·天官书》则对早期中国知晓"天数"的学术谱系有一个较为详细的梳理，如夏之昆吾，殷商之巫咸，周之史佚、苌弘等皆是。参见司马迁：《史记》册四，北京：中华书局，1982年版，第1343页。

③ 郑樵：《通志十二略》，北京：中华书局，1995年版，第450页。

④ 顾炎武：《日知录集释》，黄汝成集释，上海：上海古籍出版社，2006年版，第1673页。

⑤ 参见顾颉刚，刘起釪：《尚书校释译论》，北京：中华书局，2005年版，第869页。

历，建立五行，起消息，正闰馀，于是有天地神祇物类之官，是谓五官。各司其序，不相乱也。"① 他以此推测"五行"是从星象而来的，并根据《汉书·艺文志》"五行之序乱，五星之变作"推断出"五行"与"五星"密切相关。所谓五星即太阳系九大行星中的金、木、水、火、土五星，只是此五星在当时另有其名，分别是太白、岁星、晨星、荧惑与镇星（填星）。五星是流动运转有序的，并且很早就为先民所观察利用，故此，刘氏认为五行指五星在天球面上的运行现象。这个观点被史学家赵光贤认为"是一个很有价值的创见"。② 这一点在天文考古学中亦可得到进一步的证明。

中国的天文学起源甚早，已为学界共识。中国先民在黄河流域由渔猎而农耕，需要"仰视天文以测寒暑季节，为衣食住行做准备"，③ 先民通过星象来确定历法与农时，这是公认的历史事实。《尚书·洪范》里面就明确将历数与岁以及日、月、星辰并举，按照日月星辰的运行来计算时间，这必然涉及星象观测。星象观测是天文学建立的重要基础，从个体的恒星，到完整星象体系的建立，肯定会经历一个漫长的历程，早期星象体系的建立也主要是为了服务于农业与祭祀活动，此已为天文考古学家所证明。④ 但从对恒星的指认到对与之相关的星象的体认、想象及命名，却是一个符号化的过程。先民为某一群组的恒星图像形状"赋予了人物、动物、器物等不同的名称，于是产生了最古老的星座"，⑤ 因为星象体系的建立，实际上就把纷繁复杂的星空符号化。符号化就是一种秩序化，是先民按照自己想象将星空与恒星结构化的一种活动，依据人类自身的经验将其编织成不同的意义载体，如中国先民将北斗星座命名为帝车。无独有偶，巴比伦人也将归为大熊星座的北斗命名为大车，"显然，东西方的早期先民都将北斗视为周天运行的天帝之

① 司马迁：《史记》册四，北京：中华书局，1982 年版，第 1256 页。
② 赵光贤：《新五行说商榷》，《古史续辨》，北京：中国社会科学出版社，1991 年版，第 214 页。
③ 陈晓中：《古代汉语天文知识》，《中国古代文化讲座》，桂林：广西师范出版社，2003 年版，第 15 页。
④ 参见陈遵妫：《中国天文学史》册一，上海：上海人民出版社，1980 年版，第 2—4 页；又见冯时：《中国天文考古学》，北京：中国社会科学出版社，2017 年版，第 349 页。
⑤ 冯时：《中国天文考古学》，北京：中国社会科学出版社，2017 年版，第 350 页。

车"。① 地上之车带动人类的行程，天上的帝车带动了天的运行，形成了一个以符号为媒介（车）的诠释结构（运行），如西方的星座体系，中国的二十八宿体系等，皆是如此。此外，对二十八宿进一步的分合处理，就是我们熟知的四象体系的建立：青龙、白虎、朱雀、玄武，四象又与四宫、四季相配，形成一个完整的关系网络，如表 3.2 所示：

表 3.2　四象、四宫、四季、二十八宿分类表

四象	四宫	四季	二十八宿
青龙	东宫	春季	角、亢、氐、房、心、尾、箕
朱雀	南宫	夏季	井、鬼、柳、星、张、翼、轸
白虎	西宫	秋季	奎、娄、胃、昴、毕、觜、参
玄武	北宫	冬季	斗、牛、女、虚、危、室、壁

二十八宿又被称为二十八舍，所谓舍就是住宿之意。《史记·律书》有云："《书》曰［七正］，二十八舍。律历，天所以通五行八正之气，天所以成孰万物也。舍者，日月所舍。"② 司马贞《史记索引》指出，所谓七正，就是指日、月和五星，"七者可以正天时"，③ 也就是说，先民根据日月和五星来确定天时。而舍即停止，宿即停留之处所，"言日月五星运行，或舍于二十八次之分也"，④ 也即先民根据日月及五星在二十八宿中的运行止宿情况来识别时节。古代占星家根据土星在二十八宿上运行的情况发现，土星是五星中运行周天最长的行星，基本上是二十八年周天一次，大约每年填一宿，如《淮南子·天文训》云土星"岁镇一宿"，《史记·天官书》亦云其"岁填一宿"。⑤ 由此可见，二十八宿的划分基本上也是以土星二十八年一周天的周期来确定的。五星之中，土星离地球最远，公转周期也最长，其在天球面的运行也最慢，因此对土星的观测应该是五星中最晚的一颗；而土星的运行又与二十八宿的划分紧密相关，因此先民对五星的认定也不

---

① 冯时：《中国天文考古学》，北京：社会科学文献出版社，2001 年版，第 351 页。
②③④ 司马迁：《史记》册四，北京：中华书局，1982 年版，第 1243 页。
⑤ 同上书，第 1319 页。

会晚于对二十八宿的设定。如前文所言，二十八宿又是和四象相连的，1987 年河南濮阳西水坡发掘的用蚌壳堆砌的青龙、白虎之象，根据考古学测定其时间大约距今 6500 年左右，属于仰韶时期的宗教文化遗产，也是中国早期天文学的实证。冯时指出，由于观象授时的需要，东西二宫的星象曾受到先民的特别关注，东宫即青龙（苍龙），西宫即白虎，① 因此河南濮阳西水坡 45 号墓遗址的发掘，向今人展现了先民的天文思想。

农耕文明的发达必然依赖于观象授时，而敬授人时与占星术预言又是统治者维持统治的必要工具。天文学于农业和祭祀都具有首要之意义，因为"没有对时间与季节的规划与分辨，没有准确的观象授时，原始农业便不可能出现"，② 此诚为的论。《尚书·尧典》记载尧帝"乃命羲和，钦若昊天，历象日月星辰，敬授民时"，这段材料记载的就是先民观象授时的事情，占星人员先是根据日月星辰运转的现象与规律来制定历法，然后把这种历法节令告诉人民，以便后者从事农业生产活动。

观象授时其实就是一个符号活动的过程。月球离地球最近，其圆缺亦最易观测，先民对天文历象的观测顺序应该先是月亮的圆缺，以此确定一个月的时间，但这还无法确定季节之变化。随着人类生产实践的进步，对农业活动的安排需要确定并掌握一年季节之变化，为了决定一年的季节，先民以一定的星象作为标准，这种用作标准的星象就是"辰"。中国先民用为辰的有参、大火、北斗太阳等，古埃及人以天狼星晨现东天为标准，加尔底亚以五车二星为标准，③ 中西先民在观象授时之际都有自己的标准。所以，作为分辨确定季节的标准星象，辰"是正式历法产生前的所谓'观象授时'时代的办法。古人就是这样据辰以观象，凭象以定季节的"。④ 因此，星象和季节的关系其实是一种因果的关系，有某种星象出现，就会有与其对应的季节气候，于是先民们根据这个来确定农业的时间。当

---

① 冯时：《文明以止——上古的天文、思想与制度》，北京：中国社会科学出版社，2018 年版，第 22 页。
② 冯时：《中国古代的天文与人文》，北京：中国社会科学出版社，2006 年版，第 2 页。
③ 参见陈遵妫：《中国天文学史》册一，上海：上海人民出版社，1980 年版，第 30 页。
④ 顾颉刚，刘起釪：《尚书校释译论》，北京：中华书局，2005 年版，第 35—36 页。

这种关系被先民经验到的时候，即皮尔斯意义上的第二性（secondness）与第一性（firstness）结合，一个关于星象和节气的解释项便由此诞生，星象和节气就不再是一种纯粹的物理关系，而是在解释项的作用之下获得了第三性（thirdness），星象成为节气的符号。从对星象的观测中可以得出"敬授民时"及从事相应的农业活动的解释项，这种三元符号关系便开始运作起来。因此，一颗星辰是其所是，不指向其他任何事物的时候，是一种独立的存在，它并不是符号；当这颗星辰为先民反复观测，在记忆经验中形成判断和区分，如这颗星辰的出现是关于某种节气的经验的时候，便建构了一种星辰与节气之间的二元关系。这种二元关系被主体解释为星象代表某种节气时，星象自身的特征便"退化"，成为表征节气的符号，这就是五星的符号化进程。

先民对五星的认识只是部分的、零星的，而五星运行与二十八宿的结合，与四象等天文形象结合，这部分客观的物理世界被意识所把握之后，就成为一个对象化的世界，这个世界在生物符号学家那里被称作周围世界，周围世界并非客观的物理环境世界，而是"按照个别生物的特殊需求有选择地重构和组织起来的环境就是周围世界。因此，周围世界依赖并对应于在每个个体内部发展起来的内心世界（Innenwelt），或者说个体的认知路线图"。[1] 主体将生存中面对的物理世界对象化，转化为一种可以解读的文本化世界，如木星（岁星）在天赤道上一周天约十二年，因而根据木星的位置，便能确定任意一年在十二支中属于哪一年。因此，约翰·迪利说，周围世界本身是一个经验的和日常现实的鲜活的世界，[2] 更为重要的是，人类不仅享受着周围世界的建构对自身生存发展的便利，而且与其他动物相比，更是唯一懂得符号存在的动物。因此，人类通过自己对符号的运用来把握这种意指关系，从而使"封闭的周围世界此时向无限性开放"，[3] 这也许就是五行符号系统无限扩大的深层原因。

---

[1] 约翰·迪利：《符号学基础》，张祖健译，北京：中国人民大学出版社，2012年版，第84页。

[2] 同上书，第85页。

[3] 同上书，第87页。

二、地有五材：五行符号与地利

中国先哲一直将天时与地利并举，如司马迁言《史记·天官书》："仰则观象于天，俯则法类于地。天则有日月，地则有阴阳。天有五星，地有五行。"[1] 占测天时乃是农业文明的基本保障，而光有天时还不够，生民日用，皆是来自地上，这就是涉及地利与生民的关系。一般认为，从西周时期开始形成的五材观就是五行符号系统的地上来源。如《国语·郑语》记载，周幽王时，史伯在回答郑桓公时指出："夫和实生物，同则不继。以他平他谓之和，故能丰长而物归之。若以同裨同，尽乃弃矣。故先王以土与金木水火杂，以成百物"，明确提出用土与金、木、水、火杂合生成万物道理，这里金、木、水、火、土其实已经是从万物中抽取出来的带有一定抽象意义的构成世界的主要物质了。五行本是具体事物，后来逐渐抽象化，成为具有某种性质的事物的代表，超越了其事物本身的属性。这其实就是五行所代表的事物符号化的结果，五种元素成为事物的代表。赵毅衡曾指出，任何物都是在"符号—物"之间滑动，其作为物的部分与作为符号的部分实际上是由特定的获意意向来决定的，而被形式还原为获意活动对象的"符号—物"大概有四种类型，也即自然事物、人工制造物、人工制造的纯符号和没有物性的纯感知。[2] 地上的五行属于自然事物的符号化。《尚书·洪范》提出的五行，大概也是在这个时候完成的。

《尚书·洪范》记载周武王向箕子询问统治大法，于是箕子以洪范九畴相告："初一曰五行，次二曰敬用五事，次三曰农用八政，次四曰协用五纪，次五曰建用皇极，次六曰乂用三德，次七曰明用稽疑，次八曰念用庶征，次九曰向用五福，威用六极。"这里明确提出了九条统治纲领，其中第一条就是"五行"。关于"五行"，箕子有进一步的申述：

---

[1] 司马迁：《史记》册四，北京：中华书局，1982年版，第1342页。

[2] 参见赵毅衡：《形式直观：符号现象学的出发点》，《文艺研究》，2015年第1期。

> 一，五行：一曰水，二曰火，三曰木，四曰金，五曰土。水曰润下，火曰
> 炎上，木曰曲直，金曰从革，土爱稼穑。润下作咸，炎上作苦，曲直作酸，
> 从革作辛，稼穑作甘。

这里明确提出五行乃是水、火、木、金、土五种物质，但其排列顺序不是相生的木、火、土、金、水，也不是相克的水、火、金、木、土，故而刘起釪认为这种排列是无意义的，其时间是早于战国时期五行相胜相生说的。梁启超在《阴阳五行说之来历》一文中认为洪范五行"不过将物质区为五类，言其功用及性质耳，何尝有丝毫哲学的或术数的意味？"。① 刘氏亦据此认同梁启超对此所持的观点，也即五行属于简单的物质分类，没有哲学与术数意味。② 这种论断是否恰当呢？从符号学的观点来看，是值得商榷的。陈梦家认为，"五行说与八卦说，性质上相近似，皆为分析万物为几种元素，而以解说宇宙之构成者也。"③ 很明显，五行尽管来自物质世界，并对物质世界进行了分类，但所有的分类都是首先在观念上建构一种秩序，然后这种秩序以可视可感的符号形态得到表征，如皮尔斯所言："所有的思想都是借助符号得以表达的。"④ 杂多的物质世界已经被抽象，减省为构成万物的基本元素，而"符号即我们能够用以进行抽象的某种方法"。⑤ 金、木、水、火、土五种物质从天地万物中被提取出来，用以表征物质世界及其分类，其实就已经是种抽象化，并非实际指称具体的物质，如吕思勉所云："思想幼稚之世，其见一物，则以为一物而已。稍进，乃知析物而求其质。于是有五行之说。此其思想，较以一物视一物者为有进矣。"⑥ 更何况这里还赋予了这五种物质不同的

---

① 梁启超：《阴阳五行说之来历》，《古史辨》册五，上海：上海古籍出版社，1982 年版，第 350 页。

② 顾颉刚，刘起釪：《尚书校释译论》，北京：中华书局，2005 年版，第 1212 页。

③ 陈梦家：《五行之起源》，《陈梦家学术论文集》，北京：中华书局，2016 年版，第 205 页。

④ 李斯卡：《皮尔斯：论符号》，赵星植译，成都：四川大学出版社，2014 年版，第 3 页。

⑤ 苏珊·朗格：《情感与形式》，刘大基，等译，北京：中国社会科学出版社，1986 年版，第 5 页。

⑥ 吕思勉：《先秦学术概论》，北京：中国人民大学出版社，2011 年版，第 8 页。

性质，如水润下，火炎上，其实就是对这种物性的一个解释项。

从历时角度来看，五行从早期指代五星到后来指代相胜相生的金、木、水、火、土，《尚书·洪范》提出的五行说乃是其符号系统合流的一个重要转折点。根据刘起釪考证，《尚书·洪范》的文件内容殷商时期的，但是在周初作了加工，其中论及的"五事""五征"当出现在西周末年，五行与金、木、水、火、土的结合也不会晚于这个时期。也就是说，这篇传世文献是商周时期的东西，但是经过了周初的加工，春秋时期根据时代的需要也进行了整理补充。但是刘氏还是坚持《尚书·洪范》所云五行本是指天上五星之运行，只不过因为春秋时期的统治需要而被改编，也即五行最终结合为金、木、水、火、土的时间乃是在春秋时期。① 显然，刘氏的考辨有其道理，但是《洪范·五行》明文记载的就是水、火、木、金、土五种物质，刘氏在这个地方还一味坚持五行与五星运行之观点，却没有用发展的眼光看待五行学说的演进。

五星运行及其符号表征因为农业的需要，很早就产生了，河南濮阳西水坡青龙白虎图案墓的出土已经证明在公元前 4500 年的仰韶文化时代，中国先民就业已掌握了较为成熟的天文知识，并建立了相应的知识体系。约翰·迪利曾指出："现象无论产生于宇宙何处，都能够在现时的、过去的和将来的存在当中潜在地从事意指，……尤其当生命介入时，以及生命的认知活动接踵而至之时。"② 随着生产的进步和文化的发展，特别是商周以降青铜器的广泛使用，人们对与生活中人伦日用有关的物质自然也产生了归纳总结的需要，地上的"五行"也逐步得到了发展。孔颖达疏指出："此章所演，文有三种，第一言其名次，第二言其体性，第三言其气味，言五者性异而味别，各为人之用。《书传》云：'水火者百姓之所饮食也，金木者百姓之所兴作也，土者万物之所资生也。是为人用。''五行'即五材也，襄二十七年《左传》云'天生五材，民并用之'，言五者各有材干也。谓之'行'者，若在天则

---

① 参见刘起釪：《答〈新五行说商榷〉——兼论邹衍"五德终始"之说》，《古史续辨》，北京：中国社会科学出版社，1991 年版，第 229 页。

② 约翰·迪利：《符号学基础》，张祖健译，北京：中国人民大学出版社，2012 年版，第 130 页。

五气流行，在地世所行用也。"① 名次即符号顺序，体性是对象，气味则是解释项。这条注疏材料并非望文生义，在《左传》里还有相关记载可以相互发明。

如《左传·文公七年（620BC）》晋郤缺援引《夏书》之言，论及六府、三事，谓之九功，指出所谓"六府"即水、火、金、木、土、谷，所谓"三事"即正德、利用、厚生，六府与三事相连，三事实际上就是关于民生利用的。杨伯峻指出其"三者虽别而实相关联"，② 再结合六府的内容来看，全是关系民生日用的内容。这其中，谷又是为金、木、水、火、土化生并养民之物，民以食为天，六府乃是生民之大事，把这个事情处理好了，就完成了政治上的总问题。因此，如果说六府是人伦日用，那么三事则是政治纲领。《左传·襄公二十七年（546BC）》中，子罕更加明确地提出了五材之说："天生五材，民并用之，废一不可，谁能去兵？"这里所言的五材，杜预注认为就是指金、木、水、火、土五种生活中的常用物质，③ 此处将六府中属于化生之物的谷类排除在外，因为谷在六府之中本就属于"次生级的材用"，④ 故而逐渐被舍去，而剩下的水、火、木、金、土则属于"民用最切之物"，⑤ 被保留下来。

至昭公元年，医和论疾，就已经将阴阳与五味、五色等五行分支系统进行了结合："天有六气，降生五味，发为五色，征为五声，淫生六疾。六气曰阴、阳、风、雨、晦、明也。分为四时，序为五节，过则为灾。"（《左传·昭公元年（541BC）》）可见六气是包含阴阳的，而这样阴阳系统与五味、五色、五声等五行分支系统就产生了一种生成关系，这个对后来阴阳五行的结合无疑是一个有益的启示。至昭公二十五年（517BC），游吉对赵鞅揖让周旋之礼时援引郑子产之言曰：

---

① 李学勤主编：《十三经注疏·尚书正义》，北京：北京大学出版社，1999 年版，第 301—302 页。
② 杨伯峻：《春秋左传注》，北京：中华书局，1990 年版，第 564 页。
③ 参见李学勤主编：《十三经注疏·春秋左传正义》，北京：北京大学出版社，1999 年版，第 1065 页。
④ 范毓周：《"五行说"起源考论》，《中国古代思维模式与阴阳五行说探源》，南京：江苏古籍出版社，1998 年版，第 124 页。
⑤ 吕思勉：《先秦学术概论》，北京：中国人民大学出版社，2011 年版，第 7 页。

夫礼，天之经也，地之义也，民之行也。天地之经，而民实则之。则天之明，因地之性，生其六气，用其五行。气为五味，发为五色，章为五声。淫则昏乱，民失其性。是故为礼以奉之：为六畜、五牲、三牺，以奉五味；为九文、六采、五章，以奉五色。为九歌、八风、七音、六律，以奉五声。

这里在阐述了礼与仪之间的差别之后，重点阐述了礼的作用，认为礼是天地之常道，因此是人们行事的准则。而礼有这种效用，乃是因为礼是取法于天地的，天用气味声色以养万民，所以圣人因之以制礼，因日月星辰而尊重天之明，因高下刚柔就尊重地的性，民见地之宜利，因而取之，如六气（阴、阳、风、雨、晦、明）、五行（金、木、水、火、土）、五味（酸、咸、辛、苦、甘）、五色（青、黄、赤、白、黑）、五声（宫、商、角、徵、羽）等，如果过度使用的话，就会丧失本性，因此要制定礼仪来约束。孔颖达《正义》指出："五物世所行用，故谓之五行。五者各有材能，传又谓之五材。"[1] 地上之五行实际上乃是生民日用的五材，故而有学者指出，"五行者，人生必需之地上五件事物也"。[2] 徐复观也认为："通过《左传》、《国语》，来看看春秋时代所谓五行，皆指生活中不可缺少的五种实用资材而言，决无后来所说的五行的意义。"[3] 但意义本身是面向未来的存在，需要在符号的解释中不断丰富。五材关乎人伦日用，中国先民因自然崇拜而拥有多神信仰，故分而祀之，因此产生了相应的"神"主。

地上的五行因源于自然崇拜的祭祀而神化。《国语·鲁语上》展禽论及先民祭祀时指出："夫圣王之制祀也，法施于民则祀之，以死勤事则祀之，以劳定国则祀之，能御大灾则祀之，能捍大患则祀之。非是族也，不在祀典。……加之以社稷、山川之神，皆有功烈于民者也。及前哲令德之人，所以为明质也。及天之三辰，民所以瞻仰也。及地之五行，所以生殖也。及九州名山川泽，所以出财用

---

① 李学勤主编：《十三经注疏·春秋左传正义》，北京：北京大学出版社，1999 年版，第 1449 页。
② 齐思和：《五行说之起源》，《中国史探研》，石家庄：河北教育出版社，2000 年版，第 369 页。
③ 徐复观：《中国思想史论集续编》，北京：九州出版社，2014 年版，第 13 页。

也。非是不在祀典。"这里明确指出先民祭祀并非盲目之举，而是有一定的原则以及特定的对象。如源于祖先崇拜的先圣，包括完善法规者、恩施与民者、勤政者、安邦者、消灾御祸者；或是源于自然崇拜的，如日月星辰，名山大川，并提出祭祀地上的五行。一般认为这里所言的"地之五行"即金、木、水、火、土五种与先民日常生活联系紧密的、人民赖以生存繁殖的物质，也即五材。因为在春秋后期，"五材已成为人们对于物质世界构成要素的共同认识"，[①] 因其可以生养万民，故而被列入先民的祭祀之中。因此韦昭认为："五行，五祀，金、木、水、火、土也"，[②] 将五行视作五祀，其实质则是自然崇拜的精神遗存。"自然崇拜实际上是产生于人类对自身生存活动的特性及需要、对可切实影响其生存活动与发展的自然环境因素以及对于人与自然环境内在关系等已经形成相对明确认识的基础上的。"[③] 先民因对自然的依赖、恐惧与崇敬的心理，而产生相应的崇拜活动，如祭祀，而这种活动是基于对自然界形成较为明确的认识基础之上的，如对五种物质元素的认知，以及其属性的体认，而这个过程实际上就是从具体到抽象的认知过程。不仅如此，还要设立相应的职官来进行管理，《左传·昭公二十九年（513BC）》魏献子问蔡墨关于龙的问题，蔡氏对曰："夫物，物有其官，官修其方，朝夕思之。一日失职，则死及之。失官不食。官宿其业，其物乃至。若泯弃之，物乃坻伏，郁湮不育。故有五行之官，是谓五官。实列受氏姓，封为上公，祀为贵神。社稷五祀，是尊是奉。木正曰句芒，火正曰祝融，金正曰蓐收，水正曰玄冥，土正曰后土。"这里指出金、木、水、火、土五种与民生日用密切相关的物质都有其官，并且有相应的祭祀之神，如句芒、祝融等。因此，作为五种实物的"五材"便在祭祀的语境下演化出五神。齐思和认为五行或谓之五材，乃是此种思想之初名辞还未统一的结果，[④] 此论还是颇有见地的《尚书·洪范》提出的五行之时，作为天

---

①　范毓周：《"五行说"起源考论》，《中国古代思维模式与阴阳五行说探源》，南京：江苏古籍出版社，1998年版，第125页。

②　徐元诰：《国语集解》，北京：中华书局，2002年版，第161页。

③　王东昕，万志琼：《论文化语境中自然崇拜的本质》，《云南民族大学学报》，2009年第3期。

④　齐思和：《五行说之起源》，《中国史探研》，石家庄：河北人民出版社，2000年版，第369页。

上"五星"的五行就与地上"五材"的五行结合起来了。但是五行概念还没有固定，在尚五思想的影响下，当时学者提出了诸多相关的概念，如五味、五音、五方、五色、五脏、五谷、五刑等皆是。不仅如此，春秋战国之际，不同的符号系统开始整合。如《列子·汤问》篇记载郑师文从师襄学琴之事云：

> 匏巴鼓琴而鸟舞鱼跃，郑师文闻之，弃家从师襄游。柱指钧弦，三年不成章。师襄曰："子可以归矣。"师文舍其琴，叹曰："文非弦之不能钧，非章之不能成。文所存者不在弦，所志者不在声。内不得于心，外不应于器，故不敢发手而动弦。且小假之，以观其所。"无几何，复见师襄。师襄曰："子之琴何如？"师文曰："得之矣。请尝试之。"于是当春而叩商弦以召南吕，凉风忽至，草木成实。及秋而叩角弦以激夹钟，温风徐回，草木发荣。当夏而叩羽弦以召黄钟，霜雪交下，川池暴沍。及冬而叩徵弦以激蕤宾，阳光炽烈，坚冰立散。将终，命宫而总四弦，则景风翔，庆云浮，甘露降，澧泉涌。

这段关于音乐的记载颇具神秘色彩，但是其深层语义机制却是五行学术话语。因所奏之音的不同，产生的效果也各有不同（五音与节候关系我们在第五章还会申述），如下表3.3所示：

表3.3 五音与季节分类表

所奏之音	所成之效	对应季节
商	凉风忽至，草木成实	秋
角	温风徐回，草木发荣	春
羽	霜雪交下，川池暴沍	冬
徵	阳光炽烈，坚冰立散	夏
宫	则景风翔，庆云浮，甘露降，澧泉涌	（季夏？）

此外，《墨子·贵义篇》中将五行分类配比系统进一步扩大：

　　子墨子北之齐，遇日者。日者曰："帝以今日杀黑龙于北方，而先生之色黑，不可以北。"子墨子不听，遂北，至淄水，不遂而反焉。日者曰："我谓先生不可以北。"子墨子曰："南之人不得北，北之人不得南，其色有黑者，有白者，何故皆不遂也？且帝以甲乙杀青龙于东方，以丙丁杀赤龙于南方，以庚辛杀白龙于西方，以壬癸杀黑龙于北方，若用子之言，则是禁天下之行者也。是围心而虚天下也，子之言不可用也。"

　　所谓日者，即卜筮占候时日者的通名，占候即占星家依据天象来附会人事的占卜者，可见日者本身是精通天文与地利之学者，能将天象与人事进行关联沟通，日者本身是一个五星与五行符号的贯通者。从墨子与日者的对话内容来看，在春秋战国之际，地之五行与天干五方已经出现了沟通关联的情况。文献中明显记载的是东南西北四方与颜色、天干相配，孙诒让《墨子间诂》引毕本下曾增补"以戊己杀黄龙于中方"一句，但根据王念孙考证，此处增补并不恰当，"古人谓东西南北为四方者，以其在四旁也。若中央为四方之中，则不得言中方，一谬也；行者之所向，有东有西，有南有北，而中不与焉，二谬也"。① 孙氏认为王说为是，另据吴毓江《墨子校注》吴氏之按语，亦以王说为是。② 这里增补是画蛇添足之举，但五方观念还是蕴藏其中的，如孙氏所言："此即古五龙之说，《鬼谷子》'盛神法五龙'，陶景弘注云：'五龙，五行之龙也。'《水经注》引《遁甲开山图》云'五龙见教，天皇被迹'，荣氏注云：'五龙治在五方，为五行神。'……然则五龙自有中宫，但日者之言，不妨约举四方耳。"③ 所谓五龙，即青龙、赤龙、黄龙、白龙、黑龙之谓。又《文选·郭璞〈游仙诗〉》云："奇龄迈五龙，千岁方婴孩。"李善注引《遁甲开山图》荣氏解谓："五龙，皇后君也，昆弟五人，皆人面而龙身。长曰角龙，木仙也；次曰徵龙，火仙也；次曰商龙，金仙也；次曰羽龙，水仙也；次

---

①③ 孙诒让：《墨子间诂》，北京：中华书局，2001 年版，第 448 页。
② 吴毓江：《墨子校注》，北京：中华书局，1993 年版，第 701 页。

曰宫龙，土仙也。父与诸子同得仙，治在五方。"①这样五龙又与五音、五行、五方、五色配合在一起了，形成一个符号链，兹列表3.4以示之：

表3.4　五行与五方天干等分类表

五行	五方	天干	五龙（与五色配）	五龙（与五音配）	五神
木	东	甲乙	青龙	角龙	木仙
火	南	丙丁	赤龙	徵龙	火仙
土	中	戊己	黄龙	宫龙	土仙
金	西	庚辛	白龙	商龙	金仙
水	北	壬癸	黑龙	羽龙	水仙

到了战国时期，阴阳家邹衍对五行学说进行了系统改造升级，五行观才逐渐固化下来。关于五行学说最终的确立，李约瑟认为即使邹衍不是唯一的创始者，也是他把有关这个论题的思想加以系统化和固定下来的。②从现在能看到的文献而言，这个论点基本上是合理的。五行观念的发展演进，到《汉书·五行志》，已基本定型，并渗透了思想的各个方面。③

总而言之，《尚书·洪范》提出的五行概念，则基本符合战国秦汉以来的五行之意义，而这个五行是地上的五材等概念与天上的五星概念相结合而来的，是一个意义叠加的符号系统。关于其结合的明文记录在《汉书·律历志》中，其云："五星之合于五行，水合于辰星，火合于荧惑，金合于太白，木合于岁星，土合于填星。"④这段材料出现的时间虽然较晚，但是我们知道先民社会的节奏本来就较为缓慢，知识系统的积累与更新也是如此，一种知识系统的产生、成熟与记录本身就要花费很长的时间，我们不能将记录的时间视作其形成的时间。不同的五行符号系统能够合并，应归因于其具有相同的内涵意义，也即无论是天上的五星还

① 萧统编，李善注：《文选》，上海：上海古籍出版社，2019年版，第1041页。
② 参见李约瑟：《科学思想史》，《中国科学技术史》第二卷，北京、上海：科学出版社、上海古籍出版社，1990年版，第254页。
③ 徐复观：《中国思想史论集续编》，北京：九州出版社，2014年版，第70页。
④ 班固：《汉书》册四，北京：中华书局，1962年版，第985页。

是地上的五行，他们都有一个运行流动的内涵意义，这个史华兹也曾有过揣测，"'行'这个词似乎有行动或运动的意思"，[1] 我们亦深以为然。尽管其外延意义（五星或五材）开始并不相同，但是随着意义抽象程度的提升，内涵意义的叠合度也大幅增加。随着外在语境的变化（如二十四节气的发展和早期天文学的衰落），经过邹衍等加工整理的新的五行观念就逐渐固化下来，成为中国人的思想律。陈梦家谓："五行为五种势力之对转流动，非为五个静止的原素。盖五行论者于分析万物为五个原素后，更阐明此五原素性质之关系，即五个不同性质之原素，在流动中之相互关系。"[2] 诚为的论。

三、人有五德：五行的伦理转向

五行是一个不断扩容的符号系统，随着人类的认知范围的扩大，需要解释的自然、社会、伦理现象也不断增长，五行包容的内容随着解释项的扩展而不断扩张。梁启超研究指出："春秋战国以前所谓阴阳，所谓五行，其语甚希见，其义极平淡。且此二事从未尝并为一谈。"[3] 天上五星符号与地上五材符号合并而成五行系统，到春秋战国时期，又不断增加了新的解释，导致系统的不断扩大。这其中一个重要的解释项便是五行的伦理解释，然而，因为史料的缺失，这个问题一度成为学术史上的一大公案。

梁启超指出，促成阴阳五行说之成立及传播的三位重要人物分别是邹衍、董仲舒和刘向。[4] 梁氏的主要文献基础是传世文献，如《史记·孟子荀卿列传》《汉书·艺文志》《汉书·五行志》之属，邹衍的五德转移说就是在这些文献中见存的。邹衍在生卒年代上晚于孟子，而《荀子》所记，五行出于孟子，孟子又没有传世

---

① 史华兹：《古代中国的思想世界》，程钢译，南京：江苏人民出版社，2004 年版，第 369 页。
② 陈梦家：《五行之起源》，《燕京学报》，1938 年第 24 期。此文后收入《陈梦家学术论文集》，第 214 页。
③④ 梁启超：《阴阳五行说之来历》，《古史辨》册五，上海：上海古籍出版社，1982 年版，第 353 页。

文献证明其生前论述过阴阳五行之说，故以邹衍之阴阳五行说来反观孟子五行之义则扞格不通。这一疑难问题直至马王堆汉墓帛书与郭店楚简的出土才逐渐被学界廓清。

《荀子·非十二子》对思孟学派的"五行"进行了批判：

> 略法先王而不知其统，犹然而材剧志大，闻见杂博。案往旧造说，谓之五行，甚僻违而无类，幽隐而无说，闭约而无解。案饰其辞而只敬之曰：此真先君子之言也。子思唱之，孟轲和之。世俗之沟犹瞀儒，嚾嚾然不知其所非也，遂受而传之，以为仲尼、子游为兹厚于后世，是则子思、孟轲之罪也。

荀子在这里批评的思孟五行，学界一直不得其解，唐人杨倞注为："五行，五常，仁义礼智信是也。"① 梁启雄《荀子简释》引梁启超之言，认为孟子之书实无五行之说，如果按照杨倞注认为五行即五常，那么就不能说这种观点是"僻违而无类，幽隐而无说，闭约而无解"。故而梁启超认为此五行终不可知："今强伸杨说，则：孔子只言仁，或言仁智，或言智仁勇，未有以仁义礼智信平列者。孟子好言仁义礼智，义礼本仁智所衍生，以之并举，实为不伦，故曰无类；其说不可通，则无说可解也。然孟子亦无以信并于仁义礼智为五行之语，故此说亦卒未安。"② 梁启超在其《阴阳五行说之来历》一文中也曾援引《荀子》的这段材料，亦明确指出"此五行不知作何解。若谓即《洪范》之五行也？子思、孟轲书中只字未尝道及"。③ 梁启超氏一口否定了荀子此处所言五行与思孟学派之联系，未免有点武断，但是其认为此处所言五行"决非如后世之五行说则可断言"的判断还是对的，这一点直到马王堆汉墓帛书出土之后才真相大白。

1973 年，长沙马王堆三号墓出土了大量帛书，其中就有《五行篇》，帛书的出

---

① 王先谦:《荀子集解》，北京：中华书局，1988 年版，第 94 页。
② 梁启雄:《荀子简释》，北京：中华书局，1983 年版，第 63 页。
③ 梁启超:《阴阳五行说之来历》，《古史辨》册五，上海：上海古籍出版社，1982 年版，第 351 页。

土引起了中外学界的极大的研究热潮；1993 年，湖北荆门郭店楚墓出土一批竹简，经整理于 1998 年公布，其中亦有《五行篇》传世。竹简本整理者指出："本篇文字与马王堆汉墓帛书《老子甲卷本后古佚书》中《五行》篇之经部大体相同。"① 郭店楚简的出土，则对这一文献的时间坐标进一步精确化。1993 年湖北郭店出土的楚简，其《五行》篇有云：

> 仁形于内谓之德之行，不形于内谓之行。义形于内谓之德之形，不形于内谓之行。礼形于内谓之德之行，不形于内谓之［行。智形］于内谓之德之行，不形于内谓之行。圣行于内谓之德之行，不形于内谓之行。
>
> 德之行五和谓之德，四行和谓之善。善，人道也。德，天道也。

五行由天地自然的物质分类演进为道德产品，其实质是五行的符号的伦理转向。这个转向是在儒家思孟学派时期完成的，思孟学派在"五行"观念流行及尚五思潮的影响之下，试图用"五行"的观念来对儒家思想进行理论改造，并引入了儒家的伦理思想。② 其实质是借用了当时流行的五行话语系统，附入了儒家倡导的仁、义、礼、智、圣的解释项，这套话语系统后来又转化为儒家的仁、义、礼、智、信这五个关键词，说明儒家话语系统也是一个在不断发展融合的过程。至于思孟学派为什么要化用五行话语系统，这大概与儒家的发展形势有关。《史记·孟子荀卿列传》记载，孟子受业于子思门人，"道既通，游事齐宣王，宣王不能用。适梁，梁惠王不果所言，则见以为迂远而阔于事情。当是之时，秦用商君，富国强兵；楚、魏用吴起，战胜弱敌；齐威王、宣王用孙子、田忌之徒，而诸侯东面朝齐。天下方务于合从连衡，以攻伐为贤，而孟轲乃述唐、虞、三代之德，是以

---

① 荆门市博物馆：《郭店楚墓竹简》，北京：文物出版社，1998 年版，第 149 页。
② 范毓周：《"五行说"起源考论》，《中国古代思维模式与阴阳五行说探源》，南京：江苏古籍出版社，1998 年版，第 129 页。

所如者不合"。① 孟子学成儒家之道后，游说诸侯，不能见用。当时各国诸侯都在变法图强，法家和兵家政治上受到优待，富国强兵、能攻善伐被看作贤能，而孟子此时却称述尧舜，提倡夏商周三代的德政，故而没有诸侯采纳。此时各国诸侯对待儒家的态度，梁惠王"见以为迂远而阔于事情"是颇具代表性的。但是儒家并没有被时俗所左右，依然倡导自周孔以来的仁政，故而不为急于称王争霸的诸侯所喜，这就是儒家五行说的外在语境。

再回到这篇引文文献上来看，庞朴在《竹帛〈五行〉篇校注》中指出，这里的"仁"是一种无形的或形而上的天道，经人领悟而成形于人心，是为"德之行"；而如果仁没有经过领悟而未能成形于心，只是在行动上表现出来，就叫行，后文的义、礼、智、圣皆同于此。② 也就是说，这里区分了内化过的"德之行"和没有内化的"行"，陈来将前者命名为德性（virtue），将后者命名为德行（moral conduct）。③ "德之行"是"形于内"的，而"行"则是"不形于内"的，"形于内"是自然形成内在的心性道德，"不形于内"是通过学习外在道德规范而形成的道德。④ 所谓"形于内"，究其实质，是"仁、义、礼、智、圣"符号的形成，并深植于君子的内心，而"不形于内"则是君子的外在行为。皮尔斯曾指出，符号的本质功能在于使意指关系变得有效，确立一种习惯或者规则，从而使这些关系在具体的场合根据规则行动，因为我们所有的思想与知识都是通过符号而获得的。⑤ 思孟学派的"五行"经主体的意识内化，成为一种内在规范，也即道德律。道德律使贤人君子在人伦生活之中遵循礼仪规范，因此，君子的行事与儒家的"五行"是一种明确的意指关系，当这种思想外化为文本形式的时候，就成了儒家的道德伦理知识体系。儒家关于人的道德品行的理论资源也就借当时流行

---

① 司马迁：《史记》册七，北京：中华书局，1982 年版，第 2343 页。

② 参见庞朴：《庞朴文集》卷二，济南：山东大学出版社，2005 年版，第 118 页。

③ 参见陈来：《简帛〈五行〉篇与子思思想研究》，《思想·文献·历史——思孟学派新探》，北京：北京大学出版社，2008 年版，第 14 页。

④ 参见郭沂：《郭店竹简与先秦学术思想》，上海：上海教育出版社，2001 年版，第 147 页。

⑤ 参见皮尔斯：《皮尔斯：论符号》，赵星植译，成都：四川大学出版社，2014 年版，第 31 页。

的五行话语系统得到了发展，但是已经与以传统五星为代表的五行和以五材为代表的五行系统都无甚关系，如刘起釪言，这"只是人类行为的五种品德"。[①]这套借用五行包装的儒家话语系统，为五行符号系统的伦理化进程奠定了良好的理论基础。

然而思孟五行在当时并没有受到诸侯的重视，对儒家学术思想用五行话语进行转化并使之广为传播的是被司马迁视作阴阳家的邹衍。而阴阳家跟儒家究竟是个什么关系呢？顾颉刚认为邹衍属于儒家，理由有四，其一是邹衍的学说"仁义节俭，君臣上下六亲之实行施"是本于儒家的学术思想的；其二是邹衍论辩也是儒家的口吻，而且与荀子论辩的话相同；其三是在《史记》中，司马迁将邹衍与孟子荀卿合传，说明在司马迁眼中其学术也是有渊源的；其四是邹衍之后的西汉儒者如董仲舒、刘向等人的学说也与邹衍极其相似。[②]我们以为，顾氏的推理是有道理的，但是并不赞同顾氏的结论，即将邹衍视作儒家。

我们认为邹衍的学术确实源于儒家，或跟儒家有极大之渊源，但是在吸收儒家等学术的基础上另有创获。从战国的文化地理上看，齐、鲁、邹经常被视作一个文化圈，子思、孟子与邹衍都是这个文化环境下生长出来的先哲。在学术上，邹衍亦是颇同于儒家，如其有见于统治者不能尚德，故深观阴阳消息，乃出其说，学术主旨亦是倡导仁义等，这是受到儒家之影响，此后来者亦有发明：

> 邹子之作，变化之术，亦归于仁义。(《盐铁论·论儒》)
>
> 邹子以儒术干世主，不用，即以变化始终之论，卒以显名。(《盐铁论·论儒》)
>
> 邹子疾晚世之儒墨，不知天地之弘，昭旷之道，将一曲而欲道九折，守

[①] 刘起釪：《五行原始意义及其纷歧蜕变大要》，《中国古代思维模式与阴阳五行说探源》，南京：江苏古籍出版社，1998 年版，第 142 页。

[②] 顾颉刚：《五德终始说下的政治和历史》，《古史辨》册五，上海：上海古籍出版社，1982 年版，第 409 页。认为邹衍属于儒家的还有徐文珊，其在《儒家和五行的关系》一文中指出儒家有多个派别，而邹衍属于儒家的一个派别。参见《古史辨》册五，第 675 页。

一隅而欲知万方，犹无准平而欲知高下，无规矩而欲知方圆也。于是推大圣
终始之运，以喻王公，先列中国名山通谷，以至海外。(《盐铁论·论邹》)

《盐铁论》所记为西汉时期学者之言论，去战国未远，其观点很贴近邹子时
代语境，因此其所言更能接近历史真实。从汉代学者之论来看，他们也肯定了邹
衍学术归于仁义这个儒家思想的渊薮，但是我们还要看到邹衍对同时代儒墨二家
的超越，特别是其曾以儒术干世，但是不能见用，才进行学术转向这个事实，以
"变化终始之论"才受到诸侯青睐、得以显名的实际情况。司马迁《史记·孟子荀
卿列传》附录记载，邹子"乃深观阴阳消息而作怪迂之变，终始、大圣之篇十余
万言"。① 也就是说，邹衍在学术上向儒家学习是事实，但是也看到了儒墨学术的
不足，故而改进创新，并在此基础上创立了新的学术流派：阴阳家。实际上，邹
衍也将自己与儒家进行了区别，《史记·孟子荀卿列传》记载邹衍"以为儒者所谓
中国者，于天下乃八十一分居其一分耳"，② 可见邹衍并不认为自己是儒者，这个细
节劳思光亦曾注意到。③ 因此，我们的观点是邹子出于儒家，但是没有入于儒家，
而是走上了一条新途，这个可能有点类似于韩非子。韩非就学于儒家荀子，但是
其学并没有入于儒家，而是转向了法家。邹衍亦是如此。据《汉书·艺文志》记
载，邹衍是有其学说著述传世的：

《邹子》四十九篇。名衍，齐人，为燕昭王师，居稷下，号谈天衍。④
《邹子终始》五十六篇。⑤

可惜的是这些著述今皆不存，但是邹衍被视作阴阳家的代表基本上为学界公
认，如劳思光就认为邹衍实为"阴阳"及"五德终始"学说的创始人。⑥ 这个学

---

① ② 司马迁：《史记》册七，北京：中华书局，1982 年版，第 2344 页。
③ ⑥ 参见劳思光：《新编中国哲学史》册二，北京：生活·读书·新知三联书店，2015 年版，第 18 页。
④ ⑤ 陈国庆：《汉书艺文志注释汇编》，北京：中华书局，1983 年版，第 130 页。

派在天文历法的基础上兼收了一些其他学派的理论知识，实现了其立论创派之目的。《汉书·艺文志》云："阴阳家者流，盖出于羲和之官，敬顺昊天，历象日月星辰，敬授民时，此其所长也。及拘者为之，则牵于禁忌，泥于小数，舍人事而任鬼神。"① 这里从学术史角度梳理了阴阳家的学术本根，也即天文学说，如观测天象、敬授人时，但又增添了宗教神学的一些内容，平添了诸多神秘色彩，但是一些有关邹衍的传说，多少还是与其精通天文气象之学有关，如《列子·汤问》中师襄赞师文之琴音曰："微矣子之弹也！虽师旷之清角，邹衍之吹律，亡以加之。"论及邹衍吹律，张湛注云："北方有地，美而寒，不生五谷。邹子吹律暖之，而禾黍滋也。"② 根据冯时的《中国天文考古学》可知，中国的先民很早就知道根据音律来掌握地气节令，所谓律管吹灰就是"以律管候气定时"，③ 而这个对先民农业生产与发展都具有重要意义。本乎此，我们再来看邹衍吹律的传说，则可能跟其掌握候气知识有关，而这种知识因为节气的发展而逐渐为人们所淡忘，邹子因为懂得这种古老天文物理知识而被神化。此外，据《汉书·刘向传》记载："上复兴神仙方术之事，而淮南有《枕中鸿宝苑秘书》。书言神仙使鬼物为金之术，及邹衍《重道延命方》，世人莫见，而更生父德武帝时治淮南狱得其书。更生幼而读诵，以为奇，献之，言黄金可成。"④ 如顾颉刚所言，如果这个《重道延命方》不是托名的著作的话，那么邹衍还是"一个兼长方技的人"。⑤ 而实际上，根据《汉书·艺文志》的目录来看，阴阳之学与术数、方技之学有诸多相通之处，邹衍精通阴阳与术数之学，兼长方技应不足为奇。邹衍游走诸侯之间，没有像儒家学者那样落魄得如同丧家之犬，反而颇受礼遇："是以驺子重于齐。适梁，惠王郊迎，执宾主之礼。

① 陈国庆：《汉书艺文志注释汇编》，北京：中华书局，1983 年版，第 133 页。

② 杨伯峻：《列子集释》，北京：中华书局，1979 年版，第 186 页。关于邹衍吹律之事，汉人王充《论衡》中亦多有记录，如《论衡·定贤》有云："燕有谷，气寒，不生五谷。邹衍吹律致气，既，寒更为温。燕以种黍，黍生丰熟，到今名之曰'黍谷'。"参见张宗祥：《论衡校注》，上海：上海古籍出版社，2013 年版，第 536 页。

③ 冯时：《中国天文考古学》，北京：中国社会科学出版社，2017 年版，第 264 页。

④ 班固：《汉书》册七，北京：中华书局，1962 年版，第 1928—1929 页。

⑤ 顾颉刚：《五德终始说下的政治和历史》，《古史辨》册五，上海：上海古籍出版社，1982 年版，第 416 页。

113

适赵，平原君侧行撇席。如燕，昭王拥彗先驱，请列弟子之座而受业，筑碣石宫，身亲往师之。作《主运》。其游诸侯见尊礼如此，岂与仲尼菜色陈蔡，孟轲困于齐梁同乎哉！"①邹衍得遇于此境遇，当然与其不同于儒家之学术思想大有关联，这其中最重要的自然是其五德终始说：

> 称引天地剖判以来，五德转移，治各有宜，而符应若兹。（《史记·孟子荀卿列传》）②

> 是时独有邹衍，明于五德之传，而散消息之分，以显诸侯。（《史记·历书》）③

> 自齐威、宣之时，驺子之徒论着终始五德之运，及秦帝而齐人奏之，故始皇采用之。（《史记·封禅书》）④

> 《文选》左思《魏都赋》李善注引《七略》谓"邹子有终始五德，从所不胜，木德继之，金德次之，火德次之，水德次之。"⑤

邹衍所云五德，即五行运转之德，一方面吸收了儒家仁、义、礼、智、信之伦理之德（"德之行五和谓之德"），另一方面又结合了金、木、水、火、土相胜之行，创制了一个结合天道运行与道德伦理相关的新五行系统，因为儒家之德，如前引郭店竹简五行所云属于"天道也"。这其中能够在当时统治阶层引起重大反应的自然是其五行与政治权力的更替相关，这正是诸侯们所关注的东西。邹衍执掌着五行运转的解释权，也即他拥有五行的元语言，对权力运转的关注使得诸侯列国无不对其礼遇有加。从学术思想的承继角度而言，顾颉刚的推论还是颇为中肯的："邹衍凭藉了往旧的五行思想（即古代人把宇宙事物分类的思想），自己造出

---

① 司马迁：《史记》册七，北京：中华书局，1982 年版，第 2345 页。
② 同上书，第 2344 页。
③ 司马迁：《史记》册四，北京：中华书局，1982 年版，第 1259 页。
④ 同上书，第 1368 页。
⑤ 萧统编，李善注：《文选》，上海：上海古籍出版社，2019 年版，第 291 页。

整整齐齐的一大套五行说，用之于历史上，说明历代的符应及其为治之宜，这是很可能的事。"① 如果说思孟五行是儒家借用五行话语传播己说的一个尝试的话，那么其实际上为儒家学说的发展拉开了一个缺口，邹衍凭藉其天文阴阳知识将其进行了整合和转化，初步完成了五行学说的伦理转向，邹衍的阴阳五行思想也被视作从思孟学派到董仲舒阴阳儒学的中间环节。② 行文至此，我们基本上就可以梳理出这样一个基本脉络：五行的伦理转向，始于子思、孟子，成于邹衍，集大成于汉代董仲舒。

范文澜曾指出，无论什么学术思想，都有一个由简单到复杂的过程，一旦有其适宜的条件，就会发达起来，由 A 变 B，由 B 变 C。当然，范氏也明确指出这个变化不是突变，而是渐变，每一次变化，对旧有的东西会有所保留，同时会增加一些新的东西。③ 毕竟人是追求意义的动物，新的意义会不断产生，但是如果新的意义跟固有的意义之间没有联系和纽带，则无法为人接受，如果是重复固有的意义，也会被弃之不顾。符号的作用就是用来表达意义的，任何意义都需要用符号来表达，同一符号会随着语境条件的变化而发生意义的增殖与删削，一部分意义会随着时代文化的进展而逐渐消失，一部分意义会因时代的需求而附入符号之中，形成新的解释项。于五行符号而言，天上的五星的意义因为历法的发展逐渐为人淡忘，地上五材的意义也不断附入这套符号之中。随着春秋战国政治形势的发展，人们对统一的呼求和对德治的渴望，不断促成五行符号的伦理转向，五行符号系统的意义也由此扩充。

总而言之，五行符号系统的建构，其来源并非单一的某种自然文化现象，而是各符号系统抽象叠加的结果，五行在天上就是金星、木星、水星、火星、土星这五星的运转，在地上就是金、木、水、火、土五种物质抽象而来的五材，对于人事而言，则是仁、义、礼、智、信五种德性，最终形成了一个结合"天、地、

---

① 顾颉刚：《五德终始说下的政治和历史》，《古史辨》册五，上海：上海古籍出版社，1982 年版，第 410 页。

② 侯外庐，赵纪彬，杜国庠：《中国思想通史》，北京：人民出版社，2011 年版，第 579 页。

③ 范文澜：《与顾颉刚论五行说的起源》，《古史辨》册五，上海：上海古籍出版社，1982 年版，第 648 页。

人三界的互相影响的"结构体系。① 这个其实也是受到先民"莅政施教，必用参伍……仰取象于天，俯取度于地，中取法于人"(《淮南子·泰族训》)的行动规则的影响，而五行符号系统的互动，包含事理的不断扩容，举凡五方、五色、五声、五味、五虫、五祀、五谷、五畜、五脏、五帝等皆纳入其分配之中，"于是将宇宙间无量无数之物象事理皆硬分五类，而以纳诸所谓五行者之中"。② 也许这种"硬分"确实有拉郎的嫌疑，但所有的分类无不是人类试图建构秩序的一种努力和尝试，在科学认识不足的情况下，先民试图用一套符号系统将宇宙万物及其运行规律都纳入五行的秩序建构之中，最终形成一个关于"五行"的超级符号系统。"超级符号"作为中国本土的学术概念，是指在文化实践中约定俗成且影响巨大，不经反思便默认应用于生活实践的符号与文本。③ 五行作为超级符号，影响了中国人的世界观，成为中国人的思想律，如齐思和所言："士大夫之所思维，常人之所信仰，莫能出乎五行说范围之外。"④

第二节　五行的互动

五行相生相克的关系在战国末期以迄秦汉间，逐渐固化下来，成为一套完整的话语体系。1975年，湖北云梦睡虎地11号秦墓出土的一批竹简中就有《日书》系列，其中就明文五行相胜之顺序："金胜木，火胜金，水胜火，土胜水，木胜土。东方木，南方火，西方金，北方水，中央土。"⑤ 而在1986年甘肃天水放马滩1号秦墓出土的竹简中也有《日书》系列，其中明文五行相生："火生寅，壮午，

---

① 陈遵妫：《中国天文学史》册一，上海：上海人民出版社，1980年版，第95页。
② 梁启超：《阴阳五行说之来历》，《古史辨》册五，上海，上海古籍出版社，1982年版，第352页。
③ 超级符号被认为是蕴藏在人类文化里面的"原力"，是隐藏在人脑深处的集体潜意识，其浓缩信息量大，对人的行为影响力强，影响人数众多，指引人们按照其规则行事，甚至不会去思考其为什么存在的符号。参见华彬，华楠：《超级符号就是超级创意》，南京：江苏文艺出版社，2016年版，第1—17页。
④ 齐思和：《五行说之起源》，《中国史探研》，石家庄：河北教育出版社，2000年版，第366页。
⑤ 睡虎地秦墓竹简整理小组：《睡虎地秦墓竹简》，北京：文物出版社，1990年版，第223页。

老戌；金生巳，壮酉，老丑；水生申，壮子，老辰；木生亥，壮卯，老未；土生木，木生火，火生土。"① 南北两套《日书》，根据考古学界的研究，一般认为其写定时间都在秦朝，说明作为思想史内容的五行相生相克观要比这个时间更早，也就是说，至少在战国时期，五行互动的观念就已经产生。这些文献的出土，自然也就否定了顾颉刚在《五德终始说下的政治和历史》中的论点，也即五行相生之序为汉儒为适应政治需要而作的改动这一说法。无论五行相胜还是相生，其反映出的都是先民对事物认识的提升和理论的抽象，并作用于人类社会生活之中。约翰·迪利曾言，"全部人类经验无一例外地都是一种以符号为媒介和支撑的诠释性结构。"② 五行相生相胜系统的建立，就是用一套符号为媒介来诠释人类面临的世界，使之理性化，合乎某种秩序，使表象世界获得秩序性结构。

一、历史演变：五行与王朝更替

五行相生相克系统的建立，一个很重要的原因是为了给政治权力的更替披上"天命"的外衣，以便显示出政治权力的合法性和权威性，使政治权力成为一种"自然"的结构，类似于罗兰·巴特的"神话"。五行与政治权力更替之间的关系，也是有一个发展过程的，这个议题还得返回去从殷周权力更替处着笔。

周人以蕞尔小邦推翻了殷商大国集团的统治，取得了政治权力，政权建设中一个很重要的方面就是权力来源合法性的证明问题，因为周人翦商属于以下犯上，如何给自己获得的权力的合法性进行辩护，以求得舆论支持，这在商周易代之际是很重要的事情。我们知道，殷人重视天命，相信鬼神，"殷人尊神，率民以事神，先鬼而后礼"（《礼记·表记》），《史记·殷本纪》载贤臣祖伊在劝谏商纣王之时，商纣坦

---

① 孙占宇：《天水放马滩秦简集释》，兰州：甘肃文化出版社，2013 年版，第 125 页。

② 约翰·迪利：《符号学基础》，张祖健译，北京：中国人民大学出版社，2012 年版，第 6 页。

言"我生不有命在天乎",① 不但没有听取谏言,反而更加淫乱,导致国政不堪,民心尽失,这自然给周人更多可乘之机,最终,周武王抓住时机率兵伐纣,一举翦商,获取了统治中原号令天下的政治权力。然而周人取得权力属于以下犯上,必须要对其权力的合法性进行论证。这个过程中,一个重要的概念诞生了,即"德":

> 惟乃丕显考文王,克明德慎罚。(《尚书·康诰》)
>
> 用康乃心,顾乃德,远乃猷裕,乃以民宁,不汝瑕殄。(《尚书·康诰》)
>
> 兹亦惟天若元德,永不忘在王家。(《尚书·酒诰》)
>
> 先王既勤用明德。(《尚书·梓材》)
>
> 王敬作所,不可不敬德。……王其德之用,祈天永命。(《尚书·召诰》)
>
> 济济多士,秉文之德。(《诗经·周颂·清庙》)
>
> 文王之德纯。(《诗经·周颂·惟天之命》)

无论是《尚书》还是《诗经》,都有对周人先祖有德的赞颂,"明德""敬德"也是周人取得政治权力的重要根据。侯外庐等学者在总结周人尚德观念的时候曾指出:"'德'是先王能配上帝或昊天的理由,因而也是受命'乂我受民'的理由。"② 周之先人因为有"德",所以才能配天受命,管理万民。《尚书·召诰》中周公以史为鉴,谆谆教导:"我不可不监于有夏,亦不可不监于有殷。我不敢知曰有夏服天命惟有历年,我不敢知曰不其延。惟不敬厥德乃早坠厥命。我不敢知曰有殷受天命惟有历年,我不敢知曰不其延,惟不敬厥德乃早坠厥命。今王嗣受厥命,我亦惟兹二国命,嗣若功。……知今我初服。宅新邑,肆惟王其疾敬德!王其德之,用祈天永命!"周公非常注意夏商两个王朝兴替的历史,③ 认为此二者

---

① 司马迁:《史记》册一,北京:中华书局,1982年版,第107页。

② 侯外庐,赵纪彬,杜国庠:《中国思想通史》,北京:人民出版社,2011年版,第83页。

③ 刘起釪考证指出,本篇文字实出自周公之口,是新建洛邑之时周公向殷、周高级官员的一番训话。参见顾颉刚,刘起釪:《尚书校释译论》,北京:中华书局,2005年版,第1449页。

皆是因为不注意自身的德行而丧失了天命，并勉励年轻的成王要注意自己的德行，以求得上天的眷顾，把周人建立的政权稳固地传承下去。很显然，尚德观念的提出是一个非常大的进步，将先民从盲目的鬼神崇拜中解脱出来，并从中发现的人的价值和意义。以周公为首的西周早期统治阶层在意识形态领域提出敬德保民、以德配天的思想，从敬鬼神到重人事，凸显了人的作用。这反映到政治制度的创设之上，即礼乐制度的政治化与伦理化，将殷商以宗教为中心的政治转化为以礼乐伦理为中心的政治，这就是王观堂总结的"周之制度、典礼，实皆为道德而设"。①周人的道德观念亦经由制度与典礼的传播而深入人心，儒家孔子所继承的就是文武周公的政治伦理精神，后期儒家，甚至包括墨家和阴阳家邹衍等也进一步将这种伦理精神深化到其理论阐释之中，形成了一个以道德为核心的以德配位的政治权力理论。我们曾指出，"周人创造性地将'德'与权力的合法性联系起来，使中国古代的政治伦理化，德成为衡量权力合法与否的标准准则，进而对主体行为产生约束、进行规训"，②而这个实际上也是符号功能观的体现。更为重要的是，这种以德配天的思想将政治权力纳入道德伦理，实际上形成了道德伦理对权力秩序的约束，后世的君权与道统之争，在这个阶段已经种下了思想的种子。

墨家和兵家是较早将五行关系引入权力较量之中的学派。《墨子·经下》有云："五行毋常胜，说在宜。"《墨子·经说下》："五合：水、土、火，火离然。火铄金，火多也。金靡炭，金多也。合之府水，木离木。若识糜与鱼之数，惟所利，无所恶。"据栾调甫考证，《墨经》中"宜"字当为"多"字，以此则五行相胜并非一定不移，"而且他们的相胜，因着种种机遇，且能生出变化来"。③墨子这一派，有较强的科研实证精神，且有古代工程师和物理学家等美誉，他们看到了五行相胜乃是有一个量的问题，如水量少，火量多，则不是水胜火，而是火将水汽化。从历史经验来看，鲧禹治水则更为直接地体现了这一点，鲧用土填之法，土

①　王国维：《殷周制度论》，《观堂集林》，石家庄，河北教育出版社，2003 年版，第 242 页。

②　祝东：《礼与法：两种规约形式的符号学考察》，《上海大学学报》，2017 年第 5 期。

③　栾调甫：《梁任公五行说之商榷》，《古史辨》册五，上海：上海古籍出版社，1982 年版，第 383 页。

胜水，但是鲧失败了。因此我们其实可以这样想，墨子这一派还没有脱离实物和语境，并没能将五行转化绝对抽象化。跟墨家学派持相同观点的还有兵家，兵家行军作战，自然要讲究兵法形势，《孙子·虚实》篇谓："夫兵形象水，水之形，避高而趋下，兵之形，避实而击虚。水因地而制流，兵因敌而制胜。故兵无常势，水无常形，能因敌变化而取胜者，谓之神。故五行无常胜，四时无常位，日有短长，月有死生。"战争没有固定的模式，而要顺应各种态势不断变化战术，否则就是纸上谈兵，因此兵家将军队的态势比作流动不居的水，没有固定的态势。推而广之，五行没有固定相克，四季没有固定的位置，日月有盈亏，也是注意到具体情境变化。五行绝对抽象化的工作当是后来的邹衍这类阴阳家完成的，阴阳家的五行相胜主要是取自五行的抽象性质之间的生克关系，而不是同时考量具体事物的比量关系。这种关系正是其重要的符号过程，因为一切符号都是关系，其中交织着自然与文化，独立于人类思维之物与人类思维所创造之物，进而形成一个经验的世界，并且展现出一个人类既不脱离自然，也不被自然所吸收，而是与之互为依存的整体。① 五行来自宇宙自然，但是当人类把握它的时候，从具体到抽象，逐渐形成了一个相生相克的转换关系，这个关系也演变成人类把握自然和社会的文化模型。

约翰·迪利认为，人类智能的特点是能够从相互关联的事物中区分出关系，并且在理解力当中跟关系直接打交道，即使超主体的关系不是那种在任何情况下都能直接看见、听到或指明的事物。② 这是一个颇具启示意义的观点。金、木、水、火、土五行之间的相生和相克就是一种关系，以关系来把握事物，将外在自然性内化为一种对象化的存在，进而在关系中把握其发展变化，政治权力的变化也是这个系统中的一环。"五行体系中的相克和相生之序是被用作解释历史上朝代更替和皇权基础的两个最主要的宇宙运行秩序"，③ 阴阳家邹衍便是这个系统的

---

①② 参见约翰·迪利：《符号学基础》，张祖健译，北京：中国人民大学出版社，2012 年版，第 216 页。

③ 王爱和：《五行相克相生与秦汉帝国的形成》，《中国古代思维模式与阴阳五行说探源》，南京：江苏古籍出版社，1998 年版，第 387 页。

主要构建者。

邹衍的作品现在多已亡轶，但是还有部分见存于其他著作中，如《吕氏春秋·应同篇》论述了五德运转之过程及相应之符瑞，学界亦有人认为此系邹衍或其传人的作品，其云：

> 凡帝王者之将兴也，天必先见祥乎下民。黄帝之时，天先见大螾大蝼。黄帝曰："土气胜。"土气胜，故其色尚黄，其事则土。乃禹之时，天先见草木秋冬不杀。禹曰："木气胜。"木气胜，故其色尚青，其事则木。及汤之时，天先见金刃生于水。汤曰："金气胜。"金气胜，故其色尚白，其事则金。及文王之时，天先见火赤乌衔丹书集于周社。文王曰："火气胜。"火气胜，故其色尚赤，其事则火。代火者必将水，天且先见水气胜。水气胜，故其色尚黑，其事则水。水气至而不知数备，将徙于土。

这里首先推出了符瑞说，也就是说，某一王朝的受命兴盛，必定会有相应的符瑞作为符号表征，如黄帝时的大蚯蚓大蝼蛄，夏禹时的草木秋冬不凋，商汤时金刀显于水中，周文王时的红色乌鸦衔着丹书聚集于社坛之上。这些都是天降福瑞，这种符号的对象是某一即将兴盛的王朝，而其解释项是此王朝的兴盛及取代旧王朝乃是天意，而合乎天则是无需质疑的事情。当然天意也需要人去努力把握，如果把握不好，天意会转移，"将徙于土"就是个警示。符瑞与政治活动紧密联系在当时是有根据的，《史记·齐太公世家》记载齐桓公欲封禅泰山，管仲谏言古之王者受命"以远方珍怪物至乃得封"。[1]《史记·封禅书》有更为详细的载录，管仲认为："古之封禅，鄗上之黍，北里之禾，所以为盛；江淮之闲，一茅三脊，所以为藉也。东海致比目之鱼，西海致比翼之鸟，然后物有不召而自至者十有五焉"，[2] 齐桓公至此才停止封禅泰山的计划。与此相应，各种符瑞都对应有其五行及

①　司马迁：《史记》册五，北京：中华书局，1982 年版，第 1491 页。
②　司马迁：《史记》册四，北京：中华书局，1982 年版，第 1361 页。

五色，如黄帝对应五行为土，对应五色为黄色，夏禹对应的木，其色为青，商汤对应的是金，其色为白，而周文王对应的则是火，其颜色为赤。这是一个以土为序的相克的次序，木克土，金克木，火克金，按照这个相克的顺序，接下来就是水克火，因此新的王朝应该五行中对应的是水，其色为黑色。这样就建构了一套有祥瑞符号预兆、王朝五行属性、色彩相联系的循环系统，同时为秦王朝的建立做了理论上的铺垫。

正式将邹衍的五德终始理论付诸实践的则是秦王朝。秦王嬴政"奋六世之余烈，振长策而御宇内，吞二周而亡诸侯，履至尊而制六合，执搞扑而鞭笞天下，威振四海"，[①] 以武力取天下而完成大一统，号为始皇，但其权力的合法性与权威性也需要理论上的建构与阐释，于是就有人依五德之传建言：

> 秦始皇既并天下而帝，或曰："黄帝得土德，黄龙地蟥见。夏得木德，青龙止于郊，草木畅茂。殷得金德，银自山溢。周得火德，有赤鸟之符。今秦变周，水德之时。昔秦文公出猎，获黑龙，此其水德之瑞。"于是秦更命河曰"德水"，以冬十月为年首，色上黑，度以六为名，音上大吕，事统上法。(《史记·封禅书》)[②]

这里的"或曰"大抵就是燕齐的阴阳家所言，属于邹衍一派的学术传承者，他们适时地向秦始皇抛出了阴阳五行这套符号系统。这段材料基本上同于上文所引《吕氏春秋·应同篇》，其主要论述的还是秦朝依据五行相克之原理而得天下，其"德"为水，秦始皇采纳了这个建议，但不是完全采纳，而是有所取舍。《史记·秦始皇本纪》有详细的记载："始皇推终始五德之传，以为周得火德，秦代周德，从所不胜。方今水德之始，改年始，朝贺皆自十月朔。衣

---

① 贾谊：《过秦上》，《贾谊集校注（增订版）》，吴云，李春台校注，天津：天津古籍出版社，2010 年版，第 4 页。
② 司马迁：《史记》册四，北京：中华书局，1982 年版，第 1366 页。

服旄旌节旗皆上黑。数以六为纪，符、法冠皆六寸，而舆六尺，六尺为步，乘六马。更名河曰德水，以为水德之始。刚毅戾深，事皆决于法，刻削毋仁恩和义，然后合五德之数。于是急法，久者不赦。"① 所谓"五德之传"就是五德相胜的顺序，《史记集解》引《汉书·郊祀志》云："齐人邹子之徒论着终始五德之运，始皇采用。"② 这套政治理论就是依据五行相胜的顺序而来的，秦帝国的政治建构也是依据这个理论而来的。按照五行相克之顺序，秦朝建立自然五行属水，以水克火的自然属性来论证秦克周而继承大一统，其逻辑顺序如下表3.5所示：

表 3.5　秦朝五行逻辑顺序分类表

王朝	五行	五色
黄帝	土	黄色
夏朝	木	青色
商朝	金	白色
周朝	火	赤色
秦朝	水	黑色

秦以水德克以火为德的周王朝，按照五行关系而言，是符合自然相克属性的，这样秦王朝之取得大一统的政治权力是符合五德相胜规律的。但是，秦始皇抛弃了邹衍思想中的关于儒家仁义道德的那些有关"德"的内容，《史记索隐》云："水主阴，阴刑杀，故急法刻削，以合五德之数。"③ 故而秦始皇是"事皆决于法，刻削毋仁恩和义"，秦始皇根据水德的阴性特征，得出了刑杀、严酷的解释项，这完全背离了邹衍"止乎仁义节俭"的初衷。五德转移只是秦始皇获得权力合法性的理论支持，但是并没有对秦始皇至高的君权产生约束，而儒家自文武周公以迄孔孟，乃至带有儒家思想色彩的邹衍，其实都有一套天命道德思想来配比权力制度。权力的获得首先要符合天命，而天命又要与统治者自身修行德性相匹配，于

---

① 司马迁：《史记》册一，北京：中华书局，1982 年版，第 237—238 页。
②③ 同上书，第 238 页。

是才有下界的符瑞降临。君王通过五行之德获取权力，如此才能保有权力的顺延，秦始皇将君权置于天命道德之上，刻薄寡恩，秦法也缺少弹性，最终也是很快覆亡。而五德终始还在循环，汉高祖在反秦的过程中，也充分利用了这个循环之序为自己创造舆论支持，以便获取民心。《史记·高祖本纪》中刘邦编造赤帝之子杀死白帝之子的传闻，也是利用了这套五行相克的循环关系。① 秦在西方，属金，色为白，楚在南方，属火，色为赤，刘邦编造的乃是火克金的五行之传，但是这个跟后来汉代儒家的五行理论颇有不合之处。《史记集解》引应劭之言曰："秦襄公自以居西戎，主少昊之神，作西畤，祠白帝。至献公时栎阳雨金，以为瑞，又作畦畤，祠白帝。少昊，金德也。赤帝尧后，谓汉也。杀之者，明汉当灭秦也。秦自谓水，汉初自谓土，皆失之。至光武乃改定。"② 秦汉五行之德的问题，在当时的儒者之间多有争论，然而不管如何，其话语的最终指向都是为现实政治服务，这一点顾颉刚在《五德终始说下的政治和历史》一文中有详细的考辨，兹不赘言。

二、社会活动：五行与政事施行

如果五行符号系统中的五德终始说只停留在政治哲学领域，仅关乎王朝兴衰的话，那么这套思想就只能停留在统治上层而无法普及下来，影响到人伦日用，也就不会发展成为超级符号。反过来说，正是因为五行与社会人事密切相连，持续不断地影响着中国人的日常生活与行事，并不断将人的知觉结构化，使其成为一种固定的思维模式，这样才演进为中国人的思想律。

五行关系施之于人事领域，首先是在春秋末期的政治军事领域，这与占星术等紧密相关，还没有完全脱离与具体事物的联系，处于一种从具体事物到抽象关

---

① 参见司马迁：《史记》册二，北京：中华书局，1982 年版，第 347 页。
② 同上书，第 348 页。

系的过渡阶段。《左传·昭公三十一年（511BC）》记载：

> 十二月辛亥朔，日有食之。是夜也，赵简子梦童子嬴而转以歌，旦占诸
> 史墨，曰："吾梦如是，今而日食，何也？"对曰："六年及此月也，吴其入郢
> 乎，终亦弗克。入郢，必以庚辰，日月在辰尾。庚午之日，日始有谪。火胜
> 金，故弗克。"

这是一个颇具神秘色彩的梦占，大意是赵简子梦见一个孩子裸身而舞，让史
墨占断。史墨说，六年以后的这个月，吴国就要进入楚国的郢都，但是结果还是
不能胜利，因为进入郢都这一天一定在庚辰日，日月在苍龙之尾，而庚午日那
天，太阳开始有灾。火能克金，所以吴国最终不能胜利。考之历史，鲁定公四
年（506BC）庚午，吴国在柏举打败楚国，庚辰日，吴国攻入楚国郢都，时楚人
申包胥哭于秦廷，最后秦国出兵救楚，打败吴军，史墨所言基本灵验。如果不是
后来记事者附会史实，这个占断就太神奇了。而史墨的解释性元语言，就是五行
学说，如杜预注以为："午，南方，楚之位也。午，火；庚，金也。日以庚午有
变，故灾在楚。楚之仇敌唯吴，故知入郢必吴。火胜金者，金为火妃，食在辛亥，
亥，水也。水数六，故六年吴入郢也。"[1] 于此孔颖达又有进一步申述："午为南方
之辰，楚是南方之国，故午为楚之位也。午是南方之辰火也，庚是西方之日金也，
日以庚午有变，午在南方，必南方之国当其咎，故灾在楚。楚之仇唯有吴耳，故
知入郢必是吴也。其日庚午，庚金，午火，五行相刻（克）。火胜金，金以畏火之
故，金为火妃。……虽被吴入，必不亡国，故之吴入郢，终亦弗克，言其不能灭
楚也。"[2] 史墨按照五行相胜及五行与五方之配位等关系，对这次军事事件进行了预
测，当然，我们可能更倾向于这是事后的解释，也即用五行符号理论对业已发生
的事情进行解释，因为这不仅凸显了五行符号系统的解释能力，而且对促进其传

---

①② 李学勤主编：《十三经注疏·春秋左传正义》，北京：北京大学出版社，1999 年版，第 1523 页。

播接受也肯定会起到助推作用。用五行关系来解释军事政事在《左传》中还有很多，兹再举一例：

> 晋赵鞅卜救郑，遇水适火，占诸史赵、史墨、史龟。史龟曰："是谓沈阳，可以兴兵。利以伐姜，不利子商。伐齐则可，敌宋不吉。"史墨曰："盈，水名也。子，水位也。名位敌，不可干也。炎帝为火师，姜姓其后也。水胜火，伐姜则可。"史赵曰："是谓如川之满，不可游也。郑方有罪，不可救也。救郑则不吉，不知其他。"《左传·哀公九年（486BC）》

这段话大意是说晋国赵鞅为救援郑国而进行占卜，得到水流向火的卦象，于是向史赵、史墨、史龟询问卦象的吉凶。史龟认为这是阳气下沉的征兆，可以发兵，利于攻打姜氏，但不利于攻打子商，可以攻打齐国，不利于攻打宋国；史墨认为盈是水泊的名称，子是水的方位，名称方位相当，不能触犯，炎帝是火师，姜姓是他的后代，根据五行相克的原理，水胜火，因此可以攻打姜齐；史赵认为这卦叫做像河水涨满，不能游泳，郑国正有罪，但是不能救，因为救援郑国就不吉利，至于其他的暂且不知。在决定军事之前，赵鞅进行了占卜，得到的是水火之兆，孔颖达《正义》引服虔之言曰："兆南行适火。卜法横者为土，立者为木，邪向经者为金，背金者为火，因兆而细曲者为水。"[1] 这里实际上是将古代的龟卜之法和后来的五行相胜关系融会起来，解释占断结果。按照服虔之言，五行已经与龟卜融会贯通了，虽然三位诠释者关于兆象的阐释各有不同，但是五行相胜中水克火的原理是相同的，这也是五行向占卜渗透的一个例证。大抵这个阶段五行尚未完全抽象为相互之间的生克关系，还与对其实物的经验有关。徐复观认为，五行演变为五种元素以后，发生相生相克的作用，应非抽象推理，而是从金、木、水、火、土五种实物的使用经验中得出的一种相胜相生的构造，[2] 这个解释是值得

---

[1] 李学勤主编：《十三经注疏·春秋左传正义》，北京：北京大学出版社，1999 年版，第 1651 页。

[2] 参见徐复观：《中国思想史论集续编》，北京：九州出版社，2014 年版，第 15 页。

肯定的。

如果说在《左传》中五行还只是以一种解释元语言来实现对占断的附会融合的话，那么到了《管子》一书中，五行就直接走上了推演政治人事的前台，发展成为一套独立的符号系统，对政事及其他表意行为进行规范。《管子》书中多处涉及五行思想，如《幼官》《五辅》《宙合》《水地》《四时》《五行》《七臣七主》《禁藏》《地员》《揆度》《轻重己》诸篇目。

《管子·幼官》以五方为序，分本图与附图，建构了一个人为行事的模式系统，包括人君在不同时令在衣食住行方面的秩序规则，以及在政治、军事、刑罚方面的行事准则，如"五和时节，君服黄色，味甘味，听宫声，治和气，用五数，饮于黄后之井，以倮兽之火爨。藏温濡，行驱养，坦气修通"。所谓"五和时节"，《尚书·洪范》有云："五行：一曰水，二曰火，三曰木，四曰金，五曰土"，故水数一，火数二，木数三，金数四，土数五。土居中，合于四时，生成万物，但在四季中没有适合的配比季节，故而将夏季最后一月配比给土，这个时候也是一年正中之时，故土为五，以配季夏之月，以便实现五行、五方与四季的配比。与此同时，在日用行事上，"服黄色，味甘味，听宫声"等，皆是在五行中与土相配比的，此前面已有表格列举。接下来，该篇还对"八举时节"（春，对应五行为木，木数三，三加五为八）、"七举时节"（夏，对应五行为火，火数二，二加五为七）、"九和时节"（秋，对应五行为金，金数四，四加五为九）、"六行时节"（冬，对应五行为水，水数一，一加五为六）所用而对应的五色、五味、五声等进行了阐释，对相应的行事进行了规范。

值得一提的是，《管子》的《幼官》及《幼官图》《四时》《五行》诸篇试图将一年的时日、四季、节气之运行也纳入五行系统之中。根据《幼官》和《幼官图》可知，《管子》一书将一年分为360天（不计闰），含春夏秋冬四季，每季又有不同数量的节气，12天为一个节气，一共30个节气，每6个节气对应一个五行之数，也即每"行"为72天，兹按照其配比情况列表3.6如下：

表3.6　五行节气时日行事分类表

五行	天干	三十节气	时日	四季	行　　事
木	甲	地气发，小卯，天气下，义气至，清明，始卯	72日	春	睹甲子木行御。天子出令，命左右士师内御。总别列爵，论贤不肖士吏。赋秘，赐赏于四境之内，发故粟以田数。出国，衡顺山林，禁民斩木，所以爱草木也。然则冰解而冻释，草木区萌，赎蛰虫卵菱。春辟勿（时）【待】，苗足本。不疠雏鷇，不夭麑鹿，毋傅速。亡伤襁褓。时则不调。七十二日而毕。
火	丙	中卯，下卯，小郢，绝气下，中郢，中绝	72日	夏	睹丙子火行御。天子出令，命行人内御。令掘沟浍，津旧涂。发藏，任君赐赏。君子修游驰，以发地气。出皮币，命行人修春秋之礼于天下诸侯，通天下遇者兼和。然则天无疾风，草木发奋，郁气息，民不疾而荣华蕃。七十二日而毕。
土	戊	大暑至，中暑，小暑终，期风至，小酉，白露下	72日	夏（火生土，故土亦置于夏）	睹戊子土行御。天子出令，命左右司徒内御。不诛不贞，农事为敬。大扬惠言，宽刑死，缓罪人。出国，司徒令，命顺民之功力，以养五谷。君子之静居，而农夫修其功力极。然则天为（粤）【奥】宛，草木养长，五谷蕃实秀大，六畜牺牲具，民足财，国富，上下亲，诸侯和。七十二日而毕。
金	庚	复理，始前，始酉，中酉，下酉，始寒	72日	秋	睹庚子金行御。天子出令，命祝宗选禽兽之禁、五谷之先熟者，而荐之祖庙与五祀，鬼神享其气焉，君子食其味焉。然则凉风至，白露下，天子出令，命左右司马（衍）组甲厉兵，合什为伍，以修于四境之内，渫然告民有事，所以待天地之杀敛也。然则昼炙阳，夕下露，地竞环，五谷邻熟，草木茂实，岁农丰年大茂。七十二日而毕。
水	壬	小榆，小寒，中榆，寒至，大寒之阴，大寒终	72日	冬	睹壬子水行御。天子出令，命左右使人内御。御其气足，则发而止；其气不足，则发攄渎盗贼。数剿竹箭，伐檀柘，令民出猎，禽兽不释巨少而杀之，所以贵天地之所闭藏也。然则羽卵者不段，毛胎者不赎，孕妇不销弃，草木根本美。七十二日而毕。

《管子》一书将天干、五行、人事实现合并，试图建构一个以五行来支配人事的结构模型，并以这个模型来模塑现实社会生活及表意行为，显示出其理论建构的巨大努力。这个也正是齐学高涨时代稷下学者努力的结晶，其在中国伦理符号思想史上有着一定的地位和价值。我们知道，《管子》这部书，如顾颉刚言，主要是齐人著作的凑附，因此顾氏将其视作秦汉间的"齐学丛书"。① 顾氏说对了一部分，也即《管子》一书属于齐人凑附的结果，因为自稷下学宫创立以来，天下学者来往稷下可谓络绎不绝，自齐威王至齐湣王时代，形成了一时学术之盛。这也正是齐国最为强盛之时，"八举而胜行威立，九举而帝事成形"（《管子·幼官》），这种博大昂扬的气象正是齐国强盛时代的表现。因此，顾氏说《管子》一书是秦汉间的"齐学丛书"似乎不够准确，严格说来，《管子》一书应该是齐国强盛之时，也即战国中期的作品。这部书整合了当时诸子百家的思想，其主旨却是为了齐国称王称霸服务的，五行说深刻卷入政治人事之中，大概也是从这个时候开始的，而稍后邹衍的阴阳五行理论，显然也吸收了《管子》一书的内容。齐国齐湣王以后国势渐衰，稷下学宫的人员也逐渐散佚他方，可能有一部分人还去了秦国，秦相吕不韦身边就应该有来自稷下学宫的学者。《吕氏春秋》颇多地吸收了《管子》一书中阴阳五行的思想，并进行了合理的改造，可谓后出转精，但这并不能否定《管子》一书在五行符号思想史上的地位与价值。《管子·五行》云："五声既调，然后作立五行，以正天时，五官以正人位。人与天调，然后天地之美生。"通过"五行"（五星系统）来确定时间秩序，用"五官"确立人事秩序，这样，人的行事与天地自然和谐对应，人的行为活动取法自然，才有"天地之美生"。这个思想对现代生态伦理符号学思想亦有启示意义，如尊重自然符号域的关系、减少人类对自然的干预和破坏等。但是，《管子》一书中的五行时令配比还是存在诸多问题，如上表中五行与四季的搭配显然不够圆融，这个"四时五行时令"配比系统中存在的诸多矛盾现象，李零业已研究指出。② 到了《吕氏春秋》及《礼记》之中这些

---

① 顾颉刚：《五德终始说下的政治和历史》，《古史辨》册五，上海：上海古籍出版社，1982 年版，第 460 页。
② 李零：《〈管子〉三十时节与二十四节气》，《管子学刊》，1988 年第 2 期。

问题才被二十四节气配比改正过来。

《吕氏春秋》十二纪部分，学界一般认为是源于《管子》诸篇，如《管子校注》引陈澧之言曰："《管子》、《幼官篇》、《四时篇》、《轻重己篇》，皆有与《月令》相似者。《四时篇》'春行冬政则雕'云云，尤与《月令》无异，故《通典》云：'《月令》出于《管子》。'其书虽不韦之客所作，其说则出于《管子》也。"① 《月令》即《礼记·月令》，学界一般认为其主要取自于《吕氏春秋》的十二纪，而《吕氏春秋》在这方面的思想资源又是来自《管子》，因此，这套用五行系统规范整治人事的发展脉络当是由《管子》而下，邹衍发扬改造之，《吕氏春秋》承继之，《礼记·月令》摘抄之，形成了一个不断丰富、不断扩容的符号系统。徐复观曾指出，《吕氏春秋》的十二纪应是现在可以看到的最早把五行思想渗透到各个方面而组成一完整体系的东西，② 其论是中肯的。"凡十二纪者，所以纪治乱存亡也，所以知寿夭吉凶也。上揆之天，下验之地，中审之人，若此则是非可不可无所遁矣"（《吕氏春秋·序意》），吕不韦及其门客比之春秋战国任何时候的学者都更加接近即将到来的大一统时代。新的时代的政治构架和政事施行该如何进行，这就是《吕氏春秋》所思考的主题，因为"春秋"二字在这里就是用来指代一年四季之政事的，③ 而"十二纪"则是十二个月的政事施行之准则规范，其中，起支配作用的解释元语言即阴阳五行思想。

《吕氏春秋》在五行与四季的分节上巧妙地避开了《管子》的不足，它以甲乙配春季，丙丁配夏季，庚辛配秋季，壬癸配冬季，而中央的土配戊己，却没有与四季相配，不分配时日，这样实际上没有强制节令去配合五行，尊重了节令自身分节的属性。具体而言，十二纪按照春夏秋冬四季划分，每季又按照孟、仲、季顺序分为三纪，也即孟春纪、仲春纪、季春纪，孟夏纪、仲夏纪、季夏纪，孟秋纪、仲秋纪、季秋纪，孟冬纪、仲冬纪、季冬纪。具体到每一纪，又有其对应的天文、历象

---

① 黎翔凤：《管子校注》，北京：中华书局，2004 年版，第 133 页。
② 徐复观：《中国思想史论集续编》，北京：九州出版社，2014 年版，第 57 页。
③ 许富宏：《吕氏春秋先秦史料考订编年》，南京：凤凰出版社，2017 年版，第 12 页。

和物候，以及与之配比的天干、五帝、五音、五味等，兹举《孟春》一例：

> 孟春之月，日在营室，昏参中，旦尾中。其日甲乙，其帝太皞，其神句芒，其虫鳞，其音角，律中太蔟，其数八，其味酸，其臭膻，其祀户，祭先脾。东风解冻，蛰虫始振，鱼上冰，獭祭鱼，候雁北。天子居青阳左个，乘鸾辂，驾苍龙，载青旗，衣青衣，服青玉，食麦与羊，其器疏以达。

孟春是春季的第一个月，即夏历正月，此月太阳运动到二十八宿中的营室宿，此时的主宰之帝为太皞，应时的动物是鳞虫，声音是角音，味道为酸，气味为膻，应该举行的祭祀是户祭，祭品以脾为上。与之相应的是冰雪融化，万物复苏，水獭开始捕鱼，大雁南归。此时天子在明堂也有对应的居住位置，其车驾也有相匹配的要求，饮食也是如此。这样便形成一个庞大的符号对应链，兹列表 3.7 如下：

表 3.7　五行属性分类表

五行	天干	五帝	五神	五虫	五音	成数	五味	五臭	五祀	五脏	五德	五事	五谷	五牲
木	甲乙	太皞	句芒	麟虫	角	八	酸	膻	户神	肝	仁	貌	麦	羊
火	丙丁	炎帝	祝融	羽虫	徵	七	苦	焦	灶神	心	礼	视	菽	鸡
土	戊己	黄帝	后土	倮虫	宫	十	甘	香	中霤神	脾	信	思	稷	牛
金	庚辛	少皞	蓐收	毛虫	商	九	辛	腥	门神	肺	义	言	麻	犬
水	壬癸	颛顼	玄冥	介虫	羽	六	咸	朽	行神	肾	智	听	黍	猪

根据五行属性，君主在衣食住行及相应政令上都有明确的规范，而且会随着时令的不同进行调整，如在春季"衣青衣，服青玉，食麦与羊"，而在夏季则转为"衣赤衣，服赤玉，食菽与鸡"。因为按照五行属性，春季属木，五行配色为青色，夏季属火，五行配色为赤，食物中麦五行属木，五牲中阳属木，菽类在五谷中对应的五行属火，鸡在五牲中对应的五行也属火，故衣食皆有此要求。除此之外，在郊庙祭祀、礼乐军政以及农事活动等方面皆有明确之要求：

立春之日，天子亲率三公、九卿、诸侯、大夫，以迎春于东郊。(《吕氏春秋·孟春》)

是月也，天子乃以元日祈谷于上帝。乃择元辰，天子亲载耒耜，措之参于保介之御间，率三公、九卿、诸侯、大夫，躬耕帝籍田。(《吕氏春秋·孟春》)

是月也，……王布农事，命田舍东郊，皆修封疆，审端径术。善相丘陵、阪险、原隰，土地所宜，五谷所殖，以教道民，必躬亲之。(《吕氏春秋·孟春》)

是月也，命乐正入学习舞。乃修祭典，命祀山林川泽，牺牲无用牝，禁止伐木。无覆巢，无杀孩虫、胎夭、飞鸟，无麑无卵。无聚大众，无置城郭，掩骼霾髊。(《吕氏春秋·孟春》)

时节不同，对应的五行不同，因此不同时段的属性也各有不同，相应的政令人事自然要有各自的侧重点，其深层目的是试图让人的表意行为符合天道自然的规律。相反，如果人事活动违背了五行规则，就会有相应的天灾人祸："是月也，不可以称兵，称兵必有天殃"，"孟春行夏令，则风雨不时，草木早槁，国乃有恐。行秋令，则民大疫，疾风暴雨数至，藜莠蓬蒿并兴。行冬令，则水潦为败，霜雪大挚，首种不入"(《吕氏春秋·孟春》)。这些都是带有恐吓性质的咎徵，而通观《吕氏春秋》一书是以咎徵为多，休徵偶尔提及，而政事的推行，首先在于君王。因此，咎徵主要针对的对象也是君主，其深层原因，如贺凌虚所言："这大概是该书沿用阴阳五行说的动机，主要系对君主的权力加以约束的关系，也可能该书的作者感觉，对于地位至高无上的君主，奖的劝勉作用，不如惩的威吓作用来得大而有效。"[1]《吕氏春秋》的写作确实有规训君权的深层意图在里面，特别是秦国本

---

[1] 贺凌虚：《吕氏春秋的政治理论》，台北：台湾商务印书馆股份有限公司，1970年版，第177页。

来就是一个深受法家思想影响的地方，用阴阳五行来建构秩序限制王权不是没有原因的。可惜的是，随着吕不韦政治上的失势，《吕氏春秋》建构的政治框架自然也被弃之不顾。如前文所言，秦始皇采用五德终始说论证了其继周的合法性，但是违背了邹衍五行说的初衷。

《礼记·月令》的内容与《吕氏春秋·十二纪》的内容基本相同，都是在阴阳五行指导下的政治人事规则，以四季配五行，"某日立春，盛德在木"（《礼记·月令》），而《淮南子·时则训》基本上也是取法于这个思想，都是主张依据天道规则实行人事活动，用阴阳五行这些天道自然的内容来限制无限膨胀的帝王权力。

符号学作为研究意义活动的学问，关注的就是意义的生成、传播与阐释等方面的问题。在五行图式之下，所有的表意活动皆关乎五行生克方面的意义，如果表意行为违背了五行关系，就会产生不好的结果，甚至会有相应的天灾人祸发生。因此，五行思想又成为人们表意行为的规范，符号秩序建构的是社会政治生活秩序。五行采用的分类秩序实际上是先民对天地物质世界经验的感知和抽象，因此很多依照五行模式配比的关系实际上并没有严格的科学实证，而是多用类比推理，往往显得牵强附会。但五行系统的建构又确实是从先民的经验感知开始的，以很强的实践活动作为抽象的起点，又经过了"先验小物，推而大之"的试推过程。[1] 试推法（abduction）是皮尔斯提出的符号意义解释的普遍方法，它不同于归纳法与演绎法，是在一种极有可能的基础上的推断，按照赵毅衡的说法是其结果为"或许"（might be），"适合倾向无限衍义的文化符号活动"，[2] 这就为五行解释的边界无限扩张提供了可能。但是当其理论体系建构之后，往往又脱离了实践而倾向于在各个领域无限扩张解释范围，以至于在指导实践的过程中也是毁誉参半，这其中就包括争议颇大的中医符号系统。

阴阳五行作为中医哲学的理论基础，广泛运用类比思维与关系思维，深层思想根源则是天人一体和万物感应的观念，大概成书于汉初的《黄帝内经》是这一

---

[1] 司马迁：《史记》册七，北京：中华书局，1982年版，第2344页。
[2] 赵毅衡：《符号学：原理与推演》，南京：南京大学出版社，2016年版，第108页。

思想的集中总结。在中医理论看来，人体出现疾病属于内部失去平衡，而天地自然的和谐平衡则是健康的标准，这是类比思维的体现。同时，中医将人体视作一个系统，其藏象学说中的五脏并非人体的实体器官，而是五个不同的功能系统，这是一种结构功能观。根据五脏对应的五行属性来解释病因，缺少实验和实证，其将人体视作系统的整体和谐观对养生保健确实有效果，但我们同时要注意其不足之处，扬长避短。

　　总而言之，五行符号一旦固化，就会具有一定稳定性，在一定的时空内得到长久的保存。这种文化与思维模式一旦被规范化，就会成为某种较为固定的思维定律，会使这个文化中的其他文化因子不断被纳入其中，成为一种活态的文化景观。史学家范文澜在论及五行说的时候指出："凡是一种思想，到了能支配社会心理的威权地位，被支配者自然心悦诚服，绝不敢怀疑，而且要尽量加以涂泽补充的功夫，使它愈看愈可信。"[1] 这种操作其实就是在建构一种尤瓦尔·赫拉利意义上的"由想象建构的秩序"，[2] 尽管它不一定客观真实，但只要受众相信，这种由想象建构出来的秩序就能够维持久远，成为一种思想律。哪怕是生活在 21 世纪的我们，也依然会受到这套符号思想的影响，因为这套符号的基本元素依然在发挥作用。就像 2020 年春节期间因疫情而抢修的武汉火神山、雷神山医院，据网友分析，这两个医院的命名其实都受到了这种五行符号思想的影响。[3]

　　通过本章的梳理分析，我们可以看到五行符号系统的诞生演变过程，以及其是如何规范表意行为、演变为中国人的思维律的深层原因。对这套符号系统的研究本身也是一个祛魅的过程，有利于我们正确认识、看待中国的传统文化遗产，为我们当代的文化建设以及弘扬社会主义核心价值观服务。

---

① 范文澜：《与颉刚论五行说的起源》，《古史辨》册五，上海：上海古籍出版社，1982 年版，第 641 页。

② 尤瓦尔·赫拉利：《人类简史》，林俊宏译，北京：中信出版社，2017 年版，第 105 页。

③ 济安居士：《"火神山""雷神山"命名背后的文化寓意》，https://zhuanlan.zhihu.com/p/104029797。

下　编

文化符号思想：符号对表意行为的调适规范

第四章　制礼：礼制的建构与文化价值

赵毅衡先生曾在《符号学文学论文集》前言中指出："符号体系的威力在于它很快便能把实用功能完全消除，而且进一步用它自身的规范作用（modelling）为社会文化服务，使一个文化保持其凝聚力。"[①] 中华民族号称礼仪之邦，礼的思想浸润到民族文化血脉之中，礼乐文化也是中华文化区别于其他文化的重要特征，是中国文明的标志。礼文化系统通过其规范作用，对中华民族性格的塑造、凝聚力的形成产生了非常重要的影响。学界对礼的界定，一般有广义和狭义两个维度。广义之礼即统治阶层制定的一整套典章制度，"夫礼，国之纪也"（《国语·晋语》），作为国家纲纪的礼，自然是典章制度之属，朝代不同，制度有沿革，"三代不同礼而王"（《商君书·更法》），说的是夏商周三代制度各有不同，但都能建业称王，很明显是将礼作为制度使用的；狭义的礼即礼节仪式，人们在日常生活中的行为规范。然而无论是广义的礼还是狭义的礼，都是用符号系统建构的意义的规范。这个问题现代符号学创始人索绪尔早有认识："语言是一种表达观念的符号系统，因此，可以比之于文字、聋哑人的字母、象征仪式、礼节形式、军用信号等等。它只是这些系统中最重要的。因此，我们可以设想有一门研究社会生活中符号生命的科学；它将构成社会心理学的一部分，因而也是普通心理学的一部分；我们管它叫符号学（semiologie），来自希腊语 semeion '符号'。"[②] 这里索氏不仅确立了未

[①] 赵毅衡：《前言：符号学的一个世纪》，《符号学文学论文集》，天津：百花文艺出版社，2004年版，第9页。

[②] 索绪尔：《普通语言学教程》，高名凯译，北京：商务印书馆，1980年版，第37页。

来符号学的范围，而且指出了其主要研究对象，其中就包括象征仪式和礼节仪式。这些在中国文化传统中其实都属于礼学内容，古代礼学与符号学关系密切。因此，探讨礼的表意结构以及在社会中的意义问题，是研究早期中国伦理符号学思想的必要组成部分。

第一节　礼的形成及符号意义

关于古礼的起源，先民有不同的看法，如缘情制礼、源俗制礼、礼以义起等。从现代学术角度探讨古礼源流的，学界有风俗说、人情说、祭祀说、礼仪说、交往说等，不一而足。以上诸说皆有其道理，但是任何事物并非都是一成不变的，意义也是处于流动变化之中，关于礼的源流，因其发展时段不同，也各有不同的特征。吴安安曾指出，礼的发展是先有礼的精神，然后约定出礼制，以表达内心的感受，因为礼制逐渐繁复，所以有了整理的工作。[①] 也就是说，礼的发展先是有礼的某种精神与意义，这种思想意义需要用一定的符号形式予以表征，当其发展到一定程度，成为某一社群的共同表意模式的时候，就进入礼的约定阶段。随着社会群体的扩大和思想情感的丰富，礼也渐趋繁复，于是才会有相应的整理工作，也即礼学阶段。下面我们将结合前修时贤之研究，根据古礼发展脉络，将其缕分为四个主要阶段，即以风俗人情为主的自发阶段、以祭祀仪节为主的成形阶段、以制礼作乐为主的确立阶段，和以礼崩乐坏的蜕变阶段。当然，这种划分也不是绝对的，礼的形成发展也不是一蹴而就的，这种划分只是为了显示其整体上的演进顺序，便于论述而已。而"从符号学的角度来看，礼其实就是人的符号表意过程中逐渐约定俗成的一套仪式系统，这套系统形成之后又规范着人的表意行为"，[②] 以下我们将结合现代符号学对古礼蕴含的符号思想及其演进作一番探析。

---

① 吴安安:《五礼名义考》，台北：花木兰出版社，2010年版，第7页。
② 祝东:《仪俗、政治与伦理——儒家伦理符号思想的发展及反思》，《符号与传媒》，2014年第2期。

一、自发阶段：风俗人情

　　礼源于俗，是说成系统的礼仪规范来源于民风民俗，在民风民俗的规范化过程中逐渐形成礼的制度规范。对此前代学者已有发明，如《慎子》逸文就有云："礼从俗，政从上"，[①] 指出了礼源于俗；司马迁亦曾言："洋洋美德乎！宰制万物，役使群众，岂人力也哉？余至大行礼官，观三代损益，乃知缘人情而制礼，依人性而作仪，其所由来尚矣"，[②] 明确指出礼仪乃是依托人情、人性而来的。民国刘师培曾指出"上古之时，礼源于俗"，[③] 史学家吕思勉认为"礼原于俗，不求变俗，随时而异，随地而殊"，[④] 杨向奎也认为："礼仪起源于原始社会的风俗习惯，在当时，人们有一系列的传统习惯，作为全体氏族成员，在生产、生活的各种领域内遵守的规范。"[⑤] 原始社会的风俗习惯，在一定的社会群体中形成并固定下来，是为民风，这是一个自发的无意识的过程，其渊源则是先民为应付生活条件的努力。待到民风得到群众自觉遵循，并作为全体的福利得到拥护的时候，就成为民仪，民仪被加上具体的框架结构，就变成了制度，也就是礼制。[⑥] 礼制是制礼作乐后的产物，在下面第三节我们再进行讨论，这里主要是讨论第一阶段的民风民仪。

　　民风民仪属于已经消失的传统，这里我们只能从传世文献中残存的蛛丝马迹来进行上溯，结合人类学的思想方法进行探讨。中国的礼学资料主要保存在"三礼"之中，即《周礼》《仪礼》和《礼记》。《周礼》主要是关于礼的典章制度，[⑦]《仪礼》包括行礼的具体行为规范、仪节，《礼记》属于秦汉之间学者关于礼学的

---

① 许富宏：《慎子集校集注》，北京：中华书局，2013 年版，第 63 页。
② 司马迁：《史记》册四，北京：中华书局，1982 年版，第 1157 页。
③ 刘师培：《古政原始论》，《刘师培全集》册二，北京：中央党校出版社，1997 年版，第 54 页。
④ 吕思勉：《经子解题》，上海：华东师范大学出版社，1995 年版，第 45—46 页。
⑤ 杨向奎：《宗周社会与礼乐文明》，北京：人民出版社，1992 年版，第 229 页。
⑥ 李安宅：《〈仪礼〉与〈礼记〉之社会学的研究》，上海：上海人民出版社，2005 年版，第 3 页。
⑦ 关于《周礼》的成书年代，诸家的说法存在分歧，但据学者研究，它主要反映的还是西周社会制度。参见刘起釪：《〈周礼〉真伪之争及其书写成的真实依据》，《古史续辨》，北京：中国社会科学出版社，1991 年版，第 619—650 页。

理论阐释。《礼记·礼运》谓："夫礼必本于天，动而之地，列而之事，变而从时，协于分艺。其居人也曰养，其行之以货力、辞让、饮食、冠昏、丧祭、射御、朝聘。"这里涉及的饮食、婚冠、丧祭之礼，多是关涉民风民仪的活动。我们可以结合三礼中关涉民风民俗的内容来具体展开，如饮食、婚丧等关乎人伦日用之属。

礼之初起，始于饮食。《礼记·礼运》记载，言偃问礼于孔子，孔子对礼之起源有一段非常重要的论述：

> 夫礼之初，始诸饮食。其燔黍捭豚，污尊而抔饮，蒉桴而土鼓，犹若可以致其敬于鬼神。及其死也，升屋而号，告曰："皋，某复。"然后饭腥而苴孰。故天望而地藏也，体魄则降，知气在上。故死者北首，生者南乡，皆从其初。昔者先王未有宫室，冬则居营窟，夏则居橧巢。未有火化，食草木之实，鸟兽之肉，饮其血，茹其毛。未有麻丝，衣其羽皮。后圣有作，然后修火之利，范金合土，以为台榭、宫室、牖户，以炮、以燔，以亨、以炙，以为醴酪。治其麻丝以为布帛，以养生送死，以事鬼神上帝，皆从其朔。故玄酒在室，醴盏在户，粢醍在堂，澄酒在下。陈其牺牲，备其鼎俎，列其琴、瑟、管、磬、钟、鼓，修其祝嘏，以降上神与其先祖，以正君臣，以笃父子，以睦兄弟，以齐上下，夫妇有所，是谓承天之祜。作其祝号，玄酒以祭，荐其血毛，腥其俎，孰其殽，与其越席，疏布以幂，衣其浣帛，醴盏以献，荐其燔炙，君与夫人交献，以嘉魂魄，是谓合莫。然后退而合亨，体其犬、豕、牛、羊，实其簠、簋、笾、豆、铏羹，祝以孝告，嘏以慈告，是谓大祥，此礼之大成也。

这段孔子论礼的文字亦见诸《孔子家语·问礼》篇，是儒家论礼的重要文献。这里首先指出，"夫礼之初，始诸饮食"，即肯定了向鬼神敬献饮食为礼之来源，人死为鬼，生者还需象征性地提供饮食，呼号逝者之名，期望他能回还重聚。实际上，已有学者考证指出人的生存由饮食维系，故祭祀从开始即表现为神的饮食。表示祭祀的字眼原先亦与饮食相关，如"祭""祀""荐""享""祠"等皆是，反映出饮食在先民宗教祭祀活动中的重要地位。①《尚书·洪范》"八政"之首为"食"，《礼记·王制》所记"八政"亦以"饮食"为首，如孙希旦言："礼经纬万端，无乎不在，而饮食所以养生，人既生则有所以养之，故礼制始乎此焉。"②人生天地之间，以饮食为重，这也是人类生存的基础。故而《荀子·礼论》及司马迁《史记·礼书》皆认为"礼者为养"，所谓"养口""养鼻""养目""养耳""养体"等，③皆肯定了礼之初始乃是祈求满足人类生存发展之需。当然，按照司马迁言，天子之养中的等级分层，则应是人类进入礼制社会之后的事情。所谓"饮食男女，人之大欲存焉"（《礼记·礼运》），肯定了人的基本生存欲求，在饮食之欲满足之后，才有生存发展的可能。如果说获取饮食还只是一种本能的话，那么通过制造工具来更好地获取饮食并提高质量则是人类的一大进步，因为这是一种有意识有目的的活动，并非一种被动的反应。劳动过程伴随着劳动工具的发明和使用，按照邓晓芒的观点，工具是呈现出来的"一"，工具用来达到的那个目的就是"多"。在这个意义上，工具就是符号，因为"符号就是那种既是间接性又是直接性的东西。它是直接性和间接性的统一体。在这种统一体中，直接性的东西就是呈现在面前的东西，间接性的东西就是隐藏在背后的东西；而呈现在面前的东西是确定的，隐藏在背后的东西是不确定的"，④如此则"燔黍捭豚""蒉桴而土鼓"都是简单工具使用的具体呈现。原始工具的使用实际上使人与动物有了质的区别，劳动创造了人，创造了工具，工具就是符号，而"文化是一种能动的人类符号行为，是人借助于符号所进行的能动性创造行为，是人所独有的行为"，⑤人用工具创造了文化就是用符号创造了文化。礼起源于先民的"燔黍捭豚，污尊而抔饮"，也就意味着礼是人类文化的开端，而这个开端的起点则是对饮食的获取，所

---

① 参见詹鄞鑫：《神灵与祭祀：中国传统宗教综论》，南京：江苏古籍出版社，1992年版，第172—174页。
② 孙希旦：《礼记集解》，北京：中华书局，1989年版，第586页。
③ 司马迁：《史记》册四，北京：中华书局，1982年版，第1162页。
④ 邓晓芒：《哲学起步》，北京：商务印书馆，2017年版，第30—31页。
⑤ 万资姿：《符号与文化创造》，北京：中国社会科学出版社，2011年版，第60页。

以先民非常重视饮食，关于饮食形成的风俗也是最早的，这个也是礼的重要来源。故而吕思勉有云："古人最重本，凡礼皆必存最初之俗以为纪念。观于祭祀，所荐三古之食，固足知饮食进化之序矣。"[1] 在此，吕思勉肯定了礼源于俗这个命题，而且指出了先民饮食进化中蕴藏的民风民仪，也即上古的"其燔黍捭豚，污尊而抔饮"，中古的"修火之利，范金合土"，"以炮以燔，以亨以炙，以为醴酪"，以及今世的"退而合亨，体其犬、豕、牛、羊，实其簠簋、笾豆、铏羹"。先民饮食祭祀的发展，其实就是礼的形成的一个缩影，从茹毛饮血，到学会用火，到区别祭祀食物的贵贱等级，越来越繁复，风俗仪节中蕴藏的意义也愈来愈丰富，"以降上神与其先祖，以正君臣，以笃父子，以睦兄弟，以齐上下，夫妇有所，是谓承天之祜"。(《礼记·礼运》)初民在获得饮食时，用自发而简洁的行为表达虔敬之情，是为"报本反始"。这种表达情感的方式随着社会发展而日趋繁复，情感的内容也大为增加，但在礼仪仪式中还是有诸多"报本"的细节，如《荀子·礼论》谓："大飨，尚玄尊，俎生鱼，先大羹，贵食饮之本也。……贵本之谓文，亲用之谓理，两者合而成文，以归大一，夫是之谓大隆。"这里用"玄尊"（清水为酒）、"生鱼"、"大羹"（没加调味的肉汁）来纪念先民的饮食之本，后世就是为了表达对饮食之本的尊重，才形成这样一种礼仪制度，通过这种仪式使之符合太古时代的饮食之情，从而达成"报本反始"。刘师培《古政原始论》指出："礼字从示，足证古代礼制悉该于祭礼之中，舍祭礼而外固无所谓礼制也，若礼字从豊，亦含祭礼之义，《说文》豊字下云行礼之器也。盖古代之祭天日月星也，未制礼器，仅以手持肉而已，……即捧肉以祀天日月星之义也，及民知制器，而祭器之品日增，……盖荐饮食以飨神为古代祭礼之大纲。"[2] "荐饮食以飨神"为古代祭礼之大纲，"盖人之所急，莫如饮食，则以为神亦然"。[3] 故而古礼自报本反始的饮食风俗而起，在饮食的祭祀之中逐渐形成礼的雏形，是有其道理的。

---

① 吕思勉：《中国社会史》，上海：上海古籍出版社，2007 年版，第 115 页。
② 刘师培：《古政原始论》，《刘师培全集》册二，北京：中央党校出版社，1997 年版，第 49—50 页。
③ 吕思勉：《先秦史》，上海：上海古籍出版社，2005 年版，第 413 页。

礼之发展，本乎人情。养生送死是先民必须面对的现实问题，饮食解决的是生存的问题，有生存必然有死亡。生的欢乐，死的悲哀，皆是人情，礼"所以养生送死，事鬼神之大端也；所以达天道，顺人情之大窦也"（《礼记·礼运》）。这里提出礼作为养生送死、敬奉鬼神的指导原则，是通过"大窦"之喻实现的，孙希旦《礼记集解》谓："窦，孔穴也。孔穴，物之所出入，礼亦天道人情之所由以出入也。"[1] 任何意义都需要经由符号媒介予以传达，礼就是沟通天理人情的符号媒介，而这里提出的"顺人情"是礼的发展中重要一环，人情即"喜、怒、哀、惧、爱、恶、欲"（《礼记·礼运》）。先民的喜怒哀乐之情，皆是需要一定的形式来表征："饮食男女，人之大欲存焉。死亡贫苦，人之大恶存焉。故欲恶者，心之大端也。人藏其心，不可测度也，美恶皆在其心不见其色也，欲一以穷之，舍礼何以哉！"（《礼记·礼运》）人的情意、欲望、恐惧、爱恨皆藏于其心，然后通过呼号、跳跃等无意识动作发露出来，这种动作起初只是表达个体的情感，后来逐渐演变为一种习惯性的反应，特别是"当这些动作转变为群体的活动而程式化后，当它们由自我表现转变为一种逻辑意义上的表现时，人类就进入了仪式（符号化）的世界"。[2] 当这种自发的表征变为仪式化的表意过程的时候，礼仪就逐渐形成。而在苏珊·朗格看来，仪式就是一种最早的人类将自己的经验进行符号转换的活动，是仪式把人类的神圣而神秘的观念符号化。[3] 无论是习俗礼仪还是宗教信仰，都是一种符号化的活动，它们跟语言符号一样，都是人类对意义的建构与表达。根据考古学学界的研究，中国先民大约在距今八千年前就已经产生明确的仪式行为，并一直延续到春秋战国时期，如祭天祈年仪式、联合结盟仪式、宗庙祭祖仪式、册命仪式、丧葬仪式等皆是，这些仪式也是中华礼仪的基本内容。[4]

---

[1] 孙希旦：《礼记集解》，北京：中华书局，1989 年版，第 617 页。

[2] 吴风：《艺术符号美学》，北京：北京广播学院出版社，2002 年版，第 60 页。

[3] 同上书，第 60—61 页。

[4] 参见卜工：《中国模式解读早期中国》，北京：科学出版社，2011 年版，第 80—81 页。

二、成形阶段：礼节仪式

当先民自发表达的对生命本原崇敬之情的表意习惯积淀为风俗人情之后，其表意形式逐渐固化，演变成一种象征仪式，通过这种象征仪式来表达某种思想观念，这就是原始礼仪。原始礼仪的内容也随着人类社会的发展进步而不断丰富，除了上文论及的饮食风俗、生死之情外，还增加了诸多社会礼仪，如冠礼、婚礼、射礼、乡饮酒礼等，以及宗教礼仪，如祭祀、用衅等，这些象征仪式成为约定俗成的表意符号。

在诸多社会礼仪中，仪节程式是一个象征和区隔。个体生命随着时间的绵延，本是一个连续不断的过程，直到生命结束。在这个过程之中会有不同的重要阶段，如出生、成年、结婚、死亡等，这中间都会有各种仪式以示区隔，因为仪式的根本目标在于"使个体能够从一确定的境地过渡到另一同样确定的境地"。[1] 仪式将绵延的生命过程区隔为不同的阶段，从符号学上来讲，"意义本身的产生过程，就是区隔的产物"。[2]

《仪礼》中记载了诸多礼仪仪式，这是我们考察先民礼仪成形阶段的文献依据。"夫礼始于冠，本于昏，重于丧祭，尊于朝聘，和于乡射，此礼之大体也。"（《礼记·昏义》）冠礼和婚礼都是重要的礼仪形式。如冠礼，即成年礼，指通过一定的礼仪仪式，表示一个人从孩子到成人的转变。法国社会学家列维·布留尔在考察原始思维的时候曾指出，"成年礼仪式的目的是要使这个人成为'完全的'人，使他能够执行部族合法成员的一切职能，使他完成作为一个活人的过程。"[3] 冠礼就是原始社会成年礼风俗下形成的仪式，但是省去了严酷而长久的原始考验，而压缩成一种具有象征意义的过渡仪式。在仪式之前，此人尚处于孩童阶段，但是仪式之后，就进入成人阶段，作为成年人，就有相应的权利和义务，如参加祭

---

① 阿诺尔德·范热内普：《过渡礼仪》，张举文译，北京：商务印书馆，2012年版，第5页。
② 赵毅衡：《论区隔：意义活动的前提》，《形式之谜》，上海：复旦大学出版社，2016年版，第46页。
③ 列维·布留尔：《原始思维》，丁由译，北京：商务印书馆，1981年版，第342—343页。

祀仪式的权利，参加战争保卫部族的义务等。《仪礼·士冠礼》虽然保存的是西周贵族的礼仪仪式，但是"其仪式和习惯是由氏族制时期的'成丁礼'变化而来的"已为史学界所肯定。① 也就是说，现在见到的《仪礼·士冠礼》虽然是春秋战国时人所记录整理的，但是其渊源可以上溯到文字出现之前的大传统时代，② 可以据此探索前期的礼仪仪式及其意义。根据《仪礼·士冠礼》记载，在举行冠礼之前，需要"筮于庙门"，也就是在父庙之前占筮，确定举行冠礼的时间。这种巫筮之风本就是来自上古的遗传，确定举行冠礼的日子之后，将信息告知参加冠礼的来宾，到了举行冠礼的日子，准备好行礼之物，也即爵弁服、皮弁服和玄端服。仪式过程中，由来宾按照缁布冠、皮弁冠、爵弁冠的顺序加冠三次，是为"三加"，三加之后，冠者拜见母亲，然后，由来宾取字，将来宾送出庙门，兄弟向冠者行礼，出庙门入寝门拜见姑姊，然后换服装，去拜见国君、卿大夫和乡先生，最后主人酬谢来宾，赠送礼物，一次冠礼仪式就基本完成。这里虽然加入了后世的内容，如拜见国君卿大夫之类的事情，但是冠弁和服装中还是保存了诸多古老的仪式，如史学家杨宽研究指出，初次加冠时的缁布冠，就是周族人太古时的一种帽子，缁布冠保留的就是古礼；而冠礼时的服装，也是由原始的服饰演化而来的，其中还可以窥见原始服饰的影子，如韎韐。杨宽指出韎韐实乃是"野蛮时代围住下身的一块皮"，③ 人类学家也为此提供解释："原始民族衣服虽少，然大都有遮蔽生殖器的东西"。④ 在冠礼的服饰中保存下来的韎韐，大概就是为了表示不忘本吧。冠礼中的弁服皮冠，亦与先民田猎习俗有关，《周礼·春官·司服》谓："凡甸，冠

---

① 杨宽：《"冠礼"新探》，《古史新探》，上海：上海人民出版社，2016年版，第258页。

② 大传统和小传统是美国人类学家罗伯特·雷德菲尔德于1956年提出的一对概念，以权力和精英阶层书写的文化传统为大传统，而民间口传的文化传统则被视为小传统；中国文学人类学专家叶舒宪按照符号学分类标准重新审视文化传统，将汉字编码的文化传统视作小传统，而把前文字时代的文化传统视为大传统。本文的"大传统"概念是按照中国人类学界的定义来论述的。参见叶舒宪：《中国文化的大传统与小传统》，《党建》，2010年第7期；叶舒宪等编著的《文化符号学——大小传统新视野》（西安：陕西师范大学出版社，2013年版）中有进一步的阐述，可参看。

③ 杨宽：《"冠礼"新探》，《古史新探》，上海：上海人民出版社，2016年版，第252页。

④ 林惠祥：《文化人类学》，北京：商务印书馆，2011年版，第99页。

弁服",郑玄注云:"甸,田猎也。"① 孙诒让《周礼正义》谓:"皮冠盖犹方相氏之蒙熊皮,……田事玄冠,加上皮冠,有所敬则释之。"② 因为兽皮是人类衣物的最初原料,原始人类以狩猎为生,得到兽皮,不管是用于装饰还是护身,都会以兽皮为服装。③ 总而言之,从传世文献中的冠礼仪式中,还是可以窥见一些原始氏族时代的风俗仪式。《礼记·冠义》则对这种仪式表征的符号意义进行了反复阐释:

> 故冠于阼,以著代也。醮于客位,三加弥尊,加有成也。已冠而字之,成人之道也。
>
> 成人之者,将责成人礼焉也。责成人礼焉者,将责为人子、为人弟、为人臣、为人少者之礼行焉。
>
> 故孝、弟、忠、顺之行立,而后可以为人,可以为人,而后可以治人也。

虽然加入了春秋战国之后的内容,如孝悌、忠信等,但是这段话阐释的中心始终是在成人的意义层面进行的,这个礼学家沈文倬已有发明。④ 也就是说,作为成人仪式的冠礼,是一个生命过程的过渡礼仪——行冠礼之后,冠者就由青少年转入成年阶段,而"成人"的意义是通过冠礼仪式赋予的。

婚礼也是重要的礼节仪式,是人伦发展之大端,故而《礼记·昏义》指出,"昏礼者,礼之本也"。当男孩"冠而字之"(《仪礼·士冠礼》),女孩"笄而醴之,称字"(《仪礼·士昏礼》)的时候,成人礼仪式就将其社会身份进行了区隔,"成人"的意义在冠礼中实现,即此后就可以谈婚论嫁了,这就涉及人类婚姻发展的历史了。恩格斯在《家庭、私有制和国家的起源》一文中,结合摩尔根的《古代社会》和马克思的《摩尔根〈古代社会〉一书摘要》,对人类社会的发展做了深刻

---

① 李学勤主编:《十三经注疏·周礼注疏》,北京:北京大学出版社,1999年版,第553页。
② 孙诒让:《周礼正义》,北京:中华书局,2013年版,第1641页。
③ 林惠祥:《文化人类学》,北京:商务印书馆,2011年版,第100页。
④ 沈文倬:《古代成人礼(冠礼)的情况如何》,《菿闇文存》,北京:商务印书馆,2006年版,第909页。

的阐述，指出人类社会经历了蒙昧时代、野蛮时代和文明时代的历史进程，与此相应的是人类的婚姻经历了蒙昧时代的群婚制，野蛮时代的对偶婚制与文明时代的一夫一妻制。当然，这种划分并不是一刀切式的绝对分割，实际上其间多有交叉，但是基本的发展脉络确实如此。一夫一妻制家庭乃是从对偶家庭中产出，"它的最后胜利乃是文明时代开始的标志之一"，[①]与人类婚姻模式相匹配的婚礼自然也是随之发展进步。汉语中的"婚"字后起，甲骨文中无"婚"字，只有"昏"字，其字形像太阳落入人手之下，"约为后世黄昏之时"。[②]婚字从女从昏，段玉裁《说文解字注》引郑玄《目录》云："士娶妻之礼，以昏为期，因以名焉。必以昏者、阳往而阴来。"[③]婚礼以黄昏为期，其名亦由此而来，所谓"阳往阴来"大抵是阴阳观念出现后的产物。这里我们要注意的是婚礼以昏为名，其中蕴藏的深层意义。群婚制时代，男女自由结合，自然不需要有婚礼仪式。随着文明的进步和婚姻关系的发展，对偶婚阶段的走婚和抢婚，都是在黄昏时候进行。《周易·屯》卦："屯如邅如，乘马班如，匪寇婚媾"，《周易·贲》卦："贲如皤如，白马翰如，匪寇婚媾"，《周易·睽》卦："见豕负涂，载鬼一车。先张之弧，后说之弧，匪寇婚媾"，皆是上古抢婚习俗的记录，史学家吕思勉谓："亲迎之必以昏，婚礼不用乐，皆劫掠之遗迹。"[④]掠夺式抢婚在人类学调查中亦有反映，如印度南部孔德人的婚礼过程中，女方用棍子、石头、土块攻击男方，男方用竹棍防御，直到进入村子，"战争"才会结束，这个被认为是抢婚在仪式中得到维系的绝佳范例。[⑤]嘉庆年间的《滇南杂志》中记载的少数民族抢婚仪式也可以见出这种抢婚风俗的遗存："将嫁女三日前，（女家）执斧入山伐带叶松，于门外结屋，坐女其中。旁列米浙数十缸，集亲族执瓢、杓，列械环卫。婿及亲族新衣黑面，乘马持械，鼓吹至女

① 恩格斯：《家庭、私有制和国家的起源》，《马克思恩格斯选集》第四卷上册，北京：人民出版社，1972年版，第57页。

② 徐中舒：《甲骨文字典》，成都：四川辞书出版社，2014年版，第724页。

③ 段玉裁：《说文解字注》，北京：中华书局，2013年版，第308页。

④ 吕思勉：《先秦史》，上海：上海古籍出版社，2005年版，第247页。

⑤ 阿诺尔德·范热内普：《过渡礼仪》，张举文译，北京：商务印书馆，2012年版，第128—129页。

家，械而斗。婿直入松屋中挟妇乘马，疾驱走。父母持械，杓米渐洗婿，大呼亲友同逐女，不及，怒而归。新妇途中作坠马状三，新婿挟之上马三，则诸亲族皆大喜。"①新娘家将待嫁之女置于松木屋中，待新郎携亲眷来抢亲，双方亦有战争表演，新娘在马上装作坠马三次，表示舍不得离开父母，最后新娘成功被"抢"走，双方亲族皆大欢喜。整个仪式过程，抢与抵抗的表演，都是上古抢婚仪俗的残留。本乎此，我们就可以知道，婚礼的发展是人类文明进步的表现，但婚礼仪式中仍残存着诸多原始时期婚姻习俗的内容。我们现在见到的先秦文献中有关婚礼的记录，比较详细的当属《仪礼·士昏礼》。

《仪礼·士昏礼》将婚姻过程分为六步：纳采、问名、纳吉、纳征、请期、亲迎。这其中，前五道礼仪属于婚前过渡仪式，亲迎属于正式婚礼仪式。无论是婚前过渡仪式，还是迎亲仪式中都有赞币：

　　纳采，用雁。主人筵于户西，西上，右几。使者玄端至。摈者出请事，入告。主人如宾服，迎于门外，再拜，宾不答拜。揖入。至于庙门，揖入；三揖，至于阶，三让。主人以宾升，西面。宾升西阶。当阿，东面致命。主人阼阶上北面再拜；授于楹间，南面。宾降，出。主人降，授老雁。(《仪礼·士昏礼》)

　　宾执雁，请问名，主人许。宾入，授，如初礼。(《仪礼·士昏礼》)

　　纳吉用雁，如纳采礼。(《仪礼·士昏礼》)

　　纳征：玄纁束帛，俪皮。如纳吉礼。(《仪礼·士昏礼》)

　　请期，用雁。主人辞。宾许，告期，如纳征礼。(《仪礼·士昏礼》)

　　主人揖入，宾执雁从。(《仪礼·士昏礼》)

首先，这里从纳采开始，婚礼进程的仪式就已经开始了。迎娶新妇是一个仪

---

① 华强：《古代典章礼仪百问》，上海：上海古籍出版社，2004年版，第183页。

式的重点："嫁女之家，三夜不息烛，思相离也。取妇之家，三日不举乐，思嗣亲也。三月而庙见称来妇也，择日而祭于祢，成妇之义也。"（《礼记·曾子问》）一直到三个月后新妇来归，在祖庙里面拜见祖先，才正式成为家庭成员。这其实是一个漫长的过程，因为新妇过门，就是从一个家族群体向另一个家族群体过渡，这中间需要时间来完成过渡礼仪。另外，"结婚仪式是从一个年龄群体向另一个年龄群体的过渡礼仪"，① 结婚之后，就过渡到长辈年龄群体之中，这些意义都是通过婚礼的区隔形式予以表征的。

　　此外，这里还有一个细节值得关注。这其中除了纳征用束帛和鹿皮之外，其他五个过程都有用雁之习。为什么是雁，而不是他物？郑玄注云："用雁为贽者，取其顺阴阳往来。"② 《白虎通·嫁娶》谓："贽用雁者，取其随时南北，不失其节，明不夺女子之时也。又取飞成行，止成列也。明嫁娶之礼，长幼有序，不相逾越也。"③ 《春秋公羊传·庄公二十二年》注云："凡婚礼皆用雁，取其知时候。唯纳征用玄纁俪皮。玄纁，取其顺天地也。俪皮者，鹿皮，所以重古也。"④ 这里诸多说法大都加入了后世的伦理文化观念，但是关于用鹿皮乃是"重古"的论断还是颇有见地的，无论是用雁还是用鹿皮，其实都是"重古"的文化观念使之然。所谓重古，就是承认礼仪仪式是从古老的仪俗而来，以示不忘本。杨宽在考察先秦贽见礼时曾指出，氏族制末期男子从事狩猎活动，常以获得的猎物为礼物，而女子则以采集为生，故以采得的果实为礼物。《左传·庄公二十四年（670BC）》谓："男贽大者玉帛，小者禽鸟，以章物也。女贽不过榛栗枣修，以告虔也。"《穀梁传·庄公二十四年（670BC）》亦谓："男子之贽，羔、雁、雉、腒。妇人之贽，枣、栗、锻、修。"《义理·士昏礼》中，迎亲之后第二天新妇拜见舅姑，"妇执笲枣、栗，自门入，升自西阶，进拜，奠于席"，皆是其证。因此，这种贽见礼实际上与氏族

---

①　阿诺尔德·范热内普：《过渡礼仪》，张举文译，北京：商务印书馆，2012 年版，第 91 页。

②　李学勤主编：《十三经注疏·仪礼注疏》，北京：北京大学出版社，1999 年版，第 60 页。

③　陈立：《白虎通疏证》，北京：中华书局，1994 年版，第 457 页。

④　李学勤主编：《十三经注疏·春秋公羊传注疏》，北京：北京大学出版社，1999 年版，第 163 页。

制末期男女社会分工有关，男子狩猎，女子采集并照顾家庭，因此男子以禽鸟动物皮毛为赘，女子以干果干肉为赘，是"沿袭了原始的风俗习惯而来"。①了解了这个之后，我们便容易理解婚礼用雁之习了。男子婚礼过程中以雁为赘乃是为了显示其具有狩猎能力，精于弓箭，这也就意味着他有能力养家糊口，并保护家庭免受野兽和其他部族的袭击，因此，雁是男子社会能力的一种符号表征。当社会生产力进步，物质资料丰富之后，婚礼过程被仪式化，其中仍保留了这些古老的寓意。故而婚礼用雁这一礼仪形式保留的文化语义是新郎具有一定的生活能力，能够承担起作为丈夫的责任。当然，这种仪式和相关的行礼之物在后世的语境下被不断赋予新的解释意义，如认为婚礼的执雁习俗是为了取义于鸿雁飞行"渐进有序"的自然属性，以此来表达婚礼的渐进性和庄重性特征。②还有从奠雁在婚礼中的流传形式指出其已经转化为一种文化符号，其内容则是阴阳和顺、社会和睦和爱情忠贞之类的东西，③也是其符号伦理化过程的体现。其实，随着婚礼仪式化进程的转变，其原始意义也确实在消磨，湮没在历史尘埃之下。何伟亚在考察礼仪作用的时候曾指出："礼仪也可以理解为一个过程，社会借此过程而形成并合法化，社会亦借助礼仪改变社会成员的身份状况从而实现社会转型。"④冠礼、婚礼等仪式正是如此，冠礼使受冠者身份实现转变，婚礼使男女婚姻合法化，实现身份的社会转型。

史学家吕思勉谓："所谓礼者，虽原出于习俗，而屡经改定，颇有文明之意。"⑤婚礼从原始时期的抢婚，到后世的婚礼仪式，确实是文明进步的表征，婚礼过程中象征性的礼物也不再是血淋淋的动物尸体或是带血的皮毛，取而代之的是已经驯养过的动物，甚至可以是动物替代品（如用木头雕琢的鸿雁）。人们并不关注是否真的有雁，而是关注雁这个符号发展出来的解释项，如爱情的忠贞，夫妻

---

① 杨宽：《"赘见礼"新探》，《古史新探》，上海：上海人民出版社，2016年版，第359页。
② 李衡眉：《古代婚礼执雁新解》，《河南大学学报》，1990年第1期。
③ 赵和平：《奠雁——两千年婚礼仪式的变与不变》，《敦煌研究》，2017年第5期。
④ 何伟亚：《怀柔远人：马格尔尼使华的中英礼仪冲突》，邓常春译，北京：社会科学文献出版社，2015年版，第12页。
⑤ 吕思勉：《中国社会史》，上海：上海古籍出版社，2007年版，第229页。

之间的和谐等道德伦理化的意义。这种社会意义也正是通过礼仪的象征来实现的。西方有学者将礼之用缕分为象征式和功能式两种，象征式将礼视为文化特定的标志，借此，标志将礼仪的意义传递到参与者的头脑之中；功能式则将礼视为一种工具，社会政治结构会借此工具而得到合法化。[①] 实际上这两种功能并不是绝缘分开的，在实际应用中，常是结合在一起的，会因目的和领域等方面的不同而各有偏重。如卜工研究指出，自新石器时代中期以来，随着社会的发展和财富的积累，先民通过列器或特殊器物的配置关系来表示等级制度在不同的地区先后出现，不同的考古学文化有自己独特的器物，不同的组合表述着现实生活中的等级关系，这些被认为是周礼的真正源头。[②] 如果器物作为部落文化的标志，自然属于象征式，通过器物组合来显示等级关系则是功能式，而器物组合必然是某个部落特有的器物，也即象征式与功能式并非绝缘分开的。下文我们要论述的制礼作乐，则更偏重于功能式。

三、确立阶段：制礼作乐

司马迁在《史记》中记载，汉武帝曾指出礼是"因民而作，追俗为制"，[③] 这倒不失为一个比较恰当的礼学发展史概述。如前文所言，礼源起于民风民俗，当这种民风民仪被制度化为社会政治文化规范的时候，其实就进入了礼制的时代。学者高炜曾指出，礼制的诸多内容其实就是来源于氏族社会的原始习俗，但是二者虽有联系，亦有区别。原始习俗体现的是氏族社会成员之间的平等观念和全体一致原则，而礼制所体现的是特权和成员间的不平等，"礼制的核心是贵族的等级名

---

① 何伟亚：《怀柔远人：马嘎尔尼使华的中英礼仪冲突》，邓常春译，北京：社会科学文献出版社，2015年版，第13—14页。

② 参见卜工：《文明起源的中国模式》，北京：科学出版社，2007年版，第302页。

③ 司马迁：《史记》册四，北京：中华书局，1982年版，第1161页。

分制度，用以确定上下、尊卑、亲疏、长幼之间的隶属与服从关系"。① 高炜根据考古发掘的墓葬制度的研究指出，龙山时代已经出现社会分化，权力和财富集中到少部分人手中，等级制度的产生伴随着礼乐制度的形成。学者张岱海则对属于龙山时代的陶寺文化进行了考古研究，发现这个时期已经出现了彩绘木器、铜器，乃至大型成套的礼器制作，特别是彩绘陶器中的蟠龙纹陶盘，完全丧失了实用价值，成为只具有礼仪性质的设施。此外，"以鼍鼓、特磬为主体的舞乐礼器，应该是社会上已产生礼乐制度的物证"。② 礼器最为重要的特征就是其不再是实用工具，而转化为一种标识身份地位的符号形式，从符号学的角度而言，一个事物具有代表其自身以外的意义才转化为符号。礼乐制度在龙山时代业已形成，这个在考古文献领域已经得到证明。根据考古研究，龙山时代大概在 26BC—21BC，从历史进程来看，正处在传说中夏朝之前，也就是唐尧虞舜之时。《论语·为政》中孔子曾曰："殷因于夏礼，所损益，可知也。周因于殷礼，所损益，可知也。其或继周者，虽百世，可知也。"根据孔子之言可知，夏、商、周各有其礼制，那么夏礼从哪里来？肯定不是凭空飞来的。根据上文的分析可知，夏礼当是从龙山时代的礼制而来，这个也被考古学界所认同："犹如周礼继承商礼和商礼继承夏礼一样，夏礼可能是继承虞礼而来的。"③ 龙山时代是传说中的选贤与能的禅让制时代，"属于原始社会末期的军事民主制"；④ 夏朝则进入家天下的世袭制社会，礼制脱离民间风俗仪式，成为一种国家制度，礼在夏朝就应该已经完成制度化转化。这样看来，龙山时代的礼制处在民间礼仪到国家礼制的过渡阶段，⑤ 它为成熟的夏、商、周三

---

① 高炜：《龙山时代的礼制》，《庆祝苏秉琦考古五十五年论文集》，北京：文物出版社，1989 年版，第 235 页。

② 张岱海：《陶寺文化与龙山时代》，《庆祝苏秉琦考古五十五年论文集》，北京：文物出版社，1989 年版，第 249 页。

③ 邹衡：《夏商周考古学论集》，北京：文物出版社，1980 年版，第 166 页。

④ 严文明：《龙山文化和龙山时代》，《文物》，1981 年第 6 期。

⑤ 高炜等学者认为礼制已经形成于龙山时代，这主要是通过龙山时代的考古发掘的墓葬大小、随葬品的多寡等方面的差别等级来推论的。但是也有学者对此提出质疑，如胡新生认为，很难说龙山时代的礼制已经超越了自然生成的社会礼仪阶段而成为带有政治强制性的礼制，毕竟龙山时代处于前国家阶段。因此胡氏认为，当时的礼乐现象被称作"礼制的萌芽"或者"形成过程中的礼制"或许更为恰当。参见胡新生：《周代的礼制》，北京：商务印书馆，2006 年版，第 15 页。

代礼制奠定了良好的基础，否则，儒家孔子的三代之礼论就成为无源之水、无本之木了。

当然，现存的三代之礼我们可以从出土文物文献中来进行考察。但是，我们如果从中国人类学界的小传统观念来看，有意识的制礼作乐乃是西周王朝的统治者所为，而前引文中孔子之言已经明确表明夏、商、周三代礼制是有沿革的。这个也很好理解，历代王朝的建立，都会根据历史现实来建构适合自己统治的政治文化制度，以便促进王朝的长治久安。中国史料文献中明确记载礼制之建立的，是西周的周公，传说周公制礼作乐，化成天下。那么传说中的周公是如何通过制礼作乐来建构权力秩序的，这其中又蕴藏着什么样的符号学操作原理，值得我们探析。

武王伐纣成功，周人实现了翦商的政治目的，但这只是军事上的成功，如钱宾四所言："武王灭纣以后，并不能将殷人势力彻底铲除，因此仍封纣子禄父于殷，同时则设立三监，以监督武庚之近旁。"[1]除此之外，商周易代之后，面临着政治制度、统治秩序重建的一系列问题，而在这个关键阶段，武王为了治国安邦，加之翦商之前的巨大精神压力，益发忧心忡忡，《史记·周本纪》云其"自夜不寐"，[2]不久便崩殂了，于是武王之子成王继位。史载成王年幼，于是周公摄政，代行王权，以期稳定政治和人心，然而此举亦引来王室内部成员的猜疑，"管叔、蔡叔群弟疑周公，与武庚作乱，畔周。周公奉成王命，伐诛武庚、管叔，放蔡叔"。[3]周公平定叛乱之后，为了巩固统治，大封诸侯，将王族成员和有功之臣分封到全国各地去，建立军事据点。这同时也是对诸古国的承认，并能够调和彼此之间的关系，[4]这个就是"故封建亲戚，以蕃屏周"（《左传·僖公二十四年（636BC）》）。钱穆将这种封建视作武装移民，大抵还是符合实情的。西周初年，经过两次大的

①　钱穆：《国史大纲》，北京：商务印书馆，2012 年版，第 39 页。
②　司马迁：《史记》册一，北京：中华书局，1982 年版，第 128 页。
③　同上书，第 132 页。
④　参见苏秉琦：《中国文明起源新探》，北京：生活·读书·新知三联书店，2019 年版，第 130 页。

分封，东西夹击，"周代的封建制度，不啻是张罗着一个严密的军事要塞网"，① 这张军事要塞网将殷宋牢牢网住，完成了其军事领域的控制，接下来的事情就是政治制度的建设了。王国维将周人定天下之制度缕分为三："一曰立子立嫡之制，由是而生宗法及丧服之制，并由是而有封建子弟之制、君天子臣诸侯之制；二曰庙数之制；三曰同姓不婚之制。此数者，周之所以纲纪天下。其旨则在纳上下与道德，而合天子、诸侯、卿、大夫、士、庶民以成一道德之团体，周公制作之本意，实在于此。"② 立嫡子制解决了权力继承与平稳过渡的问题；由是而生的宗法制又通过大宗与小宗之分来确定家族继承人，形成君统和宗统这样一种家国同构的秩序结构；丧服之制则是通过可以识别的符号标志来对宗法制度下的血缘关系的亲疏远近进行区分；庙数制度对这种等级结构进行了巩固；同姓不婚制不仅有利于种族的繁衍，③ 而且也是对外婚制的制度性肯定，加强同异族之间的交往，也利于周人政权之稳定。如果说分封制解决了国家的政治制度和结构模式问题，那么宗法制则确立了权力的继承法则。在这两条主线的基础之上，建立的礼乐制度则是周初统治者为实现其政治秩序采用的方法规则。传说周公的制礼作乐就是在这个背景下的创设。历史文献中有关周公制礼作乐的记载颇丰，如：

> 先君周公制《周礼》曰：则以观德，德以处事，事以度功，功以食民。（《左传·文公十八年（609BC）》）
>
> 昔殷纣乱天下，脯鬼侯以飨诸侯。是以周公相武王以伐纣。武王崩，成王幼弱，周公践天子之位，以治天下。六年，朝诸侯于明堂，制礼作乐，颁度量，而天下大服。七年，致政于成王。（《礼记·明堂位》）
>
> 既绌殷命，袭淮夷，归在丰，作《周官》。兴正礼乐，度制于是改，而民

---

① 钱穆：《中国文化史导论》，北京：商务印书馆，1994年版，第57页。
② 王国维：《殷周制度论》，《观堂集林》，石家庄：河北教育出版社，2011年版，第288—289页。
③ 先民已经认识到同姓婚姻是有害的，如《左传·僖公二十三年（637BC）》叔詹所云："男女同姓，其生不蕃"，《国语·晋语》亦载其所云："同姓不婚，恶不殖也"，司空季子亦云："娶妻避其同姓，畏乱灾也"，说明同姓婚姻的危害已经成为当时士大夫以上阶层的共同认识。

和睦，颂声兴。(《史记·周本纪》)①

　　周公摄政，一年救难，二年克殷，三年践奄，四年建侯卫，五年营成周，六年制礼作乐，七年致政成王。(《尚书大传》)

　　关于周公制礼作乐的文献记载远不止此，我们这里选录几条，主要是为了证明历史上关于周公制礼作乐说影响之深广。但是礼乐文化制度作为西周的政治制度，不可能像《礼记·明堂位》《尚书大传》中说的这么迅速就能够完成，哪怕周人的礼乐制度是殷商制度上沿革而来，但从历史上来看，任何一个朝代的健康发展，其政治制度都会有一个长时间的制定与调整阶段。当代学者杨华在详细考察了西周礼乐制度的发展之后曾指出，作为周代上层建筑的典章制度，并非一蹴而就，而是经过了周公、成王、康王、昭王、穆王几代统治者的积累修缮，直到周穆王时期才基本定型。② 黄益飞在对西周金文礼制研究的基础上亦曾指出："然求诸考古材料及西周彝铭，真正意义上的周礼乃成于穆王时期。"③ 另有学者在考察周初诸王的庙号对殷商的承继关系后指出，周昭王以后，周王的名号才不再袭用殷先王庙号，"这也反映西周中期以后周王朝逐渐建立其自身的政治、文化制度"。④ 还有从出土青铜礼器角度考察的，如马承源等人指出周人使用礼器，较严格地反映等级制度的是在西周中晚期，⑤ 这也证实周人的礼制建设至西周中期才逐渐完成。历史传说将制礼作乐之举归于周公，大概是因为周公的政治地位与影响太大，以及与儒家孔子等对周公的推尊有关，而传世文献又多经儒家之手而完成，周公自然成为礼乐制度的总设计师了。

　　我们这里要考察的是以周公为首的西周初期统治者是如何通过礼乐文化制度的改革来实现政治的长治久安的，这种操作模式的深层语义机制是什么，这又是

①　司马迁：《史记》册一，北京：中华书局，1982年版，第133页。
②　杨华：《先秦礼乐文化》，武汉：湖北教育出版社，1997年版，第68页。
③　黄益飞：《西周金文礼制研究》，北京：中国社会科学出版社，2019年版，第214页。
④　吴丽娱：《礼与中国古代社会·先秦卷》，北京：中国社会科学出版社，2016年版，第108页。
⑤　马承源：《中国青铜器》，上海：上海古籍出版社，2003年版，第13页。

一种什么样的符号学操作模式。这个自然要结合周礼的特征来谈。赵光贤在《周代社会辨析》中对礼的特征进行了归纳，一共五点：

    一、"贵贱有等。"(《荀子·礼论》)

    二、"长幼有序。"(《孟子·滕文公上》，《荀子·礼论》为"长幼有差"。)

    三、"朝廷有位。"(礼记·坊记)

    四、"男女有别。"(礼记·大传)

    五、"贫富轻重皆有称。"(《礼记·荀子礼论》)①

    以上五条亦是从先秦文献中搜集整理而来，而且非常形象地概括了周礼的主要特征。而这五点中又各有一个关键词："等""序""位""别""称"，等是尊卑等级差别，序是长幼次序差别，位乃是政治职位差别，别是之男女尊卑等级之别，称是指贫富尊卑各得其宜。也就是说，等、序、位、别都需要与其身份、地位、尊卑、等级、亲疏、远近等"有称"，如此才符合礼的规范，也即，"礼"是合乎规定的差别和规范。作为西周典章制度的礼，如果用一个字来概括其精髓，即"别"。别就是区别，这个在《左传》中触处可见。如《左传·桓公二年（710BC）》师服云："庶人、工、商，各有分亲，皆有等衰。"平民工商阶层处于社会底层，本没有身份等级分层，但也要有亲疏关系为"别"。《左传·昭公七年（535BC）》芊尹无宇亦云："天有十日，人有十等，下所以事上，上所以供神也。故王臣公，公臣大夫，大夫臣士，士臣皂，皂臣舆，舆臣隶，隶臣僚，僚臣仆，仆臣台。"整个社会严格按照等级分层，故《荀子·乐论》中用一句"礼别异"概括了制度之礼的总体特征。

    "礼别异"就是根据"礼"的等级规范，通过仪式、容止来发挥"区隔"作用。这种"区隔"不是规定差异，而是根据既定的尊卑等级使已有的差异合法化。也就是说，分封制与世卿世禄制导致的贵族在经济、政治上的既定差异需要"礼"

---

① 赵光贤：《周代社会辨析》，北京：人民出版社，1980年版，第99页。

进一步予以认定和确证。[1] 作为政治制度的礼，就是要用一整套区别性的符号系统来建构宗教生活、政治生活、伦理生活中的一切等级秩序，而这套秩序的解释元语言实际上在君王手中："是故，礼者君之大柄也，所以别嫌明微，傧鬼神，考制度，别仁义，所以治政安君也。"（《礼记·礼运》）君王操控着礼，礼之所以能够"治政安君"，全在于礼的"别异"功能。

我们知道，索绪尔的语言符号学系统具有两大原则，即任意性原则和差异性原则。从符号学的角度而言，差异性是形成意义世界的关键，因为有差异，万物才能生生不息，社会才能不断进步发展。如果万有一齐，没有差异，没有区别，那么也就失去了意义动力，事物将难以为继，人类社会的历史也会缺乏必要的符号动力而停滞不前。而礼靠别异来建构人类世界的差异，前文所云礼的五种特征，其中四种都是涉及差异的。在周礼的制定者看来，尊重礼的差异性原则，各安其位，按照自己的身份等级行事，遵守既定的等级规范，就是"称"，就是使个体的身份与行为符合社会规定的等级名分。从这个角度来看，周礼建构的系统其实也是一个封闭的系统，先天的血缘关系和身份等级牢牢控制了社会晋升的通道，个体生命只能依靠出身和出生早晚来确定自己的人生轨迹和行为规范，没有后天努力和贤愚之分。如果想打破既定秩序规则，则被视为僭越，是大逆不道的，自然会受到应有的惩罚。"见无礼于其君者，诛之如鹰鹯之逐鸟雀也"（《左传·文公十八年（609BC）》），温情脉脉的礼会转化成暴力之法，来维系既定的规则。这就为后来僭礼求名、礼崩乐坏留下了结构性隐患。

四、蜕变阶段：礼崩乐坏

其实在礼还能有效维系社会既定身份等级的时候，人们对礼的制度性特征往

---

[1] 李春青：《趣味的历史》，北京：生活·读书·新知三联书店，2014年版，第63页。

往习焉不察。这有点像鱼儿生活在水中时不觉得水之珍贵，但是一旦脱离水，水之于鱼的价值和意义就会立刻凸显出来。于礼而言，也是如此。学界有人认为，西周时代并没有明确的礼乐治国思想，真正将礼乐作为政治指导原则的礼治思潮并不始于周初，而是出现于春秋战国时代，① 这个其实是个误解。为什么呢？因为礼制在西周前中期，具有很好的政治影响力，诸侯及其他阶层，都能够自觉遵守礼乐规范的政治文化秩序，无人敢僭越，所以人们对这套政治系统习焉不察。相反，到了春秋战国，传统的礼乐秩序不再能够有效地约束政治行为和社会表意行为，故而有统治阶层对臣下的无礼之举批评训诫："人而无仪，不死何为？""人而无止，不死何俟？""人而无礼，胡不遄死？"（《诗经·鄘风·相鼠》），这里的"无仪""无止""无礼"皆是"刺无礼也"，② 如果统治阶层都能自觉遵从周礼，卫文公自然不会在这里谆谆教导。③ 所谓礼崩乐坏，即指此。这一背景之下，传统的文化和象征秩序都出了问题，这个时候，人们才开始注意起礼来。如李幼蒸言，利用各种符号手段来表情传意是一回事，对符号行为及其效果进行系统的反思和考察则是另一回事。④ 前者属于人类的生命符号活动，是与人类社会发展相伴始终的，后者则属于符号学思想史范畴，即对各种符号活动和符号现象的反思与研究，这个就由符号表意转入对符号表意规律的研究，即符号学阶段。

自春秋战国以降，人们开始关注礼的作用、功能与意义，并对礼展开了反思，如道家的黜礼论、儒家的复礼论，礼已经由礼制转入礼学阶段，早期中国的先哲不仅开始研究礼，而且通过历史文献记录礼、保存礼，"三礼"就是这个时候的学者根据口传时期的礼制进行的整理记录。虽然曾经有学者怀疑"三礼"是后世学者幻想附会的产物，但是近年考古学界通过出土文献与传世文献的互证，还是颇

---

① 吴龙辉：《原始儒家考述》，北京：中国社会科学出版社，1996 年版，第 11 页。

② 李学勤主编：《十三经注疏·毛诗正义》，北京：北京大学出版社，1999 年版，第 205 页。

③ 《诗经·鄘风·相鼠》一诗之主旨，《小序》认为是卫文公正臣下、刺无礼之作，近人则多认为是刺统治阶级荒淫无耻之诗。袁行霈结合《诗经》中下以刺上的篇什来看，指出皆是刺暴政，并没有责无礼的诗，并结合礼之用指出古人"皆上所以化下，以维护其社会、政治秩序也"，所言甚是，兹从袁说。参见袁行霈，等：《诗经国风新注》，北京：中华书局，2018 年版，第 187 页。

④ 参见李幼蒸：《符号学研究在中国》，《结构与意义》，北京：中国社会科学出版社，1996 年版，第 455 页。

能说明"三礼"并非玄想之物。如张亚初、刘雨通过对比西周金文官制与《周礼》官制，发现《周礼》三百五十六官有九十六官与西周金文相同或相近，也即《周礼》中有四分之一以上的职官在西周金文中是可以找到根据的，这个绝对不是巧合；《周礼》的六官体系与西周中晚期金文中的官制体系大体是相近的，尽管两者在名称和层次上虽有不同，但是其内在联系还是很鲜明的，也就是说，《周礼》的作者在编制是书的时候参照了西周中晚期的职官系统。① 因此，《周礼》系统并非面壁虚构之物，其中保留了诸多西周的职官史料。而且前面我们已经申述，西周礼乐制度到周穆王时候才确定下来，也即西周的政治制度到西周中期开始定型，而《周礼》记载之官制内容与西周中晚期金文相符，这也从侧面证明了二者是可以相互参证的。关于《仪礼》，沈文倬研究指出，是先有各种礼仪仪节的存在，也即礼典的实践，然后才有相关的文字记录，礼典是先于礼书而存在的，礼书的记录则会晚于礼典。沈氏考证指出，《仪礼》成书的上限当在周元王、定王之际，其下限则是《孟子》《荀子》及二戴之《礼记》开始撰作之前，也即在公元前五世纪中叶到前四世纪中期一百多年中，由孔子弟子及其后学陆续撰作而成。② 《礼记》中除了可以确定是秦汉人所作的篇什之外，大多数篇章也作于秦朝统一之前。由此可知，传世"三礼"文献并非后人虚构，更不是对先秦礼制的空想，其中诸多文献都是有历史依据可循的。

西周礼乐制度的建立，是通过各种具有区别性特征的礼物与仪式来进行区隔，以便实现意义的区分的。"礼从开始形成起，便体现着、或用以标识等级差别。西周的分封制以及与之相联系的宗法制，使礼所蕴含的等级观念得到相应的发展。"③ 礼本身就是一套具有别异功能的差别性分节符号系统，如《荀子·王制》所云："衣服有制，宫室有度，人徒有数，丧祭械用，皆有等宜。"人伦日用，皆有等差，

---

① 参见张亚初，刘雨：《西周金文官制研究》，北京：中华书局，1986 年版，第 140—141 页。
② 参见沈文倬：《略论礼典的实行和〈仪礼〉书本的撰作》，《菿闇文存》，北京：商务印书馆，2006 年版，第 58 页。
③ 杨志刚：《中国礼仪制度研究》，上海：华东师范大学出版社，2000 年版，第 82 页。

只有通过差别性特征才能将混沌的现实世界予以划分，所以儒家学者认为礼是"定亲疏、决嫌疑、别异同、明是非也"（《礼记·曲礼上》）。没有礼的差别，就无法确定现实社会的亲疏异同等关系；这种等差又在礼仪中通过仪式表演来进一步巩固，使仪式参与者深度接受仪式所传示出来的意义。

部分礼仪通过君王独占来体现王权独尊的思想，如《荀子·礼论》所载："郊止乎天子。"郊礼是天子祭祀天地的礼仪，属于君主的特权，周王号称周天子，与天沟通，因此周王本身就是沟通天人的媒介。周王通过对祭天权的独占，其实就是垄断了沟通天人的媒介，而媒介本身就是最为重要的讯息。[①]周天子也通过垄断祭天媒介而实现了权力独占。此外，在无论是政治还是伦理生活中，都需要有一定的礼容区隔来实现意义等差，如"庶子不祭祢者，明其宗也"（《礼记·丧服小记》）。天子与诸侯相比，有其祭祀特权，宗族内部，嫡子与庶子之间，也需要有严格的祭祀之别，宗子具有祭祀祢庙之权，庶子则无资格祭祀，通过祭祀仪式的展演，将宗子与庶子区别开来，其身份等级与地位尊卑不言自明。即便是在服丧之中，不同身份者也都需要显示出差别来，这些丧服仪式也都被视作人伦准则被不断巩固强化。"亲亲，尊尊，长长，男女之有别，人道之大者也。"（《礼记·丧服小记》）以上几例是从《礼记》《荀子》中摘录出来的，而整个《礼记》中像这样通过区隔实现意义价值的材料可谓数不胜数。

随着礼的政治化进程的发展，礼乐制度演化成一整套具有分节意义的符号系统。但是自春秋以降，礼崩乐坏进程加速，周礼不再能继续强有力地维系既定的宗法等级制度，如体现周天子权威的册命礼、朝聘礼的蜕变乃至废弃，诸侯僭用天子之礼，卿大夫僭用诸侯之礼甚至天子之礼。[②]礼在这一语境之中逐渐丧失了其意义的明晰性，人们开始思考礼的价值及意义。对此，礼、仪之分是一个切入点。《左传·隐公三年（720BC）》中记载的周郑交质便已开了礼崩的先河，周王权威失坠，与诸侯交换人质本来就是非礼之举，而其中"君子曰"的一段评论，对礼、

---

① 参见胡易容，赵毅衡：《符号学-传媒学词典》，南京：南京大学出版社，2012年版，第144页。

② 参见杨志刚：《中国礼仪制度研究》，上海：华东师范大学出版社，2000年版，第100—102页。

仪之辨已有发明："信不由中，质无益也。明恕而行，要之以礼，虽无有质，谁能间之？苟有明信，涧溪沼沚之毛，苹蘩蕴藻之菜，筐筥锜釜之器，潢汙行潦之水，可荐于鬼神，可羞于王公，而况君子结二国之信，行之以礼，又焉用质？"只要彼此具有诚信，山水野菜作为祭祀之仪都可以表达这一意义，否则，交质也无益。因此，礼的意义不等于礼仪的形式，这一观念随着时代的发展、礼乐的崩坏而愈发明晰，如《左传·昭公五年（537BC）》就有更为直接的分析：

公如晋，自郊劳至于赠贿，无失礼。晋侯谓女叔齐曰："鲁侯不亦善于礼乎？"对曰："鲁侯焉知礼！"公曰："何为？自郊劳至于赠贿，礼无违者，何故不知？"对曰："是仪也，不可谓礼。礼，所以守其国，行其政令，无失其民者也。今政令在家，不能取也；有子家羁，弗能用也；奸大国之盟，陵虐小国；利人之难，不知其私。公室四分，民食于他。思莫在公，不图其终。为国君，难将及身，不恤其所。礼之本末，将于此乎在，而屑屑焉习仪以亟。言善于礼，不亦远乎？"君子谓叔侯于是乎知礼。

在晋平公看来，鲁昭公从郊劳到赠送礼物，各个仪节都把握得很好，没有失礼之举。但是在女叔齐看来，这个不是礼，而是属于仪。女叔齐将礼与仪进行了区分，在女叔齐看来，礼是用来维系国家政治制度和政治权威的。当时鲁国的政令被三桓把持，鲁昭公还"陵虐小国"，须知"保小寡，周礼也"（《左传·僖公二十一年（639BC）》），这不仅违背周礼，还丧失了道义，这些都是违礼之举。而对于什么是"礼"，《左传·隐公十一年（712BC）》就已经有过阐释：

君子谓郑庄公："于是乎有礼。礼，经国家，定社稷，序民人，利后嗣者也。许，无刑而伐之，服而舍之，度德而处之，量力而行之，相时而动，无累后人，可谓知礼矣。"

许国因为不遵守礼法，所以被郑庄公帅兵惩罚。郑庄公惩处完毕之后没有居功自傲，而是根据情况及时调整安排善后事宜，这被"君子"看作合乎礼仪的事情。因此，这里就有一段"君子"对礼的界定：治理国家，安定社稷，区别等级，并维护世卿世禄等级制度的传承，这才是礼的真谛。以此标准反观上文鲁昭公，既不能治国理政，安定社稷，又不能捋顺等级，维护礼制，其所行事，也就是一个空壳子的仪式，没有实现礼真正的内容价值，所以女叔齐将鲁昭公的礼视作礼仪形式而已，并认为其不知礼。从中我们可以看出，礼出现的礼仪与礼义的分野，其实就是符号表达层和内容层的脱节。也就是说，当礼仪和礼义密合无间的时候，礼仪的在场就能传释出尊卑等级、治国安民的礼义，因而人们无法区分此二者；反之，只有二者之间出现了裂隙的时候，才会出现礼仪与礼义的辨析。这个辨析在《左传·昭公二十五年（517BC）》又有进一步的深入：

> 子大叔见赵简子，简子问揖让周旋之礼焉。对曰："是仪也，非礼也。"简子曰："敢问，何谓礼？"对曰："吉也闻诸先大夫子产曰：'夫礼，天之经也，地之义也，民之行也。'天地之经，而民实则之。则天之明，因地之性，生其六气，用其五行。气为五味，发为五色，章为五声。淫则昏乱，民失其性。是故为礼以奉之：为六畜、五牲、三牺，以奉五味；为九文、六采、五章，以奉五色；为九歌、八风、七音、六律，以奉五声；为君臣、上下，以则地义；为夫妇外内，以经二物；为父子、兄弟、姑姊、甥舅、昏媾、姻亚，以象天明，为政事、庸力、行务，以从四时；为刑罚威狱，使民畏忌，以类其震曜杀戮；为温慈惠和，以效天之生殖长育。民有好恶、喜怒、哀乐，生于六气，是故审则宜类，以制六志。哀有哭泣，乐有歌舞，喜有施舍，怒有战斗；喜生于好，怒生于恶。是故审行信令，祸福赏罚，以制死生。生，好物也；死，恶物也。好物，乐也；恶物，哀也。哀乐不失，乃能协于天地之性，是以长久。"简子曰："甚哉，礼之大也！"对曰："礼，上下之纪，天地之经纬也，民之所以生也，是以先王尚之。故人之能

自曲直以赴礼者，谓之成人。大，不亦宜乎！"简子曰："鞅也，请终身守此言也。"

这段近五百字的文献材料，应该是《礼记》之外的一篇翔实的礼学文献，如陈来就认为这"其实就是一篇出色的哲学论文，在哲学史上应当占有一特殊的地位"。[①] 这里不仅有对礼的定义、礼与仪的区别，更对礼的深层语义进行了阐发，礼的全部意蕴在这里被申述无疑，故而我们不厌其烦地用大段篇幅将这段文献材料移录于此。首先，子太叔游吉指出了礼与仪的区别，周旋揖让只是仪节形式（礼仪），而不是礼仪的内容（礼义），礼仪是表达面，礼义是内容面。《正义》的说法是"礼是仪之心，仪是礼之貌。本其心，谓之礼，察其貌，谓之仪。行礼必为仪，为仪未是礼"，[②] 表达面与内容面的分割，这是自春秋以来礼崩乐坏加剧而使之然的，对此前文已有分析，兹不赘述。其次，子太叔援引子产的话对礼进行了定义，指出礼是天地之规范，更是人们行事的依据。也就是说，礼乐制度其实是一种政治法律规范，而且这种规范是取法天地自然而来的，因此具有不可置疑的神圣性质（此可参看第二章第一节的有关论述）。现实生活中的各种礼仪规范，都与天地自然、阴阳五行相关，并依此来引导人们，规范其生活秩序。最后，子太叔指出礼是天地经纬，上下纲纪，人们依据礼之规范而生活，先王把礼作为政治生活中的重中之重，其原因即在于此。人们通过规范自身表意行为而达到礼的要求和标准，才称之为成人。"道德仁义，非礼不成；教训正俗，非礼不备；分争辨讼，非礼不决；君臣上下，父子兄弟，非礼不定；宦学事师，非礼不亲；班朝治军，莅官行法，非礼威严不行；祷祠祭祀，供给鬼神，非礼不诚不庄。是以君子恭敬、撙节、退让以明礼"（《礼记·曲礼上》），礼不仅是社会政治行为规范，更是衡量一个人"成人"的标准。关于礼的思考越来越深入和成熟，正是因为礼乐文

①　陈来：《古代思想文化的世界》，北京：生活·读书·新知三联书店，2009 年版，第 239 页。
②　李学勤主编：《十三经注疏·春秋左传正义》，北京：北京大学出版社，1999 年版，第 1447 页。

化符号的象征和其表征的意义脱节，其才引起人们的关注。礼学的兴起，是以礼制的崩坏为代价的。《礼记·乐记》对礼乐表现形式和意义内容的关系有较为全面的总结："乐者，非谓黄钟、大吕、弦歌、干扬也。乐之末节也，故童者舞之。铺筵席，陈尊俎，列笾豆，以升降为礼者，礼之末节也，故有司掌之。……是故德成而上，艺成而下，行成而先，事成而后。是故先王有上有下，有先有后，然后可以制于天下也。"礼器礼物以及礼仪仪式等是礼的表现形式方面，属于"末节"，而礼的意义内容"德成""行成"才是重要的。礼物仪式是为了区分尊卑等级的，这才是制礼作乐的目的，当这套等级符号系统能够有效运用到政治生活之中时，人们习焉不察，当其不能很好地为社会政治服务的时候，就有人开始反思了，这就是孔子所云："礼云礼云，玉帛云乎哉? 乐云乐云，钟鼓云乎哉?"（《论语·阳货》）孔子的礼非玉帛之叹，以及在《论语·八佾》中回答林放问礼之本，皆说明当时士大夫阶层业已注意到礼的形式与内容的关系问题。

伴随着礼学的兴起，早期中国符号学思想就有自发地运用符号解决问题，并进入思考符号是如何解决问题的"符号学的自觉"阶段。正如美国符号学家莫里斯所言，符号研究的热潮多在社会普遍进行变革的时期，如中国的孔子时期和希腊的衰落时期。因为这个时候，人们借以生活的符号开始丧失其明晰性和说服力，而新的符号系统尚未诞生，新的意义和旧的意义相互抵触，"语言归于无效，文化象征成了问题，……当符号不再好好为人服务的时候，人们就有意识地注意其符号来"。[1] 这对于礼学符号思想研究的兴起是颇具启发意义的。

第二节　礼治的符号操作原理

周代的礼制社会，是通过礼来实现社会统治秩序之建构的。如果说礼制是国

---

① 莫里斯:《开放的自我》，定扬译，上海:上海人民出版社，2010 年版，第 41 页。

家制度的话，那么礼治就是实现国家制度的方式路径。实际上，礼治也是一个抽象的概念，如何用礼治来实现礼制才是关键。具体而言，礼治是"通过许多许多具体的仪礼和典章制度来实现的，是统治阶级的内部关系的准则"，① 也即通过典章制度与礼仪仪式规范来实现周人的等级社会秩序的建构。如《慎子》逸文所云："国有贵贱之礼，……有长幼之礼，……有亲疏之礼"，② 这里的贵贱、亲疏、长幼等意义区别都是由礼来建构的。典章制度包括礼器、服色之属，礼仪仪节则是在行礼过程中的仪节规范行为标准等。礼仪仪式的秩序象征着社会政治秩序，而礼仪的权威和等级则建构着相应的政治权威和身份等级。

　　上面一节我们从纵向角度梳理了礼的源起和发展，这一节我们将从横向角度出发，考察礼在周代社会的社会秩序建构中是如何发生作用的，也即作为符号系统的礼是如何通过表意规范来实现社会秩序的建构的。我们知道，符号与意义的关系因符号间的差异性而产生，也即甲的意义是其在与乙、丙等的差异中产生的，因此符号学注重将事物置于一定的关系之中，从其关系 / 系统中确立其价值与意义。周礼是以血缘关系为基础的宗法等级制度，在一个以血缘关系为基础建立的宗族体系之中，个体的价值与意义是在与其他人的关系中形成的，为了更好地传示这种意义，故而有了礼的符号形式。《礼记·乐记》云："簠簋俎豆，制度文章，礼之器也；升降上下，周还裼袭，礼之文也。"所谓"礼之器"即各种礼器礼物之属，所谓"礼之文"则是礼节仪式之属。因此，礼的形式表征主要有二，其一是作为静态的名物度数，以器物规格等差来传释礼义，其二是动态的揖让周旋，通过不同的表意行为来传达礼义。名物度数和揖让周旋都是礼的符号形式，其表达的意义即尊卑等级、亲疏远近的礼义。因此，作为制度规范的礼就是一套符号媒介，它"保证着个体以规范的方式与社会发生关系"。③

---

① 马承源：《中国古代青铜器》，上海：上海人民出版社，2008 年版，第 23 页。
② 许富宏：《慎子集校集注》，北京：中华书局，2013 年版，第 63 页。
③ 李山：《诗经的文化精神》，北京：东方出版社，1997 年版，第 96 页。

一、名物度数与身份等级

礼制的形成，是随着私有制的发展、阶级社会的出现而逐渐形成的一套系统，这个在上面一节我们已经有过详细的分析。进入礼制阶段，礼的符号形式表征的是身份等级、地位尊卑、权力大小之属，这些可以视作礼的大纲，而各种具体的仪式仪节，则是礼的条目，尊卑等级属于抽象的意义范畴，需要通过具体的仪节细目来象征。也就是说，礼的形式再现的是礼制社会中各种不同的尊卑等级差别，礼的优雅形式背后，是残酷的尊卑等级这一社会现实。这个在《国语·周语上》中已有内史过做出解释，指出先王取得天下以后，诸侯、大夫、士人各守其职，为君王服务，尚且担心不够健全而有疏漏，故而用名物度数加以标识："故为车服旗章以旌之，为贽币瑞节以镇之，为班爵贵贱以列之，为令闻嘉誉以声之。犹有散迁懈慢，而著在刑辟，流在裔土。于是乎有蛮夷之国，有斧钺、刀墨之民。"韦昭注指出"车服、旗章上下有等，所以章别贵贱，为之表识也"，[1] 此外，贽币、瑞节等皆是有差异的，这种可以感知的分层和差异，就是用来巩固既定的爵位、贵贱等级秩序，另辅之以名号、荣誉来表彰功臣，此皆为名物度数之用，反之，则是刑辟、流放，以斧钺刀墨以镇之，先礼而后刑。当然，礼制是人类进入阶级社会后的制度形态，而且被认为是令人向往的社会模式，如《礼记·礼运》所云：

> 今大道既隐，天下为家，各亲其亲，各子其子，货力为己，大人世及以为礼，城郭沟池以为固，礼义以为纪，以正君臣，以笃父子，以睦兄弟，以和夫妇，以设制度，以立田里，以贤勇知，以功为己，故谋用是作，而兵由此起。禹、汤、文、武、成王、周公，由此其选也。此六君子者，未有不谨于礼者也，以著其义，以考其信，著有过，刑仁讲让，示民有常。如有不由此者，在执者去，众以为殃。是谓小康。

---

[1] 徐元诰：《国语集解》，北京：中华书局，2002年版，第33页。

所谓"大道"之世，郑玄注云"谓五帝时也"，[1] 也即传说中的黄帝、颛顼、帝喾、尧、舜时期，这是一个久远而漫长的原始社会时期，《荀子·非相》就曾明言："五帝之外无传人，非无贤人也，久故也；五帝之中无传政，非无善政也，久故也。"这个时期社会尚未出现分层，因为"在原始氏族制度下社会成员地位平等，氏族大事的决策完全民主，专制独裁、刑法、监狱等专政机构则是后来才出现的事物"。[2] 这是人类社会发展过程中的一个相对平等的阶段，故而被后世誉为"大道"时期，这个时期被儒家想象为"天下为公，选贤与能，讲信修睦。故人不独亲其亲，不独子其子，使老有所终，壮有所用，幼有所长，矜寡孤独废疾者，皆有所养"(《礼记·礼运》)的和谐社会。而随着人类社会的进步，阶层的分级越来越严重，等级差别越来越大，随着财富和权力的集中，一部分人成为以剥削他人利益为主的统治阶层，处于社会分层的上层，更多的人则处于金字塔的底层。人类进入"天下为家"的阶级社会，以权力等级为中心的礼制亦随着社会的发展而诞生，所谓"礼义以为纪"即人类进入礼制社会，通过礼来建立制度，确立社会关系和政治关系。如前文所言，龙山时代人类就进入礼制社会，承此而来的夏、商、周三代之礼，随着社会的发展，对传统礼制有因有革，政治、伦理诸领域皆因礼的介入而变得秩序井然，礼制在建构社会秩序的时候，是以差别性区隔为中心来实现社会分层的，如巫鸿所言："礼和礼器的本质因此在于'区分'(to distinguish)，而正确的区分则意味着良好的秩序。"[3] 这一点《荀子·非相》于此亦曾有过说明："辨莫大于分，分莫大于礼，礼莫大于圣王"，杨倞在注"人之所以为人者，何已也？曰：以其有辨也"(《荀子·非相》)时谓"辨"为"别也"，[4] 即说辨就是区别性分层。本乎此，我们再来看荀子这句话的意思，礼制社会以

---

[1] 李学勤主编：《十三经注疏·仪礼注疏》，北京：北京大学出版社，1999 年版，第 656 页。
[2] 晁福林：《先秦社会思想研究》，北京：商务印书馆，2007 年版，第 85 页。
[3] 巫鸿：《礼仪中的美术》，北京：生活·读书·新知三联书店，2016 年版，第 535 页。
[4] 王先谦：《荀子集解》，北京：中华书局，1988 年版，第 78 页。

"辨"来实现"上下亲疏之分"，①分就是等级名分，"分生于有礼也"，②名分是由礼产生出来的，而礼又来自"圣王"，也就是"制礼者"，③《礼记·礼运》这里指出这些圣王即夏禹、商汤、周文王、周武王、周成王、周公等儒家推尊的统治者，他们用礼制来建构社会秩序，彰明道义名分，其统治时期被儒家视为"小康社会"。小康社会虽然不及大同社会那样天下为公、秩序井然，但其在礼仪文明建构下的天下为家、亲情和睦也令人向往，这个社会也被塑造成历代先贤所追求的理想社会形态，成为一个标志性符号，而任何理想的社会形态都需要有相应的制度作为规范，在儒家这里，这个制度规范即是所谓的礼制。

制度形成需要有必要的区隔，以实现尊卑等级的区分。这个区隔就是通过可以具体感知的名物度数等符号形式来实现的。关于"名物"特征，已有学者研究指出其一般是指相当具体而特定的物，与日常生活息息相关，而且从不同角度予以区分。"名物"需辨也说明它是具有区别性特征的，④如《周礼·春官·小宗伯》言小宗伯的职务就有："毛六牲，辨其名物，而颁之于五官，使共奉之。辨六粢之名物与其用，使六宫之人共奉之。辨六彝之名物，以待果将。辨六尊之名物，以待祭祀、宾客。"这里的"六牲""六粢""六彝""六尊"的名称、种类、形制、数量在礼乐祭祀之中是带有区别性特征的，会因身份地位、亲疏远近的不同而不同，因此，名物度数是用可感知的具体事物，来传达社会地位的尊卑等级，以这种可视可感之物来进行意义的建构。这自然就转化为符号形态，毕竟"符号就是被认为携带意义的感知"，⑤人作为一种追求意义的符号动物，不能仅仅满足于衣食住行等生理领域，因为这些生理需求与其他动物无异，"然则人之所以为人者，非特以二足而无毛也，以其有辨也"（《荀子·非相》），"辨"即"指人与人之间上下、贵贱、长幼、亲疏的等级区分"，⑥而这些都是属于抽象的人伦意义。意义必须由符号

---

①②③ 王先谦：《荀子集解》，北京：中华书局，1988 年版，第 79 页。

④ 参见刘兴均：《"三礼"名物词研究》，北京：商务印书馆，2016 年版，第 28—29 页。

⑤ 赵毅衡：《符号学：原理与推演》，南京：南京大学出版社，2016 年版，第 1 页。

⑥ 北京大学《荀子》注释组：《荀子新注》，北京：中华书局，1979 年版，第 56 页。

形式来表达，这种符号形式就是各种礼仪，在礼仪的演绎中抽象意义的表征得以实现。沈文倬认为礼家的名物度数就是"将等级差别见之于举行礼典时所使用的宫室、衣服、器皿及装饰上，从其大小、多寡、高下、素华显示其尊卑贵贱"，[1] 这个也就是"礼物"。"礼物"之中最重要的是礼器，礼器的种类繁多，按照其功能来分，主要有食器、饮器和玉器等，"礼器是指行礼的器物，礼必须借助于器物才能运行。使用何种礼器行礼，以及礼器的组合，都传达着礼义的信息"，[2] 礼器的出场及其组合形式，是以符号形式出现的，它代表的不是它本身，而是礼义。如果礼器的符号形式没有礼义来充实的话，那么礼器就可能返回其自身，比如成为饮食器具，当礼器有礼义充实其中的时候，其作为器具的属性就会暂时隐退，而主要是作为符号的意义——礼义而存在，人们此时关注的是礼器的符号意义，而不是其作为饮食器具的工具意义。

"礼物"的大小、多少、高下、纹饰程度等就是"度数"，按照身份等级都有严格的等级标准。如《国语·晋语》载赵文子建造宫室，将房橑砍削后加以打磨，就受到张老的批评，因为身份等级不同，房橑打磨纹饰的程度不一，"备其物，已也；从其等，礼也"（《国语·晋语》），韦昭注云："物备得宜，谓之义。从尊卑之等，谓之礼。"[3] 这里的"物"显然已经具有了伦理的意义，而"物"符合礼的等差，则是礼。因此，所谓"礼物"的解释项就是尊卑贵贱的礼义。如邓晓芒所言："符号就是那种既是间接性又是直接性的东西。它是直接性和间接性的统一体。在这种统一体中，直接性的东西就是呈现在面前的东西，间接性的东西就是隐藏在背后的东西；而呈现在面前的东西是确定的，隐藏在背后的东西是不确定的；或者说呈现出来的是'一'，在背后有待于被带出来的则是'多'。"[4] 这种直接可见的是"礼物"，间接性的是"礼义"。礼物按照既定等级安排多寡，这些都是可见的、

---

[1] 沈文倬：《略论礼典的实行和〈仪礼〉书本的撰作》，《菿闇文存》，北京：商务印书馆，2006 年版，第 6 页。

[2] 彭林：《中国古代礼仪文明》，北京：中华书局，2004 年版，第 37 页。

[3] 徐元诰：《国语集解》，北京：中华书局，2002 年版，第 432 页。

[4] 邓晓芒：《哲学起步》，北京：商务印书馆，2017 年版，第 30 页。

在场的，而隐藏在这些可见的、在场的礼物之后的就是礼义，也就是尊卑等级、亲疏远近等抽象的意义。严格来说，"礼物"和"礼义"的统一体才是符号，但在实际生活中，人们往往将"礼物"视为符号，这个跟语言符号学中人们往往将"能指"视作符号是一样的。礼物中的度数等差传达的就是礼义，《礼记·礼器》接连论述了八种礼之贵，"礼有以多为贵者""有以少为贵者""有以大为贵者""有以小为贵者""有以高为贵者""有以下为贵者""有以文为贵者""有以素为贵者"，多少、大小、高下、文素等具体的可以感知的载体，传达的是社会中的尊卑贵贱之义，其具体表征形式如表4.1所示：

表4.1 《礼记·礼器》关于礼之贵的符号表征

以多为贵	天子七庙，诸侯五，大夫三，士一；天子之豆二十有六，诸公十有六，诸侯十有二，上大夫八，下大夫六；诸侯七介、七牢；大夫五介、五牢；天子之席五重，诸侯之席三重，大夫再重；天子崩七月而葬，五重，八翣；诸侯五月而葬，三重，六翣；大夫三月而葬，再重，四翣。
以少为贵	天子无介，祭天特牲，天子适诸侯，诸侯膳以犊；诸侯相朝，灌用郁鬯，无笾豆之荐；大夫聘礼以脯醢；天子一食，诸侯再，大夫、士三，食力无数；大路繁缨一就，次路繁缨七就；圭璋特，琥璜爵；鬼神之祭单席；诸侯视朝，大夫特，士旅之。
以大为贵	宫室之量，器皿之度，棺椁之厚，丘封之大。
以小为贵	宗庙之祭，贵者献以爵，贱者献以散；尊者举觯，卑者举角；五献之尊，门外缶，门内壶，君尊瓦甒。
以高为贵	天子之堂九尺，诸侯七尺，大夫五尺，士三尺；天子、诸侯台门。
以下为贵	至敬不坛，埽地而祭；天子、诸侯之尊废禁；大夫士棜禁。
以文为贵	天子龙衮，诸侯黼，大夫黻，士玄衣纁裳；天子之冕，朱绿藻十有二旒，诸侯九，上大夫七，下大夫五，士三。
以素为贵	至敬无文，父党无容，大圭不琢，大羹不和；大路素而越席，牺尊疏布幂，樿杓。

"贵"是一种抽象的意义，以现代观点而论，人与人之间本无高低贵贱之分，但是在礼制社会，贵贱等级是有明显的分层的，这种分层就是通过以上不同形式来区隔的。礼本身就是一种区隔活动，这里连续八种礼之贵都是通过度数等差来建构意义差别，如庙制上天子七庙，诸侯五庙，大夫三庙，士人一庙；在堂制上天子之堂高九尺，诸侯七尺，大夫五尺，士人三尺；甚至在死后也有严格的区别，

天子死后七个月而葬，诸侯五个月，大夫三个月。这种等差不仅是为了强调一种尊卑贵贱的意义，实际上，先秦的伦理文化精神也包蕴其中，如荀子所言：

> 礼者，谨于治生死者也。生，人之始也；死，人之终也；终始俱善，人道毕矣。故君子敬始而慎终，终始如一，是君子之道，礼义之文也。夫厚其生而薄其死，是敬其有知而慢其无知也，是奸人之道而倍叛之心也。君子以倍叛之心接臧谷，犹且羞之，而况以事其所隆亲乎！故死之为道也，一而不可得再复也，臣之所以致重其君，子之所以致重其亲，于是尽矣。故事生不忠厚、不敬文谓之野；送死不忠厚、不敬文谓之瘠。君子贱野而羞瘠，故天子棺椁十重，诸侯五重，大夫三重，士再重，然后皆有衣衾多少厚薄之数，皆有翣菨文章之等以敬饰之，使生死终始若一。（《荀子·礼论》）

生死乃人生大事，厚生重死，乃是先民文明进步道德发展的体现，野蛮时代还一度存在食人之风，摩尔根曾指出，"在古代，吃人之风普遍流行，这一点现已逐渐得到了证实"。[1] 随着文明的进展，食人之风渐息，先民逐渐懂得了尊重逝者，予以掩埋，儒家先哲孟子对这个事情有过分析："盖上世尝有不葬其亲者，其亲死，则举而委之于壑。他日过之，狐狸食之，蝇蚋姑嘬之。其颡有泚，睨而不视。夫泚也，非为人泚，中心达于面目，盖归反蘽梩而掩之。掩之诚是也，则孝子仁人之掩其亲，亦必有道矣。"（《孟子·滕文公上》）所谓"上世"即上古之时，当亲人死亡之后，将其尸体抛弃于山谷之中，后来经过那里时发现其亲人尸体为狐狸所食，为苍蝇吸吮，此人悔恨之情由衷表现出来，然后将亲人掩埋，朱熹指出"此葬礼之所由起也"。[2] 应该说朱子的判断还是很准确的，因为"埋的本身就是一种祭仪的方式"。[3] 当然，根据前面第一节的分析，葬礼的出现也绝不是一蹴而就

---

① 摩尔根：《古代社会》，杨东莼，马雍，马巨译，1977 年版，第 24 页。
② 朱熹：《四书章句集注》，北京：中华书局，1983 年版，第 263 页。
③ 卜工：《文明起源的中国模式》，北京：科学出版社，2007 年版，第 60—61 页。

的，应该有一个逐渐发展成熟的过程。但总体来说，葬礼的出现是人伦的一大进步，儒家将这种人伦和礼仪纳入其礼乐文化制度之中，一方面肯定了人伦方面的情感，另一方面又通过名物度数来进行区隔，以适应宗法等级政治的规则，"从而建立其一个宗教、政治、伦理三者合一的人文体系"，① 这种人文精神对华夏民族文化心理的影响，不容小觑。

礼物在政治上的作用主要是通过数量上区隔，以此传示礼背后蕴藏的尊卑等级之意义。如果所有的数量都等齐划一，没有差等，那么意义就无法产生，政治上的等级名分也无法实现。如《管子·乘马》所言："故一国之人，不可以皆贵；皆贵，则事不成而国不利也。为事之不成，国之不利也，使无贵者，则民不能自理也。是故，辨于爵列之尊卑，则知先后之序，贵贱之义矣。"从政治统治、权力构架的角度而言，需要有一定的分层进行区隔，否则政治统治难以为继，因此才能"辨于爵列之尊卑，则知先后之序，贵贱之义"。毕竟区隔本身就是意义活动的前提，人们在观照这种礼的区隔活动的时候，从具体的大小、文素之中得到意义的反馈，才能得到诸如贵贱、尊卑的意义。所以《礼记·礼器》引孔子之言曰："礼不可不省也。礼不同，不丰，不杀。"各种不同的礼仪，其礼物都是有规定准则的，这种名物度数不可以随便增加，也不可以任意减少，"此之谓也，盖言称也"（《礼记·礼器》）。一句话，礼物要与礼的度数要求相称，这种度数深层次的意涵就是贵贱等级，"贵贱不愆，所谓度也"（《左传·昭公二十九年（513BC）》），说的就是这个意思。西周宗法制度就是一种严格的等级制度，这种政治制度巧妙地将宗教、政治与伦理融合在一起，使之成为一套具有浓厚人文精神的政治模式，祭祀中的等级制度就是将宗教精神纳入礼乐文化之中。在吉、凶、宾、军、嘉五礼之中，尤以吉礼为重，因为无论对天地鬼神还是列祖列宗的祭祀，都是一种宗教情感的体现。五礼之中，吉礼是祭祀天地祖宗之礼，位列第一。这是有其原因的，如《礼记·祭统》所言："礼有五经，莫重于祭。夫祭者，非物自外至者也，

---

① 谢谦：《中国古代宗教与礼乐文化》，成都：四川人民出版社，1996年版，第35页。

自中出生于心也；心怵而奉之以礼。是故，唯贤者能尽祭之义。"肯定五礼之中吉礼的重要性，乃是因为吉礼是一种宗教情感，发自内心，并非借外物由表面上做出来，而是出自内心的敬畏和虔诚。《论语·八佾》里面记载孔子之言曰："吾不与祭，如不祭"，祭祀表达的是一种虔敬之情，如果不能参加，也不用请人代为参加，这个即便是在现代宗教礼仪中也是如此。

　　名物度数是为了保障尊卑贵贱身份等级而设的。《礼记·燕义》有云："俎、豆、牲体、荐、羞，皆有等差，所以明贵贱也。"衣食住行，人伦日用，事无巨细，皆有等差，礼实现对生活秩序的全域覆盖。礼制通过爵位、官署、车服、住宅、食禄等一整套相互对应的符号系统来建构宗法等级名分，如孟文子所言："夫位，政之建也；署，位之表也；车服，表之章也；宅，章之次也；禄，次之食也。君议五者以建政，为不易之故也。"(《国语·鲁语上》)在孟文子看来，政治上的等级即爵位，爵位等级用官署来标识，车服是贵贱的标志，宅第、俸禄亦是按照官职次序而来的，这五者形成一个相互表征、循环阐释的符号系统，政治秩序由此建立，统治者亦由此建立政事。这其中一个很重要的方面就是饮食器具的礼制化，也就是说，"饮食器具从当初纯粹的工具逐渐被赋予礼制内容，成为区别尊卑贵贱、衡量社会地位的标志物"。[①] 所谓的礼制化就是符号化，当饮食器具只是作为一种饮食工具的时候，它尚处于物的层面，一旦由纯粹的工具转化为区别尊卑等级的物件，就具有了超越其自身的作用和意义。这种原本不是用来携带意义的使用物，当其被认为携带超出其自身使用意义之外的意义时，"都可能成为符号"。[②]当今出土的周代文物中以青铜器为多，而青铜器中最多又是饮食器具。江林根据《诗经·丝衣》中的"鼐鼏及鼒"推测周代列鼎制度还是存在的，并根据《仪礼·聘礼》等礼书记载，天子九鼎八簋，诸侯七鼎六簋，大夫五鼎四簋，士人三鼎二簋，庶人一鼎无簋，[③] 自天子至于庶人，鼎簋之制，各有等差，这个自然是为

---

①③　江林：《〈诗经〉与宗周礼乐文明》，上海：上海古籍出版社，2010 年版，第 149 页。

②　赵毅衡：《符号学：原理与推演》，南京：南京大学出版社，2016 年版，第 28 页。

实现身份政治区隔。这个中间，又以鼎最为重要，"鼎是青铜礼器中的主要食器，在古代社会中，用它来'明尊卑，别上下'，也就是说被用作统治阶级等级制度和权力的标志"。① 如上文所言，如果鼎主要是作为一种烹饪器具，没有表示其他意义的话，那么鼎就是普通的食具，但是当鼎用来表示尊卑等级和权力地位的时候，就已经符号化了。事物本来就是在"物—符号"的区间滑动，如赵毅衡所言，是一个"符号—使用体"（sign-function）的结合，② 如果鼎仅仅用来盛放食物，那其就是纯然之物，如果鼎除了用来盛放食物之外，还可以用来表达其他的意义，就已经开始符号化了。《逸周书·克殷解》记载，武王克商之后，"乃命南官百达、史佚迁九鼎三巫"，这里的"三巫"黄怀信认为是"于夹"之误，而夹通"郏"，即郏鄏之地，③ 在今河南洛阳。九鼎传说是夏禹所铸，后世相传，夏桀无德，所以鼎被转移到殷商，武王伐纣成功后，"辛亥，荐俘殷王鼎"（《逸周书·世俘解》），这套九鼎自然成为周人俘获的战利品，而武王克商的善后工作之一是将殷人的九鼎转移到郏鄏之地，后周公在此营建新都，说明周人迁移九鼎过程中是有权力中心转移的意思在内的。当鼎成为王权的象征的时候，鼎就完全符号化，成为表征王权的符号，不再是实用之物。所以历史上关于"问鼎"的故事，问的其实是统治权力：

> 楚子伐陆浑之戎，遂至于洛，观兵于周疆。定王使王孙满劳楚子。楚子问鼎之大小、轻重焉。对曰："在德不在鼎。昔夏之方有德也，远方图物，贡金九牧，铸鼎象物，百物而为之备，使民知神、奸。故民入川泽、山林，不逢不若。螭魅罔两，莫能逢之。用能协于上下，以承天休。桀有昏德，鼎迁于商，载祀六百。商纣暴虐，鼎迁于周。德之休明，虽小，重也。其奸回昏乱，虽大，轻也。天祚明德，有所厎止。成王定鼎于郏鄏，卜世三十，卜年七百，天所命也。周德虽衰，天命未改，鼎之轻重，未可问也。"（《左传·宣

---

① 马承源：《中国青铜器》，上海：上海古籍出版社，2003 年版，第 64 页。
② 赵毅衡：《符号学：原理与推演》，南京：南京大学出版社，2016 年版，第 27 页。
③ 黄怀信：《逸周书校补注译》，西安：西北大学出版社，1996 年版，第 182 页。

公三年（606BC）》）

　　楚庄王攻打陆浑之戎，屯兵周王疆界，并检阅军队，这明显是向周王示威，周定王派王孙满去慰劳楚庄王，楚庄王借机问鼎之大小轻重，表面上问的是鼎，实际上有取周而代之的意思，王孙满对楚王的深层语义也是心知肚明，指用天命和道德作为说辞，不卑不亢地将楚王顶了回去。这段文献具有几个重要的信息，其一是九鼎成为王权的象征符号，鼎乃是九州州牧贡金所铸，也就是说，鼎象征的是统治与被统治之关系，楚王问鼎，醉翁之意不在酒，所以王孙满告诉他王权之拥有是"在德不在鼎"，周人创造性地将德与王权统治联系起来，周人之德未衰，故其统治尚不能灭；其二是鼎上铸刻着万物之图像，[①] 人民观鼎便知万物之吉凶好坏，这说明鼎是最早的官方图书，官方铸鼎象物，类似唐代铸刻石经，为官方标准；其三是鼎存于周，依旧能"协于上下，以承天休"，也即鼎上百物依旧能帮助巫觋沟通天地，周王室拥有九鼎，保持着沟通天地的媒介，媒介即信息，周王室依旧垄断着沟通人神的权力，其实质是"因为垄断了符号信息渠道而拥有的权力"，[②] 周王室掌握着符号宰制权，因此其统治尚未废弃。

　　商周青铜大鼎，不仅是饮食器具，更多的时候是滑向符号一边，作为礼器而存在。"从礼制来看，青铜器是贵族世家的标志，是庙堂中不可或缺的宝器。礼器使用的多寡，更是贵族等级制度上下尊卑的象征，在一定的时期内被认为是神圣的原则。"[③] 青铜器作为一种贵族的标志而存在，实际上行使的就是符号功能。曾

---

① 关于"铸鼎象物"，学界一般认为乃是在铜鼎上铸刻动物之形象，以此来沟通神人，参见张光直：《艺术、神话与祭祀》，北京：北京出版社，2016 年版，第 54—64 页；王小盾：《经典之前的中国智慧》，北京：北京大学出版社，2016 年版，第 111 页。而卜工认为"铸鼎象物"讲的是器物形态，并非指器物的纹饰，并举出了虎噬人卣等诸多"象物"的青铜器，参见卜工：《文明起源的中国模式》，北京：科学出版社，2007 年版，第 181—182 页。我们以为卜氏所举仅是部分青铜器型，传说中的大禹"铸鼎象物"确实有其来源，但铸九鼎"百物而为之备"，如果鼎只是象具体之物，显然难以实现象"百物"的目的，即便"九"为多的约数之义，也难以实现这一指称功能，因此我们还是倾向于"铸鼎象物"主要是用鼎上的纹饰来象征百物。

② 祝东，王小英：《人类符号文化世界的祛魅》，《文化研究》，2015 年第 2 期。

③ 马承源：《中国青铜器》，上海：上海古籍出版社，2003 年版，第 7 页。

有学者指出，"器以藏礼"（《左传·成公二年（589BC）》）表明礼器从日常生活用器中独立出来，成为具有特殊礼制功能、表征一定的礼制意义及文化意味的器物，而使用什么礼器来行礼，以及礼器之间的组合使用等，都传达着礼义的信息，甚至礼器的名称、数量、组合、用途等都寓有深刻的礼意。① 这表明到了"器以藏礼"的阶段，礼器已经演变为以表意为主的人造符号，而不再处于前面那种"符号—使用体"之间的滑动状态。特别是东周时期，部分礼器已经消失在人们的生活之中，如铜爵，作为酒器已经消失，"但却被用来指代社会等级的高低，后来形成'爵位'一词"，② 完成了符号化的转变，其分层表意的功能已经大大超过了其实用功能，这个标志着礼器符号化进程的完成。

二、礼仪仪式与政治传播

哲学史家陈来曾指出，礼在后来之发展，并非直接继承祭祀仪式意义上的礼，"更重要的是原始社会中祭祀乃是团体的活动，而团体的祭祀活动具有一定的团体秩序，包含着种种行为的规定。礼一方面继承了这种社群团体内部秩序规定的传统，一方面发展为各种具体的行为规范和各种人际关系的行为仪节"。③ 祭祀之礼是礼仪中的一部分，其主要功能在于祭神敬祖，祭祀活动乃先民集体大事，关乎族群发展安危，故先民对此极为慎重，这种祭祀活动自然是一种族群的集体活动，作为一种团体活动，必须有其必要的秩序建构和行为规范。在苏珊·朗格看来，巫术、宗教、礼仪等人类的文化符号形式本身就具有对人行为规范的功能，反映的是当时的道德秩序，并对人类文明发展具有很大影响。④ 西周礼制本就是对古代

---

① 曹建墩：《先秦礼制探赜》，天津：天津人民出版社，2010 年版，第 6 页。
② 李伯谦：《青铜器与中国青铜时代》，合肥：中国科学技术大学出版社，2018 年版，第 31 页。
③ 陈来：《古代宗教与伦理：儒家思想的根源》，北京：生活·读书·新知三联书店，2009 年版，第 244 页。
④ 参见吴风：《艺术符号美学》，北京：北京广播学院出版社，2002 年版，第 8 页。

宗教祭祀的人文化，对中华民族的文化产生了重大影响，在规范人们的表意活动中起到重要作用，这种表意规范即礼的内在精神。社会中的人必须有必要的行事规范，否则整个社会必将失范，这种规范的表现形式就是社会生活中的各种礼节仪式，这样礼就从祭祀的宗教文化走向了社会生活层面（但是其中蕴含的宗教伦理精神却并没有随之消亡，这一点我们在本章第三节会继续申述），本节就先民如何通过对礼的分层与象征来建构社会秩序作一简要分析。

如前文所言，周礼是西周统治者以血缘关系为纽带建立的一整套政治制度和礼仪规范，其核心是分封制、宗法制与等级制。分封制解决的是政体问题，宗法制解决的权力继承规则的问题，而等级制则是为了实现政治秩序、政治目标而采用的方法手段，其中最主要的就是礼治，也即用名物度数和礼仪规范的差等秩序来象征政治上的等级尊卑秩序。关于名物度数的符号学意义问题在上一节我们已经有了详细的分析，这里主要从礼仪仪式角度来考察其蕴藏的深层符号学思想。

礼仪仪节在礼制社会并不是一种简单的交往礼貌，而更是一种政治传播行为。这个在人类学界、政治学界以及传播学界都已有相关研究问世，而符号学学界的开山祖师索绪尔很早就指出象征仪式和礼节仪式都是表达观念的符号系统。政治思想与传播需要通过象征来表达，而仪式礼仪就是非常重要的象征。美国政治学家大卫·科泽在研究仪式与政治权力关系的时候曾指出，仪式是一种体现社会规范的、重复性的象征行为，具有高度结构化、标准化的程序，以及特定的展演时间和空间，而这种特定的时间和空间也具有其相应的象征意义，仪式的重复性以及看似冗长的行为是引导情绪、形成认知以及组织社会群体的重要手段。① 从中我们可以看出，仪式具有规范性、重复性、表演性以及象征性特征，也正是这些特征赋予礼仪仪式以特定的意义，这也是仪式礼仪与一般的民风民俗相互区别的特征。在宗法制度健全的时候，氏族成员自幼习礼，并且会"无尽无休地参加演习种种祭祀与仪节，不知不觉之中即视等级森严的宗法制度为先天预决的社会秩

---

① 参见大卫·科泽：《仪式、政治与权力》，王海洲译，南京：江苏人民出版社，2015 年版，第 11—12 页。

序"。① 仪式本身就是一种认知模式，参与者在象征展演中获得了一种相应的情感体验，并在仪式活动中交流了情感、获得了相关认知并强化了其身份认同等，而仪式中包蕴的政治文化观念也在仪式过程中得以完成、传播与接受。

周人翦商之后，以周公为首的西周初期统治者，经过上百年的时间才逐渐完善其礼乐制度。礼乐制度不仅有静态的礼物、礼器，还有动态的礼仪、礼容等，动态的礼仪仪式有其固定的程式规则，来表达一定的礼义，这个规则、程式被统称为礼法。礼学上的礼法实际上是一个含义甚广的概念，包括行礼的时间、地点、人物、服饰、站位、辞令，甚至礼仪行进的路线、使用的礼器、行礼的顺序等都囊括在"礼法"的范围之内。② 我们在这里借用"礼法"一词，主要取其狭义，也即礼的仪节章法等。现存儒家著作《仪礼》主要就是载录礼仪礼法，各种礼仪都有其固定的程式规则，表征着特定的意义，也即礼义，《礼记》中诸多篇目都是对礼义的阐发。随着社会的发展，交往的扩大，积累的增多，礼仪仪节的内容也越发丰富，所谓"礼仪三百，威仪三千"（《礼记·中庸》），说的就是礼仪仪节条目的激增情况，礼学的发展自然要求对其进行分类总结。《周礼·春官·大宗伯》按性质将礼制缕分为五大类，也就是吉礼、凶礼、宾礼、军礼与嘉礼。五礼传示的是周代统治阶层的政治文化观念。

吉礼即事鬼神以致福之礼。所谓"以吉礼事邦国之鬼神示"（《周礼·春官·大宗伯》），即吉礼主要是指关涉天神、地神及人鬼的礼仪。具体而言，"以禋祀昊天上帝，以实柴祀日、月、星、辰，以槱祀司中、司命、飌师、雨师；以血祭祭社稷、五祀、五岳，以貍沉祭山林、川泽，以疈辜祭四方、百物；以肆献裸享先王，以馈食享先王，以祠春享先王，以禴夏享先王，以尝秋享先王，以烝冬享先王"（《周礼·春官·大宗伯》），这其中包括祀天三礼：禋祀，柴祀，槱祀；祀地三礼：血祭，貍沉，疈辜；祀人鬼六礼：祫，禘，祠，禴，尝，烝。《周礼注疏》郑

---

① 何炳棣：《何炳棣思想制度史论》，台北："中央研究院"联经出版视野股份有限公司，2013年版，第166页。

② 彭林：《中国古代礼仪文明》，北京：中华书局，2004年版，第34页。

玄注云："吉礼之别十有二"，[①] 此处祭祀天地人鬼之礼合起来即十二礼，贾公彦疏云："天地各有三事，人鬼有六，故十二也"，[②] 即指此。吉礼就是祭礼，《礼记·祭统》有云："凡治人之道，莫急于礼，礼有五经，莫重于祭。"吉礼被列为五礼之首，是有原因的："见事鬼神之道焉，见君臣之义焉，见父子之伦焉，见贵贱之等焉，见亲疏之杀焉，见爵赏之施焉，见夫妇之别焉，见政事之均焉，见长幼之序焉，见上下之际焉"，这十条被儒家总结为"十伦"，鬼神、君臣、父子、夫妇、贵贱、亲疏之类的关系都在祭礼中体现出来。也就是说，在吉礼仪式过程中，各种人伦关系都可以以此作为表征，祭祀的礼仪仪式承载了"十伦"的社会及政治意义。

凶礼即吊丧问灾之礼仪。所谓"以凶礼哀邦国之忧"（《周礼·春官·大宗伯》），是说用凶礼来哀吊天灾人祸，主要包括"以丧礼哀死亡，以荒礼哀凶札，以吊礼哀祸灾，以禬礼哀围败，以恤礼哀寇乱"（《周礼·春官·大宗伯》），死亡、饥荒、灾难、战乱等都属于凶礼。郑玄注谓"凶礼之别有五"，[③] 就是指丧礼、荒礼、吊礼、禬礼和恤礼。贾公彦疏根据《左传·僖公元年（659BC）》诸侯出兵救援邢国之事，"夏，邢迁夷仪，诸侯城之，救患也。凡侯伯救患分灾讨罪，礼也"，指出"言救患分灾讨罪者，救患即邢有不安之患，诸侯城之，是救患也。分灾，谓若宋灾，诸侯会于澶渊，谋归宋财，是分灾也。讨罪，谓诸侯无故相伐，是罪人也，霸者会诸侯共讨之，是讨罪也"。[④] 诸侯国之间的救患、分灾、讨罪之礼，是在通过礼仪来巩固彼此之间的联系，借用当今的一句话来说，就是筑牢命运共同体意识，因为西周分封诸侯，主要是分封的周王室子弟和部分功臣。钱穆在《国史大纲》中指出，经过周初有武王和周公的两次封建过程，特别是经过周公东征戡乱后的二次分封，西周的封建大业才算基本完成，封建的依据是宗法血亲，这个在传世文献中也可看出一些端倪，如《左传·昭公二十八年（514BC）》

---

① 李学勤主编：《十三经注疏·周礼注疏》，北京：北京大学出版社，1999年版，第450页。
② 同上书，第451页。
③④ 同上书，第462页。

成鲔有云："昔武王克商，光有天下。其兄弟之国者十有五人，姬姓之国者四十人，皆举亲也。"《荀子·儒效》称周公"兼制天下，立七十一国，姬姓独居五十三人"，到了春秋时期，虽然开始礼崩乐坏，但是其礼制还是得到了保留。概而言之，凶礼关涉的是邦国之间、上下之间以及人民之间因为遭受不幸和死亡等灾难时的礼仪，其目的乃在于通过礼仪仪式加强联系、巩固关系。

宾礼即君臣之间朝见、互访之礼仪。所谓"以宾礼亲邦国"，意思是说通过宾礼来巩固天子与诸侯的关系。如彭林所言，"在宗法社会中，天子与诸侯之间，大多有亲戚关系。为了联络感情，彼此亲附，需要有定期的礼节性的会见。"① 地方诸侯跋山涉水去觐见周王，自然是对彼此之间政治关系的确认，并在繁复的宾礼仪式中反复确认这种关系。根据来宾的身份、时间以及目的的差异，又有不同的礼仪，"春见曰朝，夏见曰宗，秋见曰觐，冬见曰遇，时见曰会，殷见曰同，时聘曰问，殷覜曰视"，其中朝、宗、觐、遇为诸侯四时朝见天子之礼，属于定期举行的礼仪，而会、同、问、视则是不定期举行的礼仪。根据宗教仪式的分类，固定时间举行的仪式，叫定期仪式，特殊情况下举行的仪式，叫不定期仪式或危机仪式，如郑玄注指出："时见者，言无常期，诸侯有不顺服者，王将有征讨之事，则既朝觐，王为坛于国外，合诸侯而命事焉。"② 可见"时见"的会礼，就是处理诸侯不驯服的政治危机而举行的礼仪。按照身份关系来分，则朝、宗、觐、遇、会、同六礼属于"以诸侯见王为文"，③ 贾公彦疏云："是下于上称见"；④ 而问与视乃是"诸侯遣臣聘问天子之事"。⑤ 朝、宗、遇三礼已经失传，但是觐礼尚存，保留在《仪礼·觐礼》之中。由《仪礼·觐礼》可知，其礼仪形式相当繁复，但据贾公彦疏引郑《目录》所云"朝宗礼备，觐遇礼省"可知，这还是属于较为简约的仪式。⑥ 依据《仪礼·觐礼》的礼仪形式来看，诸侯朝觐天子，到达王城近郊，

---

① 彭林：《中国古代礼仪文明》，北京：中华书局，2004 年版，第 30 页。
②③ 李学勤主编：《十三经注疏·周礼注疏》，北京：北京大学出版社，1999 年版，第 464 页。
④ 同上书，第 465 页。
⑤ 同上书，第 466 页。
⑥ 李学勤主编：《十三经注疏·仪礼注疏》，北京：北京大学出版社，1999 年版，第 506 页。

天子派遣使者拿着礼物前去慰劳，诸侯到帏门外迎接使者的到来，向使者行再拜礼，使者不还礼，进入帏门，行进中诸侯要行三次揖礼，然后到达坛前，使者先升坛，诸侯升坛听使者致辞，听完后下坛行再拜稽首礼，然后升坛接受礼物，诸侯又将礼物还给使者，使者接受之后，诸侯下坛行再拜稽首礼。整个过程回环几次，然后诸侯随同使者前去，天子赐给诸侯住宿的馆舍，然后派人告知朝觐的日期，到了朝觐的时候，其朝觐的位次也有规定："诸侯前朝，皆受舍于朝。同姓西面，北上；异姓东面，北上。"（《仪礼·觐礼》）郑玄注云："言诸侯者，明来朝者众矣。顾其入觐，不得并耳。……分别同姓异姓受之，将有先有后也。"[1] 参与礼仪的诸侯人数众多，自然有先有后，不能没有差序一起涌入。而仪式过程中的位次等是严格按照宗法血缘关系的远近来确定的，诸侯在朝觐天子的仪式过程中明确了自己的臣子身份，"仪式提供了一种方式，让人们参与到戏剧之中，并看到自己扮演的角色"，[2] 这一角色在繁复的仪式展演中被反复确认，诸侯由此获得身份认同。此外，仪式的地点也是固定的，"受舍于朝，受次于文王庙门之外"，[3] 文王为周族有道君王，以德立国，受到普遍尊崇，周族分封诸侯，以文王子孙为主，这种特地建构起来的政治空间将参与仪式过程的诸侯融入共祖名下，令其追认祖先的同时确定彼此之间的血缘关系，自然也会巩固其政治上的手足同盟之情，巩固其政治共同体意识。"仪式是一种将社会现实的象征和仪式操演所能激起的强烈情感凝合在一起的有力方式"，[4] 觐礼仪式的符号意义可见一斑。由《仪礼·觐礼》可知，觐礼的整个过程相当复杂，限于篇幅，我们这里不再继续展开讨论。

军礼属于跟军事活动有关的礼仪。所谓"以军礼同邦国"（《周礼·春官·大宗伯》），意思是说用军礼来协和邦国关系。《左传·成公十三年（578BC）》刘康公有云："国之大事，在祀与戎"，军事活动跟祭祀活动一样，被列为国家大事，古

---

[1][3] 李学勤主编：《十三经注疏·仪礼注疏》，北京：北京大学出版社，1999年版，第511页。
[2] 大卫·科泽：《仪式、政治与权力》，王海洲译，南京：江苏人民出版社，2015年版，第14页。
[4] 大卫·科泽：《仪式、政治与权力》，王海洲译，南京：江苏人民出版社，2015年版，第50页。

代战争频仍，如果戎事不慎，就会有亡国灭族的危险，故而军礼亦非常重要。根据《周礼·春官·大宗伯》记载，军礼有五："大师之礼，用众也；大均之礼，恤众也；大田之礼，简众也；大役之礼，任众也；大封之礼，合众也"，每种礼仪都有其特定的意涵。大师之礼就是天子出兵征伐的礼仪，《周礼·夏官·大司马》云："若大师，则掌其戒令，莅大卜，帅执事莅衅主及军器。及致，建大常，比军众，诛后至者。及战，巡陈，视事而赏罚。若师有功，则左执律，右秉钺以先，恺乐献于社。若师不功，则厌而奉主车。"郑玄注为："大师，王出征伐也。莅，临也。临大卜，卜出兵吉凶也。……凡师既受甲，迎主于庙及社主，祝奉以从，杀牲以血涂主及军器，皆神之。"[①]王者出征，关系天子尊严和国家命运，自然要慎重，祭祀占卜，祈求神灵保佑，自不可少，威仪自然亦不能忽视，大师之礼，严肃军纪，提升军威，鼓舞士气，皆为此而备；大均之礼，乃是为校正户口、调整赋税而备，王者之师要保证兵源和财源，必须定期检查户口、调整赋税，同时需要保证公平公正，贾公彦疏谓"此大均亦据邦国遍天下皆均之，故云大均。不患贫而患不均，不均则民患，故大均之礼，所以忧恤其众也"，[②]故而大均礼仪的目的在于显示周王的公平公正；大田之礼，是为操练和检阅军队而备，主要是通过田猎活动来锻炼军队、检阅军队，贾疏谓"此谓天子诸侯亲自四时田猎。简，阅也，谓阅其军徒之数也"，[③]田猎仪式的目的即在于此；大役之礼，乃是为了修筑王宫、城邑而发动徒役而备；大封之礼则是为了校正封国疆界而备。曾有论者指出，仪式作为一种认知模式，其目的在于通过对某一具体事件的情景进行象征性的虚拟再现，使人类获得应对此类事件的心理经验，并将其应用到实践生活中。以此而言，军礼仪式即一种对军事活动的认知手段，通过军礼来培养军民应对战争的能力，军礼"源于生活又浓缩生活，以此赋予人类相关的心理记忆并指导着后者的实践行为"，[④]军礼的仪式意义正在于此。

---

① 李学勤主编：《十三经注疏·周礼注疏》，北京：北京大学出版社，1999 年版，第 781 页。
②③ 同上书，第 467 页。
④ 白茜：《文化文本的意义研究》，北京：中国社会科学出版社，2007 年版，第 98 页。

　　嘉礼是各种喜事吉庆举行的礼仪。所谓"以嘉礼亲万民"（《周礼·春官·大宗伯》），即用嘉礼巩固内部团结，使民众相互亲和。贾公彦疏指出，吉礼、凶礼、军礼和宾礼皆云"邦国"，而这里独云"万民"，是因为前面四礼万民行之者少，而嘉礼则万民所行之者多。[1]贾疏所言甚是，如果说前四礼偏于政治的话，那么嘉礼则重在社会领域，当然其中也有政治命意，如"脤膰"之礼是将祭肉分给同姓诸侯，而"贺庆"之礼是异姓之国有喜事以物为贺，显然都有通过礼仪巩固情感、加深政治同盟的意义在内。嘉礼包括燕、飨、婚、冠、射诸礼，具体而言："以饮食之礼，亲宗族兄弟；以婚冠之礼，亲成男女；以宾射之礼，亲故旧朋友；以飨燕之礼，亲四方之宾客；以脤膰之礼，亲兄弟之国；以贺庆之礼，亲异姓之国。"（《周礼·春官·大宗伯》）郑玄注云"嘉礼之别有六"，[2]这六种不同的礼仪分别是"饮食""婚冠""宾射""飨燕""脤膰""贺庆"之礼，每一种礼仪仪式的目的用意也各有不同，如饮食之礼的目的在于加深感情，其礼仪仪式会因宾主身份角色的不同而各有不同，宾主通过参与相应的礼仪仪式获得相对应的角色扮演与身份认同。如李春青所言，"贵族的身份意识是对自身在贵族等级制系列中的位置以及所应享受的权利、所宜承担的责任与义务的自觉认同。"[3]通过礼的仪式性来强化贵族社会的统治地位，巩固其统治身份，进一步确立其统治的礼乐制度。礼巩固了身份，身份确立了制度的合法性。《仪礼》中记载的"士冠礼""士昏礼""乡饮酒礼""乡射礼""燕礼""大射礼"等都属于嘉礼范畴，而乡饮酒礼、乡射礼、大射礼等前面皆有表演仪式，如乡饮酒礼进行中的献宾、还敬、酬宾、献酒等一系列的仪式表演过程，这些礼仪仪式以今天的眼光来看，确实可用繁文缛节一词概括之，我们可以试举一例以见之。

　　如《仪礼·燕礼》，在仪式开始前，先有小臣通知参与燕礼的人员，然后膳宰和乐工等人开始摆放肴馔和乐器之属，根据不同的分工将燕礼需要的礼器都准备

---

[1]　李学勤主编：《十三经注疏·周礼注疏》，北京：北京大学出版社，1999 年版，第 467—468 页。

[2]　同上书，第 467 页。

[3]　李春青：《趣味的历史》，北京：生活·读书·新知三联书店，2014 年版，第 62 页。

妥当；燕礼开始，国君上堂，面朝西，小臣引导卿大夫入内，卿大夫站在门内右侧，南朝北并排站立，士则站在门内左侧，面朝东而立，其他人等站位各有规定，随后行作揖礼，国君下堂；然后确定宾之人选，宾还要推辞一次才能同意接受任命；然后任命执幂者和羞膳者；主人向来宾献酒，来宾用酒回敬主人，后续仪式过程很多，不再赘述。从这个礼仪中可以看出，从仪式准备开始到仪式结束，其中包括每个人的位置、器物的陈设、行礼的进退升降等，极为繁琐。而实际上我们看到的《仪礼·燕礼》还只是一部分。据《仪礼·燕礼》贾公彦疏所言，燕礼有四种："诸侯无事而燕，一也；卿大夫有王事之劳，二也；卿大夫又有聘而来，还与之燕，三也；四方聘客与之燕，四也。"[1]《燕礼》所载，只是贾疏所言的第一部分而已。从符号学的角度而言，《礼记·燕义》是燕礼仪式的解释项，其所本之仪式也是《仪礼·燕礼》，如其论及诸侯燕礼之意义时指出："君立阼阶之东南，南乡，尔卿，大夫，皆少进，定位也。君席阼阶之上，居主位也。君独升立席上，西面特立，莫敢适之义也。"这段材料引人注目的是燕礼中的空间位置及其符号意义问题，君主独自在堂上，面朝西而立，显示的是唯我独尊的意义，这个唐人孔颖达疏亦早有发明："此经说燕礼之初，君独升立于阼阶之上，明君尊莫敢敌之义也。"[2]空间本是无限延展的，但是在特定区隔的空间之中，上／下、左／右、中心／边缘都会成为某种意义的隐喻，所谓"定位"即确定其空间位置，"席，小卿次上卿，大夫次小卿，士庶子以次就位于下"（《礼记·燕义》），即席位的设置，按照上卿、下卿、大夫、士、庶子进行高下、坐立之排列，以此来隐喻其身份等级。在周旋揖让之礼仪仪节中，也包含着丰富的礼义："君举旅于宾，及君所赐爵，皆降，再拜稽首，升成拜，明臣礼也。君答拜之，礼无不答，明君上之礼也。臣下竭力尽能以立功于国，君必报之以爵禄，故臣下皆务竭力尽能以立功，是以国安而君宁。礼无不答，言上之不虚取于下也。"（《礼记·燕义》）在君主给宾举酒行旅

---

① 李学勤主编：《十三经注疏·仪礼注疏》，北京：北京大学出版社，1999年版，第248页。
② 李学勤主编：《十三经注疏·礼记正义》，北京：北京大学出版社，1999年版，第1658页。

酬之礼时，以及凡是接受君王所赐之酒，臣子都要下堂行再拜稽首之礼，并上堂再拜稽首以完成拜礼，这是臣对君主的尊重；而君王在这个过程中也要逐一回礼答拜。个中意义，清人孙希旦认为是"君于臣之拜必答之，所以敬其臣。君之礼当然也。上不虚取于下，谓取之必有以报之也。……此因君答臣拜，而见上不虚取于下之义，因推之以明爵禄之道，又推之以明取民之法，皆以明上之与下，分虽不同，而其报施往来之义如此，是以情无不通，而惠无不浃也"。① 礼主于敬，而敬是相互的，臣对君要敬，君对臣也要尊重，所以在礼制中君还臣礼也是当然的。除此之外，君还礼与臣，因为臣下为君王尽职尽责，立功报主，而君主通过还礼的仪式表示对臣下的功劳必有回馈，不是平白无故的索取，因此这种揖让之礼中包蕴着君臣之义。故而郑玄《礼记目录》认为，"名'燕义'者，以其记君臣燕饮之礼，上下相尊之义"，② 允称恰当之评。礼仪仪式行进的先后也有其特定的礼义："献君，君举旅行酬，而后献卿；卿举旅行酬，而后献大夫；大夫举旅行酬，而后献士；士举旅行酬，而后献庶子。"（《礼记·燕义》）孔颖达疏指出，"受献旅酬之差，贵贱先后之义。"③ 除了礼仪仪节具有特定的意义之外，如前文所述，名物度数在礼仪仪式中，也是各有等差的，"俎豆、牲体、荐羞，皆有等差，所以明贵贱也"（《礼记·燕义》）。事无巨细，皆有等差，通过仪式与器物分节，实现意义的分层。礼的符号操作遵循的是符号学中的双重分节原理，礼仪仪式分节的清晰才能保证意义的明晰性，不管是礼仪仪式的分节还是礼器器物的分节，都是为了表意的需要，如赵毅衡所言："按表意需要，符号可以用多种方式分节，也就是说，分节是一种意义操作。"④ 仪式就是使物符号化的过程。在礼仪仪式中，作为礼器的物不再是纯然之物，而是被赋予了特殊的意义，成为沟通人神的符号，表征着神性和意义。

① 孙希旦：《礼记集解》，北京：中华书局，1989 年版，第 1453 页。
② 任铭善：《礼记目录后案》，济南：齐鲁书社，1982 年版，第 97 页。
③ 李学勤主编：《十三经注疏·礼记正义》，北京：北京大学出版社，1999 年版，第 1660 页。
④ 胡易容，赵毅衡：《符号学—传媒学词典》，南京：南京大学出版社，2012 年版，第 52 页。

因为礼制时代的礼仪不仅是宗教仪式，更是政治仪式，是有区别性分层功能的。如沈文倬言，"将等级差别见之于参加者按其爵位在礼典进行中使用着礼物的仪容动作上，从他们所应遵守的进退、登降、坐兴、俯仰上显示其尊卑贵贱。"① 周旋揖让之礼仪与相应的礼器配套，进行身份地位的分层区隔，礼仪本身也是分层分节的，通过礼仪的分节实现政治等级上的分层，这个就是"五仪"。《周礼·春官·宗伯》谓："典命掌诸侯之五仪，诸臣之五等之命。上公九命为伯，其国家、宫室、车旗、衣服、礼仪，皆以九为节；侯伯七命，其国家、宫室、车旗、衣服、礼仪，皆以七为节；子男五命，其国家、宫室、车旗、衣服、礼仪，皆以五为节。王之三公八命，其卿六命，其大夫四命，及其出封，皆加一等，其国家、宫室、车旗、衣服、礼仪，亦如之。"据郑玄注云，五仪就是公、侯、伯、子、男之仪，一共分为五等，仪与命互文，② 即诸侯、诸臣皆有其相应的礼仪仪节，如《大戴礼记·朝事篇》所言："古者圣王明义，以别贵贱，以序尊卑，以体上下，然后民知尊君敬上，而忠顺之行备矣。是故古者天子之官，有典命官掌诸侯之仪，大行人掌诸侯之仪，以等其爵，故贵贱有别，尊卑有序，上下有差也。典命诸侯之五仪，诸臣之五等，以定其爵，故贵贱有别，尊卑有序，上下有差也。"③ 负责礼仪的官员根据尊卑等级规制相应的礼仪形式，也就是说，礼仪形式与尊卑等级是一种映射关系。质言之，贵贱、尊卑、上下这样抽象的权力等级意义，需要礼仪符号来表征，即借用礼仪符号的分节，来实现"贵贱有别，尊卑有序，上下有差"的政治名分之别，借用语言符号学的概念来说，就是通过"能指"（礼仪）的分节实现"所指"（尊卑、上下）的分节。分节只是礼的编码特征，其中蕴含的尊卑贵贱等级意义，还需要在礼仪过程中完成。仪礼的繁复过程，就是在反复灌输并强化其中包含的意义，使行礼者完全接受并产生认同，这样，礼仪就成为统治者"维持社

---

① 沈文倬：《略论礼典的实行和〈仪礼〉书本的撰作》，《菇闇文存》，北京：商务印书馆，2006年版，第6页。
② 李学勤主编：《十三经注疏·周礼注疏》，北京：北京大学出版社，1999年版，第544页。
③ 孔广森：《大戴礼记补注》，北京：中华书局，2013年版，第219页。

会控制的工具"。①

周代社会是以封建宗法为中心建构的等级社会，其社会结构模式类似一个金字塔。赵光贤在考察封建等级制度之特点时曾指出，在各个等级的贵族之礼上都有鲜明的等级烙印，无论朝聘、祭祀、丧葬，还是衣服、车马、宫室等都必须遵守相应的礼之规定。② 这里赵氏所言的朝聘、祭祀属于我们论及的礼仪仪式之礼，而衣服、车马属于名物度数之礼，此二者皆有分节，以建构一种差异性的等级层系，实现身份等级的区隔，封建等级秩序亦由此而得以建构。即便是在礼崩乐坏的春秋时期，周王也不愿放弃这种礼仪的政治分节功能，如周襄王十七年（635BC）"晋文公既定襄王于郏，王劳之以地，辞，请隧焉。王不许"（《国语·周语上》）。《国语集解》引贾侍中言："隧，王制葬礼，开地通路曰隧"，③ 可知"隧"为天子葬礼，晋文公自然不能享用，所以周襄王也断然拒绝了这一请求。

礼的分节越是清晰，社会等级规范就越是明晰，礼仪仪式就是在不断肯定和重复提醒各种等级名分的规范和意义。人们对礼的仪式和器物分节划分的秩序的接受认同，就是对封建宗法等级制度的接受认同，因为"礼是当时统治阶级的规范行为。行动举止，接人待物，都必须规范化，而诗、乐、舞是礼仪规范中的组织成份"，④ 也就是说，先民在诗乐舞仪式活动中获得身份感与认同感。孔子教导子弟曰："不学诗，无以言""不学礼，无以立"（《论语·季氏》），即在贵族社会阶层中，是以诗乐礼仪的形式完成自身身份等级的认同与建构的，在这个过程中，人们同时接受了其相应的政治规范与道德观念，一旦参与既定的礼仪仪式，按照仪式规则行礼，其实就已经意味着他们在一定程度上接受了这种仪式的所象征的意义。周代社会生活高度仪式化的深层原因即在此，通过仪式化传播其政治

---

① 何伟亚：《怀柔远人：马格尔尼使华的中英礼仪冲突》，邓常春译，北京：社会科学文献出版社，2015年版，第16页。

② 赵光贤：《周代社会辨析》，北京：人民出版社，1980年版，第131页。

③ 徐元诰：《国语集解》，北京：中华书局，2002年版，第51页。

④ 杨向奎：《先秦礼制研究》序言，长沙：湖南教育出版社，1991年版，第2页。

思想，规范社会秩序，并教化贵族阶层，使之产生相应的文化认同。因此，既定的礼制符号系统对社会个体成员的规训，以及对社会秩序的建构等都具有重要意义。

第三节　周礼文化价值的认同

礼乐器物与仪式是周人的文化符号体系，体现的是周代文化价值观念，而后者才是真正的符号系统所要表达的意义所在，如通过礼来表征周人对德、仁的伦理诉求。胡新生曾明确指出，商代的"豊"字还没有后世"礼"概念所具有的那种伦理道德和政治制度方面的意义。[①] 礼在西周已经制度化，到东周伦理化，其制度意义在前面的第一节和第二节我们已经有过分论，这里要就礼之伦理意义继续申述，以便考察礼的符号嬗变的伦理化进程。

一、惟德是辅：礼仪系统伦理化

周本是小邦，属于殷商的附属国，但是周人却通过武力取得了翦商的胜利，这件事使周人体味到"天命靡常"（《诗经·大雅·文王》）的道理。周人为了巩固来之不易的胜利，对殷商贵族实行统战收编政策："殷士肤敏，祼将于京。厥作祼将，常服黼冔。王之荩臣，无念尔祖。无念尔祖，聿修厥德。永言配命，自求多福。殷之未丧师，克配上帝。宜鉴于殷，骏命不易"（《诗经·大雅·文王》），不仅允许殷商贵族助祭于周，还允许其仍旧穿戴殷商礼服、礼冠，但同时告诫其不要再眷念自己的先祖，而要努力事周，进修品德，配合天命，获得福禄。《吕氏春

---

① 胡新生：《周代的礼制》，北京：商务印书馆，2016 年版，第 2 页。

秋·古乐篇》与《汉书·翼奉传》都认为这首诗的作者是周公旦，但关于命意却有不同看法。前者认为其是周公劝谏赞美文王之诗，后者认为是周公作诗诫成王。不管如何，该诗肯定意在表达周人对建国初期祖先的怀念，特别是对其美德的赞美，周人认为这是其获取权力的合法性证明。《诗经·大雅》中多个诗句是对其祖先王季、文王、武王等人之德的赞美：

> 厥德不回，以受方国。（《诗经·大雅·大明》）
>
> 肆成人有德，小子有造。（《诗经·大雅·思齐》）
>
> 维此王季，帝度其心。貊其德音，其德克明。（《诗经·大雅·皇矣》）
>
> 帝谓文王：予怀明德，不大声以色，不长夏以革。不识不知，顺帝之则。
>
> （《诗经·大雅·皇矣》）
>
> 王配于京，世德作求。永言配命，成王之孚。（《诗经·大雅·下武》）

前文已述，周本是个小部落，曾经依附在殷商之下，相对于强大的殷商来说，周人处于劣势，《孟子·公孙丑上》云："文王以百里"，可见其部落之小。史学家徐中舒推测，文王继承王季历王位初期，大概只统治着几个村社共同体，所以在殷人面前，周人只能自称小邦周，殷周力量对比是很悬殊的。[①]周人翦商，虽说取得了军事上的胜利，但其中一个重要原因是殷人"前徒倒戈"，导致战争迅速结束，而殷人的主力实际上并未受到损失。更为重要的事情是，自称小邦的周人，为什么能战胜强大的殷商？周人自王季历、文王到武王，积数代之功，终于推翻殷商统治并取而代之，如何巩固这个来之不易的胜利？这些都是周初统治者必须面对并思考解决的问题。

从礼制而言，夏、商、周各有因革，但其礼制等级分层上是差不多的。《礼记·礼器》曾言："三代之礼一也，民共由之。或素或青，夏造殷因。周坐尸，诏

---

① 徐中舒：《先秦史十讲》，北京：中华书局，2015年版，第73页。

侑武方，其礼亦然，其道一也。夏立尸而卒祭，殷坐尸。周旅酬六尸。曾子曰：'周礼其犹醵与'"，此即认为三代之礼的基本原则是一致的，只是在尚色、用尸上有一些因革：尚色方面，有的崇尚白色，有的崇尚青色；用尸上，夏代让尸站着行礼，殷代让尸坐着行礼，周人沿袭了殷礼，还让六亲庙祖之尸参与旅酬，所以曾子调侃说这像是大伙凑钱一起喝酒似的。当然这个后人亦有进一步的申述，也即尸人燕饮其实是象征神灵祖先接受了人们的荐献，尸人代表神享用了祭品，自然会赐福于人，由是祭祀者获得了心理上的极大满足；与此同时，神由虚幻变成了现实，尸人是神具体形象的体现，如同可供触摸的客人，让人觉得亲和，拉近了人神之间的距离。① 当然这也使得鬼神在周人这里变得"亲而不尊"（《礼记·表记》），这个我们下文还将深入分析。

此外，根据陈梦家考证的甲骨文中的商周祭祀情况来看，商周之间的祭祀之礼也多有因袭，如《周礼·春官·大宗伯》云"以貍沈祭山林川泽"，《仪礼·觐礼》云"祭川，沉"，这些传世文献记载的周代之礼在殷商甲骨文记载的祭祀中亦多有反映。如陈氏指出卜辞祭河的三个特色中，沉与埋即可与周代礼仪相印证，更为重要的是，"周金文中之祭名，十九因于商"，"周金文中之宫庙，半数因于商"，② 祭祀宫庙皆与礼制有关，这些都说明这种周礼中多数是沿袭的殷商之礼。因此这种形式上的因革整体上差别不是太大，殷周易代，更重要的是文化价值观念的变化，也即价值秩序的改变。周人在反思殷人失败教训并总结自己成功经验的时候，提出了"惟德是辅""敬德保民"的思想，并将这种政治伦理思想注入礼制之内，让礼乐制度伦理化，这是其文化价值观念上的变革，也是殷周变革的重点。《论语·八佾》中作为殷商后裔的孔子坦言："周监于二代，郁郁乎文哉！吾从周。"邢昺疏云："此章言周之礼文犹备也。……言以今周代之礼法文章，回视夏、商二代，则周代郁郁乎有文章哉。'吾从周'者，言周之文章备

---

① 参见胡新生：《周代的礼制》，北京：商务印书馆，2016 年版，第 281—282 页。
② 陈梦家：《古文字中之商周祭祀》，《陈梦家学术论文集》，北京：中华书局，2016 年版，第 30—51 页。

于二代，故从而行之也。"①这里一方面承认周代的礼仪制度是沿袭夏商两代之礼的，另一方面又直言自己主张周礼，如果仅仅是礼文形式的充足的话，那么孔子没有必要强调"从周"，孔子推尊的恐怕更多的是周公制礼作乐之后的礼乐文化精神，也即周人的文化价值观念，而这个则正是礼仪符号系统背后的真正价值与意义。

《礼记·表记》中有一段依托孔子之言对夏、商、周三代文化观念的评述，其云：

> 夏道尊命，事鬼敬神而远之，近人而忠焉，先禄而后威，先赏而后罚，亲而不尊。其民之敝，蠢而愚，乔而野，朴而不文。殷人尊神，率民以事神，先鬼而后礼，先罚而后赏，尊而不亲。其民之敝，荡而不静，胜而无耻。周人尊礼尚施，事鬼敬神而远之，近人而忠焉，其赏罚用爵列，亲而不尊。其民之敝，利而巧，文而不惭，贼而蔽。

夏、商、周因为宗教文化价值观念的不同，导致其政教各异，也各有其利弊。这里尤为值得我们关注的是商、周之间文化价值观的变化，殷人崇尚鬼神信仰，重视鬼神并侍奉鬼神，周人尽管也敬重鬼神，但是敬而远之。相较对鬼神的态度而言，周人更重人亲人，这样导致的两个直接后果是殷人"尊而不亲"，以及周人"亲而不尊"，这是一个非常有意思的文化现象。

历史文献和考古发掘都业已证明殷人重视鬼神崇拜，如前文所言，从陈梦家之《古文字中之商周祭祀》中可以看出，殷人极重占卜与祭祀，几乎达到无事不卜、无时不卜的地步，其祭祀的内容也极为广泛，举凡风雨雷电、日月山川、王公祖妣，无不在其祭祀之中，并且试图通过祭祀仪式来沟通人神，陈氏指出："祭社祭河用沉者，古人于祭法寓其象征意焉，河属下土故祭牲用埋沉，先公属天

---

① 李学勤主编：《十三经注疏·论语注疏》，北京：北京大学出版社，1999年版，第36—37页。

帝故燔燎以升。"① 显然这是一种隐喻的表意模式，根据其空间位置采用不同的祭祀仪式，以便实现人神之间的沟通。陈梦家在考证殷墟卜辞的内容时指出："卜辞中的上帝有很大的权威，是管理自然与下国的主宰。"② 在殷人看来，风雨雷电，自然灾害，以及农业收成，都是上帝所为，这个上帝不仅是人间祸福的主宰，更掌握着殷王的祸福与命运，因此殷王的一切政治活动，都需要请示上帝。考古发掘的商代甲骨文献"从本质上说是宗教和礼仪祭祀的产物"，③ 宗教祭祀乃关乎人神交流之用，也即这些甲骨文基本上都是殷王与上帝沟通的符号文本。上帝不仅跟人间的王一样，拥有至高权力，同时也有其帝廷和臣正，也就是说，上帝亦有其一套政治行政机构和办事人员。

殷人除了上帝崇拜之外，还有人鬼崇拜。在殷人看来，祖先死亡之后，还会继续存在，还会给生者带来疾病和灾祸，因此需要用祭祀来讨好他们，使之愉悦，以此免除不祥，④ 这也是殷人重祭祀的原因。此外，在殷人看来，"帝廷或帝所，先公先王可以上宾之，或宾于上帝，或先公先王互宾"，⑤ 这样，殷王死后还可升入帝廷，以配上帝，如殷人认为其主要先王太乙、太甲、祖乙等死后皆上天配帝。这种观念周人也有认同，如《诗经·大雅·文王》云："殷之未丧师，克配上帝"，当然以祖配天并不是说殷商祖先就成为上帝，其职能分工还是有高下，"如有所祷告，则只能向先祖为之，要先祖在上帝左右转请上帝，而不能直接对上帝有所祈求"，⑥ 这样商人祭祀祈求上帝赐福消灾就变成了这样一个传播模式：殷王→先祖→上帝。殷王代表殷人向其宾于上帝的先王先祖发出祷告祈求，其先祖将这种请求告知上帝，在得到上帝的允诺之后再将帝命传达下来。现世的殷王及前世的先祖垄断了沟通上帝的通道，殷王本身成为沟通祖先以达上帝的媒介，媒介即权力，这样殷王

---

① 陈梦家：《古文字中之商周祭祀》，《陈梦家学术论文集》，北京：中华书局，2016年版，第31页。
② 陈梦家：《殷墟卜辞综述》，北京：中华书局，1988年版，第562页。
③ 张光直：《商文明》，北京：生活·读书·新知三联书店，2013年版，第218页。
④ 参见刘源：《商周祭祀研究》，北京：商务印书馆，2004年版，第244页。
⑤ 陈梦家：《殷墟卜辞综述》，北京：中华书局，1988年版，第573页。
⑥ 胡厚宣，胡振宇：《殷商史》，上海：上海人民出版社，2019年版，第541页。

就形成权力独占的模式。如过常宝所言，"殷王和诸侯方国的关系就是通过祖先祭祀权力的转移来实现的"，①诸侯与方国需要让渡祖先祭祀权于殷王，殷王亦凭借这种祭祀的宗教权力来实现对诸侯方国的控制。刘翔根据殷墟卜辞殷王通过祭祀的贿帝之举指出其目的在于使帝变成其独占之物，以借重天界尊神的威望来抬高其作为人间君王的权威，进而将死去的先王称帝，然后以"上帝"来区别人间之君王，这样上帝与帝（人间君王）分界而治，人间之帝就垄断了世间的权力。②这种祭祀上帝的祈福模式一旦完成规则化建构，就形成了殷人祖灵保护殷人的这样一个思维结构，法力无边的上帝因为工作太多、管理太广而不会专职赐福给殷人，因此殷人的祖灵祭祀祈福模式实际上改变了殷人在其他部族中的地位，形成权力垄断。关于这个问题，许倬云有过精到之论："祖灵祭祀逐渐确立，商人统治群的自我意识逐渐强烈，宗教上有排斥他群的现象。原本是多族群的商王国竟因此而丧失了向心的凝聚力。"③殷王通过确认与祖先的沟通来保护其政治权力，一方面巩固了其权力独占的权威，另一方面又因为殷人的祖灵护佑殷人而失去了其他部族拥护的群众基础，可谓各有利弊。本乎此，我们就容易理解前文所述的殷人重鬼但"尊而不亲"的深层含义了，也即殷人通过祭祀祖灵，达到沟通天人的目的，这种对祖灵祭祀的垄断使其获得了权力和权威，但是又因此而失去了其他部族的亲附，因尊神而导致不能亲人，"尊而不亲"盖由此而发，实为其他族群对殷人敬而远之之谓。

接下来我们再来看周人对上帝的改造和权力合法性的论证。商人崇拜的最高神灵为上帝，如《尚书·汤誓》乃商汤伐夏桀时的誓师之辞，商汤云："夏氏有罪，予畏上帝，不敢不正。"周人曾经臣服于商，也接受了殷人的上帝观及以祖配帝的观念，但是又对其进行了改造，将殷商的"上帝"与其"天"的概念连接起来，因为上帝就在天上。④这个在周初的一些文献中也有反映："文王陟降，在

① 过常宝：《制礼作乐与西周文献的生成》，北京：中国社会科学出版社，2015 年版，第 337 页。
② 参见刘翔：《中国传统价值观诠释学》，上海：华东师范大学出版社，2010 年版，第 16—17 页。
③ 许倬云：《西周史》，北京：生活·读书·新知三联书店，2012 年版，第 116 页。
④ 参见刘翔：《中国传统价值观诠释学》，上海：华东师范大学出版社，2010 年版，第 23 页。

帝左右","商之孙子,其丽不亿。上帝既命,侯于周服"(《诗经·大雅·文王》),"维此文王,小心翼翼。昭事上帝,聿怀多福"(《诗经·大雅·大明》),"皇矣上帝,临下有赫。……上帝耆之,憎其式廓。乃眷西顾,此维与宅"(《诗经·大雅·皇矣》)。此外,《逸周书》中《克殷解》《世俘解》《商誓解》三篇一般被认为是成书于周初的作品,特别是《商誓解》一篇,杨宽等学者认为是现存西周文献中最早的一篇,也是现存武王讲话中最为完整的一篇,[1]其中也多称最高神为上帝,如:

> (商纣)昏暴商邑百姓,其章显闻于昊天上帝。(《逸周书·克殷解》)
>
> 武王乃翼矢珪、矢宪,告天宗上帝。(《逸周书·世俘解》)
>
> 予言若敢顾天命,予来致上帝之威命明罚。(《逸周书·商誓解》)
>
> 今在商纣,昏忧天下,弗显上帝,昏虐百姓,奉天之命。(《逸周书·商誓解》)
>
> 朕考胥翕稷政,肆上帝曰必伐之。(《逸周书·商誓解》)
>
> 我闻古商先誓王,成汤克辟上帝,保生商民,克用三德,疑商民弗怀,用辟厥辟。(《逸周书·商誓解》)

《逸周书·商誓解》中用到"上帝"一词11次,"帝"1次,合计12次,这些说明殷商易代之际,周人崇尚的最高神尚没有得到改变。尽管其中也有将"天命""天之命"与"上帝"并提,凡9次(含"天之命"),说明此时周天崇拜的最高神"天"尚未完全独立出来,取代殷商之上帝。而《尚书·西伯戡黎》中商纣云"我生不有命在天",则被后人认为"可能是用周人语写的",[2]这个推论我们深以为然。周人崇拜的至上神为天,据许倬云推测,是与其所处的地理环境有关。盖黄土高原雨量较少,晴空万里,笼罩四野,举目四望,尽为苍穹,因此在周人

<hr />

[1] 杨宽:《论〈逸周书〉》,《西周史》,上海:上海人民出版社,2016年版,第918页。

[2] 王贵民:《先秦文化史》,上海:上海人民出版社,2013年版,第160页。

眼中，天具有无处不在、高高监临的最高神性特征。许氏还依据《诗经》及古史传说来论证这一推测的可能性，如属于东方神话系统的《山海经》中刑天与帝争神最终失败，隐喻天神崇拜民族不敌上帝崇拜之民族，而天神祭祀遍布于陕甘地区，以及《史记·殷本纪》中帝武乙革囊盛血印而射之的"射天"之举等，① 乃至武乙暴死于河渭之间，这些蛛丝马迹都可以见出两种不同信仰之间的冲突，而其背后则是殷、周之间的政治冲突。②

周人由自然崇拜而来的天神逐渐取代殷商的上帝神，并非一蹴而就，而是一个渐变的过程，这个在《尚书》《逸周书》《诗经》中都可以看到一些发展的痕迹。整体而言，周初文献中上帝与天并举，如上文所举之例，"上帝"使用频次还高于"天"的使用频次，而随着历史的发展，天作为神祇之义，最终超过了上帝。据顾立雅统计，"天"在《诗经》中有104次作为天神之义出现，而"帝"与"上帝"只有43次；《尚书》的"周诰"十二篇中，"天"作为神祇义出现116次，而"帝"或"上帝"只有25次；除此之外，顾立雅在选用的金文之中，"天"见了90次，而"帝"或"上帝"只见4次。③ 周族作为殷商的一个方国部落，其宗教信仰与殷商有相同之处，也即上帝信仰，但是周人出于对天的崇拜而建立的信仰体系随着周族的强大而日渐发展，最后在取代殷商政权的过程中逐步取代了殷商的上帝信仰。不仅于此，周族对天的崇拜和信仰与殷商的上帝信仰相比，具有超氏族性特征。徐旭生曾指出，早期氏族社会崇拜的神都是属于本氏族的，没有超氏

---

① 司马迁：《史记》册一，北京：中华书局，1982年版，第104页。

② 参见许倬云：《西周史》，北京：生活·读书·新知三联书店，2012年版，第120—122页。此外，李忠林认为帝武乙"射天"行为是一种厌胜式的巫术，因为天神为周人崇拜的至上神，武乙的"射天"之举乃是因为其对周人的敌忾之情。参见李忠林：《周人翦商史实考略》，《北大史学》，2007年第1辑。不管是神话系统的隐喻还是压胜巫术，都说明二者之间存在极大的对立与矛盾。

③ 转引自许倬云：《西周史》，北京：生活·读书·新知三联书店，2012年版，第122页。此外，顾颉刚、刘起釪对这个亦有统计，指出作为至上神的"天"在西周典籍和金文中被大量使用，如《周书》诸诰中（指五诰及《梓材》《君奭》《多士》《多方》）用"天"字112次，但同时有"帝"字25次；《周易》爻辞中用"天"17次，有"帝"字1次；《诗》中神意之"天"106次，"帝"字38次，而金文中的"天"亦多于"帝"，且甲骨文中只有"帝"字，没有作为至上神的"天"字，而帝是商民族的至上神。其部分数据如《诗》的统计与顾立雅之间有些出入，但是基本结论是相同的。参见顾颉刚、刘起釪：《尚书校释译论》，北京：中华书局，2005年版，第1033—1034页。

族的神，超氏族的神或帝的出现是相当晚期的事情，而商、周之际则是氏族神和超氏族神嬗变的时期。徐氏亦指出《尚书·召诰》中的"皇天上帝"、《诗经·大雅·皇矣》中的"皇矣上帝"已是超氏族的，因为他是"命靡常"的，是"监观四方，求民之莫"的。①

更为重要的是，周人在敬天命的过程中发现了"惟命不于常"（《尚书·康诰》）、"天不可信"（《尚书·君奭》）、"天命无常"（《逸周书·五权解》）的道理。周人翦商取得了胜利，但是要巩固新的王朝，不仅要反思前朝失败的原因，更要为自己取得权力的合法性进行论证，以便让殷商贵族和民众能够服从其文治武功。从宗教神学的角度来看，宗周能够取代殷商，是天命转移的结果，但是天命既然会转移，就存在从周人转移到其他部族的潜在风险，这在《尚书·君奭》中周公对召公的勉励之语中已露端倪："弗吊，天降丧于殷，殷既坠厥命，我有周既受。我不敢知曰，厥基永孚于休；若天棐忱，我亦不敢知曰，其终出于不祥。"老天既然能让殷商丧失权力，让周人得到统治权，也能让其他部族取得统治权，因此周公明确地指出未来能否永保吉祥是个未知数，这样，天命就不值得信赖了，也即"不知天命不易，天难谌，乃其坠命"（《尚书·君奭》）。如果周代的统治者不了解天命不容易保持、天难以信赖的事实，就可能会失去其国运，因为殷鉴就在眼前。殷人崇尚鬼神祭祀，而且在名目繁多的祭祀中大量用牲，不仅是牺牲，还有大量的人牲，今人通过甲骨卜辞的记录和考古发掘的印证，得出商人祭祀用牲数量惊人的结论。② 但是这样疯狂的鬼神崇拜和祭祀行为并没有保住殷商政权，反而加速了其灭亡的进程，参与过牧野之战的周公自然知道殷商军队前徒倒戈的事情，这也足以说明殷商统治者没有得到其民众的拥戴。而周人之所以能够取得胜利，正在于其得到了诸侯百姓的拥戴，武王牧野誓师大会上，周人得到诸多部族赶来的支援。而商人频繁地祭祀，用大量的战俘作为人牲，以及向其他部族掠夺猪、马、牛、羊等动物作为

---

① 参见徐旭生：《中国古史的传说时代》，北京：文物出版社，1985 年版，第 201—202 页。

② 参见常玉芝：《商代宗教祭祀》，北京：中国社会科学出版社，2010 年版，第 560—562 页。

祭祀的牺牲时，必然早就加深了其与其他部族之间的仇恨。① 因此周公得出这样的结论就是顺理成章的事情了："天不可信，我道惟宁王德延，天不庸释于文王受命"（《尚书·君奭》），老天不可信赖，值得依赖的只能是像文王那样的仁德，只要把文王的美德延续下去，老天就不会废弃周人的天命。由此可知，天命在德不在天。殷人的以牲为媒的祭祀转化为周人的以德为媒，德是周人获得福佑的重要依据，殷人的原始宗教祭祀经过以德为媒而伦理化，中国文化的人文精神得到凸显。

以德为媒不仅关乎中国文化人文精神的转向，在殷周易代之际同时也是一套权力话语模式的建构。关于这一点，周初的统治者其实早已心知肚明，除了我们前面援引《尚书》中的资料之外，《逸周书》中亦有大量的相关文献可资参考。《逸周书》在《汉书·艺文志》中附录在《尚书》之后，原称《周书》，班固自注为"周史记"，② 后世又以为出自汲郡魏墓，③ 故又称之为《汲冢周书》，宋人陈振孙即认为《汲冢周书》"文体与古书不类，似战国后人依仿为之者"，④ 清人姚际恒《古今伪书考》甚至直指此书"殆汉后人所为也"，⑤ 故而此书一度被视作伪书，在《四库全书》中也被录入别史类，其历史文献价值自然大打折扣。随着考古文献的发掘参证以及研究的深入，现代学者亦逐渐发现此书的学术价值，如吕思勉《经子解题》中认为此书"涉及哲理及论治道治制之处，皆与他古书相类。文字除数篇外，皆朴茂渊雅，决非汉后人所能为。所述史迹，尤多为他书所不见。实先秦旧籍中之瑰宝矣"，⑥ 杨宽认为先秦之"书"实际上就是册命文件，《逸周书》中"保存有好多篇真实的西周历史文件。就史料价值来看，有些篇章的重要性是超过《尚书·周书》的"。⑦ 杨氏亦较为赞同吕思勉之观点，即此书乃是兵家选录的辑本，

---

① 参见常玉芝：《商代宗教祭祀》，北京：中国社会科学出版社，2010 年版，第 562 页。
② 陈国庆：《汉书艺文志注释汇编》，北京：中华书局，1983 年版，第 28 页。
③ 房玄龄，等：《晋书·束皙传》，《晋书》，北京：中华书局，1974 年版，第 1432—1433 页。
④ 陈振孙：《直斋书录解题》，上海：上海古籍出版社，2015 年版，第 28 页。
⑤ 转引自陈国庆：《汉书艺文志注释汇编》，北京：中华书局，1983 年版，第 29 页。
⑥ 吕思勉：《经子解题》，上海：华东师范大学出版社，1995 年版，第 38 页。
⑦ 杨宽：《论〈逸周书〉》，《西周史》，上海：上海人民出版社，2016 年版，第 911 页。

所以其中保存有诸多不同于儒家选本《今文尚书》的篇目。盖《周书》是周代历史文献之记录，即"周史记"，而后世学者，如诸子百家对《周书》的援引各有侧重又多有不同，如《墨子》引《周书》二十九则多不见于《今文尚书》，《今文尚书》二十八篇中《周书》占一半以上（笔者按：其中虞夏书 4 篇，商书 5 篇，周书 19 篇），并且多数是关乎周公的作品，宣扬的是文武周公之道，而这些正是儒家学术理论的根源。①也就是说，诸子百家在援引上古之"书"进行自家理论阐述与建构的时候，是根据各自的学术立场和学术旨趣各有侧重地援引和阐发的，其目的自然是论证自家学术观点，这就造成了其选"书"和引"书"各有不同，传存下来的"书"也各有不同，或者说都只是区隔出来的片段。从符号学角度而言，区隔是形成意义的关键所在，选"书"者的意向性集中在"书"的某些资料记载上，并将其辑选出来，这部分材料被人为突出和放大，其蕴含的意义也被凸显。如儒家、墨家和兵家根据自家的学术旨趣，对"书"的援引及辑选就各有不同，《今文尚书》实际上是儒家的选本，而《逸周书》则被认为是兵家的选本。②而正是因为传本的侧重点不同，反而更能见出《逸周书》保存的文献史料思想价值，特别是周人尚德观念的真正内涵。祝中熹根据《逸周书》的内容、语词、用韵等推测此书一部分内容为先秦存在过的典章制度，一部分内容为周初的史传传闻，很可能包括几篇《尚书·周书》的逸文，而其主体部分，则应出自一手的、系统的政治学专著，其写作时间当在战国中后期。③从成书角度而言，这个推论应该是比较可靠的，其中不仅保留诸多西周"佚史"——儒家意识形态之外的西周历史，而且也受到写定时代——战国中后期政治文化现实的影响。④但整体而言，《逸周

---

① 参见杨宽：《论〈逸周书〉》，《西周史》，上海：上海人民出版社，2016 年版，第 914—915 页。

② 参见吕思勉：《经子解题》，上海：华东师范大学出版社，1995 年版，第 38—43 页；杨宽：《论〈逸周书〉》，《西周史》，上海：上海人民出版社，2016 年版，第 913—920 页。

③ 祝中熹：《〈逸周书〉浅探》，《古史钩沉》，上海：上海古籍出版社，2018 年版，第 435 页。

④ 刘起釪《〈逸周书〉与〈周志〉》一文亦曾研究指出《逸周书》系我国古代在《尚书》以外的一部历史文献汇集，其内容主要是周代的。参见刘起釪：《古史续辨》，北京：中国社会科学出版社，1991 年版，第 613 页。

书》的文献价值不应被忽视。

通过《逸周书》保存下来的文献史料，我们可以看出殷周易代中更为真实的历史，而不是像儒家《今文尚书》那样的一种经过美化的历史，特别是周人尚德观念的发展脉络。周人敬德保民，而得到拥戴，特别是文王，因其修德，乃至天命转移到文王这里，这个我们前面引《诗经》文献亦已参证。《逸周书·小开解》中亦载文王教育群臣要重德，"维德曰为明"；在《逸周书·文儆解》中，文王告诫太子发"民物多变，民何乡非利"的道理，并注意用利益引导民众，这个似乎在儒家载录的文献中没有见到。文王阴怀恩德，泽被民众，其深层目的就不那么单纯了。在《逸周书·文传解》中，文王告诫太子发为政之道"厚德广惠，忠信爱人"，并注意节俭，为百姓节省财用，如此才能得到拥戴。文王死后，武王牢记告诫，在《逸周书·柔武解》中，武王对周公曾言道："故必以德为本，以义为术"，此所谓"柔武"。儒家倡导的"故远人不服，则修文德以来之"（《论语·季氏》），其思想渊源大概从这个时候就开始了。面对强大的殷商，尽管有前面文王的修德怀众之举，但是武王亦没有绝胜之信心，亦为此忧心，周公用"敬德"来开导武王："兹在德敬。在周，其维天命，王其敬命！"（《逸周书·大开武解》）这就是说要像文王一样重道德，遵天命，同时要注意继续施行恩德，与远近诸侯搞好关系，取得他们的拥戴。在《逸周书·小开武解》中，周公进一步开导武王曰"顺德以谋，罔惟不行"。陈逢衡曾指出"顺德以谋，天德合也。罔惟不行，人事从也"，[①] 人事从于天德，能够实现其翦商之举。以此而言，周人推重之"德"，亦是其政治权谋之一种。武王为翦商承担着巨大的精神压力，《逸周书·寤儆解》讲到武王梦见伐商的密谋泄露而被惊醒，忧心不已，周公进一步劝解道："奉若稽古维王，克明三德维则，戚和远人维庸。"周公在此指出，奉天命循古道乃是称王的条件，明天、地、人三德，同时要注意亲和远人。这里我们可以看出，周人除了敬天重德之外，一直非常注重现实的统战工作，怀柔远人，取得他们在政治军事

---

① 黄怀信，等：《逸周书汇校集注》，上海：上海古籍出版社，2007年版，第274页。

上的支持，这是周人取得翦商胜利的一个重要方面。《史记·周本纪》记载武王东观兵于孟津，"诸侯不期而会孟津者八百诸侯"，①可见其统战怀柔政策取得了非常好的效果。周人在处心积虑的谋划下终于取得了翦商的胜利，这也使得周初统治者看到了人的价值意义，"明道惟法，法人惟重老，重老惟宝"（《逸周书·大匡解》）。"明道"不再求神，而在法人，特别是有经验智慧的老人，这是周人尊人重人的一大进步，人不再盲目匍匐于鬼神的脚下。在《逸周书·文正解》中提出的"九德"，更是体现了以人为本的特征："一、忠，二、慈，三、禄，四、赏，五、民之利，六、商工受资，七、祗民之死，八、无夺农，九、是民之则。"黄怀信《逸周书汇校集注（修订本）》引朱右曾《逸周书集训校释》云"九者皆施德布惠之事"，②可谓的论。此九德就是恩施于民、让百姓富足，这种所施之"德"自然会得到相应的回报，也就是其他部族和民众的拥护。《逸周书·大聚解》中周公提出的"五德"也是以民为本："五德既明，民乃知常"，这个也被武王命人铸在青铜器上，以供省视。武王灭商后，诸侯来朝，武王并没有被胜利冲昏头脑，反而对如何保国守卫而忧心忡忡，周公告之曰："商为无道，弃德刑范，欺侮群臣，辛苦百姓，忍辱诸侯，莫大之纲福其亡，亡人惟庸。王其祀德纯礼，明允无二，卑位柔色，金声以合之。"（《逸周书·酆保解》）在周公旦看来，殷商灭亡在于其抛弃道德，滥用刑杀，残暴不堪，因此他建议周武王应该敬德笃礼，忠信谦和，合于内外。武王临终前提出的"政有三机、五权"（《逸周书·五权解》），也是在天命的框架下对人事的审视。武王死后，周公辅佐成王，也告诫成王"德以抚众，众和乃同"（《逸周书·成开解》）的道理。德是安抚人心的一种手段，通过德才能使士人和睦同心。

所以王国维十分深刻地指明"其所以祈天永命者，乃在'德'与'民'二字"，③"德"是周人权力合法性的政治话语，"民"是周人得天下的政治基础。故

---

① 司马迁：《史记》册一，北京：中华书局，1982年版，第120页。
② 黄怀信等：《逸周书汇校集注》，上海：上海古籍出版社，2007年版，第274页。
③ 王国维：《殷周制度论》，《观堂集林》，石家庄：河北人民出版社，2001年版，第301页。

而王国维云"殷周之兴亡，乃有德与无德之兴亡，故克殷之后，尤兢兢以德治为务"，[①] 这个恐怕还不是完全如此。殷周兴亡，固然与殷人失德有关，但周人之得天下更多的是以阴怀民众、收买人心，以及处心积虑的政治伐谋、武装革命换来的。郭沫若在《周彝中之传统思想考》中就曾考释出周人"为政尚武"的思想，如彝器铭文中可以看出的"有战功者受上赏""征伐以威四夷""刑罚以威内"等，[②] 皆是其尚武的明证。"周代政治并没有后人所形容的那样讲道德，其实周人自始至终是崇尚武力的征服，从周人东下，灭寅践奄，以至东征南土，伐玁狁，是一路杀下来的"，[③] 这个论断应该更符合历史事实。传世文献《逸周书》之《克殷解》《世俘解》等篇目中亦可证实周人残酷的征伐。但是在儒家文献中，"德"成了周王"克配上帝而受民授土的根据"，[④] 这个在《今文尚书》中有多处材料可以明证。而据学者研究表明，卜辞和殷人的彝铭中并没有"德"字，"德"字在周金文中才出现，如成王时的《班簋》和康王时的《大盂鼎》等，[⑤] 徐中舒《甲骨文字典》中亦未收录"德"字，因此"德"实际上是周人的一个原创性伦理概念，如笔者曾经所言："周人创造性地将'德'与权力的合法性联系起来，使中国古代的政治伦理化，德成为衡量权力合法与否的标准准则，进而对主体行为产生约束、进行规训。"[⑥]

综上所述，在殷周易代的历史进程中，伴随着殷周两方激烈的宗教观念的冲突，最终周人的天命崇拜取代了殷商的上帝崇拜。周人在革命的过程中，统治阶层已经看到了上帝与天命的不可靠，但是用这种观念继续维系统治秩序还是不二选择，因为它们已经建构了既定的认知框架，对这种概念符号的沿用其实是在发挥传统认知框架建构的传播效果，而在这种既定概念框架中植入新的解释项，则

① 王国维：《殷周制度论》，《观堂集林》，石家庄：河北人民出版社，2001年版，第303页。
② 参见郭沫若：《金文丛考》，北京：人民出版社，1954年版，第19—21页。
③ 侯外庐，赵纪彬，杜国庠：《中国思想通史》，北京：人民出版社，2011年版，第89页。
④ 同上书，第82页。
⑤ 郭沫若：《青铜时代》，《郭沫若全集·历史编》卷一，北京：人民出版社，1982年版，第336页。郭沫若《周彝中之传统思考考》一文亦曾指出"德"字始见于周文，殷彝中无"德"字，金文"悳"字罕见，凡道德均作"德"。参见郭沫若：《金文丛考》，北京：人民出版社，1954年版，第22—23页。
⑥ 祝东：《礼与法：两种规约形式的符号学考察》，《上海大学学报》，2017年第5期。

能在保证传统传播效果的基础上实现新的意义增殖。如郭沫若所言："以天的存在为可疑，然而在客观方面要利用它来做统治的工具，而在主观方面却强调着人力，以天道为愚民政策，以德政为操持这政策的机柄，这的确是周人发明出来的新的思想。"① 将殷商时代的天命之神权转变成人道之德权，是否得到上天的庇护不再是天决定的，而是人自己决定的，是人自身的道德行为决定的，因此只要人改变并且维系良好的道德，就能得到上天的庇护。这个在周代得到广泛的传播与认同：

夫民，神之主也。是以圣王先成民而后致力于神。(《左传·桓公六年（706BC）》)

夫惠本而后民归之志，民和而后神降之福。(《国语·鲁语上》)

虢必亡矣，虐而听于神。(《左传·庄公三十二年（662BC）》)

国将兴，听于民；将亡，听于神。(《左传·庄公三十二年（662BC）》)

鬼神非人实亲，惟德是依。(《左传·僖公五年（655BC）》)

黍稷非馨，明德惟馨。(《左传·僖公五年（655BC）》)

皇天无亲，惟德是辅。(《左传·僖公五年（655BC）》宫之奇引《周书》)

民不易物，惟德繄物。(《左传·僖公五年（655BC）》)

神所冯依，将在德矣。(《左传·僖公五年（655BC）》)

天视自我民视，天听自我民听。(孟子《万章上》引《泰誓》)

周人一方面要论证其权力的合法性，另一方面要为巩固其权力做好思想舆论工作。殷商统治者违背昊天上帝的意志，才导致天命转移；周文王有德，受到上天的庇护，"天乃大命文王，殪戎殷，诞受厥命"(《尚书·康诰》)，文王消除大殷国是因为受到上天之命令，故而天命转移到周人这里。这些都是围绕"德"这一核心观念展开的，"德"亦因此成为周人政治权力的核心话语，周人因为有"德"，

---

① 郭沫若：《青铜时代》，《郭沫若全集·历史编》卷一，北京：人民出版社，1982 年版，第 337 页。

因而取得了天下，"德"成为周人取得昊天上帝信任并获有天下的理由。以德配天其实是顺从殷商宗教观念而来的，将殷周易代说成是顺从天意，从而使其具有不可置疑的"神话"特征。而统治阶层内部也知道"德"这一话语符号的不可靠性，重要的是取得民众的信任拥护，所谓"民之所欲，天必从之"，① 说明周初实际上已经由从"天命"置换为从"民欲"，因此"敬德保民"才是重点，由此发展出重视人的价值这一重要思想，这种思想融合到礼制之中，也就赋予了礼仪仪式新的价值意义。"有德者的一切表现格外的行为方式汇集下来，就成为一些行为仪节，这就构成了后来儒家所谓的'礼'。……后来就成了孔丘鼓吹'克己复礼'即恢复西周制度的中心内容之一——所谓'德教'。"② 本乎此，我们就可以理解前文援引《礼记·表记》所云周人尊礼导致"亲而不尊"的原因了。所谓"亲而不尊"，意思是亲人而不重神，对于昊天上帝实际上是采取一种敬而远之的态度，儒家孔子甚至认为这是一种"知"的表现。《论语·雍也》中樊迟问知，孔子答曰："务民之义，敬鬼神而远之，可谓知矣。"其着力点转向了人，而不是玄远不可测之鬼神，这在孔子看来就是知的表现。孔子认同推崇周礼，也正是因为周礼赋予了礼制以新的内容，也就是德政，于统治阶层而言，德政虽然也是一种统治权术，但是其中含有尊人重人的价值意义，这相对殷商重鬼轻人而言确实是人类历史发展的一大进步。礼仪仪式作为殷人沟通上下的具体手段，其主要作用在于通神。③ 而西周以降，统治阶层倡导的德政通过德教得以传播，德教主要依托的载体是礼仪，在礼仪的展演中，周人的文化价值观念得以传播并得到社会认同。"礼是一种制度，要发挥它的作用，贵族阶级把它道德化，规范化，就更容易为人所接受"，④ 传统

---

① 此句见梅赜《古文尚书·泰誓上》，《今文尚书》无此记录。《史记·周本纪》载武王伐纣誓师孟津时作《太誓》，《汉书·律历志》引《书序》亦云武王伐纣作《太誓》，可见《太誓》在先秦是有旧籍流传的。而此句亦见于《左传·襄公三十一年（542BC）》《左传·昭公元年（541BC）》亦皆引为《太誓》之辞，可见此句并非梅赜伪造。

② 顾颉刚，刘起釪：《尚书校释译论》，北京：中华书局，2005 年版，第 1036 页。

③ 参见张光直：《商代的巫与巫术》，《中国青铜时代》，北京：生活·读书·新知三联书店，2013 年版，第 269—286 页。

④ 赵光贤：《周代社会辨析》，北京：人民出版社，1980 年版，第 164 页。

礼制形式被注入了新的文化价值内涵，"周虽旧邦，其命维新"（《诗经·大雅·文王》），应该就包含着这种旧的制度形式被赋予了新的内容这一意义，政治制度之礼被伦理化，逐步完成了礼制的伦理符号学转向。

二、礼贵意象：等级秩序的内化

周人在殷周易代过程中提出了"以德配命"的命题，如《诗经·大雅·文王》所云"聿修厥德，永言配命"即是。以德配命不仅为周人武力造反提供了理论支持，而且是周人取得权力合法性的证明。正是因为周人，特别是其先祖文王等有德之君良好的美德修养，才得以使天命转移，德也是周人统治能传之久远的原因或依据。

如上文所言，周人继承殷人的上帝思想只是政策上的继承，周人将其改造为一种天命思想。而在周初的统治者看来，天命也是不可信的，但是将其继续作为一种政治策略来统治信仰它的人，却是一种比较高明的策略，这个郭沫若在《先秦天道观之进展》中亦有发明。同时，郭氏亦进一步指出，周人之"德字不仅包括着主观方面的修养，同时也包括着客观方面的规模——后人所谓'礼'。……礼是由德的客观方面的节文所蜕化下来的，古代有德者的一切正当行为的方式汇集了下来便成为后代的礼。……德的精神上的推动，是明白地注重在一个'敬'字上的。敬者警也，本意是要人时常努力，不可有丝毫的放松"。[1] 这里郭氏认为礼是德的客观方面节文的积淀，是有德者行为方式的汇集，根据我们上文的分析可知，郭氏这个论点其实说反了。并非先有德后有礼，恰恰相反，礼及礼制的形成是远远早于德这一观念的形成的，周人的创制乃在于将德注入礼制之中，使殷礼的敬神转化周礼的重人，初步完成礼制的伦理化改造。但郭氏指出为礼尚德主敬

---

[1] 郭沫若：《青铜时代》，《郭沫若全集·历史编》卷一，北京：人民出版社，1982年版，第336页。

还是颇为中肯的，这个在前文所引《尚书》与《逸周书》中亦有证明可参。

周人尚德的文化价值观念融入礼制之中，尚德主敬则转化为为礼主敬，一方面是周人对其来之不易的统治权力的敬重，另一方面，也是更为重要的一点，是要将这种对权力的敬重通过礼制而制度化、规范化，同时也是为了更好地巩固权力和统治秩序。周代的统治历史也表明这种文化制度建设是成功的，不仅使周人的天命思想得以广泛传播，其改造过的礼制思想也成为华夏民族的一大特征，对周礼的敬重和维护成为巩固周族权力的政治基础。礼制将周人的政治、宗教与文化观念具象化，使之成为可以感知的符号系统，通过具体的礼仪仪式表征出来。对礼节仪式的尊重，就是对这种政治文化观念的尊重，这样尚德敬德也就落到了实处。汉人王充在《论衡·乱龙篇》中将这种对礼的敬重总结为"礼贵意象"，其云：

> 天子射熊，诸侯射麋，卿大夫射虎豹，士射鹿豕，示服猛也。名布为侯，示射无道诸侯也。夫画布为熊麋之象，名布为侯，礼贵意象，示义取名也。

这段材料虽然是汉人所书，但是确实有其历史根据，其内容可以与《仪礼》《周礼》中的部分篇章相参发，如《仪礼·乡射礼》云："凡侯：天子熊侯，白质；诸侯麋侯，赤质；大夫布侯，画以虎豹；士布侯，画以鹿豕。凡画者，丹质。"天子以画着熊的图案为箭靶，诸侯以画着麋鹿的图案为箭靶，卿大夫以画着虎豹的图案为箭靶，士人则画着鹿或猪的图案为箭靶，因为身份等级不同，射礼中所射对象也有分层，这本身是礼制符号分层的体现，在第二节我们已经有诸多关于其符号操作原理的分析，此不赘言。据杨宽《"射礼"新探》考证，射礼本身具有军事训练和军事学习的性质，同时还具有选拔军事人才的作用，乡射礼在乡中举行，与乡是军事组织的主要单位亦有关系；射礼本身源自"主皮之射"，其目的在于讲武，我们前面也有过分析。周人虽然理论上推崇德治，但是其取得天下是通过武力征伐而来的，但打天下与守天下毕竟是两码事，守天下不能全靠武力，更要靠德治。杨氏据《礼记·乐记》"武王克殷，……散军而郊射，左射狸首，右射驺虞，而贯革之射息"之记载，指出武王取天下之后，用射礼取代了纯粹的习武之射，即用具有象征性质的礼仪仪式取代了夺取天下时的武力杀伐，以安定社会人心。① 因此射礼实际上将武力杀伐仪式化，在其仪式展演中表现的依然是武力惩戒的象征意义，汉人王充也正是从对射礼的分析中看出了射礼对无道诸侯的警示意义，因而得出"礼贵意象，示义取名"的结论，也即这种礼名中包蕴着深刻意义，需要从礼的意象符号中加以揣摩。这里王充还列有几例亦可参考：

> 礼，宗庙之主，以木为之，长尺二寸，以象先祖。孝子入庙，主心事之，虽知木主非亲，亦当尽敬。有所主事，土龙与木主同。虽知非真，示当感动，立意于象。
>
> 涂车、刍灵，圣人知其无用，示象生存，不敢无也。夫设土龙，知其不能动雨也，示若涂车、刍灵而有致。

祭礼之中的宗庙神主牌位，虽然不是祖先，但是其象征着祖先的在场，因此要一心一意地侍奉，所谓"尽敬"，就是这个意思；在殉葬之中，泥车草马，虽然知其无用，但是这些殉葬品象征祖先继续在世，依然使用这些物件，因此也不敢缺少，体现的也是一个"敬"字；而求雨仪式中的土龙，与祭祀木主及殉葬草马一样，都是"立意于象"，因此行礼过程中也要有足够的敬重之情。因此所谓的"礼贵意象"就是要对礼仪象征的意义具有足够的虔敬之情，一是对礼乐制度建构的社会秩序的敬重，另外一个方面也是对天地神祇及祖先的敬重，并希望得到其神灵的庇佑。《史记·周本纪》记载武王在孟津观兵的时候，"为文王木主，载以车，中军"，② 这里的文王木主，即文王的牌位。杨伯峻曾指出："古代祭祀土神，要替他立一个木制的牌位，这牌位叫主，而认为这一木主，便是神灵之所凭依。

---

① 参见杨宽：《"射礼"新探》，《古史新探》，上海：上海人民出版社，2016年版，第315—342页。
② 司马迁：《史记》册一，北京：中华书局，1982年版，第120页。

如果国家有对外战争，还必需载这一木主而行"，① 也即武王出兵的时候，是载着文王的牌位一起出征的。这个牌位是文王神灵凭依之所，武王如此自然也是希望得到文王的庇佑，当然也含有依托文王在诸侯之中的影响力和号召力的用意在内。《礼记·曾子问》中孔子曾云"天子巡守，以迁庙主行，载于齐车，言必有尊也"，这个应该可以与武王载文王木主出征相印证。

这里我们关注的重点是在先民的宗教祭祀中，还有尸礼这一现象的存在。《礼记·郊特牲》云："尸，陈也。"孙希旦《礼记集解》云："尸以象神，神无形而尸陈见，故曰'尸，陈也'。"② 鬼神不可感知，则其意义难以体现，所以用"尸"这一具体可感的实物形式来代替鬼神，所谓"鬼神无形，立尸以象之也"，③ 意义必须用符号来表达。清人周亮工曾经指出："祭祀用尸，其义精深。尸不能行也，而易之以木主之像；像不能行也，而易之以画影，二者犹有用尸之义。……盖以古人用尸，皆以子弟为之，高、曾、祖、考无以分别，故用主以识之。"④ 这里周氏梳理了祭祀用尸之礼的流变，盖祭祀先有尸，尸即代替死者受祭之人，《仪礼·士虞礼》云："祝迎尸"，郑玄注谓："尸，主也。孝子之祭，不见亲之形象，心无所系，立尸而主意焉。"⑤ 因为亲人已逝，祭祀不见亲人之形象，所以哀思之心无所维系，故而立尸代替先人。这一点，汉人在《白虎通》里还有进一步的发明："祭所以有尸者何？鬼神听之无声，视之无形，升自阼阶，仰视榱桷，俯视几筵，其器存，其人亡，虚无寂寞，思慕哀伤，无可写泄，故座尸而食之，毁损其馔，欣然若视之饱，尸醉若神之醉矣。"⑥ 鬼神缥缈，其存在形式无法感知，因此情感无法在相应载体上得到托寓与表征，所以设立了具体可感的"尸"来表征神灵，寄寓活人的情感。

---

① 杨伯峻：《论语译注》，北京：中华书局，1980 年版，第 31 页。

② 孙希旦：《礼记集解》，北京：中华书局，1989 年版，第 717 页。

③ 同上书，第 720 页。

④ 周亮工：《书影》，上海：上海古籍出版社，1981 年版，第 185 页。

⑤ 李学勤主编：《十三经注疏·仪礼注疏》，北京：北京大学出版社，1999 年版，第 803 页。

⑥ 陈立：《白虎通疏证》，北京：中华书局，1994 年版，第 580 页。

也就是说，正是因为亲人已逝的不在场，才需要有相应的尸来代替。尸在场，但其意义并不指向自身，而是指向已经逝世的亲人，"当某事物作为另一事物的替代而代表另一事物时，它的功能被称为'符号功能'，承担这种功能的事物被称为'符号'"。① 因此尸在祭祀语境中转化为过世亲人的符号表征，为了使这种符号形式能够逼真，尸人一般还要穿上被祭先祖的遗服。祭祀礼仪也围绕尸人展开，祝所作祝辞和嘏辞都以尸为中介，② 可见尸在这里已经成为一种符号媒介。但是尸毕竟是活人扮演，《礼记·曾子问》中记载孔子回答曾子"祭必有尸"之问时指出："祭成丧者必有尸，尸必以孙，孙幼则使人抱之；无孙，则取于同姓可也。"孔颖达疏指出，"曾子之意，以祭神，神本虚无，无形无象，何须以生人像之"，③ 盖曾子之意在于鬼神不可见，无须以活人为尸，然而孔子指出，尸礼是成年人死后的祭礼必须要有的仪式，而且一定要由死者的孙子充当，如果孩子太小，还要让人抱着举行，如果没有孙子，必须由同姓中人来充当尸。由此可见，以人为尸，这个在巡视、作战时自然不甚方便；当然，如周亮工之言，以人代尸，还存在"高、曾、祖、考无以分别"的麻烦，因此代之以木主，木主在祭祀系统之中，其功能与尸是相同的。因此祭祀之中，先祖可以用尸替代，也可以用木主替代，还可以用画像、塑像替代，只要这个替代物在祭祀中承担代替先祖的这一功能即可。至于具体用什么替代，并非至关重要，因为无论是尸还是木主，都承担的是代替先祖的符号功能，而符号本身就具有任意性特征，因此只要在祭祀的系统之中，代替祖先的符号出现在相关位置并承担其相关功能即可。当然，这个跟一般符号还是有一定的区别，因为不同的替代物所产生的影响是不一样的，亦如周亮工所言，"故影像之设，其易感逾于尸，……若塑像，面貌衣冠又逾于影"。④ 周氏还举例为证，如人们在寺庙里面见到佛像雕塑悚然跪拜，但是到学宫见到学宫供奉的孔孟

---

① 池上嘉彦：《符号学入门》，张晓云译，北京：国际文化出版公司，1985 年版，第 45 页。
② 参见刘雨：《西周金文中的祭祖礼》，《考古学报》，1989 年第 4 期。
③ 李学勤主编：《十三经注疏·礼记正义》，北京：北京大学出版社，1999 年版，第 610 页。
④ 周亮工：《书影》，上海：上海古籍出版社，1981 年版，第 185 页。

木主，却并没有"肃心虔礼"，当然这个可能跟明清以来信仰世俗化有关，[1]兹不赘述。

我们这里关注的是尸礼嬗变中蕴藏的文化价值观念的改变，也即礼义符号形式背后意义的沿革。《公羊传·宣公八年（601BC）》何休注云："祭必有尸者，节神也。礼，天子以卿为尸，诸侯以大夫为尸，卿大夫以下以孙为尸。夏立尸，殷坐尸，周旅酬六尸。"[2]祭祀仪式中用尸是夏、商、周三代以来的传统，天子、诸侯、大夫之用尸也有分层，其分层自然起到区别身份地位的作用。卿大夫以下以孙为尸，可见上文《礼记·曾子问》中孔子之言祭必有尸乃是就卿大夫及以下而言的。三代之礼，有因有革，这里亦可见之，或立或坐，各有不同。夏代之文献已不可征，但是殷商出土文献颇多，关于殷礼用尸，学界亦多有发明可资参考。[3]而殷、周嬗代中尸礼之不同及其礼仪仪式中蕴含的文化观念的差异是我们需要着力考察的对象。晁福林研究指出商人非常重视祭尸礼，其在行礼之前，对于任尸者、任尸之傧相以及延尸的地点等，都要有严格的占卜；除此之外，商王担任哪位先王、先妣神尸的傧相及祭尸礼上尸坐落的方向等，都需要问卜。商王作为神尸的傧相，是神灵降临人间的引路人，自然是沟通人神的人物，因此除了具有人主的权威之外，还兼有大巫的神秘与高贵。[4]这些都是符合商人重鬼、凡事必卜的文化传统的，殷王也是通过独占神尸傧相来垄断沟通人神的符号媒介，以此获得权力独占的。相较而言，周人的尸礼更为繁复，但是其尸礼中蕴含更多的是身份等级制度，如上文所举的天子、诸侯、卿大夫之用尸的等级差异，如《礼记·祭统》所言：

---

[1] 对于这个现象的分析可以参考李媛《塑像与木主：明朝祭孔形象的变迁及其原因》一文，文章指出明代祭祀木主强调信仰的是精神，注重的是所祀对象抽象化和符号化之后的内涵。符号化了的圣贤形象高高在上，更近圣化。相对而言，塑像则将信仰对象具体形貌化，崇拜多于信仰。载《史学研究》，2011年第8期。

[2] 李学勤主编：《十三经注疏·春秋公羊传注疏》，北京：北京大学出版社，1999年版，第338页。

[3] 可参考曹锦炎《说卜辞中的延尸》，载《徐中舒先生百年诞辰纪念文集》，成都：巴蜀书社，1998年版，第54—56页；方述鑫《殷墟卜辞中所见的"尸"》，《考古与文物》，2000年第5期，等。

[4] 晁福林：《卜辞所见商代祭尸礼浅探》，《考古学报》，2016年第3期。

君迎牲而不迎尸，别嫌也。尸在庙门外则疑于臣，在庙中则全于君。君在庙门外则疑于君，入庙门则全于臣，全于子。是故不出者，明君臣之义也。

夫祭之道，孙为王父尸，所使为尸者，于祭者子行也，父北面而事之，所以明子事父之道也。此父子之伦也。

尸饮五，君洗玉爵献卿；尸饮七，以瑶爵献大夫；尸饮九，以散爵献士及群有司。皆以齿，明尊卑之等也。

这里明确指出周人尸礼的作用有三：明君臣之义，明父子之伦，明尊卑之等，周人之尸礼亦纳入其礼乐文化制度之中了。具体来说，在"明君臣之义"上，国君可以出庙迎接祭祀所用之牲，但不能迎尸，郑玄解释说："不迎尸者，欲全其尊也。尸，神象也。鬼神之尊在庙中，人君之尊出庙门则申。"①意思是说，君不迎尸，是为了保全君主之尊，因尸作为神象是在宗庙之中承担其应有的符号功能的，而人君出了庙门，就是君王。孔颖达疏进一步指出："尸本是臣，而为尸时，则尊在庙中尔。君若未入庙，其尊未伸。君若出迎，则疑尸有还为臣之道。"②也即尸未入庙而被君迎接，那就是以君迎臣，这就是"疑于臣"，而尸只有在庙中才能成为神的象征。如胡新生所言："尸原不过是凡世间的普通人，但当他被确认为祖先的化身后，便立即具有神圣性，这与木石之类的偶像被赋予神圣性本质上并无区别。"③这里有一个关键点就是宗庙这一场合语境，尸在宗庙之内，其符号功能为君父，出了宗庙，失去了尸的功能语境，就还原为臣子的身份。本乎此，我们就可以知道国君出庙迎牲不迎尸，乃是为了保全君臣之意义，这个意义又是由尸及其特定的生成语境决定的。尸的神圣性乃是在其特定的祭祀场所与祭祀活动中被赋予的，离开了这一语境，其自然会还原为世俗之人，宗庙祭祀的语境完成了尸人在神圣与世俗之间的转换。

①② 李学勤主编：《十三经注疏·礼记正义》，北京：北京大学出版社，1999 年版，第 1355 页。
③ 胡新生：《周代的礼制》，北京：商务印书馆，2016 年版，第 279 页。

在"父子之伦"上，祭祀时是用孙子来充当祖父之尸，因此充当祖父之尸者实际上是祭祀者的儿子辈，但是父亲辈的祭祀者却要面朝北来侍奉充当祖父尸的儿子辈，通过这种方式来表明子侍奉父亲的道理。孔疏谓："主人为欲孝敬己父，不许己尊而北面事子行，则凡为子者，岂得不自尊事其父乎！是见父子之道也。"①这个颇有身份互换的角色扮演意味在里面，身份本就是一个社会表意符号，一个人面对其父亲时，是儿子的身份，面对其子时，又是父亲的身份。同样是一个人，其面对的对象不同，身份角色不同，表意各异。当自己的子辈充当自己父辈之尸时，子辈身份相对于祭祀者临时更换为其父辈，祭祀者面对充当自己父辈之尸，以儿子之身份侍奉之，以完成孝敬父辈的伦理展演，这种示范又是直接对子辈所示，子辈在这种仪式扮演中自然也体会到仪式背后的意义，即"父子之伦"。

在"尊卑之等"上，尸饮酒五次之后由国君洗玉爵给卿酌酒以献，尸饮酒七次后国君用瑶爵给大夫献酒，尸饮酒九次后国君用散爵给士及有司献酒，所谓"皆以齿"，意即"同爵则尚齿"，②爵位相同的话，以年龄来区分尊卑，"此献卿、大夫、士不同时者，人君之臣尊卑殊，故其尊者先献之，卑者后献之，是明尊卑之等也"，③爵位不同者，按照既定爵位尊卑等级献酒。这个仪式过程中，无论是同爵还是不同爵，都需要对身份等级进行区分，而仪式的展演过程中时间的先后顺序就是尊卑顺序的区隔。周人以德政对其进行改造，用演礼的方式实现了礼义的传播。在仪式过程中，礼仪作为一套象征符号系统，贯彻的是礼义，对礼义的敬重转化为对礼义仪式的尊重。礼仪是礼的符号形式，礼义是礼的符号内容，形式和内容的关系如同一枚硬币的正反两面，不可分割，对礼仪形式的尊重就是对礼义的尊重，也就是对周代政治文化制度的尊重和服从，为礼主敬的意义即在于此。

《庄子·天下》谓周人"以天为宗，以德为本"，意思是说周人在宗教神学上是敬天的，在道德伦理上是敬德的，这个我们在上文中多有分析。因为敬天，而又认识到天的不可信，可信的是人，人要配天，获得天命支持，在于其德，因此

---

① 李学勤主编：《十三经注疏·礼记正义》，北京：北京大学出版社，1999 年版，第 1356 页。
②③ 孙希旦：《礼记集解》，北京：中华书局，1989 年版，第 1245 页。

敬天转化为重德敬德，进而转化为对礼义仪式的尊重敬重。《左传·僖公十一年（649BC）》周襄王的内史云："礼，国之干也；敬，礼之舆也。不敬则礼不行，礼不行则上下昏，何以长世？"周襄王派使者赐给晋侯爵命，但是晋侯在接受圭玉时无精打采，属于对礼之不敬，故而有内史这番批评之言。内史以为，礼为国家之主干，而敬则是推行礼的车子，不敬则礼不能推行，礼如果不能推行的话，那么上下就会混乱，政治就不能长久维系，可见在春秋时代，人们已经认为敬乃是推行礼的动力之源。《管子·心术下》谓"守礼莫若敬"，学界研究认为《管子》之《心术》上下、《白心》、《内业》诸篇是战国稷下黄老道家之作，可见到了战国时代，为礼主敬的思想依然为社会所奉行。《孝经·广要道章》引孔子之言曰："礼者，敬而已矣"，我们知道，《孝经》是托名孔子之作，应是孔门后学所为，但是其记录和阐发的却是孔子的孝道思想，这一点是无可否认的。唐玄宗御注云："敬者，礼之本也"，① 此即认为敬乃是礼之根本，不敬则礼失去了其存在的价值与意义。清人皮锡瑞于此亦有申述："然五礼皆以拜为敬礼，则祭极敬、主人拜尸之类，是吉礼须敬也。拜而后稽颡之类，是凶礼须敬也。主人拜迎宾之类，是宾礼须敬也。军中之拜肃拜之类，是军礼须敬也。冠昏饮酒皆有宾主答拜之类，是嘉礼须敬也。"② 吉、凶、军、宾、嘉五之中，无不主敬，而且敬这一心理情感是融入礼仪仪节之中的，祭祀拜尸之礼如此，凶礼稽颡之拜亦如此。稽颡即行拜礼，以头叩地，《仪礼·士丧礼》谓"主人哭，拜稽颡，成踊"，清人凌廷堪《礼经释例·变例》云"凶事之拜以稽颡成踊为最重"。③ 仪式之中蕴藏着敬重之情，这是礼之本。

曾有论者指出，仪式文本编码体系的建构原则，就是借助实物建立一个虚拟场景，以求获得对某一理想的心理体验，体味再生的愉悦，然后再将这一体验和喜悦向外辐射到日常生活中。在这样的内外交流中，仪式文本构筑自身的认知、

---

① 李学勤主编：《十三经注疏·孝经注疏》，北京：北京大学出版社，1999年版，第44页。
② 皮锡瑞：《孝经郑注疏》，北京：中华书局，2016年版，第103页。
③ 凌廷堪：《凌廷堪全集·礼经释例》，合肥：黄山书社，2009年版，第285页。

情感、价值等意义，这就是仪式文本的存在价值。[①]生命个体在礼仪仪式之中，完成对礼包蕴的情感内容的体认。《孝经》云"故敬其父则子悦，敬其兄则弟悦，敬其君则臣悦"，礼不再局限于宗教祭祀，业已扩展到君臣父子兄弟等政治人伦之中，这个在《论语》中多处可见：

> 子游问孝。子曰："今之孝者，是谓能养，至于犬马，皆能有养；不敬，何以别乎?"（《论语·为政》）
>
> 林放问礼之本。子曰："大哉问！礼，与其奢也，宁俭；丧，与其易也，宁戚。"（《论语·八佾》）
>
> 祭如在，祭神如神在。子曰："吾不与祭，如不祭。"（《论语·八佾》）
>
> 子曰："居上不宽，为礼不敬，临丧不哀。吾何以观之哉!"（《论语·八佾》）
>
> 孔子于乡党，恂恂如也，似不能言者。其在宗庙朝廷，便便言。唯谨尔。（《论语·乡党》）
>
> 入公门，鞠躬如也，如不容。……摄齐升堂，鞠躬如也，屏气似不息者。（《论语·乡党》）

为孝主敬，如果对待父母长辈没有虔敬之情，那么物质上的赡养和养动物没有区别。因此在孔子看来，礼的本质在于行礼者内心的情感态度，而不仅是外在的仪文礼节。因此孔子对"为礼不敬，临丧不哀"深以为耻，其自己在礼仪过程中也是以敬为主，无论是宗庙祭祀还是乡党朝廷，皆是如此。孔子之所以提倡为礼主敬，以内在的虔敬之情来引导门人弟子对礼的主动尊崇，并将其内化为道德自律，是与春秋时代德的分化嬗变有关的。

春秋时代，德的内涵趋于多样化，不仅有"吉德""明德""同德"等好的一

---

① 白茜：《文化文本的意义研究》，北京：中国社会科学出版社，2007年版，第100页。

面，也有"凶德""昏德""离德"等坏的一面。① 德的分化更需要"敬德"，自觉维护德的纯洁性，所以才有孔子的以仁注礼，将对礼的尊重与维护内化为个体道德自觉。礼有外在的伦理规范意义，而仁则是内在的道德规约。礼制在西周经过改造而成为一套分节清晰且能全域覆盖的符号系统，宗法社会的等级秩序亦借礼之分层而巩固。礼崩乐坏之后，礼与其表征的尊卑等级意义脱节，这也是以孔子为代表的儒家关注礼乐符号系统的深层原因。孔子提出以仁注礼，以礼的形式表达仁的内容，二者相须为用。如论者所言，"孝、敬都是'仁'的品格，而要在礼崩乐坏的政治环境下推行周礼，也必须依靠个体道德的自觉，用'仁'来复'礼'"，② 宗庙祭祀之虔敬其实就是对"仁"的培育，儒家后学于此多有发挥，这个在《礼记》中有更多的记载可参：

> 为君尸者，大夫、士见之，则下之。君知所以为尸者，则自下之，尸必式。乘必以几。(《礼记·曲礼上》)
>
> 唯祭祀之礼，主人自尽焉尔。岂知神之所飨，亦以主人有齐敬之心也。(《礼记·檀弓下》)
>
> 祭祀之相，主人自致其敬，尽其嘉，而无与让也。腥，肆，爓，腍祭，岂知神之所飨也？主人自尽其敬而已矣。(《礼记·郊特牲》)
>
> 唯圣人为能飨帝，孝子为能飨亲。飨者，乡也。乡之，然后能飨焉。是故，孝子临尸而不怍。君牵牲，夫人奠盎。君献尸，夫人荐豆。卿大夫相君，命妇相夫人。齐齐乎其敬也，愉愉乎其忠也，勿勿诸其欲其飨之也。(《礼记·祭义》)
>
> 子云："祭祀之有尸也，宗庙之主也，示民有事也。修宗庙，敬祀事，教民追孝也。"(《礼记·坊记》)

---

① 参见杨荣国：《中国古代思想史》，北京：人民出版社，1973 年版，第 69 页。
② 祝东：《仪俗、政治与伦理：儒家符号思想的发展与反思》，《符号与传媒》，2014 年第 2 期。

尸乃是祖先神灵的符号表征，"尸，神象也"（《礼记·郊特牲》），所以对尸要有足够的虔敬之情，推而广之，祭祀之时，主人也必须有足够的庄敬虔诚之心。神喜欢享用哪种祭品，祭祀之人其实是不知道的，只能尽到虔敬之心。而祭祀立尸，宗庙有神主，《诗经·周颂·清庙》被认为是祭祀文王的诗，"庙之言貌也，死者精神不可得而见，但以生时之居，立宫室象貌为之耳"，[①] 其实都是用符号来提示人们敬事对象的存在。陈澔《礼记集说》引方氏之言曰："为亲之死，故为尸以像其生；为神之亡，故为主以寓其存。"[②] 因为意义的对象不在场，所以才需要符号，尸与主都是对象的符号形式，对对象的敬侍转化为对符号的敬奉。

钱穆曾指出，礼本是宗教上的一种祭神仪文，而中国古代的宗教很早就被政治意义融化，宗教之礼转变为政治之礼，而政治亦被伦理意义所融化，于此又渐变为伦理上的礼，其发展过程为宗教之礼—政治之礼—伦理之礼。[③] 当然这个划分也只是相对的，其过程肯定是渐变的。前文我们在分析礼的起源及符号意义的时候就已经指出，礼起源于对饮食的祭拜民俗之中，表达的是一种自然的虔敬之情，当这种情感系统化、理论化，上升为一种宗教仪式和宗教情感的时候，礼的宗教化就基本完成。随着人类社会进入阶级社会，礼制出现，这就是礼的政治化。西周早期统治者制礼作乐，按其实质，就是将宗教化、政治化的礼进一步人文化。而以孔子为代表的儒家学者，以仁注礼，肯定了礼发自内心的那种宗教虔诚之情，同时反对礼崩乐坏之后统治阶层自上而下的僭礼、非礼之举，并通过教育将礼普及到一般民众阶层，"完成了中国古代文化趋向人生伦理化之最后一步骤"，[④] 诚为的论。

曾有论者指出："文化是对人类社会的认知活动，且不是消极地认同和描摹，

① 李学勤主编：《十三经注疏·毛诗正义》，北京：北京大学出版社，1999 年版，第 1279 页。

② 陈澔：《礼记集说》，南京：凤凰出版社，2010 年版，第 408 页。

③ 钱穆：《中国文化史导论》，北京：商务印书馆，1994 年版，第 72 页。

④ 同上书，第 73 页。

而要主动去规范、协调、提升、完善。"① 礼的仪式形式与等级规格规范了人与人之间的伦理关系，而这种伦理意义又会反过来强化礼的规范意义，二者相辅相成。如葛兆光所言，仪式及其象征意味本是依据世俗宗法社会中人与人之间的亲疏远近关系而来的，仪式约定成习俗之后又会反过来强化人们意识中的亲疏远近的差别。② 这是根据社会关系建立的仪式模型，这种意义模型又会进一步巩固社会关系。礼作为中国特色的文化标志，浸透华夏民族的文化观念，其在后世多有沿革。《礼记·礼器》云："礼，时为大"，后来者会因时制宜，结合时代特征和王朝需求，对礼制作出修订完善。历代王朝之新建，皆以颁示礼乐作为改朝换代的象征。历史语境亦成为后世制礼的依据，但为礼主敬的基本内涵一直不变，因为祭礼本身来源于宗教仪式，宗教典礼对参与者的态度自然要求其敬且诚，如《礼记·祭统》中所云："夫祭者，非物自外至者也，自中出，出于心也，心怵而奉之以礼。"祭祀者发自内心的、虔敬的、宗教般的情感才是礼的价值内涵，而周礼又是周朝的政治文化制度，因此为礼以敬的实质则是要求对新的王朝文化价值观念的认同，对礼制编织的文化秩序的遵守。

---

① 白春仁：《观察文化的新视角》，《文化文本的意义研究》，北京：中国社会科学出版社，2007 年版，第 3 页。
② 参见葛兆光：《中国思想史》卷一，上海：复旦大学出版社，2005 年版，第 24—25 页。

第五章　作乐：乐论的渊源与表意嬗变

　　在文化发展的进程中，本是乐先礼后的，此已为学界所证，[①] 我们这里论述的顺序先礼后乐乃是遵循传世文献中既定的"礼乐"结构顺序。乐由来已久，并与先民生活密切相关，不可轻废，如《吕氏春秋·仲夏纪·古乐》所云："乐所由来者尚也，必不可废。"乐在上古时期是与原始巫术和宗教不可分离的，当人类从蒙昧中走出的时候，随着主体意识的觉醒，自然万物皆成为其观照的对象，但又限于其对人自身及自然认识的有限性，诸多现象又无法得到科学的认知与解释，因此便产生了原始的巫术、宗教音乐。如青海大通上孙家寨出土的舞蹈纹彩陶盆，考古研究指出是新石器晚期的遗物，盆内绘有三组五人手挽手舞蹈图像，证明当时音乐与舞蹈是融为一体的，这个被音乐学界称为原始乐舞，"它反映先民们狩猎、农耕、祭祀、巫术等活动的过程，又助兴、娱乐和抒情。人们以此来鼓舞自己生活的勇气、劳动的热情和同自然界的抗争"。[②] 原始音乐与人类的生产、生活及宗教精神文化等都有着密切的关系，先秦文献中于此亦有发明："昔葛天氏之乐，三人操牛尾，投足以歌八阕：一曰《载民》，二曰《玄鸟》，三曰《遂草木》，四曰《奋五谷》，五曰《敬天常》，六曰《建帝功》，七曰《依地德》，八曰《总禽兽之极》。"（《吕氏春秋·仲夏纪·古乐》）葛天氏为传说中的远古部落，其音乐为三人操牛尾、以步打拍而歌，据杨荫浏解释，这八种歌曲分别是：《载民》为歌颂

---

① 参见徐复观：《中国艺术精神》，桂林：广西师范出版社，2007 年版，第 1—4 页；王文生：《中国文学思想体系》，上海：上海古籍出版社，2017 年版，第 217—230 页。

② 余甲方：《中国古代音乐史》，上海：上海人民出版社，2014 年版，第 3 页。

负载人类的大地,《玄鸟》为歌颂黑色的图腾之鸟,《遂草木》是祝草木顺利生长,《奋五谷》是祝五谷繁盛,《敬天常》为述说尊重自然规律,《建（按：一作"达"）帝功》是述说其有充分发挥天帝功能的愿望,《依地德》是说要依照地面气候的变化进行工作,《总禽兽之极》是说明总的目标为使鸟兽繁殖,达到最高限度。[①] 显然可见,葛天氏之乐与宗教祭祀以及巫术舞蹈等皆有关联,其中蕴藏的符号学思想与伦理精神等均值得探析。本章将结合早期中国的传世文献及相关人类学符号学理论来对此作一番考察,探讨先民乐论的伦理符号学进程。

第一节　乐的起源：由模塑而仪式

关于音乐的起源众说纷纭,迄今也无统一之定论,如有源于鸟鸣之声的异性求爱说,源于人类集体劳动的劳动起源说,源于原始人类感情激动时昂扬语调的语言抑扬说,源于先民模仿自然界各种声音的模仿自然说,源于原始人类呼喊联络的信号说,源于原始民族巫术的巫术起源说等。[②] 这其中,在中国流行甚广、影响最大的自然是劳动起源说,如杨荫浏的《中国古代音乐史稿》、蒋孔阳的《先秦音乐美学思想论稿》、刘再生的《中国古代音乐史简述》、黄敬刚的《中国先秦音乐文物与考古研究》等著作皆是以音乐的劳动起源说为本。中国学者认同的音乐劳动起源说的哲学基础自然是马列主义的哲学思想,劳动创造了人,自然也创造了音乐艺术本身,而且中国传世文献中亦有相关记载可参,如被学者们广为引用的《淮南子·道应训》中的那段材料："今夫举大木者,前呼'邪许',后亦应之。此举重劝力之歌也。"然而这种劳动中的号子,只是音乐中的肉声音乐,中国先民的音乐显然不只是肉声音乐,还有各种人造的乐器音乐。更为重要的是,先民的音乐实际上是歌、乐、舞三位一体的综合形态,先秦之乐也多是指这种三位一体

---

① 杨荫浏:《中国古代音乐史稿》,北京：人民音乐出版社,1981 年版,第 5—6 页。
② 参见刘再生:《中国古代音乐史简述》,北京：人民音乐出版社,1980 年版,第 3—5 页。

的原始乐舞。刘再生研究指出，甚至"直至春秋战国，古代'乐'的内涵依然未有很大变化，它是一种包括音乐、舞蹈在内的综合性概念"，[①] 其发生过程、结构模式及深层意义还需探讨。

一、听风制律：人对自然的模塑

根据可考的出土文献，中国的音乐文化及音乐史可以追溯到新石器时期。1986 年到 1987 年间，在中国河南省舞阳贾湖新石器遗址中发掘出了距今八千至九千年的随葬骨笛。据河南省文物研究所发布的《河南舞阳贾湖新石器时代遗址第二至六次发掘简报》所言，发掘出来的骨笛是采用猛禽的腿骨截去两端关节，然后钻圆孔而成，形状固定，多是七孔，有事先刻好的等分符号，个别音孔旁还有另钻的调音小孔。这说明当时的人对骨笛的制作已经经过了周密的计算，其对乐理的了解业已达到相当之高度；此外，根据黄翔鹏等专家对 M282∶20 骨笛的鉴定测试可知，其已经具备音阶结构，可以吹奏旋律，而且发音较准，音质也较好。[②] 贾湖骨笛的出土，证明中国先民的音乐艺术在八九千年前就已经发展到一个相当的高度。但是我们所要关注的并非其音乐史意义，而是骨笛这一音乐器材原料本身和中国文献传统之间的文化逻辑关系，以及骨笛在早期中国文化与文献背景之中的符号意义。

从生物属性而言，人类也是一种动物，跟其他动植物一样，面对着浩瀚无垠的自然界，在其中生存发展。但人类毕竟不同于其他生物，这就是人类拥有关于符号的意识。如约翰·迪利所言，动物的生命世界必然还包括一些把环境结构化的关系，这些关系把环境在感觉当中初步对象化，变成一个有意义的客观世界，即主体世界（又译周围世界），其生存和整体都依赖于一幅经验的编织物，它是

---

① 刘再生：《中国古代音乐史简述（修订版）》，北京：人民音乐出版社，2006 年版，第 15 页。
② 参见河南省文物研究所：《河南舞阳贾湖新石器时代遗址第二至六次发掘简报》，《文物》，1989 年第 1 期。

用各种依赖和不依赖心智的关系（实存物和心存物）混合织成的。动物虽然能够感知相互关联的事物，并且相应地做出客观的判断，但是从未把握意指作用的关系，从而导致它们虽然运用符号，却不知道有符号。① 所有的生命物的生存与发展都离不开其自身建构的周围世界，并与其展开交流对话，做出有利于自身生存发展的选择，如果做出误判，甚至有丧失生命的危险。所以西比奥克指出，所有生物体的行为方式必须与其相关现实的模型保持一致，否则就会被自然选择淘汰而灭绝。② 人类高出其他生命体的地方就在于人类不仅与其他生物一样充分利用了其与周围世界的对话交流，以此调整自身行为，促进自身生存与发展，甚至还知道符号及其包蕴的意义。这就超出其他生物本能的调整反应维度，而且人类还可以通过符号调整反思自身的行为，也就是说，人类在追求自身发展的过程中会关注到其行为与意义的关系问题，因为"意义并非凝结在语词符号之中僵死的思想产品，意义首先是一种活生生的能够满足人类生存实践需要的精神媒介和思想程序，依靠这一媒介和程序，人类保持与外界之平衡"，③ 这是其他生物所不具备的符号能力。如纪录片《地球脉动（二）·沙漠篇》中，非洲蝗虫为了追求自身的生存，会无限繁殖，并吃光所有草皮植物，然后集体死亡，这是因为蝗虫没有关注到满足其命运的环境因素，只是利用，而没有顾及这种植被生长周期的性质，即没有注意到自身行为与意义的关系问题。所以约翰·迪利指出，"唯有人类动物才能够知道有符号，而不仅仅运用符号而已"，④ 也正是在这个意义上，人类对自身的行为和整个生命世界的健康平稳顺利之发展负有不可推卸的责任，即伦理的责任。西方现代伦理符号学，从西比奥克、约翰·迪利以迄苏珊·佩特莉丽，也多是从这一维度来阐释伦理符号学的，⑤ 这个也给我研究先秦音乐符号学的发展进程提供了有

---

① 参见约翰·迪利：《符号学基础》，张祖健译，北京：中国人民大学出版社，2012 年版，第 226 页。

② Thomas A. Sebeok: *Signs: An Introduction to Semiotics,* Toronto: University of Toronto Press, 2001, p.145.

③ 苟志效：《意义与符号》，广州：广东人民出版社，1999 年版，第 50 页。

④ 约翰·迪利：《符号学基础》，张祖健译，北京：中国人民大学出版社，2012 年版，第 284 页。

⑤ 参见王小英，祝东：《全球化语境下的伦理符号学研究进路——以中国先秦典籍为中心》，《中国比较文学》，2018 年第 3 期。

益的启示。本乎此，我们再回到乐律之起源的议题上来。

无论是从考古发掘还是传世文献中来看，音乐与鸟都有密切关系。前文所云属于新石器时代早期的贾湖骨笛，乃是用猛禽的腿骨制成，浙江余姚河姆渡新石器时代中期的文化遗址中亦曾出土过禽类的骨哨，这是出土文物中直接可考的音乐与禽鸟类的关系。河南临汝县阎村出土的属于新石器时代晚期的彩绘《鹳鱼石斧图》中，一只鹳鸟口衔大鱼，昂首挺立于一副捆绑好的石斧之旁。① 关于这幅图的寓意，学界有不同的看法。如郑杰祥认为绘画的主题鹳鸟衔鱼应是死者民族所崇拜的图腾，石斧表示死者亡灵携带着自己的工具或武器安全归于本氏族图腾神的故地；② 严文明认为阎村出土的伊川缸属于瓮棺葬具，白鹳是死者本人所属氏族的图腾，鲢鱼则是敌对联盟的氏族图腾，图中白鹳擒杀了奄奄一息的鲢鱼则象征白鹳所属氏族的胜利石斧作为身份权威的象征，是对死者的颂扬；③ 黄敬刚认为这幅图应该被解释为鸟鱼磬木鼓图，也即敲磬击鼓图，这种图案在战国早期曾侯乙墓鸳鸯盒上也有类似图案。④ 因此，这幅图像记录的应该是原始氏族社会图腾崇拜祭祀的场景，是伴随着乐舞进行的原始宗教活动。我们这里较为赞同黄敬刚的观点，而范毓周在阐释《鹳鱼石斧图》的时候也曾指出鹳鸟在古代和人们的生活具有非常密切的关系，并援引《禽经》"鹳仰鸣则晴，俯鸣则阴"推测古人曾经根据鹳鸟的鸣叫方式来推测气候的变化。⑤ 这个我们还可以进一步引文献来证明。《诗经·豳风·东山》有云："鹳鸣于垤，妇叹于室"，《文选注》引《韩诗》："鹳，水鸟也。巢处知风，穴处知雨，天将雨而蚁出壅土，鹳鸟见之，长鸣而喜。"⑥ 可见先民对其周围世界的观察是非常仔细的，因为天气和气候的变化会直接影响到其生产与生活。先民用飞禽之骨来制作乐器，甚至还有敲磬击鼓以祀鸟的乐舞图案等，

---

① 参见张绍文：《原始艺术的瑰宝——记仰韶文化彩陶上的〈鹳鱼石斧图〉》，《中原文物》，1981 年第 1 期。

② 郑杰祥：《〈鹳鱼石斧图〉新论》，《中原文物》，1982 年第 2 期。

③ 严文明：《鹳鱼石斧图跋》，《文物》，1982 年第 12 期。

④ 黄敬刚：《中国先秦音乐文物考古与研究》，北京：人民出版社，2017 年版，第 21 页。

⑤ 范毓周：《临汝阎村新石器时代遗址出土陶画〈鹳鱼石斧图〉试释》，《中原文物》，1983 年第 3 期。

⑥ 转引自程俊英、蒋见元：《诗经注析》，北京：中华书局，1991 年版，第 423 页。

这些恐怕都与禽鸟类通晓天气节候之变化有关。

从文字渊源来看，甲骨文中风雨之风都写作"凤"，凤为神鸟之名，借为风字，凤字字形"象头上有丛毛冠之鸟，殷人以为知时之神鸟。……卜辞多借为风"。① 现代人知道风是由于气压分布不均而产生的一种空气流动现象，但在先民看来，风却是很神奇的事物。风本身是只可感知而不可见的，而且四季风向不同，气温不同，不同风向带来的节候变化也各不相同，其生活世界里的动物的迁徙和植物的荣枯也会因风向不同而不同。这个中间容易察识的就是禽鸟随着季风的迁徙，因此先民想象风为神鸟凤鼓动气息而成。《说文解字》以凤为神鸟，曰其日暮之时宿于风穴之上。这个在先秦文献及训诂上亦有据可循，如《庄子·逍遥游》中的鹏之背广数千里，鼓动大风可以远徙，而鹏与凤，王力《同源字典》引为同源字，② 它们具有共同的概念，也即神鸟。《淮南子·本经训》中亦云尧之时害人之物有"大风"，被后羿射杀于"青丘之泽"，③ 这里的大风即大鸟。因此鸟与风从文字和语言概念上都有渊源，风与凤实为一字，④ 凤鸟以翅生风，而先民则可观鸟知风。凤鸟是具象可观可感的，风是抽象可感但不可观的，先民用具象事物的符号借指抽象的事物，也是符合符号发展规律的。

先民为了更好地适应自然，调整自身的生产生活行为，就必须深入掌握自然变化之规律，那时没有现代的精密科学探测仪器，主要依凭的就是对自然界的密切观察和不断的经验积累教训总结。无论是采集食物还是狩猎，都需要了解自然物候之变化，特别是当人类进入农业生产阶段之后，播种必须把握好季节时令，收割也需要观测好天气的阴晴，把握风向雨量等。风向相对容易感知和把握，因此通过风向预测四时之变化自然相对容易。殷墟甲骨中业已出现了四方风名，并引起了学界的注意，如胡厚宣的《甲骨文四方风名考》(1941)、《释殷代求年于四

---

① 徐中舒：《甲骨文字典》，成都：四川辞书出版社，2014年版，第428页。
② 王力：《同源字典》，北京：中华书局，2014年版，第331页。
③ 何宁：《淮南子集释》，北京：中华书局，1998年版，第576页。
④ 参见童书业：《春秋左传研究》，上海：上海人民出版社，1980年版，第248页。

方和四方风的祭祀》（1956）及李学勤的《商代的四风与四时》（1985）、《申论四方风名卜甲》（2003）等文章都有谈及。如李学勤研究指出四方风是反映四时的，先民从其农业生产的需要出发，建立了其天文历象之学，并认识了四时和年岁，以及四方风所表征的季候特征。四方风的存在，证明至少在商代，中国先民已经有了四时的观念。李学勤结合《尚书·尧典》考察了四方风卜辞名之后，指出卜辞的意思比较明显，人民在四时的行为应与《尚书·尧典》中所叙鸟兽行为互为呼应。①李学勤的这一论断极具启发性，首先，先民的文化思想观念发展极为缓慢，殷墟卜辞中的四方风名代表四时观念，那么说明在此前更早的时候，这种观念就应该存在了；其次，先民在仰观俯察中认识了自然界，并建构了自己的主体世界，这其中一个重要的信道就是对鸟类的观察和模仿，如上文李学勤所言即人类的表意行为应与鸟兽相互呼应。

从生物符号学的角度而言，"每个生物主体都是生存在自己以物种特有的感知方式所建构的模型之中，因为它们具备了获得外在世界感知的生物能力"。②如鸟类会因季节而迁徙，其毛色、飞翔等皆会因季节、天气的变化而变化，这种生命体依靠生理渠道而获得的对象的相关性质（如天气、节候）即皮尔斯所言的符号的"像似性"。③所以冯时指出先民很可能是根据对鸟类特别是候鸟的观察领悟到鸟类会因四时阴阳的变化而变化的。候鸟靠星辰指示决定方向，靠昼夜长短的变化决定行期，这些都是鸟类根据其生理本能获得的符号和转化的反应。但在不明真相的先民看来，鸟类自然成了善知天时的神物，这也导致了先民对鸟这一神祇象征的崇拜，鸟之声音自然也表现了天地阴阳调和之音。④先民观测鸟类之迁徙变化，进而以知节候之变迁，天气之变化，这种交流建构了人类特有的周围世界，先民借此指导规范自己的生产和生活实践，关于鸟的崇拜和鸟图腾之建构亦由此

① 参见李学勤：《商代的四风与四时》，《中州学刊》，1985 年第 5 期。
② 余红兵：《西比奥克建模系统理论与塔尔图学派的渊源》，《俄罗斯文艺》，2016 年第 4 期。
③ 参见彭佳，刘玲：《论先验意识的指示性框架及作为第二性的指示性：兼与赵毅衡商榷》，《上海大学学报》，2017 年第 6 期。
④ 参见冯时：《中国天文考古学》，北京：中国社会科学出版社，2017 年版，第 267 页。

而来。严格说来，鸟崇拜并不等于鸟的图腾崇拜，鸟崇拜属于自然崇拜的一部分，图腾崇拜是自然崇拜的特殊品种，鸟的图腾崇拜则将鸟类视作自己的祖先，建构关于部族的符号表征，是以族外婚制为核心建立的氏族符号系统。①

图腾崇拜被认为是人类社会早期重要的宗教文化现象，其与自然崇拜、祖先崇拜被共同视作先民的三大崇拜系统。而鸟的图腾崇拜又是先民图腾崇拜中的重要文化现象，其生成机制上文已有分析，这里我们再从宗教人类学及传世文献中的资料作一补充印证，并以此来论证鸟与风及乐律之间的符号逻辑。如据宗教人类学的资料显示，朝鲜族有将喜鹊当作祖先的传说，鄂温克人的氏族曾用鹰、大雁、水鸭和布谷鸟来命名，这些鸟类很可能就是其部族崇拜的图腾；②萨满被认为是人和神之间的媒介，他们联系着人类世界和鬼神世界，能沟通天人，具有通达神灵的特殊本领。然而我们知道，"天"自不言，鬼神虚无，那么萨满的信息应该就是从对候鸟等动物及天象的观测中来。本乎此，我们就方便理解蔡家麒在《论原始宗教》中提及的一些人类学现象了，如布里亚特人的萨满传说是来自一只会说人话的大鹰；西伯利亚的雅库特人、通古斯人及我国的达斡尔人、锡伯人等都有祖先萨满是神鹰后裔的传说；鄂温克人、鄂伦春人、赫哲人、达斡尔人的萨满，其神帽、衣物上都饰有鹰的形象和图案，甚至其跳神动作也模仿鹰的飞翔和鸣叫；而中国东北地区的几个民族的萨满从事宗教活动的神帽上塑有铜鸟。③以上诸多来自人类学的活化石例证，说明鸟崇拜的历史不仅是可靠的，而且是绵长的。

此外，我们还可以从传世文献中找到进一步论证鸟图腾的崇拜渊源。如《诗经·商颂·玄鸟》有云："天命玄鸟，降而生商"，南宋朱熹《诗集传》认为"此亦祭祀宗庙之乐，而追叙商人之所由生，以及其有天下之初也"。④其论比较中肯，玄鸟生商，商人在宗庙祭祀时才用此诗乐，"玄鸟"亦是商人的图腾，"生商"则是其部族神话之由来。这个还可以与《史记·殷本纪》所记相互参发："殷

① 参见王小盾：《中国早期思想与符号研究》，上海：上海人民出版社，2007年版，第206—219页。
② 参见蔡家麒：《论原始宗教》，昆明：云南民族出版社，1988年版，第117页。
③ 同上书，第119—122页。
④ 朱熹：《诗集传》，北京：中华书局，2017年版，第372页。

契，母曰简狄，有娀氏之女，为帝喾次妃。三人行浴，见玄鸟堕其卵，简狄取吞之，因孕生契。"[①]此即认为其先祖殷契为玄鸟所生，玄鸟是其图腾。《国语·鲁语上》云"契为司徒而民辑"，杨宽据金文考证指出"司徒"古作"司土"，也就是说，商人先祖契为司土之官，也即契为殷人社神。[②]社神就是土地神，先民认为土地化生万物，故在播种与收获之季节，会祭祀社神。显然社神与农业生产关系密切，农业生产必然要观象授时，确保不误农时。胡厚宣根据出土甲骨文进一步坐实"王亥之亥而从鸟，乃商族以鸟为图腾之确证"，[③]殷人属于东夷，东夷与淮夷皆属"鸟夷"，都以鸟为图腾崇拜。[④]上古时代的东夷包括太皞、少皞、颛顼、蚩尤诸部落，东夷部落创造了光辉灿烂的文化，甚至领先其他集团，一度与华夏部落轮流管理。[⑤]东夷部落近海，以鸟为图腾崇拜，陈梦家考证指出殷商就是少皞氏的后裔，[⑥]童书业甚至认为"少皞即殷祖契"。[⑦]东夷与殷人为同族，此已为史学界公认。同属东夷的少皞氏以鸟纪历，此《左传·昭公十七年（525BC）》有载：

> 秋，郑子来朝，公与之宴。昭子问焉，曰："少皞氏鸟名官，何故也？"郑子曰："吾祖也，我知之。……我高祖少皞挚之立也，凤鸟适至，故纪于鸟，为鸟师而鸟名。凤鸟氏，历正也。玄鸟氏，司分者也。伯赵氏，司至者也。青鸟氏，司启者也。丹鸟氏，司闭者也。祝鸠氏，司徒也。鸤鸠氏，司马也。鸤鸠氏，司空也。爽鸠氏，司寇也。鹘鸠氏，司事也。五鸠，鸠民者也。五

---

① 司马迁：《史记》册一，北京：中华书局，1982 年版，第 91 页。

② 杨宽：《中国上古史导论》，上海：上海人民出版社，2016 年版，第 264 页。

③ 胡厚宣：《甲骨文所见商族鸟图腾的新证据》，《文物》，1977 年第 2 期。

④ 参见童书业：《春秋左传研究》，上海：上海人民出版社，1980 年版，第 247—249 页。此外，巫鸿根据商代艺术中的鸟形象及商代宗教神话中的鸟崇拜等东方特征，指出商朝源于东夷人。参见巫鸿：《礼仪中的美术》，北京：生活·读书·新知三联书店，2016 年版，第 543 页。

⑤ 参见傅斯年：《夷夏东西说》，《民族与中国古代史》，上海：上海人民出版社，2014 年版，第 1—46 页；王奇伟：《东夷集团在中国上古时代的地位应予以重新认识》，《徐州师范大学学报》，2008 年第 2 期；此外，杨宽在考察古史传说的时候，曾列举了从五帝、唐虞之世到夏代诸神话传说中的人物谱系的关系，亦可相互参证。参见杨宽：《中国上古史导论》，上海：上海人民出版社，2016 年版，第 291 页。

⑥ 参见陈梦家：《商代的神话与巫术》，《陈梦家学术论文集》，北京：中华书局，2016 年版，第 62—63 页。

⑦ 童书业：《春秋左传研究》，上海：上海人民出版社，1980 年版，第 4，353 页。

雉，为五工正，利器用，正度量，夷民者也。九扈为九农正，扈民无淫者也。自颛顼以来，不能纪远，乃纪于近，为民师而命以民事，则不能故也。"

郯子为少皞氏的后裔，故对其祖先历史了然于胸，孔子于此还发出了"天子失官，学在四夷"的感慨。这里我们关注的重点是少皞氏鸟历制度，鸟历即根据候鸟去留来确定季节、指导农事的物候历，这个至今在西南、西北少数民族中还多有保留，[①] 在一些谚语中也有反映。鸟历的发明与发展与农业文明的进步关系密切，已有西方学者研究指出，旧石器时代早期艺术中鸟与天气的图案迄今尚未发现，但当人类发明农业以后，由于农业对天气和技术的依赖才使得鸟的地位日益突出。[②] 属于东夷的少皞氏，已经具有相当发达的农业文明，其农业文明的基础即能够掌握鸟历，根据鸟类等物候变化确定节气，指导农业生产。这里提及的鸟官，应该就是专门负责观察鸟类迁移活动的人员，所谓"凤鸟氏，历正也"，杜预注云"凤鸟知天时，故以名历正之官"。[③] 鸟类对周围世界的感知是一种官能的反映，其为了自身的生存，会随着季节迁徙，会因物候节气之变化而变化，这是一种非语言性质的初级建模系统（Primary Modeling System）。[④] 从生物符号学的角度而言，"每个动物的内在世界都包含着由一系列基本种类的非语言符号所组成的模型"，[⑤] 这种模型基于其物种特有的感知方式而建立，进而规范调适其生物活动行为；以免被自然淘汰。而人类则会根据鸟类的迁徙变化探测其中的意义，用以指导自己的生活实践，这个便是二级建模系统（Secondary Modeling System）。在二级建模活动中，动物世界的初级建模对人类而言成为一种指示符号（index），为人类所观

---

① 可参看邓文通：《中国古代的鸟历》，《广西民族学院学报（自然科学版）》，2003 年第 4 期；尹荣方：《少昊与中国古代的"鸟历"》，《农业考古》，1996 年第 3 期。

② 参见爱德华·A. 阿姆斯特朗：《史前时期的崇鸟习俗及其历史背景》，陈淑卿译，方辉校，《南方文物》，2006 年第 4 期。

③ 李学勤主编：《十三经注疏·春秋左传正义》，北京：北京大学出版社，1999 年版，第 1361 页。

④ 根据学界对西比奥克建模系统层级问题的研究，可将其符号建模系统缕分为非语言性质的初级建模系统，语言（言语）性质的二级建模系统以及文化性质的三级建模系统。参见余红兵：《符号建模论》，苏州：苏州大学出版社，2019 年版，第 87 页。

⑤ 余红兵：《符号建模论》，苏州：苏州大学出版社，2019 年版，第 57 页。

察利用，人类可以据此建构更为复杂的符号模型，以此指导自己的生产和生活实践。在西比奥克看来，这也是人区别于其他生物的特征，也即人类具有能够制造更为复杂、精巧和丰富的模型的本能。[①] 这种复杂多变的建模能力是远超其他生命物的，因此动物的主体世界与人类的主体世界其实是有很大的不同，正如韩蕾所言："动物们的主体世界是选择性和功能性建构的，而人类的主体世界则是象征性建构的，人也是象征性地在图绘他的主体世界的意义。"[②] 我们可以回到上述引文来具体分析。

所谓"玄鸟氏，司分者也"，杜注与杨伯峻注皆认为玄鸟为燕子，"分"即春分与秋分。玄鸟春分来，秋分去，玄鸟氏职官所司，大概就是观察此鸟的去留情况以播报时令。所谓"伯赵氏，司至者也"，杜注云"伯赵，伯劳也。以夏至鸣，冬至止"，[③] 也就是说，伯劳氏职官所司为观察此类禽鸟的活动情况，以预测节候；所谓"青鸟氏，司启者也"，杜注认为青鸟为鸧鴳，"以立春鸣，立夏止"，[④] 也就是说，青鸟氏这一职官负责的是观察鸧鴳的活动情况，以确定相关的节气；所谓"丹鸟氏，司闭者也"，杜注谓"丹鸟，鷩雉也。以立秋来，立冬去"，[⑤] 也即丹鸟氏职官执掌的是观测此类禽鸟的活动轨迹，以便确定立秋、立冬的节候。杜注指出"上四鸟皆历正之属官"，[⑥] 其执掌的皆是重要的农业节候，如下表5.1 所示：

表5.1　鸟官分司表

鸟官	司职	节候
玄鸟	司分	春分，秋分
伯赵	司至	夏至，冬至
青鸟	司启	立春，立夏
丹鸟	司闭	立秋，立冬

① Thomas A. Sebeok, Marcel Danesi: *The Forms of Meaning Modeling Systems Theory and Semiotic Analysis,* Berlin and New York: Mouton de Gruyter, 2000, p.v.

② 韩蕾：《论〈老子〉的人类主体世界建构：一个生物符号学观点》，《符号与传媒》，2018 年第 2 期。

③④⑤⑥ 李学勤主编：《十三经注疏·春秋左传正义》，北京：北京大学出版社，1999 年版，第 1362 页。

从上表可以看出跟农业活动密切相关的主要节气。少皞氏通过对鸟类迁徙活动（对鸟官而言属指示符）的密切观察，做出了相应的节候判断与分划，从而以此为依据安排农业活动。因此农业活动中的"观象授时"，除了在五行篇中我们论及的天象之外，还包括这里的鸟历。鸟历实际上是根据鸟类动物的物象来观象授时，因此观象授时之象既有天象，又有物象。① 当然天象观测更为精密复杂，并非人人能胜任，物象观测则相对简单。但是如论者所言，物象观测也存在缺陷，如物候变化受经度纬度、地形地势的影响，使得这种物象授时相对粗疏，② 因此先民实际上是将物象与天象相结合以求了解节气时令之变化，这种模式至少在相传夏代的历法文献《夏小正》中就业已存在，这部书正是根据天象、物候、草木、鸟兽等天然现象来确定季节和月份。③ 少皞氏以鸟为图腾，崇拜鸟，除了上文的鸟官之外，还有祝鸠氏、鴡鸠氏、鸤鸠氏、爽鸠氏、鹘鸠氏等所谓"五鸠"，也是根据对鸟类行为习性的密切观察，并依此设官（更高层级的文化制度方面的模型），管理相应的人事活动。如"鸤鸠氏，司空也"，杜注指出"鸤鸠平均，故为司空平水土"，④《正义》引《毛传》云："鸤鸠之养其子，朝从上下，莫从上下，平均如一。"⑤ 可见司空之职，乃是在对鸟类习性严密观测的基础上，制定的鸟官职责，先民希望通过此类禽鸟属性来表征其职官的意义，而鸟类与气候的关系则由前文所说的指示符上升为象征符号和文化规约。

从贾湖骨笛到少皞氏的鸟官制度，我们看到了先民农业生活与鸟类的关系。"风"即"凤"，"凤"即"鸟"，其关系密切可想而知。禽鸟会根据四时变化而活动，四方风关注的是四时节气，四时节气又关乎农业农时，先民为了自身的生存发展，密切关注鸟类活动，以此建构记忆模型，指导农业生产，所谓"虞幕能听

---

① 王小盾亦曾指出，先民的观象授时，其内容不仅有观测天象，而且还有对物候的观察。所谓物候即我们这里所说的"物象"，而且从时间维度来看，物象授时早于天象授时。参见王小盾：《上古中国人的用耳之道——兼论若干音乐学概念和哲学概念的起源》，《中国社会科学》，2017年第4期。

② 参见尹荣方：《少昊与中国古代的"鸟历"》，《农业考古》，1996年第3期。

③ 参见陈遵妫：《中国天文学史》册一，上海：上海人民出版社，1980年版，第200页。

④⑤ 李学勤主编：《十三经注疏·春秋左传正义》，北京：北京大学出版社，1999年版，第1363页。

协风，以成物乐生者也"（《国语·郑语》）说的就是这个意思。听风观鸟以知时，"因时顺气，以成育万物"，① 先民在此基础上产生了鸟类图腾崇拜。如张光直所言："在南方的河姆渡文化遗址里，有不少刻有鸟形图案与鸟形形象的象牙和骨制的美术品发现，这显然是良渚文化玉琮上面的鸟的前身。以鸟为天地之间来往的媒介，在殷墟卜辞中'帝史凤'，这种说法上已有明证，而且在中国东海岸的古代神话中，鸟要占有特别显著的地位。"② 鸟类被认为是沟通天地的媒介，根据鸟类迁徙鸣叫可知天时节气，因此鸟鸣之音自然也成为天地和谐之音。《吕氏春秋·仲夏纪·大乐篇》谓："音乐之所由来者远矣。生于度量，本于太一。太一出两仪，两仪出阴阳。阴阳变化，一上一下，合而成章。浑浑沌沌，离则复合，合则复离，是谓天常。天地车轮，终则复始，极则复反，莫不咸当。日月星辰，或疾或徐，日月不同，以尽其行。四时代兴，或暑或寒，或短或长，或柔或刚。万物所出，造于太一，化于阴阳。萌芽始震，凝寒以形。形体有处，莫不有声。声出于和，和出于适。和适先王定乐，由此而生。"材料指出乐的来源是极为久远的，从前面我们论及的贾湖骨笛便可知晓，而且音乐是由乐音所构成，乐音要和谐合律，则其乐器必须符合一定的度量，如骨笛的长短、音孔的位置等。万物生于天地之间，各得其道，各有其声，这里最关键的是"声出于和，和出于适"，音乐的"和"与"适"才是最重要的，"凡乐，天地之和，阴阳之调也"（《吕氏春秋·仲夏纪·大乐篇》）说的也是这个意思，即乐是天地阴阳调和的符号表征。那么如何才能知晓"天地之和，阴阳之调"呢？从贾湖骨笛到鸟历鸟的图腾崇拜，我们已经梳理出了其符号逻辑，那就是观鸟听声，如冯时所言：

　　　　但是在不明真相的古人看来，鸟当然最可能被认为是善知天时的神物，它的鸣唱预示着天时变化的和谐一致，而这种声音自然也就是表现天地阴阳调和的协和之音。于是先民们模仿凤鸟的鸣叫创制了十二律，并兼取雄雌之

---

① 徐元诰：《国语集解》，北京：中华书局，2002 年版，第 466 页。
② 张光直：《谈"琮"及其在中国古史上的意义》，《中国青铜时代》，北京：生活·读书·新知三联书店，2013 年版，第 312 页。

音，作为十二个月中每月阴阳和谐的标准音律。因此，这种能够发出协和之声的律管也就自然可以充当检验天时和谐与否的工具。①

人类认识到禽鸟与天地阴阳变化的关系，便以此来建模指导自己的实践，并在此基础上创制出十二律。而律实际上产生于先民听风察气的生产实践，中国律学经历了以耳齐声、鸟声校正、制作律管三个阶段，②律管候气即第三阶段的产物。通过律管来占测四时节气，也即律管正历，这个"历"在王小盾看来就是大自然的节历。先民占测天时，不外乎仰观俯察，《后汉书·历律上》云"天效以景，地效以响，即律也"，③观天测影，察地则是根据音律。《吕氏春秋·仲夏纪·古乐篇》言："昔黄帝令伶伦作为律。伶伦自大夏之西，乃之阮隃之阴，取竹于嶰溪之谷，以生空窍厚钧者，断两节间，其长三寸九分，而吹之以为黄钟之宫，吹曰舍少。次制十二筒，以之阮隃之下，听凤皇之鸣，以别十二律。其雄鸣为六，雌鸣亦六，以比黄钟之宫适合。"黄帝命其臣伶伦制定乐律，伶伦取九寸之竹，根据其吹出的声音作为黄钟律的宫音，其次又做了十二个竹筒，将其带到昆仑山下，根据凤凰鸣叫之声，以十二竹筒来区别十二律，其中雄鸣六律（黄钟、太簇、姑洗、蕤宾、夷则、无射六阳律），雌鸣六吕（大吕、夹钟、仲吕、林钟、南吕、应钟六阴律），合为十二律吕。这虽然带有神话色彩，但是其背后的听声制律的基本原理是可以确定的。《后汉书·历律上》说得更直白："截管为律，吹以考声，列以物气，道之本也。"④声律是与节气相应和的，候气之法亦是据此原理而来。这个还可从《列子》中记载的师文鼓琴的故事加以发明：

于是当春而叩商弦以召南吕，凉风忽至，草木成实。及秋而叩角弦以激

① 冯时：《中国天文考古学》，北京：中国社会科学出版社，2017年版，第268页。
② 参见王小盾：《上古中国人的用耳之道——兼论若干音乐学概念和哲学概念的起源》，《中国社会科学》，2017年第4期。
③ 范晔：《后汉书》册十一，北京：中华书局，1965年版，第3016页。
④ 同上书，第3014页。

夹钟，温风徐回，草木发荣。当夏而叩羽弦以召黄钟，霜雪交下，川池暴沍。及冬而叩徵弦以激蕤宾，阳光炽烈，坚冰立散。将终，命宫而总四弦，则景风翔，庆云浮，甘露降，澧泉涌。（《列子·汤问》）

商为金音，南吕为八月律，当春而叩商弦以召南吕，其结果是草木成熟；角为木音，夹钟为二月律，当秋叩角弦击夹钟，其结果为春风复来，草木萌生；羽为水音，黄钟为十一月律，当夏叩羽弦而召黄钟，其结果是霜雪交加，冰冻三尺；徵为火音，蕤宾是五月律，在冬天叩徵弦而激蕤宾，其结果是艳阳高照，冰雪融化；最后以宫弦总和春夏秋冬四时之音律，结果是和风吹拂，祥云飘浮，甘露降而醴泉出，张湛注认为是"至和之所致也"。[1] 这个看似神奇荒诞的故事背后，折射出的正是先民以音律应和节气的思想。十二律与十二月相应，形成一套对等符号体系，这个在司马迁的《史记·律书》中有过总结，如下表5.2所示：

表5.2 十二律与十二月十二子对应表[2]

十二月	十月	十一月	十二月	一月	二月	三月	四月	五月	六月	七月	八月	九月
十二律	应钟	黄钟	大吕	太簇	夹钟	姑洗	仲吕	蕤宾	林钟	夷则	南吕	无射
十二子	亥	子	丑	寅	卯	辰	巳	午	未	申	酉	戌

根据《史记·律书》所记，先民所创的十二律吕的名称本身就与万物的生长、归藏有关，如"泰簇者，言万物簇生也，故曰泰簇"，[3] "姑洗者，言万物洗生"，[4] "林钟者，言万物就死气林林然"，[5] "南吕者，言阳气之旅入藏也"。[6]《白虎通·五行》所论十二律与司马迁所记顺序相同，[7] 值得关注的是，无论是《史

---

① 杨伯峻：《列子集释》，北京：中华书局，1979 年版，第 185 页。

② 此表以亥为正，乃是因袭了秦朝之制，司马贞《史记索隐》指出黄帝以前《上元太初历》以建寅为正（一月），黄帝及殷、周、鲁等以建子为正（十一月），秦以建亥为正（十月），汉初因之。参见司马迁：《史记》册四，北京：中华书局，1982 年版，第 1255 页。

③ 司马迁：《史记》册四，北京：中华书局，1982 年版，第 1245 页。

④ 同上书，第 1246 页。

⑤⑥ 同上书，第 1247 页。

⑦ 参见陈立：《白虎通疏证》，北京：中华书局，1994 年版，第 182—187 页。

记·律书》还是《白虎通·五行》，都非常注重十二律与阴阳之气的关系问题，司马贞《史记索隐》指出："律者，所以通气"，[①] 也即律以通气，气以生风，风以应时节。因此我们非常赞同王小盾提出的"十二律本质上是关于节气的标志"这一论断，[②] 节气不同，其风有异，音律亦与其风相应，这就是听风制律。

听风制律源于观鸟知风，无论是四风还是后来的八风，都与时令相关，时令不同，所听鸟鸣之声各异，帝颛顼喜欢八方风音，于是"令飞龙作效八风之音"（《吕氏春秋·仲夏纪·古乐》），《左传·隐公五年（718BC）》亦将八音与八风并举："夫舞所以节八音而行八风，故自八以下。"杜注谓："八音，金、石、丝、竹、匏、土、革、木也。八风，八方之风也。以八音之器，播八方之风，手之舞之，足之蹈之，节其制而序其情。"[③] 八音为八种人造器乐之音，其播八方之风实际上是不同节候时令的符号表征。孔颖达《正义》引《易纬·通卦验》云："立春调风至，春分明庶风至，立夏清明风至，夏至景风至，立秋凉风至，秋分阊阖风至，立冬不周风至，冬至广莫风至。风体一也，逐天气、随八节而为之立名耳。"[④] 此八风对应的正是我们上文所列的鸟官分司表中所列的节气。所以风是随着季节之变化而变化的，八音播八风，八音为人造音乐符号，是对季节节令的建模。《正义》所引《乐纬》甚至还将八卦、八节、八音关联起来，[⑤] 如下表5.3所示：

表5.3　八卦、八节、八音配比表

八卦	坎卦	艮卦	震卦	巽卦	离卦	坤卦	兑卦	乾卦
八节	冬至	立春	春分	立夏	夏至	立秋	秋分	立冬
八音	管（竹）	埙（土）	鼓（革）	笙（匏）	弦（丝）	磬（石）	钟（金）	柷敔（木）

---

① 司马迁：《史记》册四，北京：中华书局，1982年版，第1240页。

② 王小盾：《上古中国人的用耳之道——兼论若干音乐学概念和哲学概念的起源》，《中国社会科学》，2017年第4期。

③ 李学勤主编：《十三经注疏·春秋左传正义》，北京：北京大学出版社，1999年版，第98页。

④⑤ 同上书，第99页。

先民用八卦确定方位，八卦与八节相应，八音对应相应的节候，八音又与八风相应，形成八卦与节候、音乐对应的符号体系。孔颖达《正义》引服虔之言曰："八卦之风：乾音石，其风不周；坎音革，其风广莫；艮音匏，其风融；震音竹，其风明庶；巽音木，其风清明；离音丝，其风景；坤音土，其风凉，兑音金，其风阊阖。"① 八卦与八风亦有对应，然而服虔之言与上文《乐纬》所引的配比关系是有出入的，孔颖达《正义》也明言分不清孰是孰非，故而两存。尽管其配比有出入，但是可以肯定的是，八风与八音跟不同的季节及方位是有关系的，故而许维遹指出，"盖古之制乐，仿效八方风声而为之音。……鼓钟可以仿效雷霆之声，则八风为八方之风声明矣。"② 乐师制乐需精于八音与八风之意义关系，《国语·周语上》有云，在籍田之礼前五日"瞽告有协风至"，其中的瞽为盲人乐师。韦注云："瞽，乐大师，知风声者也。协，和也。风气和，时候至也"，③ 瞽人通过听风把握节候，预测农时。在籍田之礼的过程中，"瞽帅音官以风土"（《国语·周语上》），音官也即乐官，所谓"风土"，韦注云："以音律省风土，风气和则土气养也。"④ 乐官根据音律省察风土是否和谐，节候是否准确，用以指导农业生产。如果八风自然和谐，则万物的春生、夏长、秋收、冬藏亦复如是；反之，如果八风不协，则万物的生长就会受到影响，如《吕氏春秋·仲夏纪·古乐》所云："昔古朱襄氏之治天下也，多风而阳气畜积，万物散解，果实不成，故士达作为五弦瑟，以来阴气，以定群生。"朱襄氏为远古部落，其时多风但阳气太盛，草木不结果实，这自然是气候不和谐所致，于是士达作五弦瑟来引导阴气，安定民生。这个带有神话色彩的音乐故事，大意是用乐来享祀上帝，祈求气候调谐，使农作物丰收。这种乐自然是作通神、媚神之用的，甚至还有某种巫术性质在内，"凡六乐者，一变而致羽物，及川泽之示；再变而致赢物，及山林之示；三变而致鳞物，及丘陵之示；

① 李学勤主编：《十三经注疏·春秋左传正义》，北京：北京大学出版社，1999 年版，第 99 页。
② 许维遹：《吕氏春秋集释》，北京：中华书局，2009 年版，第 123 页。
③ 徐元诰：《国语集解》，北京：中华书局，2002 年版，第 17 页。
④ 同上书，第 19 页。

四变而致毛物，及坟衍之示；五变而致介物，及土示；六变而致象物，及天神"
(《周礼·春官·大司乐》)。六乐的演奏有不同的功效，但招致各类生物的生长和
发展以及相关神祇的到来却是相同的。这样人造音乐就成为西比奥克意义上的三
级建模系统（Tertiary Modeling System），这一三级建模系统是在一级与二级建模
系统的基础上产生的。先民在生产生活之中，为其自身的发展，建构了音乐的符
号系统，由观鸟知风、听风制律的指示符转入文化意义上的象征符阶段，这是一
个意义关系不断发展延展的过程。如约翰·迪利所言，所有的符号都是关系，其
中交织着自然与文化，独立于人类思维之物与人类思维所创造之物，进而形成一
个经验的世界，这体现了人与自然相互依存的特征，并通过符号得到表征。①

上文我们结合传世文献与出土文献来论述了音律生成的文化背景，从观鸟知
风到听风制律，音律的诞生乃是人类观察自然、模仿自然而创制的协同于自然的
协和之音。所谓"同律度量衡"(《尚书·尧典》)，即根据农业生产所得的子谷秬
黍之长短、大小、轻重来确定音律，音律是模仿自然的节奏而来的人造三级模塑
的符号系统，其目的自然是让人类的一切表意行为符合于宇宙自然的节奏和规
律——和谐。而伶州鸠所言"律所以立均出度也。古之神瞽，考中声而量之以
制，度律均钟，百官轨仪"(《国语·周语下》)，则是人造符号系统对人的规范。只
有了解了音律诞生与人类物质生产与实践之间的关系，我们才能更好地理解《礼
记·乐记》等早期中国传世文献中对音与乐的论述。

二、作乐崇德：乐舞系统的建构

早期中国之乐并非现代意义的那种供人欣赏娱乐的音乐，如《汉书·艺文志》
所云："先王作乐崇德，殷荐上帝，以享祖考。"② 显然，这里所说的乐，乃是用于

---

① 约翰·迪利：《符号学基础》，张祖建译，北京：中国人民大学出版社，2012年版，第216页。
② 陈国庆：《汉书艺文志注释汇编》，北京：中华书局，1983年版，第55页。

祭祀上帝祖先的，是与祭祀礼仪相伴而行的一种宗教艺术，而非后来的音乐艺术。那么声、音、乐又是一种什么逻辑结构？

先从字形字源来看，"声"字以甲骨文字形来看，"𤾩"像一手执锤敲击石磬，《甲骨文字典》谓："𤾩会叩击悬磬之意。击磬则空气振动，传之于耳而感知者为声。"① 可见声字偏重于振动发声的物理性质；再来看"音"字，从甲骨文字形来看，"𡤩""象倒置之木铎及铎舌之形，与告、舌、言实为一字"，② 木铎为人造金属响器，可以摇动发声，"古代酉人讲话之先，必先摇动木铎以聚众，然后将铎倒置始发言"，③ 可见木铎的音响有独特的意义，也即召集开会的意思，音字从倒置木铎及铎舌之形，大概有强调酉人讲话之内容的意义在内；再来看"乐"字，从甲骨文字形来看为"𤳳"，据《甲骨文字典》所言，早期金文乐鼎字形与甲骨文同，晚期周金文增"白"为"𤳳"，与《说文》篆文相同，《甲骨文字典》引罗振玉之言："此字从丝附木上，琴瑟之象也"，并认为罗说可备一说，但是同时又指出"卜辞中乐无用作音乐义之辞例"，如"丙午卜在商贞今日步于乐亡灾"，"癸亥王卜在乐贞旬亡祸"，"乙未卜在乐贞王步亡灾"，④ 因此从字形流变角度来看，乐字增白实属晚出，认为乐乃是拨片拨动丝弦乐器似要存疑，如杨荫浏就认为商代到底有没有丝弦之乐还需存疑。⑤ 关于乐字造字本义，学界迄今似乎并未达成一致见解，如前引罗振玉的琴瑟丝弦说，修海林的成熟谷穗产生的喜悦之情说，⑥ 周武彦的社树祭祀欢乐说，⑦ 洛地的商人种族祭祀说，⑧ 许兆昌的巫术乐舞治病说，⑨

---

① 徐中舒：《甲骨文字典》，成都：四川辞书出版社，2014年版，第1289页。
② 同上书，第228页。
③ 同上书，第85页。
④ 同上书，第650页。
⑤ 参见杨荫浏：《中国古代音乐史稿》，北京：人民音乐出版社，1981年版，第26页。
⑥ 修海林：《古乐的沉浮》，济南：山东文艺出版社，1989年版，第138—144页。
⑦ 周武彦：《中国古代音乐考释》，长春：吉林人民出版社，2005年版，第4—9页。
⑧ 参见洛地：《"樂"字考释》，《音乐艺术》，2007年第1期；洛地：《"樂"字音义考释》，《音乐艺术》，2013年第3期。
⑨ 许兆昌：《先秦礼乐文化考论》，哈尔滨：黑龙江人民出版社，2010年版，第8—15页。

刘正国的祖灵（葫芦）崇拜说，① 不一而足，每一个论点都有其道理，能自圆其说，但也有不足。本书无意参与这一复杂的学术公案之中，只想就声、音、乐之逻辑关系来探讨早期中国古乐的生成，并试图提出自己的见解。

早期中国乐论较为集中的文献有《荀子·论乐》及《吕氏春秋》中的《大乐》《古乐》《适音》《侈乐》《音律》《制乐》诸篇，还有《礼记·乐记》论乐的部分。《礼记·乐记》在音乐史研究中一般被置于两汉乐论之中，如蔡忠德主编的《中国音乐美学史料注译》（人民音乐出版社，1990），杨赛主编的《中国历代乐论选》（华东师范大学出版社，2018）等皆有类似观点。但严格说来，《礼记·乐记》应是早期中国音乐思想的结晶。礼学家沈文倬考证指出，荀子《乐论》系抄袭了《礼记·乐记》的文字，乐本无经，孔子善乐，理论与实践俱善，其弟子后学传述了乐之义，至公孙尼子始写成《乐记》书本，脉络清晰，绝无可疑之处。② 也就是说，《乐记》成稿应该在荀子《乐论》之前，自然不属于两汉乐论史料；美学家蒋孔阳亦认为《乐记》当是先秦旧籍，其原作者当是先秦儒家学者，非一人一时之作，其编辑者则是汉初儒者，《乐记》亦当被视作先秦儒家关于礼乐问题的一个总结，③ 这个论断我们认为是比较合理的。先秦文献多经过秦火之祸，及至汉初，才被逐渐重新发掘整理，也就是说，汉人搜集整理之功自不可没，但是文献本身的思想是属于先秦的。下面我们将以《乐记》为主，兼及其他相关文献材料，来具体看一下早期中国声、音、乐之关系。

先看声与音之关系。《礼记·乐记》云："声相应，故生变；变成方，谓之音。"所谓"方"，郑玄注"犹文章也"，④ "文章"乃是通感之喻，此钱锺书已有发明："夫文乃眼色为缘，属眼识界，音乃耳声为缘，属耳识界；'成文为音'，是通耳于

---

① 刘正国：《"樂"之本义与祖灵（葫芦）崇拜》，《交响-西安音乐学院学报》，2011 年第 4 期。

② 参见沈文倬：《略论礼典的实行和〈仪礼〉书本的撰作》，《菿闇文存》，北京：商务印书馆，2006 年版，第 51—53 页。

③ 参见蒋孔阳：《先秦音乐美学思想论稿》，合肥：安徽教育出版社，2007 年版，第 230—239 页。

④ 李学勤主编：《十三经注疏·礼记正义》，北京：北京大学出版社，1999 年版，第 1074 页。

眼、比声于色。"① 因此"成方"即声音像五色错彩成文一样，也即陈澔所云"犹言成曲调也"，② 没有节奏、杂乱无章，因而没有意义的只能是声，或者说是噪音。不同的声音相互应和，会产生变化，这种有节奏的变化并具有一定意义的"声"就是"音"，也即"声成文，谓之音"(《礼记·乐记》)。这个在《诗经·关雎·序》中亦有申述，其曰："情发于声，声成文谓之音"，毛亨传谓："发犹见也。声谓宫、商、角、徵、羽也。声成文者，宫、商上下相应。"③ 宫、商、角、徵、羽即五声，五声按照音高有规律和节奏地相互应和，形成声音的文采，也即曲调。《孟子·离娄上》言"不以六律，不能正五音"，"继之以六律正五音"，赵岐注谓"五音，宫、商、角、徵、羽也"，④ 可见孟子这里所说的"五音"即宫、商、角、徵、羽，也就是五声。五声乃是由六律所正，前文已述，六律是先民用律管来测量音高的，五声的音高并非确定的，会因调子的不同而有相应变化，如果我们用黄钟律来确定宫音，就是黄钟宫，用大吕定宫音即是大吕宫，如下表 5.4 所示：

表 5.4 宫调律吕对应表

黄钟	大吕	太簇	夹钟	姑洗	蕤宾	林钟	夷则	南吕	无射	应钟
宫		商		角		徵		羽		
	宫		商			角		徵		羽

十二律理论上都可以确定宫音，以此类推，其组合可得六十声调。我们可以把六律视作自然的物理音高，把五声理解成曲调的音高，后者是具体"语境"中的相对音高，也即调式音高，因此在实际的音乐中，五声的音高需要用律来确定。宫、商、角、徵、羽五音按一定的节奏规律组织成不同音高、音长的乐音，而节奏本身就是有规律的重复，也即五声有节奏地重复变化才能产生乐音。《说文》谓"声生于心，有节于外，谓之音"，《礼记·乐记》言"感物而动，故形于声"，皆

---

① 钱锺书：《管锥编》，北京：生活·读书·新知三联书店，2008 年版，第 103 页。
② 陈澔：《礼记集说》，南京：凤凰出版社，2010 年版，第 291 页。
③ 李学勤主编：《十三经注疏·毛诗正义》，北京：北京大学出版社，1999 年版，第 7 页。
④ 李学勤主编：《十三经注疏·孟子注疏》，北京：北京大学出版社，1999 年版，第 185 页。

是强调声乃心为物所感，也即意识照亮事物，使之成为对象，诉诸声音。郑注云"宫、商、角、徵、羽杂比曰音，单出曰声"，① 所谓"杂比"就是五声按照一定的规律节奏进行交错排列，声音通过一定的节奏传达出某种特定的意义，否则就如明人何景明所言："一音独奏，成章则难。"② "节"的甲骨文字形像人跪坐之形，突出的是膝关节部分，是祭祀行礼时的活动，因为祭祀行礼有固定的仪节节奏，故而引申为节奏、节制。③ 有节奏的重复才能产生音乐的旋律："比物以饰节，节奏合以成文"（《礼记·乐记》），各种乐器相互配合，按照一定节奏和合五声以成音乐之旋律。旋律被视为音乐的灵魂，而旋律又是有节奏的重复。赵毅衡指出重复乃是意义的符号存在形式，因为意识的经验积累靠重复叠加才能形成，而人类的集体经验则要靠符号的交流传统，在这个意义上，重复成为人类文明的构成方式。赵氏还曾举《登鹳雀楼》为例，此诗五字一句，是长度重复，其平仄轻重及韵脚是语音重复，其对偶运用是"异相符素"的重复，即重复中的变异，这会产生新的意义，需要单独理解。④ 赵著虽然是论诗为例，但是自古诗乐不分，因此于乐而言，亦复如是。所以我们可以这样说，有节奏的重复，不仅是音乐的生命之源，也是人类文明的构成方式。

总而言之，"声"为人造声音，具有一定节奏能够传达一定思想和意义的人造声音即所谓的"音"，因此，"音"是人造的有意义的声音符号。本乎此，就可以理解"是故知声而不知音者，禽兽是也"（《礼记·乐记》）这句话的意思了：禽兽能够感知"声"，但是不知道人造符号"音"表征的意义。但是，"知音而不知乐者，众庶是也。唯君子为能知乐"（《礼记·乐记》）。孙希旦《礼记集解》引方悫之言曰："凡耳有所闻者，皆能知声；心有所识者，则能知音；通于道者，则能知乐。"⑤ 如

---

① 李学勤主编：《十三经注疏·礼记正义》，北京：北京大学出版社，1999年版，第1074页。
② 何景明：《与李空同论诗书》，载李壮鹰：《中华古文论释林·明代》上卷，北京：北京大学出版社，2011年版，第299页。
③ 参见祝东：《礼与乐：儒家符号思想的伦理进路》，《贵州社会科学》，2017年第8期。
④ 参见赵毅衡：《哲学符号学：意义世界的形成》，成都：四川大学出版社，2017年版，第151—156页。
⑤ 孙希旦：《礼记集解》，北京：中华书局，1989年版，第982页。

方氏所举，瓠巴鼓瑟，游鱼处听，伯牙鼓琴，六马仰秣，这些属于禽兽知声；魏文侯好郑卫之音，齐宣王好世俗之乐，这是众庶知音的表现；而孔子在齐所闻，季札聘鲁之所观，这才属于君子知乐。可见懂得"音"的符号意义只是人兽之别，懂得"乐"的才是君子，此"君子"并非地位高的统治者，如魏文侯、齐宣王，因为不知乐，同为庶人，可见"知乐"在古人心中之神圣地位。那么音与乐具体又是什么关系呢？

《礼记·乐记》指出："乐者，音之所由生也，其本在人心之感于物也。"这里首先指出了从音到乐是一种递进关系，而乐之本在于心感于物，"心"是意识之源，意识产生意向性，事物在意向性的观照下成为对象，参与意义建构。从符号现象学的角度而言，获义对象成为"以符号方式呈现的事物"，[1]"人心之动，物使之然也。感于物而动，故形于声"（《礼记·乐记》）。心物感应，此时之物已非纯自在之物，其在意向性压力之下为意识提供意义的某些观相，反馈给主体，主体以声符表而出之，有节奏的声发而出之就是"音"，是有意义的符号。然而此时依然只是"音"而非"乐"，"比音而乐之，及干戚、羽旄，谓之乐"（《礼记·乐记》），孔颖达疏谓："以乐器次比音之歌曲，而乐器播之，并及干戚、羽旄，鼓而舞之，乃'谓之乐'也。"[2]因此，乐不仅有声有音，还有器乐和舞蹈，这个才是所谓的"乐"，如清人孙希旦所言：

> 人心不能无感，感而不能无形于声。声，谓凡宣于口者皆是也。声之别有五，其始形也，止一声而已。然既形则有不能自已之势，而其同者以类相应。有同必有异，故又有他声之杂焉，而变生矣。变之极而抑扬高下，五声备具，犹五色之交错而成文章，则成为歌曲而谓之音矣。然犹未足以为乐也，比次歌曲，而以乐器奏之，又以干戚、羽旄象其舞蹈以为舞，则声容毕具而

---

[1] 赵毅衡：《哲学符号学：意义世界的形成》，成都：四川大学出版社，2017年版，第67页。
[2] 李学勤主编：《十三经注疏·礼记正义》，北京：北京大学出版社，1999年版，第1074页。

谓之乐也。①

音乐学界认为原始乐舞是一种史诗歌舞混合艺术形式，这个在这里得到了印证："原始乐舞首先是一种社会文化符号形式，其次才是艺术符号形式。"②音乐诞生于人类的需要，但在先民那里，生存的需要肯定大于艺术审美需要，实际上以艺术审美为目的的音乐，在中国历史上发生是较晚的，这个学界基本上已成共识。诗、乐、舞在先民那里常是共同出现的，并没有单纯意义上的"乐"，也即"乐"是乐舞、乐歌、乐器多位一体的文化现象，先民古乐尤其如此。

《吕氏春秋·仲夏纪·古乐篇》记载了朱襄氏之乐、葛天氏之乐、陶唐氏之乐，黄帝、颛顼、帝喾、帝尧、帝舜、帝禹以及商汤、文武周公之乐，其多与祭祀上帝与祖先神灵有关，如：

> 昔古朱襄氏之治天下也，多风而阳气畜积，万物散解，果实不成，故士达作为五弦瑟，以来阴气，以定群生。
>
> 昔葛天氏之乐，三人操牛尾，投足以歌八阕：一曰《载民》，二曰《玄鸟》，三曰《遂草木》，四曰《奋五谷》，五曰《敬天常》，六曰《建帝功》，七曰《依地德》，八曰《总禽兽之极》。
>
> 昔陶唐氏之始，阴多，滞伏而湛积，水道壅塞，不行其原，民气郁阏而滞著，筋骨瑟缩不达，故作为舞以宣导之。
>
> 昔黄帝令伶伦作为律。……以仲春之月乙卯之日日在奎始奏之，命之曰《咸池》。
>
> 帝颛顼生自若水，实处空桑，乃登为帝。……乃令飞龙作，效八风之音，命之曰《承云》，以祭上帝。

---

① 孙希旦：《礼记集解》，北京：中华书局，1989年版，第976页。
② 袁静芳：《中国传统音乐概论》，上海：上海音乐出版社，2000年版，第65页。

帝喾命咸黑作为《声歌》。……帝喾大喜，乃以康帝德。

帝尧立，乃命质为乐。……命之曰《大章》，以祭上帝。

舜立，仰延，乃拌瞽叟之所为瑟，益之八弦……帝舜乃令质修《九招》、《六列》、《六英》，以明帝德。

禹立，勤劳天下，日夜不懈。……于是命皋陶作为《夏籥》九成，以昭其功。

殷汤即位，……汤于是率六州以讨桀罪，功名大成，黔首安宁。汤乃命伊尹作为《大护》，歌《晨露》，修《九招》、《六列》，以见其善。

周文王处岐，诸侯去殷三淫而翼文王。……周公旦乃作诗……以绳文王之德。武王即位，……乃命周公为作《大武》。

《古乐篇》记载的是远古的音乐传说，可视作原始乐舞的发展简史。朱襄氏之时，天地阴阳失调，士达用乐引来阴气，安定民生，由此可以推测，这应是一种原始乐舞祭祀活动，先民希望通过乐舞祭祀来祈求阴阳调和；葛天氏之乐则记载得更为具体生动，有音乐，有舞蹈，有歌曲。这段材料的内容我们在上一节亦有分析，不外乎祭祀天地图腾，祈求草木五谷繁盛，人畜兴旺发达，如余甲方所言，"它折射出氏族公社时期人们原始宗教意识和乐舞形式的祭祀活动"，[①] 阴康氏之乐有宣导治病之功，这个与前文所引许兆昌原始巫术乐舞治病之论可相互参发；黄帝的《咸池》之乐，乃在特定时间演奏，亦应是一种周期性的祭祀活动；颛顼帝处于空桑，据前引周彦武之论，桑为社树，空桑乃是社祭之所，自然是宗教文化之中心，[②] 其《承云》之乐已被明确指出是祭祀上帝的；帝喾《声歌》之乐宣扬上帝功德，帝尧《大章》之乐祭祀上帝，帝舜诸乐，也是用来彰显天帝美德的；自大禹而下，商汤、文王、武王、周公诸乐，则转到了对人祖功业的赞美与崇拜。这

---

① 余甲方：《中国古代音乐史》，上海：上海人民出版社，2014年版，第6页。
② 傅斯年在《夷夏东西说》中亦曾指出，穷桑与空桑为一名之异称，空桑在远古是一个极为重要的地方，属于政治和文化中心。参见傅斯年：《民族与古代中国史》，上海：上海人民出版社，2014年版，第45页。

一脉络整体上是由祭天到敬祖，其崇奉的对象由上帝、图腾逐渐过渡到祖先，反映的是人类从自然崇拜到图腾崇拜、祖先崇拜的发展历程，是人类心智发展成熟的表征。

那么古乐为何是以宗教祭祀为先，而不是以悦人为本，这就涉及上文论述的音律起源的问题了。如上一节所言，先民听风制律，并非为了创制现代审美意义上的音乐，而是为了建构与自然物候相同的模型，以此把握四时节令，以便更好地从事农业生产。特别是天地阴阳调和，风调雨顺，这对农业生产来说自然是最好不过的事情，中国音乐美学上乃至文化哲学上的重要概念"和"实与此相关。"和"字甲骨文字形为"龢"，字形左边像一个口对着像排箫一类的管状乐器"龠"，奏出了和谐的音律，右边是禾苗之形，《说文》谓"调也，从龠禾声"，而禾字的甲骨文字形为"禾"，字形像一株成熟并压弯低垂的庄稼，《说文》谓"嘉谷也，……凡禾之属皆从禾"，"龢"以"禾"为音。我们知道，汉语训诂学上有因声求义的右文说，清人黄承吉《字义起于右旁政之声说》对此进行了集中系统阐发，其指出："六书之中谐声之字为多。谐声之字，其右旁之声必兼而有义，而义皆起于声。凡字之以某为声者，皆起源于右旁之声义以制字，是为诸字所起之纲。其在左之旁部分（或偏旁在右在上之类皆同），则即由纲之声义而分为某事某物之目。……纲为母而目为子，凡制字所以然之原义未有不起于纲者。……盖凡字之同声者皆为同义，声在是则义在是，是以义起于声。"[1] 黄氏将右文说推衍到右声说，被认为是抓住了语言文字发展的要领，当然我们也不能以偏概全，要根据实际情况来考察。具体到这里所言的"龢"与"禾"，"龢"以禾为音，显然其原始意义是与"禾"有关，也即作为音乐的"禾"其初始意义与作为农业的"禾"具有密切的关系，或者说乐之和乃是为了祈求天地阴阳之和而获得"禾"之丰收。

本乎此，我们就可以理解早期中国乐论中的诸多关于"和"的阐述。如《尚

---

① 转引自李建国：《汉语训诂学史（修订版）》，上海：上海辞书出版社，2002年版，第312—313页。

书·尧典》云："诗言志，歌永言，声依永，律和声。八音克谐，无相夺伦，神人以和。"此处可再次证实先民之乐是一种诗、乐、舞的综合，如果音乐和谐了，那么人神就和睦了。"声亦如味，一气，二体，三类，四物，五声，六律，七音，八风，九歌，以相成也。清浊，小大，短长，疾徐，哀乐，刚柔，迟速，高下，出入，周疏，以相济也。君子听之，以平其心。心平，德和"（《左传·昭公二十年（522BC）》），这自然首先是在宗教祭祀之中使用的乐。"乐者敦和，率神而从天"（《礼记·乐记》），其目的在于祈求天地阴阳的和谐，"以六律、六同、五声、八音、六舞、大合乐。以致鬼、神、示，以和邦国，以谐万民，以安宾客，以说远人，以作动物"（《周礼·春官·大司乐》）。这个顺序大概被后人改写了，乐的初始目的在于致天地鬼神，祈求风调雨顺，如此方能化生万物，保障农业收成，如此才能保证邦国之和与万民之谐。这个还有其他相关文献可证，如《国语·郑语》云"夫和实生物，同则不继"，《国语集解》引韦解："阴阳和而万物生"，[①] 当祈求天地和谐；"凡乐，天地之和，阴阳之调也"（《吕氏春秋·仲夏纪·大乐》），阴阳调和万物才能更好地生长发育："是故大人举礼乐，则天地将为昭焉。天地欣合，阴阳相得，煦妪覆育万物，然后草木茂，区萌达，羽翼奋，角觡生，蛰虫昭苏，羽者妪伏，毛者孕鬻，胎生者不殰，而卵生者不殈，则乐之道归焉耳"（《礼记·乐记》），此即认为圣人举礼乐的目的在于让天地之气交合，使阴阳相得和合，然后化育万物，所以万物化生才是乐的首要目的：

> 天子省风以作乐，器以钟之，舆以行之。小者不窕，大者不槬，则和于物，物和则嘉成。（《左传·昭公二十一年（521BC）》）
>
> 乐，天地之精也，得失之节也，故唯圣人为能和，（和）乐之本也。夔能和之，以平天下。（《吕氏春秋·察传》）[②]

---

① 徐元诰：《国语集解》，北京：中华书局，2002 年版，第 470 页。
② 据许维遹《吕氏春秋集释》案语，乐上当更增一"和"字，文义乃顺。参见许维遹：《吕氏春秋集释》，北京：中华书局，2009 年版，第 618 页。

> 大乐与天地同和，……和则百物不失。(《礼记·乐记》)

> 乐者，天地之和也；……和则百物皆化。(《礼记·乐记》)

> 然后发以声音，而文以琴瑟，动以干戚，饰以羽旄，从以箫管。奋至德之光，动四气之和，以著万物之理。合生气之和。(《礼记·乐记》)

也许在先民看来，作为三级建模的和乐与作为二级建模的自然之节奏是一种结构同型关系，这就是为何先民一直在强调乐与天地之和的关系，因为"乐法天地之气，故云天地之和"，① 天用和气才能化生万物，因此乐之和要与天地和气保持结构一致，只有如此，人造之"乐"才能对天地自然施加影响，这种人造的乐舞符号系统才可以上达于天。乐能够起到相关作用，更重要的是它是一种洛特曼意义上的"模式化系统"，也即在建构天人沟通模式中建立的一种结构体系，"模式化系统就是其所有成分结构及其构成规则都是按照'像似性'原则建构的体系"。② 这种模式化活动的目的是使活动的结果可以被认为是同为客体的像似物或像似现象，也即模式化活动乐的和与自然客体的和是同构的。这就是为什么先民之乐尤为注重节奏的和谐，因为如果一旦节奏不和谐，其活动的结果就会被视为（或引起）自然的不和，就可能影响到气候与收成，这个肯定是先民不愿看到的事情。本乎此，我们似乎可以推测，先民之乐首先乃是一个特定宗教场所，这里会举行包含音乐与舞蹈的祭祀活动，其内容与天地自然的风调雨顺及五谷六畜繁育发达有关。这个跟"礼"字初始意义及衍变颇为相似，如王国维在《释礼》一文中指出，"礼"字本身是指代祭祀行礼的器物，后来又推至敬奉神人的酒醴，"又推之而奉神人之事通谓之礼"。③ 这是一个由具象事物符号逐步抽象上升而来的概念符号，早期中国的礼、乐、名、道等概念符号大抵皆有一个类似

---

① 司马迁：《史记》册四，北京：中华书局，1982 年版，第 1192 页。

② 赵爱国：《20 世纪俄罗斯语言学遗产：理论、方法及流派》，北京：北京大学出版社，2012 年版，第 104 页。

③ 王国维：《释礼》，《观堂集林》，石家庄：河北教育出版社，2001 年版，第 177 页。

的演化过程。

这就是前引徐中舒指出的甲骨文中之"樂"是指称地名而不是指音乐的原因，徐氏还指出"樂"字"从88（丝）从木"，[1]"88"即"兹"，此洛地已有考证，[2]《说文》谓："艸木多益。从艸，兹省声"；至于"樂"字下之"木"，洛地认为是木主牌位。上一章我们论及祭祀尸礼的时候指出，夏、商、周皆有尸礼，而木主取代尸人实是晚出，也符合由实物（尸人）走向抽象（木主）的符号化发展过程，木主在武王伐纣中才首次见到，因此认为"木"为木主值得商榷。

现今见到可以识别的最早的文字为甲骨文，甲骨文为商人的文字符号，考察乐的本意离不开其造字的文化语境。"空桑""穷桑"在神话传说中屡有出现，如《吕氏春秋·季秋纪·顺民》："昔商汤克夏而正天下，天大旱五年不收，汤仍以身祷于桑林。"商汤有重臣伊尹，司马贞《索引》引皇甫谧言："伊尹，力牧之后，生于空桑。"[3]张守节《正义》引《帝王世纪》云："黄帝自穷桑登帝位，后徙曲阜。少昊邑于穷桑，以登帝位，都曲阜。颛顼始都穷桑，徙商丘。"[4]少暤氏为殷人之祖，空桑（穷桑、桑林）为殷人重要的政治文化中心，张光直综合前人研究指出，空桑应该并非一个固定的地理位置，而是殷商民族以及若干其他民族祭祀祖先神明的圣地。而桑林成为圣地，乃是因为其有通天的桑树，[5]桑树高高在上，上帝居于上天，这实际上是一种转喻关系。而殷人的上帝是自然天象的主宰，"上帝之令风雨、降祸福是以天象示其恩威，而天象中风雨之调顺实为农业生产的条件，所以殷人的上帝虽保佑战争，而其主要的实质是农业生产的神"。[6]这一文化语境对于理解古"樂"字意义重大，殷人乐舞祭祀的至上神来源于管理天时的农业神，

---

① 徐中舒：《甲骨文字典》，成都：四川辞书出版社，2014年版，第650页。

② 参见洛地：《"樂"字考释》，《音乐艺术》，2007年第1期。

③ 司马迁：《史记》册一，北京：中华书局，1982年版，第94页。

④ 同上书，第128页。

⑤ 参见张光直：《商代的巫与巫术》，《中国青铜时代》，北京：生活·读书·新知三联书店，2013年版，第276—278页。此外，前引傅斯年《夷夏东西说》亦主张空桑为政治文化中心。

⑥ 陈梦家：《殷墟卜辞综述》，北京：中华书局，1988年版，第580页。

其祈求的自然是天气与农作物的收成。因此古"樂"字下面的"木"应该是指通天的神树，如桑林；当然或许还可以理解为指代其他一切草木，当"木"与其上的"兹"组合起来的话，意在祈求其生长繁盛。也就是说，殷商之"樂"，首先是指其宗教神明之地（如桑林），殷人在这里举行祭祀活动，祈求天地和谐，草木滋生繁盛，农业丰收；后来这一宗教地名转化为指代这种祭祀的综合乐舞活动。随着社会文化的发展，乐舞逐渐独立出来，成为一种综合性质的宗教礼仪。这一点还可以用考古学界的研究成果作一旁证，如卜工的《文明起源的中国模式》一书中就曾研究指出，在距今一万年左右的前仰韶时期，中国的先民就开始了农业革命并走向定居，其原始宗教的内容主要限定在祈年、求雨方面。而随着时代的发展，这种活动逐渐固定在特定的季节，形成古礼的崇拜仪式。① 祈年求雨自然是为了风调雨顺而获得农业收成，这个应该就是早期乐礼，当其逐渐发展固化之后，就形成了殷商时代的乐礼仪式。

《隋书·经籍志》云："乐者，先王所以致神祇，和邦国，谐万姓，安宾客，悦远人，所从来久矣。周人存六代之乐，曰《云门》、《咸池》、《大韶》、《大夏》、《大护》、《大武》。其后衰微崩坏，及秦而顿灭。"② 这里论述了一条乐的发展脉络：古乐首先是通神，然后是治国，最后是悦人。按照顺序是以敬天治国为先，当其发展到悦人的阶段时，就"衰微崩坏"了，这就是我们常说的"礼崩乐坏"。"礼崩乐坏"是本书中屡次提及的一个概念，"礼崩"自然是各种僭越礼仪的活动，如季氏"八佾舞于庭"之属皆是，那么"乐坏"具体是怎么衡量的？《汉书·艺文志》在总结先秦学术源流的时候曾给出一个答案："周衰俱坏，乐尤微眇，以音律为节，又为郑卫所乱故无遗法。"③ 也就是说，乐坏乃是"以音律为节"，而不是以我们前文所论及的以礼的周旋揖让进退为节，这其实就是乐转化为一种娱人的音

---

① 参见卜工：《文明起源的中国模式》，北京：科学书出版社，2007年版，第202页。
② 魏征，令狐德棻，等：《隋书》，北京：中华书局，1973年版，第927页。
③ 陈国庆：《汉书艺文志注释汇编》，北京：中华书局，1983年版，第56页。

乐活动。《汉书·艺文志》中明言"六国之君，魏文侯最为好古"，[1] 魏文侯是战国初年的魏国君王，顾实曾言："魏文侯受经于子夏，作《孝经传》，六国之君，尊儒好古，莫文侯若也。故战国初，魏最强。"[2] 而被认为最为尊儒好古的魏文侯却曾向孔子弟子子夏坦言："吾端冕而听古乐，则唯恐卧。听郑卫之音，则不知倦。敢问古乐之如彼何也？新乐之如此何也？"（《礼记·乐记》）古乐即先王正乐，与其相对的就是郑卫之音，属于新乐。魏文侯听古乐昏昏欲睡，听新乐则不知疲倦，可见这样一位被视为尊儒好古的君王，对儒家倡导的古乐也失去了兴趣。而古乐跟新乐其差异性究竟体现在哪里呢？子夏亦有明确的回答：

今夫古乐，进旅退旅，和正以广，弦匏笙簧，会守拊鼓，始奏以文，复乱以武，治乱以相，讯疾以雅，君子于是语，于是道古，修身及家，平均天下，此古乐之发也。今夫新乐，进俯退俯，奸声以滥，溺而不止，及优侏儒，獶杂子女，不知父子，乐终不可以语，不以道古。此新乐之发也。今君这所问者乐也，所好者音也。夫乐者，与音相近而不同。(《礼记·乐记》)

子夏指出，古乐以乐舞进退为节，乐与舞节奏严整，进退如一，舞乐结束时，"君子于是语"，孔颖达《正义》"谓君子于此之时，语说乐之义理也"，[3] 其关注的是乐语背后的意义问题，讨论的是有关修身治国的伦理政治问题，而不是感官的享受；相反，新乐则是乐舞不齐，行五杂乱，声音放纵，引导人们沉溺其中而没有节制，更有倡优侏儒之表演，男女混杂，父子不分，这种乐舞重于感官享受，而缺少伦理教化意义，这种新乐被孔颖达视为"今世所作淫乐"。[4] 所以子夏最后指出魏文侯所问为音而非乐，乐与音虽然相近，其实不同。郑玄注指出魏文侯是

---

[1]　陈国庆：《汉书艺文志注释汇编》，北京：中华书局，1983 年版，第 57 页。
[2]　顾实：《汉书艺文志讲疏》，上海：商务印书馆，1930 年版，第 59 页。
[3]　李学勤主编：《十三经注疏·礼记正义》，北京：北京大学出版社，1999 年版，第 1121 页。
[4]　同上书，第 1122 页。

好音，但是不知乐，"铿锵之类皆为音，应律乃为乐"，① 只有铿锵节奏的只是音，而乐是"应律"的，前文我们论听风制律的时候曾指出律乃是人造的符合天地自然节奏秩序的乐音符号。孔颖达《正义》进一步指出："古乐有音声律吕，今乐亦有音声律吕，是乐与音相近也。乐则德正声和，音则心邪声乱，是'不同'也。"②同样有音声律吕，但是乐偏重的是"德正声和"，也即子夏所言的"德音之谓乐"（《礼记·乐记》）。关于"德音"，子夏举了《诗经·大雅·皇矣》的诗句为证；而与德音相对的即"溺音"，子夏强调魏文侯所好非德音而是溺音。溺音包括郑音、宋音、卫音、齐音，郑音放纵，宋音柔媚，卫音急促，齐音怪僻，"此四者，皆淫于色而害于德，是以祭祀弗用也"（《礼记·乐记》）。四种溺音使人沉溺于声色的感官享受，而不利于人的德行修养的提升，因此祭祀不用，而属于乐的德音，是能用在宗教祭祀活动之中的。

归根结底，乐与音的最大不同在于其文化功能的差异。德音之乐"所以祭先王之庙也，所以献酬酳酢也，所以官序贵贱、各得其宜也，所以示后世有尊卑长幼之序也"（《礼记·乐记》），德音属于宗教、政治、社会、人伦领域的文化活动，并非是为了满足感官享受的艺术形式，其功能及意义与后来用于享乐的歌舞是有差异的。乐是先民在其特定的语境之中创制的关于自然、社会、人伦的和谐乐章，有其特定的语义，如果语义丧失，哪怕恢复其形式，古乐也失去了其应有的意义，如《汉书·艺文志》所言："汉兴，制氏以雅乐声律，世在乐官，颇能纪其铿锵鼓舞，而不能言其义。"③ 制氏虽然世代为乐官之职，懂得雅乐之声律，但是只能纪其铿锵鼓舞之节，却不能解释其仪容节奏背后的义理。《礼记·郊特牲》言："礼之所尊，尊其义也。失其义，陈其数，祝史之事也"，数即礼的形式问题，义则是形式表征的意义问题。张舜徽认为，这段文字虽然是论礼的，但是可以旁通及乐。而且，"礼乐之道，所贵在义，而非仪文音律之谓"，④ 因此失去了仪式与义理的乐

---

①② 李学勤主编：《十三经注疏·礼记正义》，北京：北京大学出版社，1999 年版，第 1123 页。

③ 陈国庆：《汉书艺文志注释汇编》，北京：中华书局，1983 年版，第 56 页。

④ 张舜徽：《汉书艺文志通释》，武汉：华中师范大学出版社，2004 年版，第 220 页。

律，就会沦为空洞能指，不能传之久远。毕竟在早期中国文化语境中，无论是礼还是乐，都是"所指优先"型文本，人们关注的是礼容、乐音背后的深层意义，特别是政治伦理功用，而不是其本身的艺术形式之美。从乐律的起源来看，其承担的主要功能就不是艺术的再现与审美，而是一种生产生活的实用功能。其三度建模之后，主要作用依然不是审美，而是宗教的、政治的功能，当其转化为人的审美艺术符号的时候，其实就是乐的崩坏之时。此即先民之乐由宗教祭祀到政治伦理再到审美愉悦的发展过程，随着审美性与艺术性的上升，乐逐渐过渡到现代意义的音乐论域，但是已经失去了古"樂"的意义。

第二节 乐的功能：从媒介到符码

王国维在其《宋元戏曲考》中指出："歌舞之兴，其始于古之巫乎？巫之兴也，盖在上古之世。……是古代之巫，实以歌舞为职，以乐神人者也。"① 这里王氏肯定了歌舞与巫术的关系，并指出了巫的歌舞作用在于取悦神人，实际上王氏进一步区分了乐神与乐人之别，"巫以乐神，而优以乐人"，② 前文我们已有论述。悦人之乐其实是晚起的，上古音乐皆伴随着乐舞仪式进行，这种乐舞多是在祭祀仪式上用的，诗、乐、舞一体，中外皆如此，此朱光潜在《诗论》中已有发明："古希腊的诗歌、舞蹈、音乐三种艺术都起源于酒神祭典。酒神（Dionysus）是繁殖的象征，在他的祭典中，主祭者和他的信徒们披戴葡萄及各种植物枝叶，狂歌曼舞，助以竖琴（lyre）等各种乐器。"③ 古希腊的诗、乐、舞用于象征繁殖的酒神祭祀，中国上古之乐也是用于祈求天地阴阳平衡、百草丰茂、万物滋长，可见中西之乐都有用于祈求生长发展的共同目的，并且都是在祭祀仪式上使用的。朱谦之亦曾

---

① 王国维：《宋元戏曲考》，天津：百花文艺出版社，2002年版，第1页。
② 同上书，第3页。
③ 朱光潜：《诗论》，北京：北京出版社，2011年版，第8页。

指出，在荷马史诗产生之前，西方的祭神诗（Daeaus）是在祭神时颂祷于亚波罗神及诸神衹之用的，哀悼诗（Threnos）用于吊挽死者，环绕灵床高声而歌。[①] 具体到中国的历史文化语境之中，上古之乐首先是通神的媒介，乐舞属于部落的集体宗教政治性活动。随着历史的发展，先民发现乐与政治相通的符号特征，并将乐用于政治教化，乐发展成为调节政治伦理的符码。下文试作一勾勒分析。

一、神人以和：沟通人神的媒介符号

由上文论乐的源起，我们知道乐乃是因为生存之需对自然的模塑与符号建构，是在特定空间场所表演的一种诗、乐、舞一体的祭祀活动，其目的在于以诗、乐、舞的节奏模仿天地自然运行的节奏，达到人神共振，祈求风调雨顺、百物丰茂。显然乐在这里已经成为一种通神的媒介，而且是一种表演性质的呈现性媒介，如赵毅衡所言："呈现性媒介，往往用于表演，如身体姿势、言语、音乐、电子技术等；呈现性媒介造成文本的表演性现在性；呈现性媒介是一次性的，现在进行式的。"[②] 祭祀仪式上的舞蹈乃是通过身体姿势呈现的表演，颂诗乃是一种言语性质的表演，而仪式上所奏之乐自然是音乐性质的表演，这种表演是一种现在进行式的一次性呈现，这种综合性质的媒介传递着先民试图沟通神灵的符号信息。而乐则如同书信一样，成为一个文化类别，这个就是中国文化人类学界所说的大传统时代特有的文化类别，在人类文字发明之前，其一度占据这主导地位，如叶舒宪所言："文字产生之前肯定存在大量的口传文本，但是口说的东西没有物质化的符号，不能保存下来。"[③] 也正是因为如此，我们现在只能依靠传世文献中的零星记录及出土文献来管窥这一时期的符号思想。如萧兴华根据贾湖出土的骨笛推测骨笛

---

① 参见朱谦之：《中国音乐文学史》，上海：上海人民出版社，2006 年版，第 38 页。

② 胡易容，赵毅衡：《符号学-传媒学词典》，南京：南京大学出版社，2012 年版，第 143 页。

③ 叶舒宪，等：《文化符号学——大小传统新视野》，西安：陕西师范大学出版总社有限公司，2013 年版，第 5 页。

的主人可能是部落或氏族中能沟通天地和人神的巫师，①巫师在进行巫术活动时，其表演的音乐舞蹈被视作一种"情感概念"的运动形式，这种形式比之单纯的情感更容易为人所觉察识别，并通过重复来加强其情感意义，"尤其是在先秦的巫术时代里，巫师所表现的巫术乐舞，并不只是巫师个人的自身情感，而是一种集体情感的想象与概念，它通过音乐、舞蹈本身的动态特征，表现人类生命的某些经验形式以及人类基本需求的希冀与祈求。这一点恰好是语言不容易做到的，正是这样，巫术与音乐、舞蹈混为一体，密不可分。也正因为这样，人类的巫术时代，少不了音乐、舞蹈这一最佳通神媒介"。②

如果说原始之乐是媒介，那么乐舞之节就是符号形式。原始之乐是包含着诗、乐、舞的综合体，如朱光潜所言，"它们的共同命脉是节奏"，③节奏是人们可以通过乐来感知的部分，乐的节奏传达出一定的意义，节奏就是可以感知的符号形式。"符号依托于一定的物质载体才能被人感知，但是感知本身需要传送，传送的物质称为媒介（medium，又译'中介'），媒介即是储存与传送符号的工具。"④先民之乐包括至少三个维度的"节"，其一是音乐的节奏，其二是舞蹈的节奏，其三是颂诗的节奏，而这里面占据主导地位的应该是音乐的节奏，舞与诗乃是配合着乐音节奏进行的。"屈伸俯仰，缀兆舒疾，乐之文也"（《礼记·乐记》），舞蹈动作节奏就是"乐之文"，即符号的外化。这个朱光潜也曾借用人类学的资料进行了佐证，如澳洲土著人的"考劳伯芮舞（Corroborries）"，指挥者用棍棒敲击出乐音的节奏，男子们排队应节起舞，妇女们则拖着嗓子随着舞的节奏歌唱，但是其所唱的歌词往往是错乱颠倒、不成文法的，"歌词的最大功用在应和跳舞节奏，意义并不重要"。⑤根据这个我们可以推测先民之乐的重点在于节奏的和谐，这种节奏即沟通天神地祇的符号形式，所谓"大乐与天地同和，大礼与天地同节。和故百物不

---

① 萧兴华：《中国音乐文化文明九千年——论河南舞阳贾湖骨笛的发掘及其意义》，《音乐研究》，2000 年第 1 期。

② 赵仲明：《巫师、巫术、秘境——中国巫术文化追踪》，昆明：云南大学出版社，1993 年版，第 65 页。

③ 朱光潜：《诗论》，北京：北京出版社，2011 年版，第 11 页。

④ 赵毅衡：《符号学：原理与推演》，南京：南京大学出版社，2016 年版，第 120 页。

⑤ 朱光潜：《诗论》，北京：北京出版社，2011 年版，第 9 页。

失，节故祀天祭地，明则有礼乐，幽则有鬼神"（《礼记·乐记》）说的就是这个意思。首先，这里所言的"天地"，就是一种人格神，即有意识的天神地祇；① 其次，"大乐与天地同和，大礼与天地同节"应是互文手法，可以相互参发补充，也即大乐与大礼是能够协同天地之节奏的，礼乐之节即沟通天神地祇的符号形式。所以孙希旦认为："愚谓天地有自然之和，而大乐与天地同其和；天地有自然之节，而大礼与天地同其节。百物不失者，百物得和以生，各保其性也。祀天祭地者，万物得节以成，本其功于天地而报之也。鬼神者，天地之功用，自然之和节也。礼乐者，圣人之功用，同和同节者也。"② 礼乐人造符号用以沟通天地鬼神，乃是因为其可以感知的符号形式——节奏能够模塑天地阴阳运行的节奏，使之和谐共振，万物得到天地和谐之节，故而能顺利生长。圣人用礼乐之节沟通天地，使天地与人同和同节，彼此和谐，故而能促进百物生长。如果说乐是媒介的话，那么节就是乐的符号文本，其符号意义就是和谐共生，也即先民通过乐的节奏与天地沟通，祈求天人和谐，共生发展。

因此上古先民之乐，便成为一种通神的媒介。《尚书·尧典》中帝令夔典乐，"八音克谐，无相夺伦，神人以和"，乐和谐有序，就能够沟通天神，达到"神人以和"的目的，此先秦传世文献中亦多有发明可参。如《国语·周语下》伶州鸠言："凡人神以数合之，以声昭之。数合神和，然后可同也。"《国语集解》引韦昭解谓："凡，凡合神人之乐也。以数合之，谓取其七也。以声昭之，谓以律调音也。同，谓神人相应也。"③ 而这里的"数"应该是指音声的律数，也即伶州鸠所言的"律所以立均出度"，通过确定中音来计算出相应各律振动体的长度标准，涉及精密的数学计算。《管子·地员篇》记载的乐律计算方法"三分损益法"，至少在公元前七世纪时已经应用于弦上的一个五声音阶的计算，④ 而《管子·地员篇》记载

① 参见蔡忠德：《中国音乐美学史料注译》，北京：人民音乐出版社，1990年版，第259页。

② 孙希旦：《礼记集解》，北京：中华书局，1989年版，第988页。

③ 徐元诰：《国语集解》，北京：中华书局，2002年版，第126页。

④ 参见杨荫浏：《中国古代音乐史稿》，北京：人民音乐出版社，1981年版，第85—86页。

的是已经成熟的计算方法，那么从历史进程来看，这种对音律的数学计算的源起发展应该比这个时间更早。在伶州鸠看来，只有音律符合节奏，才能引起神人相和，这种思想应是上古乐论思想的传承，在先秦传世文献中，这种思想亦见之于其他相关乐论文献之中：

> 故圣人作乐以应天。(《礼记·乐记》)
>
> 礼乐偩天地之情，达神明之德，降兴上下之神。(《礼记·乐记》)
>
> 喜怒哀乐之未发，谓之中；发而皆中节，谓之和；中也者，天下之大本也；和也者，天下之达道也。致中和，天地位焉，万物育焉。(《礼记·中庸》)
>
> 夫至乐者，先应之以人事，顺之以天理，行之以五德，应之以自然，然后调理四时，太和万物。四时迭起，万物循生。(《庄子·天运》)

但是随着人类社会的发展，特别是人类由自然崇拜、图腾崇拜发展到祖先崇拜的过程中，乐的功能也在发生变化，由通神到通灵，《周易·豫卦·象辞》云："先王作乐崇德，殷荐之上帝，以配祖考。"乐由荐之上帝到以配祖考，其与人的距离越来越近，逐渐演变成天神、地祇、人鬼共同享乐的乐礼制度，如《周礼·春官·大司乐》所言：

> 凡乐，圜钟为宫，黄钟为角，大蔟为徵，姑洗为羽，雷鼓、雷鼗，孤竹之管，云和之琴瑟，《云门》之舞，冬日至，与地上之圜丘奏之，若乐六变，则天神皆降，可得而礼矣。凡乐，函钟为宫，大蔟为角，姑洗为徵，南吕为羽，灵鼓、灵鼗，孙竹之管，空桑之琴瑟，《咸池》之舞，夏日至，于泽中之方丘奏之，若乐八变，则地祇皆出，可得而礼矣。凡乐，黄钟为宫，大吕为角，大蔟为徵，应钟为羽，路鼓、路鼗，阴竹之管，龙门之琴瑟，《九德》之歌，《九韶》之舞，于宗庙之中奏之，若乐九变，则人鬼可得而礼矣。

这里特别强调了乐舞的演奏时间、地点都有不同的音高，盖音高与节奏是借助乐舞媒介而传递的不同符号，因为沟通的对象不同，所以其音高不同，节奏各异，这也充分说明了乐成为沟通天神、地祇与人鬼的媒介，其音高与节奏即这种特殊媒介传示的符号，因为对象不同，所以符号不同，负载的意义也自然不同。这样就产生了乐的分类：

> 乃分乐而序之，以祭、以享、以祀。乃奏黄钟，歌大吕，舞《云门》，以祀天神；乃奏大蔟，歌应钟，舞《咸池》，以祭地祇；乃奏姑洗，歌南吕，舞《大磬》，以祀四望；乃奏蕤宾，歌函钟，舞《大夏》，以祭山川；乃奏夷则，歌小吕，舞《大濩》，以享先妣；乃奏无射，歌夹钟，舞《大武》，以享先祖。凡六乐者，文之以五声，播之以八音。（《周礼·春官·大司乐》）

六代乐舞分别沟通天神、地祇与人鬼，如沟通天神，就用黄钟大吕及《云门》乐舞来进行，沟通地神就用大蔟应钟及《咸池》乐舞来进行，沟通四方名山大川之神则用姑洗南吕及《大磬》乐舞来进行，先妣、先王、先公等人鬼也各有其乐舞。反过来说，乐舞节奏不同，其传递符号意义各有差别，沟通的对象也各有不同。总而言之："以礼乐合天地之化，百物之产，以事鬼神，以谐万民，以致百物。"（《周礼·春官·大宗伯》）如此就勾勒出了乐之功能的发展历程。

袁静芳曾指出音乐作为沟通人与鬼神之间的媒介是通过祭祀活动完成的："祭祀，是人类试图通过种种'礼'的仪式祈求神灵护佑的愿望，人们在长期的探求中找到了'乐'这种最佳的语言形式，希冀以此成为沟通人与天地鬼神之间的桥梁与媒介，而祭祀乐师的作用恰恰就是这种媒介的承载者。"[1]袁氏所言确实有其道理，但是我们还要进一步追问，为什么先民选择了"乐"这种特殊的符号形式，其内在理据是什么？我们认为，这应该还是因为乐的节奏与人类的情感存在着某

---

[1] 袁静芳：《中国传统音乐概论》，上海：上海音乐出版社，2000年版，第513页。

种同构关系，如人在紧张的时候，心跳加速，节奏变快，反之，当人处在自然舒适的环境中，则会心跳均匀，节奏放缓。齐效斌甚至认为生命活动的最基本的原则就是节奏性，所有的生命形式都以节奏表现出来，乃至无机的自然界、非动物界，都同样保持着节律性。[①] 因此可以说节奏是天地万物相感的基础。如果说人体自身是一个媒介系统的话，那么心跳的节奏就是一种可以感知的符号，节奏不同，这种符号的意义自然不同，如紧张或放松就是这种符号的意义。这一点可以结合苏珊·朗格论音乐的情感结构形式来理解，如朗格认为音乐的音调结构与人类的情感形式在逻辑上具有一致性，这种一致性并非简单的悲哀或喜悦的一致，而是生命感受的一切事物的强度、简洁或永恒流动中的一致。感觉的逻辑形式与音乐的逻辑形式具有一致性，而这种逻辑结构的一致，"对于符号与其所意味的东西之间的关系来说，是首先不可缺少的。符号与其象征事物之间必须具有某种共同性的逻辑形式"，[②] 人类的情感模式肯定有其相同的结构形式，否则人与人之间的情感就无法交流。作为一种符号系统的音乐，就是通过结构同型的原则来表现人类的具有普遍意义的性格结构，引起人们的情感共振的。音乐本身是没有感情的，这一点，魏晋时期的嵇康在其《声无哀乐论》中已有发明。但是我们要注意的是，早期中国之乐，并非苏珊·朗格所言的那种器乐之音，而是一种诗、乐、舞一体的综合宗教活动。乐的节奏不仅是音乐的节奏，还有诗的节奏、舞的节奏，这种共同的节奏传递出的符号意义乃是用于沟通天地鬼神的，而不是用来娱人享乐的，其政治、宗教与伦理意义远大于审美娱乐意义。这一点汉人司马迁亦早有揭示："夫上古明王举乐者，非以娱心自乐，快意恣欲，将欲为治也。"[③] "为治"二字正道出了先秦古乐的特殊功能与作用，这也是我们在考察早期中国乐论时心中要始终保持的一个文化观念。

---

① 齐效斌：《人的自我发展与符号形式的创造》，北京：中国社会科学出版社，2002 年版，第 35 页。
② 苏珊·朗格：《情感与形式》，刘大基，等译，北京：中国社会科学出版社，1986 年版，第 36—37 页。
③ 司马迁：《史记》册四，北京：中华书局，1982 年版，第 1236 页。

二、听乐知政：政治兴衰的符号表征

中国先民的乐论思想与宗教巫术等关系密切，这与后来以器乐为主的音乐有很大区别。宗教本质上也属于行为文化范畴，宗教学家吕大吉曾指出，从原始时代起，宗教就业已渗透到先民生活之中，并赋予道德和政治以神秘色彩和神圣意义，为人际行为和社会秩序赋予价值标准，使之由被动的服从内化为精神信仰，并进一步巩固社会秩序和政治制度。[①]宗教都有其特定的礼仪仪式，如先民的乐舞祭祀礼仪，宗教礼仪一方面规范着宗教行为，另一方面也同时传播着蕴藏其中的宗教政治思想，这一点我们在第四章第二节已有分析，兹不赘述。先民乐论与宗教关系密切，而宗教关乎政治，如规范社会行为，调节社会秩序等，从这一逻辑关系出发，显然先民之乐与宗教、政治都有紧密联系。如果说上一节我们考察乐作为通神的媒介属于乐的宗教功能的话，那么这一节我们考察的就是乐与政治的关系。

乐与宗教、政治皆关系密切，先民很早就注意到乐与政治的关系。如春秋时期伶州鸠提出的"政象乐"的观念：

> 夫政象乐，乐从和，和从平。声以和乐，律以平声。金石以动之，丝竹以行之，诗以道之，歌以咏之，匏以宣之，瓦以赞之，革木以节之。物得其常曰乐极，极之所集曰声，声应相保曰和，细大不逾曰平。如是，而铸之金，磨之石，系之丝木，越之匏竹，节之鼓，而行之以遂八风。于是乎气无滞阴，亦无散阳，阴阳序次，风雨时至，嘉生繁祉，人民和利，物备而乐成，上下不罢，故曰乐正。……夫有和平之声，则有蕃殖之财。于是乎道之以中德，咏之以中音，德音不愆，以合神人，神是以宁，民是以听。若夫匮财用，罢民力，以逞淫心，听之不和，比之不度，无益于教，而离民怒神，非臣之所

---

① 参见吕大吉：《宗教学通论新编》，北京：中国社会科学出版社，1998年版，第710页。

闻也。(《国语·周语下》)

　　周景王二十三年（522BC），景王打算铸钟，遭到单穆公的反对，景王不听，又去咨询伶州鸠，以上这段材料就是伶州鸠对周景王所言，此处明确提出了"政象乐"的观点。伶州鸠指出乐能让阴阳消长有序，风调雨顺，嘉谷繁殖，这显然与上古听风制律作乐以祭祀天地，祈求四时和顺的文化背景有关。伶是司乐之官，亦属世官，对乐的渊源功能自然有更深的认识。我们在上一节已经论述过，乐是三级建模的人造符号系统，乐之和乃是为了祈求天地阴阳调和而获得农业丰收，如是则有伶州鸠所言"人民和利，物备而乐成，上下不罢"的美好景象，如此才是"乐正"，反之则会"离民怒神"，于教化无益。也正是基于这一历史背景，伶州鸠才指出先民用音律调和五声，用五声以和乐。无论是金石之声，丝竹之声，还是颂诗歌咏，都要求合乎节奏，相互之间协调平和，如此才能与天神感应，求得天地阴阳调和，如此才能物阜民丰、社会安定。所谓"夫有和平之声，则有蕃殖之财"（《国语·周语下》），"乐以殖财"（《国语·周语下》），说的都是这个意思。本乎此，我们才能理解伶州鸠所言"夫政象乐，乐从和，和从平"之意义。如前文所言，先民乐论关乎宗教，宗教赋予社会行为和秩序以价值意义，能够起到调节政治行为、巩固政治制度的作用，因此现实的政治行为要取法乎乐，无论是宗教之乐还是人事之政，都要求谐和，二者也是一种结构同型关系。

　　因为音乐的节奏与人类自身的身体体验密切相关，当人紧张之时，心跳加速，当舒适自然之时，则心跳舒缓，音乐节奏的疏密与人类自身的情感体验密切相关。如《礼记·乐记》所言："乐者，音之所由生也，其本在人心之感于物也。是故其哀心感者，其声噍以杀；其乐心感者，其声啴以缓；其喜心感者，其声发以散；其怒心感者，其声粗以厉；其敬心感者，其声直以廉；其爱心感者，其声和以柔。"主体内心的情感会因外物的不同而形成不同的共振效果，并用不同的乐音予以表征，如悲哀之心的低沉之音，欢乐之心的舒缓之音，喜悦之心的爽朗之音，愤怒之心的严厉之音，崇敬之心的廉正之音，爱恋之心的温柔之音等，皆是如此。所以才有先民的"乐教"之论:"夫乐不过以听耳,而美不过以观目,若听乐而震,观美而眩,患莫甚焉。夫耳目,心之枢机也,故必听和而视正。听和则聪,视正则明。聪则言听,明则德昭,听言昭德,则能思虑纯固。以言德于民,民歆而德之,则归心焉。上得民心,以殖义方,是以作无不济,求无不获,然则能乐。夫耳内和声,而口出美言,以为宪令,而布诸民,正之以度量,民以心力,从之不倦。成事不贰,乐之至也。"(《国语·周语下》)耳目为心灵与外界沟通的媒介,视听内容通过耳目传达到心灵,如果民众接触的内容使得耳震目眩,自然会引起内心的失调,如此则"患莫甚焉"。因此教化要求"听和""视正",如此才能让民众思虑纯正,孔子所言《诗》三百,一言以蔽之,曰:'思无邪。'"(《论语·为政》)也是这个意思。孔子深谙乐理与政教关系,如《礼记·经解》引孔子之言曰:"入其国,其教可知也。其为人也温柔敦厚,《诗》教也;……广博易良,《乐》教也;……其为人也,温柔敦厚而不愚,则深于《诗》者也;……广博易良而不奢,则深于《乐》者也",孔子通过民众的为人表现,获取其乐教的情况。如果乐不能和,则于教化无益,故孔子"恶郑声之乱雅乐"(《论语·阳货》),正是在于"郑声淫"(《论语·卫灵公》)。程树德《论语集释》引《丹铅总录》谓:"淫者,过也。水过于平曰淫水,雨过于节曰淫雨,声过于乐曰淫声,谓郑作乐之淫声,非谓《郑诗》皆淫诗也",[1]也就是说,郑声之淫并非郑诗内容之淫,而是郑诗用乐之淫;又引《毛诗稽古篇》谓:"夫子言郑声淫耳,曷尝言郑《诗》淫乎?声者,乐音也,非诗词也。淫者,过也,非专指男女之欲也。古之言淫多矣,于星言淫,于雨言淫,于刑言淫,于游观田猎言淫,皆言过其常度耳。乐之五音十二律长短高下皆有节焉,郑声靡曼幻眇,无中正和平之致,使闻之者导欲增悲,沉溺而忘返故曰淫也。"[2]因此孔子深恶痛绝的"郑声淫"就是指郑国乐音超过常度,失去了其和平中正的节奏,将听众引入歧途。因此乐教的重点乃是让民众听符合

---

① 程树德:《论语集释》,北京:中华书局,2014年版,第1041页。
② 同上书,第1041—1042页。

节度的和声之乐，达到情感的同构，也即中正平和，如此方能让民众受到教化并诚心归附，行为举止符合规范，劳作认真而不逾矩，政治才能平和，这才是"乐之至也"。

因此，通过一个方国的乐，就可以知晓其政治成效，乐就转化为政治兴衰的符号表征。这一点早在孔子之前，先贤就已知晓，如《国语·周语上》中邵公谏周厉王时就曾指出："故天子听政，使公卿至于列士献诗，瞽献曲，史献书，师箴，瞍赋，矇诵，百工谏，庶人传语，近臣尽规，亲戚补察，瞽史教诲，耆艾修之，而后王斟酌焉，是以事行而不悖。"《国语集解》引韦昭解谓："无目曰瞽"，"无眸子曰瞍"，"有眸子而无见曰矇"，① 可以想见，他们所献皆非文字文本，而是一种音乐之献，这自然与审音知乐以知政有关。而《左传·襄公二十九年（544BC）》吴公子季札观乐的评点，可谓审乐知政的典范，这段文献也经常为论者引用，兹不重复。

由乐知政在儒家文献中得到了进一步的发挥，如《礼记·乐记》云："治世之音安以乐，其政和；乱世之音怨以怒，其政乖；亡国之音哀以思，其民困；声音之道，与政通矣。"陈澔《礼记集说》指出："治世政事和谐，故形于声音者安以乐；乱世政事乖戾，故形于声音者怨以怒；将亡之国其民困苦，故形于声音者哀以思。此声音所以与政通也。"② 儒家《孟子·公孙丑上》引子贡之言曰："见其礼而知其政，闻其乐而知其德。"礼乐互通，由礼乐可以知统治者之德政情况。《吕氏春秋·仲夏纪·适音》亦云："乐无太，平和者是也。故治世之音安以乐，其政平也；乱世之音怨以怒，其政乖也；亡国之音悲以哀，其政险也。凡音乐通乎政而移风平俗者也，俗定而音乐化之矣。故有道之世，观其音而知其俗矣，观其政而知其主矣。"《适音》被认为是一篇论述儒家"和乐"思想的文献，③ 从此篇文献的内容来看确实如此。这里所引的这段文献，与上文《礼记·乐记》那段主题内

---

① 徐元诰：《国语集解》，北京：中华书局，2002年版，第11页。
② 陈澔：《礼记集说》，南京：凤凰出版社，2010年版，第292页。
③ 参见张双棣，等：《吕氏春秋译注》，北京：北京大学出版社，2011年版，第113页。

容基本相同，说的都是一个道理，即乐与政通。但是这里还补充了乐的移风易俗的功用，也即儒家乐教观念，这样由乐知政得到了进一步推演，即由观察风俗以知政，因为风俗是音乐教化的结果，由政治治理情况可以知道其国君的德行与执政能力。这样就形成了一个符号链，通过对符号链的考察可以知晓其政治兴衰情况，其初始为乐，因为乐与人类的情感有一种同构关系，由乐可以审音，审音可知风俗教化，由风俗教化可以提喻政治得失，由政治兴衰得失由可知其君王的政治与德行。

三、将欲为治：调节政治伦理的符码

乐本是先民在特定的宗教场所进行的祈求阴阳平衡、万物荣生、嘉谷丰茂的祭祀活动，是一种带有宗教迷狂色彩的非理性活动。随着人类社会的发展，精神思维趋于理性，乐开始向礼过渡，"乐著大始，而礼居成物"（《礼记·乐记》）。以乐象天，天生万物，以礼象地，地促成了万物的成长发育，由这一象喻可知，礼是乐成熟理性之后的产物。而礼制，我们在第四章第一节已有分析，乃是人类出现阶级之后的产物。礼乐皆为祀神服务，但到了西周，周初统治者如周公等，对传统祀神礼乐进行了改造，使之朝人文礼制的方向发展。如王文生所言，祀神仪式逐渐转化为礼，当礼的观念大流行之后，乐则被用来为礼服务了，[①] "礼乐"的结构顺序亦因此固定下来，乐归入礼之下为礼服务。礼乐交融在了一起，但是如果我们一定要在这里做一个区分的话，那么可以说礼乐之礼侧重于祭祀仪式仪节，而礼乐之乐更加偏重于祭祀仪式上的歌舞表演。在礼制背景下，礼乐之乐的功能如前文所引司马迁《史记·乐书》之言是"为治"，即为政教伦理服务。

人类的祭祀范围是逐步扩大的，祭祀的种类也愈趋繁多，对祭祀的归类整理

---

① 王文生：《中国文学思想体系》，上海：上海古籍出版社，2017年版，第225页。

也提上了议事日程，这个就是周人缕分的吉、凶、军、宾、嘉五礼，此前文已有论述，兹不赘言。五礼之中，最重要的是吉礼，吉礼即祭礼，《周礼·春官·大宗伯》云："以吉礼事邦国之鬼神示。"吉礼祭祀的内容很广，包括"祀昊天上帝日月星辰等；祭社稷五祀五岳山川；享先王"，[①] 先民以乐祭祀的内容基本囊括在内。五礼之中，以吉礼为首，这一顺序还暗含了乐先礼后的原始传统，刘师培甚至认为吉礼为五礼之本，"上古五礼之中，仅有祭礼，若冠礼、昏礼、丧礼咸为祭礼所赅。……五礼之中，亦以吉礼事神为首"。[②] 祀神为礼本，后逐渐扩展到政治人伦日用之中，如凶礼、军礼、宾礼和嘉礼。无论是国家制度还是社会生活，礼乐均已深度融入其中，起到建构、调节社会秩序，规范表意行为的作用。如陈来所言，"周代是以礼仪即一套象征意义的行为及程序结构来规范、调整个人与他人、宗族、群体的关系，并由此使得交往关系'文'化，和社会生活高度仪式化。"[③] 这个论断很精准，周礼是一种建构社会秩序的仪式化方式，通过礼的象征和区隔来建构身份等级秩序。乐合于礼，与礼一样，乐通过分层分节实现对社会等级的区分。但乐也有其独特之处，"乐统同，礼辨异"（《礼记·乐记》），乐除了参与建构"辨异"的功能，还有"统同"的功能，下面就其深层操作原理作一分析。

　　李壮鹰曾将殷商及以前的社会归结为以乐为治的时代，而西周以后才是以礼为治的时代，并研究指出乐是商人赖以立族的标志，商代的君主、国号、地名以乐及乐器来命名。乐是商代的政治形态，而周代则是以鼎彝等礼器为王权代称，[④] 如我们在第四章分析的"鼎"成为周代王权的符号象征即是。周代乐礼顺序出现翻转，以礼为治，进入礼治社会。相较而言，礼治社会比乐治社会具有更多人文和理性精神。周人乐从于礼，礼仪仪式上以舞乐为伴，根据用乐者的身份地位，划分了严格的乐舞等级，诗乐的分节与礼仪仪式的分节是一样的，具有身份地位

---

① 陈来：《古代宗教与伦理：儒家思想的根源》，北京：生活·读书·新知三联书店，2009 年版，第 271 页。
② 刘师培：《古政原始论》，《刘师培全集》册二，北京：中央党校出版社，1997 年版，第 50 页。
③ 陈来：《古代宗教与伦理：儒家思想的根源》，北京：生活·读书·新知三联书店，2009 年版，第 272 页。
④ 参见李壮鹰：《逸园丛录》，济南：齐鲁书社，2005 年版，第 38—42 页。

的区隔作用。如《左传·襄公四年（569BC）》穆叔对韩献子之问云："《文王》，两君相见之乐也，使臣不敢及。《鹿鸣》，君所以嘉寡君也，敢不拜嘉？《四牡》，君所以劳使臣也，敢不重拜？"由是可知，诗乐有严格的分节，不同身份的人享用不同的诗乐。反过来说，诗乐是用来表征享乐者的身份的，如这里的《文王》为诸侯享用之乐，而《鹿鸣》《四牡》则是大夫所享之乐。王国维《释乐次》一文对天子、诸侯、大夫等用乐分节有详细的考辨，① 可资参考，兹不赘述。

除了诗乐有严格的分节外，用乐的乐器规格等也有分节，如《周礼·春官·小胥》规定"正乐县之位，王宫县，诸侯轩县，卿大夫判县，士特县。辨其声，凡县钟磬，半为堵，全为肆"，《周礼注疏》引郑司农云："宫县四面县，轩县去其一面，判县又去其一面，特县又去其一面。四而象宫室四面有墙，故谓之宫县。轩县三面，其形曲。……判县左右之合，又空北面。特县县于东方，或于阶间而已。"② 显然这是一个由身份地位来建构的差等顺序，天子之乐器四面悬挂，如宫室一样，是一个完整的封闭结构；诸侯只能悬挂三面乐器，其形状为曲形，故而又称之为曲县；卿大夫两面悬挂，而士人只悬挂一面。反过来，根据用乐所悬即可对身份等级进行区分。这样乐县实际上就是表达的"能指"层面，而身份等级则是"所指"内容层面，"能指"的分层分节（宫县、曲县、判县、特县）造成了"所指"的分层分节（天子、诸侯、卿大夫、士人），"能指"层面的分节清晰，"所指"层面的身份等级才能清晰，否则如果天子、诸侯、卿大夫所用乐相同，那么身份等级就无从区分。对于悬挂的钟磬也是如此，通过乐器的分节实现身份等级的分层，如郑玄注云："钟磬者，编县之二八十六枚，而在一虡，谓之堵。钟一堵，磬一堵，谓之肆。半之者，谓诸侯之卿大夫士也。诸侯之卿大夫，半天子之卿大夫，西县钟，东县磬，士亦半天子之士，县磬而已。"③ 要凸显天子之尊，天子身边服务的卿大夫要比诸侯身边服务的卿大夫高，士也是如此，可见其分节是事无巨细的，部分乐器（如镈钟）在礼乐体制中，甚至以形制差别、大小相递的差

① 参见王国维：《释乐次》，《观堂集林》，石家庄：河北教育出版社，2001 年版，第46—59页。
②③ 李学勤主编：《十三经注疏·周礼注疏》，北京：北京大学出版社，1999 年版，第605页。

等分节来体现礼制的分节，其意义并不在音乐性，而在礼制的等级性。[①] 所以符号学家艾柯认为符号学课题其实就是对世界进行切分的历史和结果。[②] 天地万物本是混融交质在一起的，所谓东西南北、上下左右，都是人为的切分，飞禽走兽、草木虫鱼亦是人类在观测的基础上分类命名的结果。通过分类命名，世界才从混沌走向清晰，从无序产生出有序来，这一切，其实质上都是用符号对世界进行切分的结果。

西周以降，乐从于礼，乐器成为礼器的一部分，乐器及用乐制度的分节确证了身份地位的分层，礼崩乐坏之际，这种严格的分节分层就逐渐被打破了。《左传·成公二年（589BC）》记载："新筑人仲叔于奚救孙桓子，桓子是以免。既，卫人赏之以邑，辞。请曲县、繁缨以朝，许之。"卫穆公曾派孙桓子等人去攻打齐国，不料与齐军相遇了，卫国兵败，新筑大夫仲叔于奚曾经救援孙桓子，孙桓子因此幸免于难，不久，卫国人准备赏给仲叔于奚城邑，但是被谢绝了，仲叔于奚请用"曲县""繁缨"朝见，卫穆公答应了。这里的"曲县"，就是我们上文分析的诸侯轩县之乐，而"繁缨"，杜预注谓"马饰，皆诸侯之服"。[③] 而仲叔于奚为新筑大夫，他要求享用"曲县""繁缨"以朝，实际上是在僭越既定的礼乐秩序，所以后来孔子听说此事之后，才有"唯器与名，不可以假人"（《左传·成公二年（589BC）》）之叹。在今人看来，乐器就是乐器，但是在周代礼制社会之下，乐器及用乐是有严格的等级分层的，其深层操作原理即符号学上所言的双重分节（double articulation）理论，也即在表达面和内容面两个层面实现分节分层，"只有能指分节清晰，相互不重叠，合起来覆盖全域，表意才会清晰"。[④] 乐器用乐属于表达"能指"层面，只有能指层面分节清晰，"所指"内容层面的尊卑等级秩序才能井然有序，礼乐的社会政治功能即在于此。孔子深谙礼乐制度背后的文化符号

---

① 孔义龙：《两周编钟音列研究》，北京：文化艺术出版社，2018 年版，第 66—67 页。

② Umberto Eco: *A Theory of Semiotics*, Bloomington: Indiana University Press, 1976, p.315.

③ 李学勤主编：《十三经注疏·春秋左传正义》，北京：北京大学出版社，1999 年版，第 691 页。

④ 胡易容，赵毅衡：《符号学—传媒学词典》，南京：南京大学出版社，2012 年版，第 51 页。

操作原理，并指出这些都是君主所司，也即由君主操控，因为制礼作乐本就是一种上层建筑的建构，西周的政治秩序亦因此确立，如果这套文化象征乱套了，其实就意味着社会与政治秩序的失序。

礼与乐是紧密相连的，乐与舞又是密不可分的，行礼之时多有乐舞为伴，乐舞跟礼一样，也有分节，身份等级的分层通过分节实现，如《左传·隐公五年（718BC）》仲子的庙落成之后将举行献礼，以演《万》舞，鲁隐公问执羽而舞的人数，众仲指出："天子用八，诸侯用六，大夫四，士二。"孔颖达疏谓"杜以舞势宜方，行列既减，即每行人数亦宜减"，[①] 所以天子八行八列六十四人舞，诸侯六行六列，三十六人舞，大夫四行四列，十六人舞，士人两行两列，四人舞。可见舞乐是有严格的分节了，这种差等分节按照身份地位由尊到卑呈现为递减趋势。本乎此，我们就方便理解《论语·八佾》中孔子对季氏"八佾舞于庭，是可忍也，孰不可忍也！"的愤慨，鲁国因为周公的功劳被特赐享受王者礼乐，所以有八佾之舞，但是季桓子按照身份属于卿大夫，在其家庙中僭越天子八佾之舞，所以孔子提出了严厉的批评。此外，鲁国仲孙、叔孙、季孙三家，在祭祀祖先的时候，也以《雍》诗之乐来助祭撤供，"《雍》，《周颂·臣工》篇名。天子祭于宗庙，歌之以彻祭。今三家亦作此乐"。[②] 可见《雍》诗为天子祭祀之乐，亦被鲁国三家僭越了，所以孔子愤慨地说："'相维辟公，天子穆穆。'奚取于三家之堂！"（《论语·八佾》）这里孔子直接援引了《诗》的句子，证明三家僭越礼乐，前文我们分析过，在早期音乐文化中，先民注重音声节奏而不重意义内容，但是到孔子这里，显然更加重视词句内容，这个也体现了乐的嬗变轨迹。

乐合于礼，与礼一样具有"别异"的功能，也即参与建构了社会等级秩序，但乐由于其自身的特征，还有"统同"的功能。如《礼记·乐记》云："乐者为同，礼者为异。同则相亲，异则相敬。乐胜则流，礼胜则离。合情饰貌者，礼乐之事也。礼义立，则贵贱等矣；乐文同，则上下和矣。"这里明确指出乐的作用为

---

① 李学勤主编：《十三经注疏·春秋左传正义》，北京：北京大学出版社，1999 年版，第 98 页。
② 李学勤主编：《十三经注疏·论语注疏》，北京：北京大学出版社，1999 年版，第 29 页。

和同，礼的作用为区别。有区别才能划分尊卑等级，有和同才有亲近，才能使差异不至于过大而撕裂社会，因此乐的功能为使人与人之间情感融合，上下和睦，"故乐也者动于内者也，礼也者动于外者也，乐极和，礼极顺"（《礼记·乐记》）。所谓"动于内"即使内心平和，"动于外"即使外在行为和顺，因此乐的主要作用在于"治心"：

> 致乐以治心，则易、直、子、谅之心，油然生矣。易、直、子、谅之心生则乐，乐则安，安则久，久则天，天则神。天则不言而信，神则不怒而威：致乐以治心者也。（《礼记·乐记》）

乐能够提高内心的修养心性，"德音之谓乐"（《礼记·乐记》）大概也是基于此而发，这就是先民重视乐教的原因。乐教并非音乐技能教育，如王小盾所言，所谓"乐教"，其实就是仪式之教、礼仪之教。乐教脱胎于祭祀仪典，把音乐当作天人交通的媒介，主旨在于借助超自然事物来提升人的精神，达到人与社会的和谐；其中音乐要么配合仪式而运行，要么配合礼节而运行，并不独立。因此乐教本质上不是艺术活动，不是审美活动，更不是娱乐活动，而是一种教育教化的方式，即通过对人的精神和行为的协调，造成个体对于族群整体、对于社会秩序的敬畏和顺服。[1] 王氏所言极是，这里的"乐教"其实已经是乐合于礼之后的乐教，乐已经从属于礼仪仪式了，但实际上乐的和同功能并不是礼教之后的产物，徐复观早已指出："乐的规范性则表现为陶镕、陶冶，这在人类淳朴未开的时代，容易收到效果。"[2] 乐为何能产生这种"规范性"，其实就跟古乐的节奏有关，如晏子所言："清浊、小大、短长、疾徐、哀乐、刚柔、迟速、高下、出入、周疏，以相济也。君子听之，以平其心。心平，德和。故《诗》曰：德音不瑕。"（《左传·昭公二十年（522BC）》）乐音的清浊、疾徐、刚柔、疏密等相互调和，能够调节君子

---

[1]　参见王小盾：《寓教于"乐"——从三个侧面看乐教》，《文史知识》，2014 年第 4 期。
[2]　徐复观：《中国艺术精神》，桂林：广西师范出版社，2007 年版，第 3 页。

内心的情感，使其心情平静，内心和谐，这个就是《诗》所言的"德音"。乐本是用于宗教祭祀之中的，后来才扩展到迎宾宴飨等其他仪式领域，宗庙祭祀之乐节奏舒缓，如王国维考证指出《颂》诗较《风》《雅》为缓，《风》《雅》有韵，而《颂》多无韵，有韵是为了娱人耳，[①]而"颂者，美盛德之形容，以其成功，告于神明者也"(《毛诗序》)。颂诗乃是宗庙祭祀之乐，其节奏舒缓，用以通神，而在这一庄严肃穆的语境之下，个体生命的情感亦得到净化与提升，这个即荀子所言的先王用《雅》《颂》之声引导人的情感："使其声足以乐而不流，使其文足以辨而不谒，使其曲直、繁省、廉肉、节奏，足以感动人之善心，使夫邪污之气无由得接焉。"(《荀子·乐论》)通过乐音的和谐与人的情感的和谐达到结构同型，最后达到宗庙之中的"和敬"，闺门之内的"和亲"，乡里族长之中的"和顺"，达到"足以率一道，足以治万变"，调整人们的各种情感变化，完成教化目的。《孝经·广要道》引孔子之言曰："移风易俗，莫善于乐；安上治民，莫善于礼。"乐教成为调节政治伦理的符码。

论早期中国之乐，自然会涉及诗，特别是在先秦，诗、乐、舞被认为是三位一体的综合符号系统。《周礼·春官·大司乐》云："乃奏黄钟，歌大吕，舞《云门》，以祀天神。"以黄钟宫的调式奏乐，用大吕宫的调式歌诗，伴跳《云门》之舞，诗、乐、舞此三者在祀神活动中是一个不可分割的整体。《论语·泰伯》亦云："兴于诗，立于礼，成于乐。"《墨子·公孟》谓："诵诗三百，弦诗三百，歌诗三百，舞诗三百。"郑樵的《通志十二略·乐略》指出："礼乐相须以为用，礼非乐不行，乐非礼不举。自后夔以来，乐以诗为本，诗以声为用，八音六律为之羽翼耳。"[②]礼乐相济，用乐必有诗，而诗乃是以歌为用，非以说义为用。这一传统一直延续到孔子的时代，据郑樵所言，孔子编诗还是可用以歌的，但是诗、歌已经开始出现分野，顾颉刚进一步申述道："从西周到春秋中叶，诗与乐是合一的，乐

---

① 王国维：《说〈周颂〉》，《观堂集林》，石家庄：河北教育出版社，2001 年版，第 64—65 页。

② 郑樵：《通志十二略》，北京：中华书局，1995 年版，第 883 页。

与礼是合一的。春秋末叶，新声起了。新声是有独立性的音乐，可以不必附歌词，也脱离了礼节的束缚。"①诗与乐随着历史的发展而逐渐分化，如朱光潜所言："音乐尽量向'和谐'方面发展，舞蹈尽量向姿态方面发展，诗歌尽量向文字意义方面发展，于是彼此距离日渐其远了。"②诗、乐、舞的分化使其演变为三种不同的艺术门类，但是其共同的结构特征"和"还是保留下来了，"和"就是朱光潜所言的节奏特征，如果失去了和的节奏特征，这三种艺术形式就会失去其艺术价值。诗、乐、舞的分离，使得人们对诗的接受由原来的重音声节奏转向重语辞意义方面，《礼记·礼器》孔子云："诵《诗》三百，不足以一献。一献之礼，不足以大飨。"由此可知诗中诸多篇章是宗庙祭祀乐章，"在以祀与戎为国家大事的年代，服务于国家礼仪是诗的最重要的功能"，③这里的颂诗由诗乐合一的礼仪规范与重节奏自然和谐转向重其文字符号的内容方面。随着礼乐的崩坏和社会变革的加剧，诗乐普及公共事务的交流，赋诗言志便是先秦贵族社会借用公共话语资源《诗》来隐喻其主体意志的交流活动。"《诗》之比兴，义通乎《易》象"，④因此赋诗言志本身就隐含立象以尽意的符号表达原理。这一转变体现的是诗乐"逐渐远离仪式而靠近文献"的过程，⑤也即中国文学人类学上的从大传统向小传统过渡的过程。先民从对乐舞宗教仪式象征意义的追寻转向对文献文本意义的探求，从乐舞仪式对人情感的培养和精神的塑造转向对《诗》句文辞意义的发掘，此即从乐教转向诗教的过程。"诗以言志"是这一转变的具体体现，这样诗乐就从活态仪式转向偏重文字及符号阐释的文本领域。

---

①　顾颉刚：《诗经在春秋战国间的地位》，《古史辨》册三，上海：上海古籍出版社，1982 年版，第 366 页。

②　朱光潜：《诗论》，北京：北京出版社，2011 年版，第 11 页。

③　王小盾：《诗六艺原始》，《中国早期艺术与宗教》，上海：东方出版中心，1998 年版，第 250 页。

④　张汝舟：《说〈诗〉》，《二毋室论学杂著》，贵阳：贵州人民出版社，1990 年版，第 211 页。

⑤　过常宝：《制礼作乐与西周文献的生成》，北京：中国社会科学出版社，2015 年版，第 7 页。

第六章　论名：从政治伦理到符号哲学

　　蔡玉忠在《正名：中国人的逻辑》一书中，将名学升格为"人类一切知识活动和社会治理的基础"，[①] 从中国名学的源起和发展应用来看，这个论断还是颇为中肯的。先民面对的本是一个混融杂多的物质世界，随着认识的扩展和深化，才有分类切分，而对世界的切分和分类是一切符号活动的基础。分类和切分必然需要命名，命名使得世界由杂多的物质世界变成有秩序的文化世界，故荀子云："故万物虽众，有时而欲遍举之，故谓之物，物也者，大共名也。推而共之，共则有共，至于无共然后止。有时而欲偏举之，故谓之鸟兽。鸟兽也者，大别名也。推而别之，别则有别，至于无别然后止。"（《荀子·正名》）从"共名"到"别名"，天地万物得到有序的区分与建构，而名则是表征万物的符号系统，不同的语言有不同的名学系统，不同的名学系统对世界的划分可能存在差别，这是由其文化特征决定的。如汉语名学系统中，在针灸上有痛、酸、麻、胀不同的"别名"，其意义在中医学上是有差别的，但是英语中只有"ache"一个"别名"；在亲属称谓方面，则差异更大，汉语中有伯父、舅父、叔父、姨父、姑父等分别，以示血缘关系的差异，但是英文中只有"uncle"对应，因为中国封建宗法制度下的礼文化非常注重血缘关系，因此在亲属的称谓上具有非常细微的命名分类。命名的不同，表征的亲疏远近就不同，这个在符号转换的时候，就难以一一对应。但是在整体名学系统中，其大体上还是能够做到全域覆盖的，否则符号转换无法实现，就不能完

[①]　蔡玉忠：《正名：中国人的逻辑》，北京：中央编译出版社，2013 年版，第 2 页。

成交流。中国的先哲很早就发现了名的分类区隔及其符号意义，并将其应用到政治伦理之中，所以政治伦理领域的名分、名法论很受关注。礼崩乐坏之际，固有的名分符号与身份等级出现裂隙，这时就引起了关于名学与表意的深层次的哲学思考，名实论就是在这一语境下产生的中国符号学理论的自觉。

第一节　名与分：从分类命名到秩序重建

"名"是人类用符号对世界的分割，使世界成为人的意义结构，便于为人所把握。先民通过正名百物来实现对世界的分类与命名，并以此将世界秩序化，使之成为可以把握的符号世界。西周的封建宗法社会充分利用了名的分割功能，建立了一套以等级名分为中心的符号操作系统，以此来实现对社会的分层，建构社会秩序；礼崩乐坏之后，既有的等级名分不能有效约束人们的表意行为，于是刑名法术之学兴起，通过名和行事的关系来规范身份和表意行为。以下我们顺着这一逻辑顺序对其蕴含的符号学思想作一分析。

一、正名百物：分类与命名

远古时代名的产生问题，后世有一些推测，如许慎《说文解字》认为"名"是"自命也。从口从夕。夕者，冥也。冥不相见，故以口自名"。因为天黑不能相见，故而自呼其名以自命。林义光《文源》卷六认为名并非为"夕"而设，指出"ㄗ"是"ㄩ"之变，像物之形，"ㄗ"字为口对物称名之象。[①]唐桂馨《说文识小录》认为此字当从人，从口，"ㄗ"乃人字，《说文》误认为是"夕"，凡物不能

---

① 参见古文诂林编纂委员会：《古文字诂林》册二，上海：上海教育出版社，1999 年版，第 23 页。

自名均由人命之，所以名出于人之口，① 也即认为名乃是人对物称名之意。马叙伦《说文解字六书疏证》卷三认为甲骨文中有"𝕲"字，此字罗振玉释为名，但马氏认为此字为"明"字，而名与明实为一字，其形状像月光从窗子中照射进来。② 戴家祥《金文大字典·上》认为许、林之说皆为牵强附会，而同意马说，但又认为未必是月进窗之意，"𝖀"非窗，更不是口，而是器物之统称，并概括表述一切事物。月光照物则明，名的初意当为明，明辨事物则名之，事物不明则难以称名，后世便衍化为事物名称的意思。③

总结一下，先贤关于名的字形与初始意义主要有两大观点，一方认为名是命名、称名之意，另一方认为名与明同源，先明事物之形与理，然后才能予以命名，事物才有名称。其实这两方观点实质是并不矛盾，其都承认名乃是人对事物的命名与称谓。后者更强调名是一个认识论的过程，所有事物的命名，必须是在认识其性状的基础上进行的，所以要先明其形，识其理，辨其异同，然后命其名。"随着人类开始对事物进行命名，于是出现了名称。名称是人类最早运用的符号形式之一，没有名称就没有思维，就无法进行完整的意识活动。"④ 名就是一套符号系统，是人类对世界万物思维的结果，上博楚简《恒先》篇有云："言出于音，名出于言"，⑤ 这里的"音"，学界一般释读为"意"，⑥ 也即言语出自人的心意，而名又是出自言语，就是说先民已经意识到名与思维和语言的关系。万事万物在辨异同而命名的基础上，就有了各自的归类，因为"只要是语言，就一定是在自觉不自

---

① 参见古文字诂林编纂委员会：《古文字诂林》册二，上海：上海教育出版社，1999 年版，第 23 页。
② 同上书，第 23—24 页。
③ 同上书，第 24 页。
④ 康澄：《名称透视下的神话意识及其文化表征与类型》，《解放军外国语学院学报》，2010 年第 6 期。
⑤ 马承源：《上海博物馆藏战国楚竹书（三）》，上海：上海古籍出版社，2003 年版，第 292—293 页。据马承源《前言：战国楚竹书的发现保护和整理》所言，上海博物馆所藏竹简应是楚国迁郢以前贵族墓中的随葬物（参见马承源主编：《上海博物馆藏战国楚竹书（一）》，上海：上海古籍出版社，2001 年版，第 2 页），楚国迁郢为公元前 278 年，以此而论则《恒先》成书约在公元前四世纪晚期，而原著肯定比写本流传更早，因此《恒先》应该在春秋后期战国前期就已经写成。
⑥ 参见季旭升：《〈上海博物馆藏战国楚竹书（三）〉读本》，台北：万卷楼图书股份有限公司，2005 年版，第 225—228 页；曹峰：《上博楚简思想研究》，台北：万卷楼图书股份有限公司，2006 年版，第 117 页。

觉地对事物进行分类"，① 分类使得世界就由浑一而分化，人类通过命名建立天地万物的秩序。

　　人类对天地万物的命名是一个艰难而漫长的过程，因为这本身伴随着人类对其生命世界的认知与实践过程，也与人类心智的发展过程紧密相连。所以涂尔干等认为："我们现今的分类观念不仅是一部历史，而且这一历史本身还隐含着一部值得重视的史前史。实际上，我们可以毫不夸张地说，人类心灵是从不加分别的状态中发展而来的。"② 从这种不加分别的混沌状态中走出来之后才有对事物的认知和名号的创制，其间经历了如同传说中神农尝百草这样艰难的认知实践过程，才换来《老子》所言的"始制有名"（《老子》第三十二章）的结果。名本身就是一套人造符号系统，在人类诞生以前，天地万物没有名，是其所是地存在着，《庄子·天地篇》云"泰初有无，无有无名"，随着"命物之名"（《尹文子·大道上》）的出现，名将万物从浑朴中分割出来，天地万物从无名的混沌走向有名的秩序化，所以《老子》云："无名，万物之始也；有名，万物之母也。"（《老子》第一章）③刘笑敢指出本章并非是从宇宙生成论的角度讲万物的"始"与"母"，而是从认知的角度强调万物之本根乃"无名"与"有名"之一体两面，④ 这个观点我们是较为认同的。因为在我们看来，先民之"名"首先就是一个认识论的问题，偏重认识的本源问题。当人类对天地万物混沌不分时，人类尚处在无名的浑朴之境，是一种蒙昧不分的境况；当人类逐渐从蒙昧中走出，开始认识天地万物，并对其赋名之后，才有了万物之名，也即万物"有名"是人类文明进步华育而成的结果。"命名意味着掌控事物，表明事物从异己的世界进入到自己的世界"，⑤ 这样人类就可以不再直接与具体的物质世界打交道，而是通过名与世界进行交流，万物有名

---

① 尚杰：《中西：语言与思想制度》，北京：北京大学出版社，2010 年版，第 62 页。
② 涂尔干，莫斯：《原始分类》，汲喆译，渠敬东校，北京：商务印书馆，2012 年版，第 3 页。
③ 本章文字参考了高明：《帛书老子校注》，北京：中华书局，1996 年版，第 222 页；刘笑敢亦认为帛书本接近古本之旧，参见刘笑敢：《老子古今：五种对勘与析评引论》，北京：中国社会科学出版社，2006 年版，第 121—122 页。
④ 刘笑敢：《老子古今：五种对勘与析评引论》，北京：中国社会科学出版社，2006 年版，第 122 页。
⑤ 康澄：《名称透视下的神话意识及其文化表征与类型》，《解放军外国语学院学报》，2010 年第 6 期。

才真正进入人类编织的文化世界之中。传世文献喜欢将制名的功劳归结为圣人，如《国语·鲁语上》谓："黄帝能成命百物"，《国语集解》引韦昭注谓："命，名也"，① 即认为黄帝命百物之名。《礼记·祭法》谓："黄帝正名百物以明民共财"，孔疏谓："'黄帝正名百物'者，上虽有百物，而未有名，黄帝为物作名，正名其体也。"② 陈澔《礼记集说》亦谓："正名百物者，立定百物之名也。明民，使民不惑也。"③ 百物本来是混杂的，各是其所是，无名无分，是人类对百物的认识加深之后才有对百物的分类和命名，这个就是司马迁在《史记·律书》中所总结出的"类而可班，类而可识"。④ 事物可以根据其不同的性状特征进行分类命名，百物各有其名之后，通过其物名就可认识了解其本体特征，此即"名闻而实喻"（《荀子·正名》）。人们于是可以根据百物之名来认识其各自的性质特征，而不会迷惑，并且都将命名归结到传说中的黄帝那里，亦如先民将造字归功于仓颉，将制礼作乐归功于周公那样，这些应该是历代先贤共同智慧的结晶，当然也不排除有那么几位先贤在这个过程中贡献尤为突出，所以《管子·心术上》云："名者，圣人之所以纪万物也"，将命名记录万物之功功于"圣人"。

命名本身是一个认知深化的过程。人类生活在一个客观的物质世界之中，为了自身的生存和发展，每天都需要同客观世界进行交流，并从中获取有用信息，拓展自身的生存空间。在这一过程中，自然需要用人类的思维来反映事物，认识事物，因为"人类从形成开始，就在同外部现实世界发生实际的相互作用即实践的基础上，发生了对外部现实世界的认识关系"。⑤ 这种认识关系，先秦时代的荀子有过很好的总结，在《荀子·正名》篇中其指出，人类根据自己的感觉器官——"天官"来感知把握外界事物的异同，并用"心"来对其进行分析辨别，所谓"心有征知"，即通过思维活动予以考察验证，并以约定之名来交流思

---

① 徐元诰：《国语集解》，北京：中华书局，2002 年版，第 156 页。
② 李学勤主编：《十三经注疏·礼记正义》，北京：北京大学出版社，1999 年版，第 1309 页。
③ 陈澔：《礼记集说》，南京：凤凰出版社，2010 年版，第 363 页。
④ 司马迁：《史记》册四，北京：中华书局，1982 年版，第 1252 页。
⑤ 夏甄陶：《认识论引论》，北京：人民出版社，1986 年版，第 2 页。

想："凡同类同情者，其天官之意物也同；故比方之疑似而通，是所以共其约名以相期也。"人类对世界的感知和心理具有可通约性，因此可以通过约定名称来进行交流，这就涉及命名的原则。人的感觉器官对外界事物的感知会因为外界事物的不同而各有差异，这种差异性特征即荀子所说的"制名之枢要"，因为给事物命名"同则同之，异则异之；单足以喻则单，单不足以喻则兼；单与兼无所相避则共，虽共，不为害矣。知异实者之异名也，故使异实者莫不异名也，不可乱也，犹使异实者莫不同名也"（《荀子·正名》）。名与事物是相对应的，相同的事物则其名相同，如兼名白马、黑马属于相同事物，皆是马，马是单名；但是马与牛有别，所以其名也异。必须做到同实则同名，异实则异名，名的同异与实的同异是相对应的，这样的话，名的差异性才能反映实的差异性。名一旦建立，人类就不再跟直接的物质实体打交道，而是通过名的符号系统来与外界进行交流。

现实的物质世界因为名而相分，名的差异性将浑一的现实世界进行了分割。如杨国荣所言："'名'首先以'分'为其特点，……名与物的对应性，以不同的'名'分别地指称或表示不同的'物'为前提。'名'的这种分别性，同时蕴含着对存在本身的某种分离或分化：当人们以'名'指称不同的'物'时，浑而为一的世界也被区分为不同的对象。"①初民面对的本是浑而为一的世界，当初民通过自己对世界的认知而逐渐对其分类之后，便有了名，名是人对世界的分类的符号表征。而所谓分类，"是指人们把事物、事件以及有关世界的事实划分成类和种，使之各有归属，并确定它们的包含关系或排斥关系的过程"。②分类伴随着命名赋义的过程，如荀子所言："异形离心交喻，异物名实玄纽，贵贱不明，同异不别。如是则志必有不喻之患，而事必有困废之祸。故知者为之分别，制名以指实，上以明贵贱，下以辨同异。"（《荀子·正名》）梁启雄谓"异形离心交喻"即"当不同形象的印象离开说话者的心要向别人表达时，若无名作达意工具，那就只能交合

---

① 杨国荣：《庄子的思想世界》，北京：北京大学出版社，2006年版，第125—126页。
② 涂尔干，莫斯：《原始分类》，汲喆译，渠敬东校，北京：商务印书馆，2012年版，第2页。

连结地说出一些模糊的观念；即说方物和说圆物无区别"；① 而"异物名实玄纽"即"当人们要说各种实物时，若无各种物名作表达工具，就只好眩乱缠束地说出一堆模棱观念；即说马、牛、驴、骡都相同"。② 因此名能够有效地将事物进行分类区分，否则思想就表达不清，事情就会遭到挫折，"制名"的价值意义即在此：明贵贱，辨异同。当然荀子这个观点乃是人类进入阶级社会之后所发的，其目的也在于重建等级制度，故而将"明贵贱"置于"辨异同"之前。而从名学发展的实际情况来看，肯定是"辨异同"在前，因为有名的辨异同，人类才逐步将天地万物分类，使之秩序化。当人类进入阶级社会之后，名才逐渐有了"明贵贱"的功能，并对人们的表意行为产生规约，成为刑名法术。

二、名以制义：名分与秩序

儒家的正名观并非无本之木，其实际上源自三代以来的礼制传统，夏商周三代礼制有沿有革，这个我们在前文已有论述。三代通过礼制建构了"一套以王权为核心，尊卑有序、贵贱有等、职分有别的政治社会秩序"。③ 特别是西周以降，以周公为首的周初统治者通过制礼作乐建构的一套等级名分系统，让不同身份地位的人按照其自己的等级名分来行事，各处其位，各安其分，从而建构出有序的社会秩序，如《国语·晋语》大夫箕郑所言："信于名，则上下不干。"这里所言之"名"，韦昭注认为是"百官尊卑之号"。④ 名是用来表征尊卑等级的，即名分等级，在箕郑看来，在尊卑名分上讲信用，则上下之间秩序井然，不会相互侵犯，那么社会秩序自然得以有序而不乱。名分又是在礼的规范下制定的，所以劳思光

---

① 梁启雄：《荀子简释》，北京：中华书局，1983 年版，第 311—312 页。
② 同上书，第 312 页。
③ 曹建墩，赵梓伊：《三代礼制传统与华夏文明的连续性》，《中原文化研究》，2019 年第 2 期。
④ 徐元诰：《国语集解》，北京：中华书局，2002 年版，第 357 页。

认为："周人建国，礼制始备；此种礼制决定一'生活秩序'，大至政府组织，小至日常行动，均包于一'礼'中。"①周人通过礼制建构了社会与生活的秩序，礼的分节决定了社会秩序的分层，"分莫大于礼"（《荀子·非相》），等级名分是礼的重要原则，名分是礼制等级的符号表征。如公、侯、伯、子、男五等爵制，就是一种对身份的命名，这个在先秦传世文献中亦多处可见，如《逸周书·职方解》云："凡国公侯伯子男，以周知天下。"《国语·周语上》周襄王言："昔我先王之有天下也，……其余以均分公侯伯子男，使各有宁宇，以顺及天地，无逢其灾害。"《左传·襄公十五年（558BC）》云："王及公、侯、伯、子、男、甸、采、卫大夫，各居其列，所谓周行也。"明言"各居其列"，即各人皆安居其应有的名位，这其中最主要的就是五等爵位。"五等爵，除侯以外，公、伯、子、男原来都是家族称谓。这样，等级起源于血缘关系亦可证明。"②周人的爵本位以先天血缘关系为基础，建构了一个封闭的等级符号系统。在人类学上，通过命名来确定身份之别也是有例可循的，如吉尔兹指出在摩洛哥瑟福娄人的内部分类上，有 12 种不同种类的附设定名物词类来鉴别其内部群体的身份。③史学界一度认为五等爵制是一种政治理想，实际上并不存在完整的五等爵制，但近年亦有学者结合传世文献和出土文献的研究指出五等爵制是存在的。④《孟子·万章下》云："天子一位，公一位，侯一位，伯一位，子、男同一位，凡五等也。君一位，卿一位，大夫一位，上士一位，中士一位，下士一位，凡六等。"孟子也坦言"其详不可得闻也，诸侯恶其害己也，而皆去其籍；然而轲也尝闻其略也"（《孟子·万章下》），说明到了战国时期五等爵制破坏较为严重，但是其基本名分等级还是清晰的。所以阎步克认为这个"恐怕不是孟子的空想，而是有历史根据的"，⑤我们亦以为然。

---

① 劳思光：《新编中国哲学史》册一，北京：生活·读书·新知三联书店，2015 年版，第 82 页。

② 白寿彝主编：《中国通史》卷三，上海：上海人民出版社，1994 年版，第 837—838 页。

③ 吉尔兹：《地方性知识》，王海龙、张家瑄译，北京：中央编译出版社，2000 年版，第 86 页。

④ 参见陈恩林：《先秦两汉文献中所见周代诸侯五等爵》，《历史研究》，1994 年第 6 期；马卫东：《春秋时代五等爵制的存留及其破坏》，《史学集刊》，2006 年第 4 期。

⑤ 阎步克：《从爵本位到官本位》，北京：生活·读书·新知三联书店，2017 年版，第 39 页。

周人借用家族称谓之名来制造等级名分，对身份进行区隔，五等爵名就成为标识身份地位的符号。当这种名位一旦固定下来，各种级别之人的身份等级就显而易见，各种身份等级之人各安其位，那么社会秩序就会得以巩固，"名定，则物不竞；分明，则私不行"（《尹文子·大道上》），名家学者对名的社会功能洞察深刻。名位符号一旦为使用者约定俗成，成为一种集体的社会心理认同，那么其合理性就会得到普遍认同。根据不同的名位，不同身份的人享用不同的礼乐："十八年春，虢公、晋侯朝王，王飨醴，命之宥，皆赐玉五瑴，马三匹。非礼也。王命诸侯，名位不同，礼亦异数，不以礼假人。"（《左传·庄公十八年（676BC）》）虢公与晋侯名位不同，其享用的礼仪等级也应该不同，但是周王所赐相同，所以被认为是"非礼"之举。《左传》被认为是本以历史为背景讨论礼的书，① 而《左传》又是对《春秋》的注解，因而有"春秋以道名分"（《庄子·天下篇》）之说。等级名分与礼相辅相成，一定的名分必然有其相应的礼仪和行为规范，也即名分和礼仪应该是相适应的，这样名就从"命物之名"转入"毁誉之名"了，"善恶贵贱"（《尹文子·大道上》）都属于"毁誉之名"。《春秋》就是通过"毁誉之名"来惩恶扬善的，如《春秋》经文云："冬，邾黑肱以滥来奔。"《左传》传文指出：

> 冬，邾黑肱以滥来奔，贱而书名，重地故也。君子曰："名之不可不慎也如是。夫有所有名而不如其已。以地叛，虽贱，必书地，以名其人。终为不义，弗可灭已。是故君子动则思礼，行则思义；不为利回，不为义疚。或求名而不得，或欲盖而名章，惩不义也。齐豹为卫司寇，守嗣大夫，作而不义，其书为'盗'。邾庶其、莒牟夷、邾黑肱以土地出，求食而已，不求其名。贱而必书。此二物者，所以惩肆而去贪也。若艰难其身，以险危大人，而有名章彻，攻难之士将奔走之。若窃邑叛君以徼大利而无名，贪冒之民将置力焉。

---

① 参加黄俊杰主编：《中国人的宇宙观》，合肥：黄山书社，2012年版，第69页。

是以《春秋》书齐豹曰'盗'，三叛人名，以惩不义，数恶无礼，其善志也。
故曰：《春秋》之称微而显，婉而辨。上之人能使昭明，善人劝焉，淫人惧
焉，是以君子贵之。"（《左传·昭公三十一年（511BC）》）

　　邾黑肱带着土地行背叛之事，故而留下了骂名，齐豹任卫国司寇，行事不符
合义就被记载为"盗"。《春秋》这样记载，就是为了惩罚不义之举，责备恶人之
无礼，所以有道君子"动则思礼，行则思义；不为利回，不为义疾"，以此进行劝
善惩恶。所以《孟子·滕文公下》指出"孔子成《春秋》而乱臣贼子惧"，这个其
实就是早期的名教，也即通过"毁誉之名"来施加影响，教化人们规范自己的表
意行为，使之符合礼的规定。

　　如果将名视作符号的话，那么义就是解释项，礼就是解释元语言。《庄子·至
乐篇》谓："名止于实，义设于适"，成玄英疏谓："夫因实立名，而名以召实，故
名止于实，不用实外求名。而义者，宜也，随宜施设，适性而已。"[1] 名与实是一种
对应关系，名是用来表征实的（名与实之关系我们下一节再详细申述），而名与义
则是一种解释关系，也即名与实是符号与思维对象之间的关系，名与义是符号和
解释者之间的关系。从儒家观点来看，义是合于礼的要求，于道家角度而言，义
是适合事物的天性。儒家继承的是文武周公之礼，注重名要符合礼的外在规范，
这个在儒家文献《左传》中多有体现："夫名以制义，义以出礼，礼以体政，政以
正民。是以政成而民听，易则生乱。"（《左传·桓公二年（710BC）》）孔颖达疏
谓："出曰为名，合宜为义。人之出言使合于事宜，故云'名以制义'。杖义而行，
所以生出礼法，故云'义以出礼'。复礼而行，所以体成政教，故云'礼以体政'。
以礼为政，以正下民，故云'政以正民'。"[2] 命名和行事皆需适宜，适宜的判断
标准就是礼法，根据礼法行事，就是政教，通过政教教化人民，完成社会秩序的

---

[1] 郭象注，成玄英疏：《庄子注疏》，北京：中华书局，2011 年版，第 339 页。
[2] 李学勤主编：《十三经注疏·春秋左传正义》，北京：北京大学出版社，1999 年版，第 152 页。

建构，这就是儒家的名教逻辑。本乎此，我们就方便理解子路问孔子为政以何为先，孔子答曰"必也正名乎"（《论语·子路》）的深层原因了。在孔子看来，春秋以降，礼崩乐坏，既有的等级名分出了问题，因此为政需先正名，也即重建等级名分，《韩诗外传》卷五记载孔子论假马之名的事情充分体现了儒家对等级名分的重视：

> 孔子侍坐于季孙，季孙之宰通曰："君使人假马，其与之乎?"孔子曰："吾闻君取于臣，谓之取，不曰假。"季孙悟，告宰通曰："自今以往，君有取谓之取，无曰假。"故孔子正假马之名，而君臣之义定矣。论语曰："必也正名乎。"《诗》曰："君子无易由言。"言名正也。①

孔子正假马之名，实际上是正君臣之间的等级名分。确定了君臣之间的等级名分，再按照这种等级名分行事，就不会失序。通过正名分来重建社会秩序，在先秦并非儒家一家之思想，如《管子·幼官》云："定府官，明名分，而审责于群臣有司，则下不乘上，贱不乘贵。法立数得，而无比周之民，则上尊而下卑，远近不乖。"《吕氏春秋·审分览》云："正名审分，是治之辔已。故按其实而审其名，以求其情。听其言而察其类，无使放悖。夫名多不当其实，而事多不当其用者，故人主不可不审名分也。"葛兆光在分析这种正名思想时指出："由于象征与符号的联想而产生的心理力量被当做实际力量，人们希望通过'正名'来'正实'，换句话说，就是借助对名义的规定来确认或迫使社会确认一种秩序的合理性，所以才会有'正名'的强烈愿望。"②名分里面包蕴着宗法等级意义，前文已述，名爵本身来源于家族称谓，在家族内部，依据血缘关系建立起的身份名位等级强化了家族内部的秩序，当其扩展至社会秩序领域时，人们相信这种符号象征依然具有

---

① 许维遹：《韩诗外传集释》，北京：中华书局，1980年版，第200—201页。
② 葛兆光：《中国思想史》卷一，上海：复旦大学出版社，2005年版，第94页。

建构秩序的能力。从人类学的角度来看，"人们的身份及名位是依社会背景而蔓延变化的，而且它有其使人惊奇的、无法则可依循的的系统性。人不是像一些被禁锢的幽灵体在漂浮着，它们背负着其背景和其特有的名分"。[①] 人总是处在各种社会关系之中，当先民将人与物混同不分的时候，则还处在蒙昧的时代，随着社会的发展与人类文明的进步，人与自然、人与人之间的分野逐渐清晰，辈分与名分划分清晰，并用一定的符号来标识，以此确定人们之间的关系，伦理关系就诞生了。汉语中的"伦"，《说文》谓"辈也"，而"理"，《说文》谓"治玉也"，段玉裁注谓："凡天下一事一物，必推其情至于无憾而后即安，是之谓天理，是之谓善治，此引伸之义也。戴先生《孟子字义疏证》曰：理者，察之而几微，必区以别之名也，是故谓之分理，在物之质曰肌理，曰腠理，曰文理。得其分则有条而不紊、谓之条理。"[②] 这就是说，理是在洞察几微之中对人伦辈分、名分之属的区分与命名，因此汉语中的伦理本身就具有处理辈分、名分等人际关系的准则意义，《论衡·书虚》有云："夫乱骨肉，犯亲戚，无上下之序者，禽兽之性，则乱不知伦理。"[③] 可见"知伦理"必须是在骨肉亲情之下的辈分的划分、社会关系的名分的确证等基础上才形成的，如果不知这些，也就是形同禽兽而不知伦理。因此，中国先民调整人际关系的辈分名分等符号形式即昭示着中国特色伦理符号学的开端。周代本就是一个宗法伦理社会，其政治体制以爵本位为主，而爵本位本身具有"封闭性""凝固性"和"贵族性"特征。[④] 其秩序的建构是以家族秩序扩展到国家秩序，家与国本就是一个同型结构，因此以家族内部的名位等级建立起来的名分体系，是可以扩展到国家政治秩序的建构之中的。以这种等级名分形成的政治教化即名教，名教的下移就是刑名法术，由道德规约转化为法律规范，也就形成刑名法术之学。

---

① 吉尔兹：《地方性知识》，王海龙，张家瑄译，北京：中央编译出版社，2000年版，第87页。
② 段玉裁：《说文解字注》，北京：中华书局，2013年版，第15—16页。
③ 张宗祥：《论衡校注》，上海：上海古籍出版社，2013年版，第88页。
④ 参见阎步克：《从爵本位到官本位》，北京：生活·读书·新知三联书店，2017年版，第3页。

三、刑名法术：名位与职事

如果说惩恶扬善还属于道德伦理领域的话，那么刑名法术则转入法治与权术操控领域。此时传统的名分制度已经不能有效约束权力的膨胀和秩序的失衡，面对尔虞我诈、人心不古的社会现实，刑名法术之学应运而生。史学家张荫麟曾一针见血地指出："君臣上下的名分，最初靠权力造成，名分背后的权力一消失，名分便成了纸老虎，必被戳穿，它的窟窿愈多，则威严愈减。光靠亲族的情谊和群臣的名分去维持的组织必不能长久。"[①] 既定的等级名位需要通过"循名责实"（《邓析子·无厚篇》）是不可避免的趋势，名法之学的兴起也就在情理之中了。所以汉初学者在《淮南子·要略》中总结刑名之学兴起时云："申子者，朝昭厘之佐；韩，晋别国也，地墽民险，而介于大国之间，晋国之故礼未灭，韩国之新法重出，先君之令未收，后君之令又下，新故相反，前后相缪，百官背乱，不知所用。故刑名之书生焉。"[②] 申子即法家申不害，《史记·老子韩非列传》有传云："申不害者，京人也，故郑之贱臣。学术以干韩昭侯，昭侯用为相。内修政教，外应诸侯，十五年。终申子之身，国治兵强，无侵韩者。申子之学本于黄老而主刑名。著书二篇，号曰《申子》。"[③] 申不害为韩昭侯时人，其学"本于黄老而主刑名"，《史记索隐》引刘向《别录》云："申子学号曰'刑名家'者，循名以责实，其尊君卑臣，崇上抑下，合于《六经》也。"[④]《汉书·艺文志》载其著作六篇，与司马迁所言两篇不同，张舜徽认为是"后人增益者为多"之故。[⑤] 韩国"故礼未灭"而"新法重出"，政令混乱，在这一背景之下，韩昭侯重用申不害，申不害用刑名之学重建秩序，使得韩国强盛一时，这就是刑名之学生成的政治文化背景。

前文已述，西周以降的政治秩序通过礼乐文化来维系，这时的礼乐文化背后

---

① 张荫麟：《中国史纲》，沈阳：辽宁教育出版社，1998 年版，第 51 页。
② 何宁：《淮南子集释》，北京：中华书局，1998 年版，第 1462 页。
③ 司马迁：《史记》册七，北京：中华书局，1982 年版，第 2146 页。
④ 司马迁：《史记》册九，北京：中华书局，1982 年版，第 2773 页。
⑤ 张舜徽：《汉书艺文志通释》，武汉：华中师范大学出版社，2004 年版，第 310 页。

是权力的等差和君主的威仪来向下操控制衡，也就是说，礼乐文化的分层分节及其对社会等级秩序的维护是有一定的军事政治势力为基础和背景的，这个先民亦有所洞察，《左传·襄公三十一年（542BC）》记载北宫文子之言曰：

> 有威而可畏谓之威，有仪而可象谓之仪。君有君之威仪，其臣畏而爱之，则而象之，故能有其国家，令闻长世。臣有臣之威仪，其下畏而爱之，故能守其官职，保族宜家。顺是以下皆如是，是以上下能相固也。《卫诗》曰："威仪棣棣，不可选也。"言君臣、上下、父子、兄弟、内外、大小皆有威仪也。……《周书》数文王之德，曰："大国畏其力，小国怀其德。"言畏而爱之也。《诗》云："不识不知，顺帝之则。"言则而象之也。纣囚文王七年，诸侯皆从之囚。纣于是乎惧而归之，可谓爱之。文王伐崇，再驾而降为臣，蛮夷帅服，可谓畏之。文王之功，天下诵而歌舞之，可谓则之，文王之行，至今为法，可谓象之。有威仪也。故君子在位可畏，施舍可爱，进退可度，周旋可则，容止可观，作事可法，德行可象，声气可乐，动作有文，言语有章，以临其下，谓之有威仪也。

威仪能够让人敬畏仿效，保证上下之间的关系稳固而不会发生错乱，就像《周书》论文王之德所言，大国敬畏其力，而小国感怀其德，也即恩威并举，才能使大小邦国皆能拥戴，崇国降服，蛮夷归顺。因此，威仪不仅是恩德的感化，更是武力征伐的结果，文王的政令之所以能够至今作为行为准则，乃是因为文王的威仪，这种威仪被周公融入礼乐之中。所谓"周旋可则，容止可观"即用礼乐文化符号来象征政治秩序，周旋揖让之礼的背后是有武力征伐为后盾的。所以在西周时期，礼能够起到法的效果。春秋以降，礼崩乐坏，即孔子所言的"礼乐征伐自诸侯出"，"陪臣执国命"（《论语·季氏》）。战国时期，秩序失衡尤于春秋，儒家以仁义道德为基础的复礼论已经难以挽救社会的颓势，新兴地主阶级的兴起以及统一的中央集权制国家的建立成为历史发展的趋势，所以才会有上文所引刘向评申不害刑名学"尊君卑臣，崇上抑下"的政治主张。

申不害在学术上属于法家，郭湛波指出"法家多兼致刑名之学"，①但是郭氏又认为刑名学非法术学，而是形名学，即名实之学，亦即名家之学，这个其实是将源流搞混淆了。《汉书·艺文志》指出"名家者流，盖出于礼官。古者名位不同，礼亦异数"，②礼官才是名学之源。礼不仅是礼仪仪节，举凡典章制度、风俗文化、名物度数等皆属于礼的范畴。随着礼崩乐坏，名位、名实等皆出现错位，不仅政治领域的身份等级与符号象征出了问题，而且生活中的名实关系也出现了错位，如《论语·雍也》中记载孔子有"觚不觚"之叹，杨伯峻在分析孔子对子路"必也正名乎"时指出：

> "觚"而不像"觚"，有其名，无其实，就是名不正。孔子对齐景公之问，说，"君君，臣臣，父父，子子"，也就是正名。……我这里用"名分上的用词不当"来解释"名不正"，似乎较为接近孔子原意。但孔子所要纠正的，只是有关古代礼制、名分上的用词不当的现象，而不是一般的用词不当的现象。一般的用词不当的现象，是语法修辞范畴中的问题；礼制上、名分上用词不当的现象，依孔子的意见，是有关伦理和政治的问题，这两点必须区别开来。③

孔子关注的重点是礼制中的名位问题，但必须注意到这里的"觚不觚"已经涉及名实问题，觚之名与觚之实错位，这个就是礼学中的名物制度的问题。发展到战国，"名实之相怨"（《管子·宙合》）就更为严重了，如璞在郑人这里为未理之玉，在周人这里就是未腊之鼠（《尹文子·大道下》），名实散乱严重影响了社会交流，也引起了当时学术思想界的关注，就形成了名实关系的议题。而名与形关系

---

① 郭湛波：《先秦辩学史》，上海：上海古籍出版社，2015年版，第3页。
② 陈国庆：《汉书艺文志注释汇编》，北京：中华书局，1983年版，第141页。
③ 杨伯峻：《论语译注》，北京：中华书局，1980年版，第134—135页。

密切，"物固有形，形固有名"（《管子·心术上》），"名者，名形者也；形者，应名者也"，"名以检形，形以定名"（《尹文子·大道上》），名是用来命形的，根据形体确定名称，用名称查验形体（这一点我们在下一节还将详述），由此发展而来的就是形名之学。尽管先秦刑名与形名互通，但是已有论者考辨指出，在逻辑学与自然哲学领域，多言形名，而在政治学与法学领域，则多言刑名，因为刑名更多的是就统治者的刑法权术而论的。① 因此刑名学中关注政治名分的一脉属于刑名法术之学，关注形名关系的一脉属于名实之学。我们这里重点关注的是刑名法术如何实现对社会秩序的建构与调适。

郭湛波指出刑名学导源于郑国，始于邓析，乃是因为春秋时代的郑国商业最为发达，封建制度最先崩坏，礼的观念也最先被破坏，而法的观念最先发生，因此刑名学始于邓析，申不害、韩非子之学皆源于郑学。② 郭氏所言基本属实，但是将邓析归入属于名实论议题的形名之学则不大妥当。其实郭氏自己也承认邓析郑国的大讼师这一身份，其自然是精通法律与辩论的，因此邓析应是兼治刑名法术与名辩之学的，所以刘向的校序指出邓析"好刑名，操两可之说，设无穷之辞"，③ 实际上指出了邓析兼善刑名之学与名辩之学。故而董英哲认为邓析"不仅是法家的前驱，而且是名家的开创人"，④ 这个是较为恰当的总结。邓析于刑名法术之学的贡献是提出了"循名责实"的理论，并指出这是君主的事情，也就是说，君主应根据臣下的名位职责来考察其实际工作与活动，因为一定的名位关涉着相应的职分。周代的爵—食制品位结构中爵的部分为贵族政治与等级君主制的集中体现，而食的部分则蕴含着官僚政治的因素，或者说是官僚管理手段的因素，⑤ 而邓析又是反对礼治倡导法治的先驱，其学说自然偏向于官僚政治方面。"循名责实，察法

---

① 参见王葆玹：《黄老与老庄》，北京：中国人民大学出版社，2012 年版，第 81—82 页。
② 参见郭湛波：《先秦辩学史》，上海：上海古籍出版社，2015 年版，第 6 页。
③ 王启湘《周秦名家三子校诠》自四部丛刊中所录此序出自汉刘歆之手，董英哲《先秦名家四子研究》经过考辨指出此序出自刘向之手。参见董英哲：《先秦名家四子研究》，上海：上海古籍出版社，2014 年版，第 92—100 页。
④ 董英哲：《先秦名家四子研究》，上海：上海古籍出版社，2014 年版，第 147 页。
⑤ 参见阎步克：《从爵本位到官本位》，北京：生活·读书·新知三联书店，2017 年版，第 44 页。

立威"(《邓析子·无厚篇》)，不仅要根据臣下的职位来考察其工作业绩，还要树立这种法律规则的威信，以此来重建社会秩序："治世位不可越，职不可乱。百官有司各务其刑。上循名以督实，下奉教而不违。"(《邓析子·无厚篇》)①在邓析看来，只有名位稳定、职责对应，各安其位，各司其职，社会才能有序，因此君主根据名位考察臣下的职责，臣下各执其事即可。所以，明君督察臣下只需"缘身而责名，缘名而责形，缘形而责实，臣惧其重诛之至，于是不敢行其私矣"(《邓析子·转辞篇》)，如果其行为实际与职位不符，则予以惩罚，这样臣下自然会尽职尽责。

邓析将等级名分转化为名位职责，以此循名责实，考察职事业绩，则有本可循。邓析的这种思想为申不害所继承，申不害提出的"君操其柄，臣事其常"(《申子·大体篇》)，②即君主操控名位，以此考核臣下。"操契以责其名，名者，天地之纲，圣人之符，则万物之情，无所逃之矣"(《申子·大体篇》)，统治者要紧握名位大权，以此考察臣民是否尽职恪守。韩非对申不害的为治之术有过分析："今申不害言术，……术者，因任而授官，循名而责实，操杀生之柄，课群臣之能者也，此人主之所执也。"(《韩非子·定法篇》)君王依据臣下的才能授予其相应的官职，然后按照这个名位的官职考察其实际的行事，所谓"以其名听之，以其名视之，以其名命之"(《申子·大体篇》)就是对群臣的考核。在这个过程中，君主掌握着绝对的生杀大权。群臣如果做到依其名（名位责任）尽其实（行事职责），则做到了名实相符。君王通过多方考核行为与职事是否相符，最后达到"名自正也，事自定也"(《申子·大体篇》)的统治效果，如此才能尊君卑臣，巩固统治秩序。

被后世归入名家的尹文与邓析一样，兼治刑名法术与名实之学。在刑名法术之学上，其理路颇同于邓析、申不害。在刑名的问题上，尹文认为"大要在乎先

---

① 本节文字王启湘《周秦名家三子校诠》中为"形"字，董英哲《先秦名家四子研究》改为"刑"字，我们这里重点考察的是邓析的刑名法术之学，故从董本所校。

② 严可均：《全上古三代秦汉三国六朝文》册一，北京：中华书局，1958年版，第33页。本文援引《申子》原文均出自是书，下同，不另注。

正名分，使不相侵杂"(《尹文子·大道上》)，即先缕清各自的名分职守，使之不相混杂。尹文还援引了孔子"必也正名乎"的论点，但是其所正之名同于邓析，邓析"不法先王，不是礼义"(《荀子·非十二子》)，其正名是正刑名法术，而孔子的正名乃是正君臣等级名分，使之回归周礼规定的礼制轨道。尹文与邓析一样，试图通过刑名法术来重建秩序，巩固君主集权，而不是复归周礼。如其所言："庆赏刑罚，君事也。守职效能，臣业也。君料功黜陟，故有庆赏刑罚。臣各慎所任，故有守职效能。君不可与臣业，臣不可侵君事。上下不相侵与，谓之名正。名正而法顺也。"(《尹文子·大道上》)君主依据臣下的名位职事对其进行考核，决定奖惩，群臣根据自己的名位职事尽职尽责，君主不去干预。当然，为了保证君主权威，臣下也绝对不能干预君主的事情，这样上下各安其位，各司其职，各自按照自己的名分办事，就是"法顺"。同样被认为是道法家作品的上博楚简《恒先》篇中亦有"事出于名"的论点，[1] 强调的是人们的职事活动是以名位来作为依据的。可见其"名正"正的不是孔子的那套君君臣臣的周礼等级名分，而是用正名来正法，巩固新兴地主阶级的君主集权制度。

刑名法术之学的实用理性色彩甚浓，仁、义、礼、乐、名、法、刑、赏在尹文看来都属于"治世之术"(《尹文子·大道下》)。术即方法技术，其治国为政依靠的是名法权术："政者，名法是也。以名法治国，万物所不能乱。奇者，权术是也。以权术用兵，万物所不能敌。凡能用名法权术而矫抑残暴之情，则己无事焉。己无事则得天下矣。"这里的"政"通"正"，正与奇相对，正指名法，奇指权术，在尹文看来，用此二者可以取天下。

法家韩非在综合刑名学的基础上，直接提出了"审合刑名"的主张："人主将欲禁奸，则审合刑名者，言与事也。为人臣者陈而言，君以其言授之事，专以其事责其功。功当其事，事当其言，则赏；功不当其事，事不当其言，则罚。故群臣其言大而功小者则罚，非罚小功也，罚功不当名也。"(《韩非子·二柄》)审

_____

① 马承源：《上海博物馆藏战国楚竹书（三）》，上海：上海古籍出版社，2003 年版，第 293 页。

查刑名就是严格考察其职位与行事是否合一，合之则赏，不合则罚，典冠者给韩昭侯加衣而受罚，就是因为其行事与职位不符。韩非将刑名法术充分应用到法治实践之中，指出君主要统治臣下，建构秩序，需"故审名以定位，明分以辩类"（《韩非子·扬权》）。梁启雄《韩子浅解》引《楚语》注："分，位也。""'辩'借为'辨'。"① 也就是说，君主在任人为政的时候，需要考察臣下的名位来确定其职务行事，通过这种辨类，秩序才能井然。韩非之"名"属于指示符（index），指示符就是"将对象放到一定的关系中加以指示"。② 这里的"对象"即具有一定名位的职官，"关系"即其在人事系统中的功能和职责。指示符的作用在于给对象及其组合以一定的秩序，如典衣、典冠各司其职，而不越俎代庖，在各自名位的指引下处理相应的职事。这是法家建构秩序的理论思想，其背后是严格的指示符操作模式，如赵毅衡言："在人类社群大规模的文化生活中，指示符号的'秩序'实际上成为一种符号社会学构成。……'指示性价值体系'（indexical valuation）是任何人类文化中必不可少的组成方式，它构成了秩序的基础。"③ 也就是说，指示符号将人的各种表意活动置于一定的社会关系中加以指示，不同的名位各有相应的职事规范。对处于一定名位的职官而言，名位指引着其从事相关的职事活动；从君主的角度而言，可以根据名位的规定性对从事职务活动者进行考评，也即"君操其名，臣效其形，形名参同，上下调和也"（《韩非子·扬权》）。从这个角度而言，名在韩非这里类似于法定的职务规范，形则是法定规范下的具体职事，"形"必须符合"名"的要求和规范，如此则"周合刑名，民乃守职"（《韩非子·扬权》），"形名参同，君乃无事"（《韩非子·主道》）。韩非的刑名法术之学被应用到秦国的政治治理之中，也确实取得了事功。他对秩序的调整基于严格的审合刑名，考核名位与职事之对应关系，严刑峻法，将整个社会按照不同的名位纳入其建构的秩序网络之中，辅之以严格的刑罚措施，其维系

---

① 梁启雄：《韩子浅解》，北京：中华书局，2009 年版，第 53 页。

② 胡易容，赵毅衡：《符号学-传媒学词典》，南京：南京大学出版社，2012 年版，第 266 页。

③ 赵毅衡：《指示性是符号的第一性》，《上海大学学报》，2017 年第 6 期。

的是中央集权式的封建君主专制下的大一统政治模式。在这种政治模式下，君臣各有其相应的政治名分，君主操控着名位，臣下各有分工，各司其职，由此发展而来的是封建官僚政治体系。随着秦国的强大和版图的扩张，这种官僚政治秩序亦得以在全国推广，所以王亚南认为中国二千余年的专制官僚政治秩序是由秦国开其端绪的，[①] 这也正是刑名法术之学说能在秦国具体应用并推广之所以然。

对事物的命名意味着别异，天地万物也从混沌不分的状态中分离出来，被人类的命名区隔而秩序化，成为一种简化了的方便把握的文化符号系统。进入礼制社会之后，在礼的区隔下，人们被区分出不同的身份等级，对这种具有差异性特征的等级进行的命名就是等级名分。名分是一种身份等级的符号表征，周公等周初统治者制礼作乐就是用名分符号系统来建构了一套家国同构的政治权力秩序，巩固了西周王权统治。礼崩乐坏之后，诸子百家面对政治混乱、社会失序的现状，提出了刑名法术之学，君主根据群臣的名位考察其相应的职责与行事，循名责实，这种新的秩序模式加速了封建宗法等级名分制的衰落，促成了封建君主专制下的官僚政治体制的形成。

第二节　名与实：由形名之辩到符号哲学

名实之辩与言意之辩等被认为是中国特色的符号学命题，特别是名实论，先秦诸子百家几乎都卷入这场论争之中，如儒家的孔子、荀子，道家的老子、庄子，杨朱学派的杨朱，法家的商鞅、韩非，名家的尹文子、公孙龙子，墨家的墨子，以及带有融合倾向的黄老道家著作《黄帝四经》等，都对名实问题提出了自己的

---

① 王亚南：《中国官僚政治研究》，北京：中国社会科学出版社，1981年版，第38页。

见解，所以胡适说当时"家家都有自己的名学"。①从参与论争的广泛性而言，这是实情。春秋战国是一个社会急剧变革的时代，新的事物不断产生，旧有之"名"不能表征新生之"实"，特别是在社会文化生活领域，"名不副实""实不应名"等问题十分突出，才会有孔子"君子疾没世而名不称焉"（《论语·卫灵公》）这样的慨叹，可见名实问题在当时的意识形态领域已经形成激烈的反应。诸子百家的论争也逐渐加深了对名与实的认识，形成在认识论以及逻辑符号方面的探讨，并将这一论争提升到语言哲学的高度，使其成为中国早期重要的语言符号学资源。这场关于名实议题的论辩也毫不逊色于西方的名实论。②政治与伦理领域的名分论符号思想我们在上一节中已有论述，本节主要针对先秦传世文献《墨子》《管子》《尹文子》《公孙龙子》《荀子》及部分出土文献中涉及的名实论文献材料，从语言符号学的角度来作一检视。

一、名实关系：名无固实，约之以命

名与实究竟是一种什么关系，这是先秦语言符号学界思考的焦点问题之一。较早从语言符号角度对这一问题进行有效思辨的是杨朱学派，如杨朱认为"实无名，名无实。名者，伪而已"（《列子·杨朱》）。一般认为《列子》一书为魏晋之人伪作，但其中不乏先秦列子学派的遗说，如明人宋濂所言："至于《杨朱》、《力命》，则'为我'之意多，疑即古杨朱书，其未亡者剿附于此。"③杨朱是战国时期的思想家，《孟子》《庄子》《荀子》《韩非子》《吕氏春秋》等先秦典籍对杨朱的言行

① 胡适：《中国哲学史大纲》，长沙：岳麓书社，2010 年版，第 142 页。
② 在西方，大约在公元前 469 年到公元前 399 年间，苏格拉底的学生赫尔摩根与克拉底洛围绕名实问题展开了第一次论辩，赫尔摩根主张"约定论"，名由人定，克拉底洛则主张"本质论"，名实相应；第二次论辩以亚里士多德一方为代表支持"约定论"，并提出了"类比论"，重视类似与规则性，而以芝诺为代表的斯多葛学派则偏爱"本质论"，其理论被称为"不规则论"。参见岑运强：《语言学概论》，北京：中国人民大学出版社，2015 年，第 9—10 页。
③ 宋濂：《诸子辩》，上海：朴社出版社，1928 年版，第 15 页。

多有记录。汉代《淮南子》《法言》《说苑》《论衡》诸典籍中亦有关于杨朱的思想言行的记录，如《孟子·滕文公下》谓"圣王不作，诸侯放恣，处士横议，杨朱、墨翟之言盈天下。天下之言不归杨，则归墨"，《孟子·尽心下》亦谓"逃墨必归于杨，逃杨必归于儒"。从中可知杨朱的学术在当时与墨家齐名，似乎也是"显学"，但钱穆认为这是孟子"一人之言，非当时之情实"。① 然而我们知道钱氏是新儒家的代表，他的观点是否有门户之见颇值得怀疑。孟子周游列国，其观点"见以为迂远而阔于事情"，不被诸侯采纳，说明当时儒家发展受挫是时势使之然，郭沫若曾谓"杨、墨的势力中分天下，而儒家是最倒霉的时候"，② 应该更贴近历史事实。前人多将杨朱、墨子归于辩者，说明杨朱的学术中对于名实之辩是颇有研究的。

胡适根据《杨朱篇》中杨朱与墨子弟子禽子之间的对话推测，杨朱生活的年代大概在公元前 440 年到前 360 年之间，③ 当在孟子、庄子、公孙龙之前，是较早将名实问题由政治伦理论域引入语言符号学论域的学者（当然从《杨朱篇》整体来看，杨朱的主要论域还是政治伦理诸领域，但其论断又确实存在语言符号学这一解释的向度）。根据杨朱之论，事物本来是无名的，"名"也不是"实"本身，那么名是什么？杨朱认为"伪而已"，所谓"伪"，荀子认为"生之所以然性。……不事而自然谓之性。……心虑而能为之动谓之伪。虑积焉、能习焉而后成谓之伪"（《荀子·正名》）。生来如此即"性"，如幼儿用手抓取食物来吃，这是不需经过后天努力或社会教化而自然如此的；"伪"是经过心智思虑之后的行为，是"思虑的长期积累，官能的反复运用，然后形成为一种言行规范"，④ 因此"伪"并非出自天性，而是通过后天学习而成的，如小孩学会用筷子吃饭即是。也即"伪"是人为的，非天生的，由此可知杨朱认为"名"是人造的语言符号，是用来表征"实"

---

① 钱穆：《先秦诸子系年》，北京：九州出版社，2011 年版，第 257 页。

② 郭沫若：《十批判书》，北京：人民出版社，2012 年版，第 124 页

③ 参见胡适：《中国哲学史大纲》，长沙：岳麓书社，2010 年版，第 134 页。

④ 北京大学《荀子》注释组：《荀子新注》，北京：中华书局，1979 年版，第 368 页。

的，也是可以习得的。但是名本身不是实，所以杨朱认为"名者，固非实之所取也"，"实者，固非名之所与也"（《列子·杨朱篇》）。名本身就不是实所固有的，因为名属于人造符号，是用来表征实的；实本身也不是名给予的，而是客观存在的。这样就将"名"与"实"进行了区分与剥离。这其实是一种进步，因为在先民看来，名与实是等同的，这个在人类学中亦可以找到佐证，如《金枝》研究指出未开化的民族认为名与实是一种实际联系；①《中国宗教系统》一书也指出中国先民将名字与其对象等同起来；②而从皮尔斯的符号三分式来看，实属于对象，名是符号再现体而已，名的解释项则是当时的政治伦理诸议题。

随着认识的发展和论辩的深入，名与实的关系得到进一步深化理解，名家公孙龙对名实关系用一言一概之："夫名，实谓也。"（《公孙龙子·名实论》）谓即称呼，也就是说，名是用来称呼实的，沟通名实二者的就是这个"谓"字，如庞朴所言："名是主观加于客观的，谓是沟通主观和客观的。"③这个《庄子·逍遥游》亦有较为深刻的论述，尧让天下与许由，被许由拒绝了，许由认为，"名者，实之宾也。吾将为宾乎？"唐人成玄英疏谓："然实以生名，名从实起，实则是内是主，名便是外是宾。舍主取宾，丧内求外，既非隐者所尚。"④在庄子看来，名是实之宾，名是宾、是外在的东西，实是主、是内在的东西，在名实关系上，实为主，名为宾，舍实取名，则是忘记主次之分，是不对的，因此隐者许由不取。

《荀子·正名篇》明确提出"名无故实，约之以命"的观点，也就是说，用什么名称表征事物是社会群体共同约定的结果，名称与事物之间没有必然的联系，此时名偏重于其语言属性，如训诂学家王宁所言，"约定俗成"论准确地"反映了音义联系的社会约定性"，⑤其联系具有偶然性。所以荀子接着指出"约定俗成谓之实名"，所谓实名，杨倞注曰："实名，谓以名实各以成言语文辞。谓若天地日月

---

① 参见弗雷泽：《金枝》，汪培基，等译，北京：商务印书馆，2013年版，第405页。
② 参见列维·布留尔：《原始思维》，丁由译，北京：商务印书馆，1981年版，第49—50页。
③ 庞朴：《中国的名家》，北京：中国国际广播出版社，2010年版，第89页。
④ 郭庆藩：《庄子集释》，北京：中华书局，2004年版，第25页。
⑤ 王宁：《训诂学原理》，北京：中国国际广播出版社，1996年版，第47页。

之比也。"① 名在约定俗成的情况下逐渐形成相关的概念谱系，如日月天地之类，这里的重点是一个"约"字，如梁启雄所言，强调的是"名所由制成的社会因素"，② 并非某个人的创制。尽管荀子认为是王者制名，但如果所制之名要成为社会通约的语言符号，还得约定俗成，这也正如索绪尔所言："语言是一种约定俗成的东西，人们同意使用什么符号，这符号的性质是无关轻重的。"③ 符号不仅能够指称事物概念之间的关系，并将事物之间的关系和事物的性质揭示出来，而且显现出符号与符号所指对象之间是一种由习俗约定而成的关系。

但是当名作为符号制定通行之后，在应用上就要遵循社会约定，"名无固宜，约之以命。约定俗成谓之宜，异于约则谓之不宜"(《荀子·正名》)，梁启雄《荀子简释》引刘师培之言曰："约字当训为'界'，谓以人所命之义，立名为界说也。约定者、界说定也。异于约者、背乎界说也。"④ 作为名本身，没有合适不合适，只要大众约定了，也就是以此名对事物进行了界定，后来者遵守既成界说，就是适宜的，反之，则不是。这里可以从《尹文子·大道下》中的一个例子来看：

> 庄里丈人字长子曰"盗"，少子曰"殴"。盗出行，其父在后追，呼之曰："盗！盗！"吏闻，因缚之。其父呼"殴"喻吏，遽而声不转，但言"殴！殴！"吏因殴之，几殆。

《荀子·修身篇》谓"窃货曰盗"，偷窃别人东西为盗，而"殴"者，锤击殴打之谓，两者皆是当时约定俗成的通名。庄里丈人给孩子取名之时，没有遵守既成的约定，用"盗"与"殴"给孩子命名，所以才会出现以盗呼子而子被官吏当成盗窃之人抓住并险些被殴打致死的事情。这虽然是一个故事，但其寓意还是很明显的，其父发出"盗"和"殴"之声音，本是呼其子之名，但官吏闻其声，则

---

① 王先谦：《荀子集解》，北京：中华书局，1988 年版，第 420 页。
②④ 梁启雄：《荀子简释》，北京：中华书局，1983 年版，第 315 页。
③ 索绪尔：《普通语言学教程》，高名凯译，北京：商务印书馆，1980 年版，第 31 页。

在心中建立起"偷盗"和"殴打"心理联想，而"这种联想的结合是由社会集体约定的"。①索绪尔指出："一个社会所接受的任何表达手段，原则上都是以集体习惯，或者同样可以说，以约定俗成为基础的。"②如果违背了集体习惯，自然如荀子所言，"异于约则谓之不宜"，因取名"异于约"而差点导致儿子被打死，自然"不宜"。荀子的"约定论"实际上是指事物的名称与事物之间没有必然联系，是社会约定俗成的，在这一点上其与索绪尔所论的语言的规约性是相同的。如张绍杰所言："语言规约不是人决定的产物，一旦确立起来，很难做出调整或改变，语言使用者个人没有力量改变它们，语言社团也不具有改变它们的权威性。"③但荀子"名无固宜"却与索绪尔说言的语言符号的任意性还是有差别的。索绪尔的语言符号的任意性主要是指能指与所指的结合是任意的，他进而指出语言符号是任意的，但索绪尔的语言符号连接的是概念和音响形象，跟事物和名称是没有关系的。汉语之"名"是"文"与"声"的组合，名的声音部分是"能指"，名的图文部分是"所指"。④如马之名，其语音部分为"mǎ"，对应的图文如6.1所示：

图6.1 "马"文名对应图文

作为所指的"马"，乃是"马"之文抽象简化而来，但是不论如何，其都与马本身是有联系的。如果只是说"mǎ"之音引发关于"马"的概念，这之间是任意的，但是作为"马"之名，其是文与声的结合，也即跟"马"本身是有联系的。《黄帝四经·经法》谓"形名出声，声实调合"，形名形成概念符号，同时概念符

---

① 屠友祥：《索绪尔手稿初检》，上海：上海人民出版社，2011年版，第64页。
② 索绪尔：《普通语言学教程》，高名凯译，北京：商务印书馆，1980年版，第103页。
③ 张绍杰：《语言符号的任意性研究》，上海：上海外语教育出版社，2004年版，第109页。
④ 祝东：《论形名：从语言规范到行为秩序》，《江西社会科学》，2017年第8期。

号又是表征其"实"的，二者要相互符合，这是我们在谈名实符号学必须注意的。而且，这里又引出下一个议题，即命名原则的问题。

二、命名原则：以名命形，形以定名

如前所言，汉语之"名"是声与文的结合，名与事物本身是相关的，这个关联往往是通过"文"进行的，这就是中国语言符号学先哲所探讨的命名原则的问题。

《尹文子·大道上》开篇提出："大道无形，称器有名。名也者，正形者也。形正由名，名不可差。""大道"的特征是恒常，因而不可言说，一旦言说，诉诸符号，就失去了其常道的特征，因为"符号化其实是一种片面化"，[①]所以"大道无形"，有形则会演化为具体的事物，而具体事物是有名称的，也即"称器有名"。《周易·系辞上》谓"形乃谓之器"，高亨注曰："器尤物也。……具有形体者谓之物。"[②]庄子甚至认为"凡有貌象声色者，皆物也"（《庄子·达生篇》），公孙龙子亦认为"天地与其所产焉，物也"（《公孙龙子·名实论》），谭戒甫注云："夫天地之为物，以其形也；则凡天地之所生者，亦皆以其形为物。"[③]所以除"大道"之外，天地万物皆有其名，名称是用来反映事物形体的，这就是前文所言名之"文"，是一种图像符号，"依类象形，故谓之文"，[④]事物能否得到正确的表征，是由"名"来决定的。"名者，名形者也；形者，应名者也"，名是命名形体的，形体是与其名对应的，名与形应该相符，"故形、名者，不可不正也"（《尹文子·大道上》）。这一点，先秦其他学派亦有所关注。

---

① 祝东：《去符号化：老子的伦理符号思想初探》，《社会科学战线》，2016 年第 8 期。
② 高亨：《周易大传今注》，北京：清华大学出版社，2010 年版，第 430 页。
③ 谭戒甫：《公孙龙子形名发微》，北京：中华书局，1963 年版，第 57 页。
④ 段玉裁：《说文解字注》，北京：中华书局，2013 年版，第 429 页。

《管子·心术上》有云："物固有形，形固有名，名当谓之圣人。"万物各有其形态，与其形态对应的就是其名称。"名当"，陈鼓应认为应是"形名当"，[①] 也即使形名相符，是"圣人"所为之事。同篇后文亦有对这段的解释生发：

> "物固有形，形固有名"，此言名不得过实，实不得延名。姑形以形，以形务名，督言正名，故曰圣人。(《管子·心术上》)

这里明确指出名不得超过实，实亦不能超越名，即如郭沫若所言的"名与实必须一致"，此为战国正名派的基本原理。[②]"姑形以形，以形务名"，张舜徽认为"形以形"三字为衍文，[③] 此说当是，也即此句应为"姑以形务名"，如此也可与下文"以其形因为之名"相呼应。根据事物之形来求其名，同时结合语言来确定事物之名，这也正如上文所言，名乃形与言的结合。

《管子》的《心术》《白心》诸篇一般被认为是稷下道家的作品，他们讨论形名关系不是出于语言逻辑学上的考虑，而是为了将其落实到现实社会秩序的建构，但是其中的部分议题也确实与语言符号学紧密相联。在命名原则问题上，稷下道家认为实为本为先，名是反映实的："原始计实，本其所生。知其象则索其形，缘其理则知其情，索其端则知其名。"(《管子·白心》)推求事物的来源及其生成的依据，考察其实质，这是探求内在理路，然后根据外在形象去把握形质，了解其情实，结合其生成开端，进而掌握其名。如陈鼓应所言，其逻辑理路是"透过观察所呈现的貌象，得以索知事物的形态；而由原察事物发生之端绪，则能赋予事物应有之名号"，[④] 也即名号的建立是以形质为基础的，这个在其他黄老道家作品里面亦有表露，如《黄帝四经·称》云："有物将来，其形先之。建以其形，名以

---

① 陈鼓应：《管子四篇诠释》，北京：商务印书馆，2006年版，第155页。
② 郭沫若：《管子集校（二）》，北京：人民出版社，1984年版，第424页。
③ 张舜徽：《周秦道论发微》，武汉：华中师范大学出版社，2005年版，第244页。
④ 陈鼓应：《管子四篇诠释》，北京：商务印书馆，2006年版，第192页。

其名。"这里的"物"已经不是客观存在的物理客体，而是人的意向性所指向的意识对象，作为"对象"的"物"是被人意识到的客体，也即是意向性将主体与客体联系到了一起，此时的客体为人们提供了携带意义的观相。谭戒甫论及公孙龙《名实论》"物以物其所物而不过焉，实也"时指出："物其所物者，物，相也；所物，谓所相之形色也。"① 物呈现给人的是一种形色之类的观相，为人所感知、认识，如赵毅衡所言："事物呈现为对象，对象提供感知作为符号，这过程的两端（事物与符号）在初始形式直观中结合为同一物，是意向对象的两个不同的存在于世的方式。二者的不同是，事物可以持续地为意识提供观相，因而意识可以进一步深入理解事物，而符号则为本次获义活动提供感知，要进一步理解事物，就必须如皮尔斯说的'与其他符号结合'。"② 本乎此，就方便理解这段文字的意思了："物"在人的意向性中成为认知的对象，此时其"名"也即概念尚未产生，呈现给人们的主要是形状，如虎呈现的是虎的形状，马呈现的是马的形状，作为对象的虎与马可以为人们进一步深入了解其形质提供观相。而虎之所以是虎，马之所以是马，是在虎与马的差异性中逐渐认识形成的，当认识达到一定的深度，就可以根据其形质进行命名，进而得出虎之名或马之名，形成相关的概念谱系，这就是"形以定名"（《尹文子·大道上》）。

这种"名"的产生是以事物的形状性质特征为基础而来的，其在认知思维中被抽象出来的特征就是"实"。实是对天地万物共性特征的分类和抽象概括，是第一性的东西，表征实的名则是第二性的。概而广之："凡事无大小，物自为舍。逆顺死生，物自为名"（《黄帝四经·道法》），万事万物都是在一定时空中的存在，事物的性质决定其顺逆死生，人们也可以根据事物的性质形状去界定事物的名称。对此，墨家表达得最为简洁："以名举实"（《墨子·小取》），即"用名称或概念代表现实事物的意思。概念是事物的本质属性反映在人们的意识中而形成的，人们

---

① 谭戒甫：《公孙龙子形名发微》，北京：中华书局，1963 年版，第 57 页。

② 赵毅衡：《形式直观：符号现象学的出发点》，《文艺研究》，2015 年第 1 期。

用概念就可以代表现实事物"。①陈氏还举了《墨子·经上》"名若画虎"以证之，虎是人们在与其他事物（如马）的比较中逐渐形成的认识，人们用"虎"之名去表征这类动物。"画虎"指出虎之名与其实之间的理据关系，因为名本身是一种像似模拟的产物，在其能指与所指之间存在某种可以被感知的像似之处，这是一种像似符号，其"在创制之时是要以某种方式或某个方面像它的指涉体"。②《墨子·经上》"举，拟实也"，《墨子·经说上》"举，告以文名，举彼实也故"，《墨子·小取》"摹略万物之然"，强调的重点都是相同的，因为无论是"拟""摹"还是"文"，都是对实的摹拟表征，只不过前者强调的是这种过程，而后者重在其结果。如前文所言，文是"依类象形"的产物。

事物的名确定下来之后，就成为约定俗成的东西，人们不得随意更改，必须遵从"名实耦"（《墨子·经说上》）的要求。对此，公孙龙有更详细的论述：

> 天地与其所产者，物也。物以物其所物而不过焉，实也。实以实其所实，[而]不旷焉，位也。出其所位，非位；位其所位焉，正也。以其所正，正其所不正；[不以其所不正]，疑其所正。其正者，正其所实也；正其所实者，正其名也。其名正则唯乎其彼此焉。（《公孙龙子·名实论》）③

公孙龙首先对名、实、物做了一个界定，天地所产者为物，物在意向性中呈现出不同的观相并为人们所认知，人们据此创制了名号予以分类区隔和表征，如牛、马之属皆是。牛之为牛，马之为马，而不相混淆错误，正在于各有其实。何谓"实"？王琯认为"其某物之自性相，即谓之实"，④董英哲认为实就是"实质，即事物特有的属性，是'名'所反映的内容，为概念的内涵提供了客观依据"，⑤张

---

① 陈高傭：《墨辩今解》，北京：商务印书馆，2016年版，第324页。

② 余红兵：《符号建模论》，苏州：苏州大学出版社，2019年版，第73页。

③ 本处引文及校订参考董英哲：《先秦名家四子研究》，上海：上海古籍出版社，2014年版，第678页。

④ 王琯：《公孙龙子悬解》，北京：中华书局，1992年版，第88页。

⑤ 董英哲：《先秦名家四子研究》，上海：上海古籍出版社，2014年版，第679页。

造群认为"'物'是感觉的来源，'实'是思维的对象，亦即为思维所把握的'物'的属性"。[①] 结合本节的论述和学界前辈时贤的界定可知，"实"不同于"物"，物是具有形色的个体事物的综括，而实则是从物中抽象出来的一些具有共性的本质。名是表征实的，同时又可指称物。名、实、物三者之关系，从古形名学角度来看，可用图 6.2 示之；从符号学的角度来看，名是实的概念符号，其关系或可用图 6.3 示之：

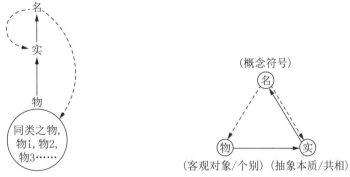

图 6.2　古形名学视域下的"名、实、物"关系图　　图 6.3　符号学视域下的"名、实、物"关系图

事物的实都有一定的界限范围，在这个范围之内的就是"正"，反之则"不正"，因此，应该根据事物的实来调整纠正事物的名。所以正的标准就是实，事物之实既正，其名随之亦正。名正之后，此名即此物之实，彼名即彼物之实，彼此才不相混淆。先秦名实关系的论辩，到此算是一个大的总结。

三、名之功用：稽考万物，以别异同

儒家孔子、道家老子及法家韩非子等论名之功用，多引向伦理政治领域。而随着名辩论的深入发展，先秦贤哲对语言符号与思想意识的认识逐渐深入，对

---

① 　张造群：《礼制之道：汉代名教研究》，北京：人民出版社，2011 年版，第 31 页。

名的功用也有了新的认识。以下主要从黄老道家著作和《荀子》等典籍中对名之功用的讨论从语言符号学的角度作一检视。

从现存传世文献来看，早在春秋时期提倡"循名责实"的邓析就已经注意到名的功用问题，《邓析子·无厚篇》有云："异同之不可别，是非之不可定，白黑之不可分，清浊之不可理，久矣。"异同、清浊的区别，是非、黑白的分辨，其实都与名的功用有关，因此邓析建言"故见其象，致其形；循其理，正其名"，通过考察事物的现象，推求其形色，遵其物理，正其形名，清理名实淆乱的现状来区别异同、黑白。虽然邓析最后将其论点引向"明君审一，万物自定"的政治名分与社会治理上去了，但是其中已经隐含了对名的语言符号学功用的思辨。

对名的功用继续探析的是黄老道家，如出土文献《黄帝四经》，以及虽被归入名家但黄老道家思想浓厚的《尹文子》等。① 黄老道家从道家本体论出发，讨论了形名的生成和意义："虚无有，秋毫成之，必有形名，形名立，则黑白之分已。"（《黄帝四经·经法》）"虚无有"，我们认为正确的断句应是"虚无，有"，这其实是道家的宇宙生成论"天下万物生于有，有生于无"（《老子》第四十章）的翻版，已成之秋毫即"有"，有物必有其形，考察其形，推求其名，形名确立之后，是非黑白的分界就可以确定了，因为"名形已定，物自为正"（《黄帝四经·经法》）。事物之名与形确定之后，其间的区别分际也就泾渭分明，判然有别。这一点尹文亦有相关论述："名称者，何彼此而检虚实者也。自古及今，莫不用此而得，用彼而失。失者，由名、分混，得者由名、分察。"（《尹文子·大道上》）王启湘认为"何彼此"与"检虚实"相对成文，"何"犹稽也，"检"犹验也，他指出此处尹文之意为"盖名称者，所以稽彼此而验虚实之具耳"。② 作为稽考彼此检验虚实的"名"，自古及今都有其用，如果名、分察辨，则得到益处，反之则会有所损失。尽管尹文将其名辩引入名分的解释项领域，但他还是对名的语言符号学思想进行了有效思辨："今万物具存，不以名正之则乱；万名具列，不以形应之则乖。"（《尹文

---

① 陈鼓应：《黄帝四经今注今译》，北京：商务印书馆，2007年版，第23页。
② 王启湘：《周秦名家三子校诠》，北京：古籍出版社，1957年版，第23页。

子·大道上》）是各种不同的名的差异性使万物有了分野和秩序，如果没有名，万物就复归于混沌之物。与之相应的是，汉语之"名"是对物的形色的抽象，是用来反映形体的，如果名、形不符，则不和谐。

当名确定之后，"名以定事，事以检名。察其所以然，则形名之与事物，无所隐其理矣"（《尹文子·大道上》）。名可以规定事物，事物同时可以检验名称是否合适。根据形名可以考察事物之间的规律，将审查名实关系作为处理万事万物的基本准则，也即"审三名以为万事稽"（《黄帝四经·经法》）。所谓"三名"即"一曰正名立而偃，二曰倚名废而乱，三曰强主灭而无名"（《黄帝四经·经法》），由是可知，三名即正名、倚名和无名，正名即名实相应，倚名即名实不符，无名则是不立形名，此三者无论是从语言符号还是政治伦理角度而言，都有其特殊意义。这一点在《管子·枢言》中也有表露："名正则治，名倚则乱，无名则死。故先王贵名。"先王贵名的原因就在于名的功用从语言符号到治政治伦理领域，环环相扣，其逻辑理路则是"达于名实相应，尽知情伪而不惑，然后帝王之道成"（《黄帝四经·经法》）。黄老道家亦从语言符号学角度考察名实是否相应："名实相应则定，名实不相应则静。"（《黄帝四经·经法》）对于文中"静"字，《马王堆汉墓帛书［壹］》与陈鼓应《黄帝四经今注今译》皆认为是"争"字，[①] 根据上下文语境来看，这个释读是合理的。由是可知，名实相应则万事万物相安无事，反之就会出现纷争。因此，"三名察则事有应"（《黄帝四经·经法》），判定名实是否相应便可以知晓事物真假，从而做出正确的判断和处理，那么"帝王之道"也就成了。

然而为什么要有"名"？荀子对这个问题进行了带有总结性的思辨："然则所为有名，与所缘以同异，与制名之枢要，不可不察也。"（《荀子·正名》）名产生的原因，名之间异同的根据，这是王者制名的关键，必须进行考察。在回答这个问题之前，荀子已经做了一些铺垫："散名之加于万物者，则从诸夏之成俗曲期，远方异俗之乡则因之而为通。"（《荀子·正名》）这里已明确指出，万物的各种名称是

---

① 参见国家文物局古文献研究室编：《马王堆汉墓帛书［壹］》，北京：文物出版社，1980 年版，第 54 页；陈鼓应：《黄帝四经今注今译》，北京：商务印书馆，2007 年版，第 144 页。

按照"诸夏"（即中原地区）之约定俗成而来的，这样才能与"远方异俗者"顺利沟通，因此，约定之名是顺利交流沟通的不二法门。"故王者之制名，名定而实辨，道行而志通，则慎率民而一焉"（《荀子·正名》），事物的名称确定了，就可以依据名称来区别事物，如制定马之名、牛之名，如果这些名能够实行，那么思想就容易沟通，不至于出现牛头不对马嘴的事情。孔子曾要求以礼正名，也即以名正实，实也要按照既有的名去规范；而荀子看到了事物的发展变化，新事物的出现使旧名不能涵盖新名的内涵，如是则应因实而制新名，用新名指新实，"有循于旧名，有作于新名"（《荀子·正名》），以做到名实相符。在此基础之上，荀子进一步指出：

> 异形离心交喻，异物名实玄纽，贵贱不明，同异不别，如是则志必有不喻之患，而事必有困废之祸。故知者为之分别，制名以指实，上以明贵贱，下以辨同异。贵贱明，同异别，如是则志无不喻之患，事无困废之祸，此所为有名也。（《荀子·正名》）

这一段分析"名"之由来，其内容正是名之功用的综合分析。万物异形，人心相别，但人心可用"名"之符号形容事物，达到"交喻"的目的。由于对物的观相取舍不同，因此抽象出来的共相之实往往会有差异，如是则"名实眩乱，连系交结而难知晓"，[①] 这样于事物而言则是异同难以区分，于社会而言是尊卑贵贱不分明。像这样的话，于思想领域而言有表达不清的忧虑，于行事而言则有困顿废弃之祸患，所以要"制名以指实"，名称的制定是为了指称客观实在。唐人杨倞指出："无名则事物杂乱，故智者为之分界制名，所以指明事实也"，[②] 以此辨明贵贱，区别异同，进而解决思想与行事上的忧虑祸患。"名闻而实喻，名之用也"（《荀子·正名》），这些都是名的功用。这一点又是如何实现的呢？荀子有进一步的分析。

---

①② 王先谦：《荀子集解》，北京：中华书局，1988 年版，第 415 页。

《荀子·正名》谓"名也者，所以期累实也"，杨倞注云："'累实'当为'异实'。言名者所以期于使实各异也"，① 此说当是。杨氏的观点还可从上下文找到印证，前文"累而成文，名之丽也"，这里的"累"也应该是"异"之误，《释名·释言语》有云："文者，会集众采以成锦绣，会集众字以成词谊，如文秀然也。"② 文之秀然乃是会集众彩、众字而成，如果"众彩"只是由一种颜色、"众字"只是由一个文字堆积而成，自然不能成"文"，累积再多亦是如此，因此"名之丽"必然是众多异名错综而成的。后文"辞也者，兼异实之名以论一意。辨说也者，不异实名以喻动静之道也"也皆用的"异"字。"辞"是用来表达思想的，"以辞抒意"（《墨子·小取》）便是此意，比如我们说"虎是猫科动物"，如果仅有一个"虎"字则不能表达完整的意思，如果是同实之名（如全是虎字）也不能表达意思。"不异实名"，学者杨柳桥认为"不"应为"分"字之误，"分"与上文"兼"字相对，③ 其说可取，也即辨说更是要用分辨不同名称（"异名"）来说明是非之理。明乎此，我们就可回到前文开头处，也即名是用来表征实的，万物之实各不相同，所以其名各异，名的对立和差异才使得其在组合中具有意义，如屠友祥所言："每个符号引发的与其他符号的声音上的对立，赋予其自身意义和价值。这意味着意义和价值处于关系之中，并不确定。"④ 汉语之"名"不仅存在声音上的差异，还有形体的差异，而名一旦约定俗成，人们把握名就可以间接了解其实，甚至通过名的组合建构无穷的意义世界。

名学被认为是具有中国特色的符号学系统，先秦名学又可缕分为正名论、形〔刑〕名论、名实论等。以笔者愚见，正名论偏重于政治伦理领域，名实论偏重于语言符号学论域，而形〔刑〕名论则介于二者之间。形名偏重于语言符号学议题，

---

① 王先谦：《荀子集解》，北京：中华书局，1988 年版，第 423 页。
② 刘熙：《释名疏证补》，毕沅疏证，王先谦补，北京：中华书局，2008 年版，第 109 页。
③ 杨柳桥：《荀子诂译》，济南：齐鲁书社，2009 年版，第 449 页。
④ 屠友祥：《索绪尔手稿初检》，上海：上海人民出版社，2011 年版，第 91 页。

刑名则入于政治与法治治理之中，尽管先秦"形"与"刑"通，但我们可以根据其实际应用与理论向度作一分解。从人类文明进化的角度来看，初民是名、实、物不分的，以现代符号学的观点来看，物是客观对象，实是对客观对象共相的提取和抽象，名则是其的符号表征，如牛之名可以指代某一具体的牛（客观对象），也可以表示趾端有蹄、头上有角、尾部有长毛的反刍类哺乳动物（即牛之实）。随着人类认识的深化发展，名的神秘性逐渐消解，但名在政治伦理领域依然具有重要的地位，儒家孔子"必也正名"正是基于此。战国以降，诸子对名的论争逐渐白热化，其认识也有了新的高度。在名实关系上，看到了名与实的社会约定性特征；在命名原则上，提出根据形来定名，用名来命形的观点；在名之功能上，指出名稽考万物、区别异同的作用。特别是对名、物、实关系的论辩，已经在不同程度上涉及符号哲学的议题。赵毅衡先生指出，从易学、名墨之学、五行术数、禅宗之学以迄陆王心学，皆"紧扣着意识面对世界发生意义这个根本问题"，[1] 形成了一条中国特色的符号哲学思想脉络，而名实论则是这条线索中的一座高峰。"名"总是用来表现"实"的，"实"又总是包蕴在客观存在的"物"之中，而"物"必须先被人感知，才能进入意识之中，被人分析命名（如事物之"名"），并形成理解（如事物之"实"）与解释（如"名分"）等，"只有通过感知，事物才能进入意识，才能被立义、被理解以及被衍义，成为面向意识而立的对象"。[2] 这些问题都还亟待继续深入探讨。

---

[1] 赵毅衡：《意义理论，符号现象学，哲学符号学》，《符号与传媒》，2017 年第 2 期。

[2] 宗争：《符号现象学何以可能？》，《符号与传媒》，2017 年第 2 期。

结 语

　　自现代符号学诞生以来，关于符号学学科前史渊源的探索就未曾中断。西方学界将符号学源头追溯到占卜与医学实践，如美索不达米亚人的占卜以独特的符号观念为中心，采取从具体事实中得出具体结论的推理方式；古希腊人的灵感占卜则是预言者以神的代言人身份发出神谕，这种神谕符号是神的知识与人类知识之间沟通的工具，而古希腊人的医学实践则是围绕符号与推论的一个理论建构过程，也即"试推"过程，将单个现象视作符号，其所指涉的是从中获取的意义体系。①我们在翻检西方学者梳理的符号学渊源时并没有看到有关早期中国符号学思想的内容，而创造和使用符号与人类社会的发展是相伴始终、无论中西的。人作为符号的动物，认识世界、追寻意义是其本能，人必然要求对生命活动做出反思调整，并承担由此而来的责任。在此基础上，人形成圆形的意义生产—反思实践机制。

　　中华民族的文化源远流长，中华民族的先民在与自然界的交流中很早就学会运用符号模型指导生产生活实践，并对符号与意义的关系问题进行了卓有成效的反思，不仅留下了丰富的符号学遗产，还完成了中国古代符号学思想的伦理转向。中国古代符号学没有得到国际符号学界应有的重视，不能不说是一个很大的遗憾。因此，梳理中国符号学思想资源，构建中国的伦理符号学传统，自然也是当代中

---

① 参见马内蒂:《古代符号学》，保罗·科布利:《劳特里奇符号学指南》，周劲松、赵毅衡译，南京:南京大学出版社，2013 年版，第 13—15 页。

国符号学界的历史使命与责任。反观当今社会，无论是从符号泛滥意义缺失的现代性危机角度而言，还是从理论对话与文化思想交流的角度来说，早期中国符号学思想研究都具有积极而现实的意义，值得我们去探析、研究。

中国先民在仰观俯察的生产生活实践中，很早就创造了易学这一完整的符号系统，并用其指导生活实践，建构文化秩序。对文化秩序的建构实际上源于对天地自然的观察与模塑活动，这是一个缓慢而绵长的历史过程，在这个历史进程中，自然逐渐符号化，成为携带意义的符号文本。随着先民对自然认知的加深，如对天地阴阳、四时月令运行规律的认识，对五星天文规律的掌握，对五材的分类，对万物的认知与命名，甚至对音律与节候关系的把握等，他们逐渐建构了中国特色的符号系统，如天道自然符号、五行符号系统、礼乐文化符号系统、名学符号系统等。当然，中国的先民并不满足于对自然的认知与模塑，还将各种不同的模型作用于生产实践与社会生活，以此为媒介调适人与自然、人与社会的关系。如先民以和为中心的礼乐文化符号系统，就是源于对人类符号活动与天地阴阳协和关系的反思，通过乐的符号系统来促进人与万物的和谐共生，通过对名的分类建构等级名分，调适社会生活秩序。这种符号过程很早就关注到人类符号活动的伦理问题，这种伦理转向在殷周嬗变之际得到强化，在春秋战国时期逐步完成转向，并通过各种著述文献得以留传下来。作为符号动物，先民不仅充分地认识和运用符号，还在这一过程中自觉担负起责任，充分利用人造符号系统来维系自然与社会的和谐关系，使之相互依存，和谐发展。从现代伦理符号学的眼光来看，这个其实就是中国先哲在符号学思辨过程中产生出来的一种整体观念和伦理责任，先哲将这种伦理责任通过文化与制度等形式内化到生活实践之中，使之成为一种自觉的伦理规范，达到对生产实践、社会生活与政治生活的规范与调适。这种伦理符号学思想在先秦，特别是在春秋战国时期得以发展成熟，并深刻影响了秦汉以降的生活实践。华夏民族的历史与文化历时数千年而历久弥新，正是得益于这种伦理符号思想的持久浸润与调适。

史学家夏曾佑在分析孔子之前的宗教文化精神时曾指出："世间之事，无一不若有鬼神主宰乎旗舰，于是立术数之法，以探鬼神之意，以察祸福之机。术数者，一天文，二历谱，三五行，四蓍龟，五杂占，六形法。"①这个实际上指出了中华民族的先民推天理以明人事的意义生产机制问题，天文、历谱、五行属于对天理的推究，而蓍龟、杂占、形法（即形名）则是为了探究人事祸福与秩序的建构，这一切都属于人类的符号活动。先民通过仰观俯察建构了自己的周围世界，并用不同层级的模型来模塑自然与社会的规律，用以指导自己的生产和生活实践。这种模型实际上又成为一种符号媒介，用来"探鬼神之意""察祸福之机"，进而规范人类的表意行为。如听风制律、作乐崇德源于对物候气象的占测，所谓"乐生于音，音生于律，律生于风"（《淮南子·主术训》）就指出了先民之乐的发展脉络，人造之乐和谐才能与天地自然相互感应，才能求得天地自然之和谐与物阜民丰，促进天地万物和人类的和谐共生与发展。影响中华民族数千年的"和谐"这一伦理符号学观念也由此而来，人与天地万物实为一命运共同体，只有相互之间的和谐才能促进共生与发展，这个为人类命运共同体的伦理向度提供了传统文化的有力支撑，对人类社会的共同发展也提供了有益启示。"和"是差异性中的规律性特征，差异性是索绪尔论语言符号学的两大原则之一（另一原则为任意性），这一原则虽然针对的是语言符号，但实际上其原理适合于一切符号系统。《国语·郑语》云："和实生物，同则不继。"这里提出了和与同的关系问题，和不等于同。"和"是在承认差异性的前提下强调事物相互之间的和谐，如五音和谐，五味调和，五音、五味是有差异的，但是这种差异是可以和谐共处的。儒家提倡"礼之用，和为贵"（《论语·学而》），礼的作用在于区别尊卑等级，《荀子·乐论》也云"礼别异"，《礼记·乐记》亦云"礼者为异"，但是在承认礼的差异前提下，儒家希望这种差异是一种和谐性的差异，所以有"乐合同"（《荀子·乐论》）。差异性是形成意义世界的关键，因为有差异，万物才能生生不息，社会才能不断进步发展。如果万有一齐，没有差异，没有区别，那么也就失去了意义之源，事物将难以为

---

① 夏曾佑：《中国古代史》，北京：东方出版社，2012年版，第60—61页。

继，人类社会的历史也会因缺乏必要的符号动力而停滞不前。这一点中国的先民早有发明，西周末期的史伯就曾明确指出："声一无听，物一无文，味一无果，物一不讲。"（《国语·郑语》）单一的音调、颜色、味道及事物，都无法建构丰富的意义世界，换句话讲，只有保证世界的多样性、多元性，才能更好地使其发展繁荣。

曾有学者指出，当今中国社会处在由传统向现代乃至后现代的双重转型之中，因而出现了相应的种种伦理问题，而伦理工作的当务之急是"建立起伦理连接的有效机制"。[1]在我们看来，建立这种伦理连接最重要的应该是重建关于伦理的意义共享机制，转型期的文化和伦理乱象正是因为在新的时代语境中传统文化象征和既有的价值观念与现实出现了断裂。涵养中华民族数千年的传统文化和伦理精神并非无源之水、无本之木，它源于华夏民族的祖先在对自然世界的仰观俯察与深刻反思的基础之上建构的文化系统和生存智慧。保证生物的多样性和差异性，是实现人类社会发展的基础，于人类的文化而言意义的多样性和差异性也正是人类文化交融互惠、共同发展的前提，因此对早期中国的典籍符号与伦理精神的发掘，对其意义理论的生成与传播进行考辨，探析其伦理符号的精神传统及意义的生产和共享机制等，就显得尤为必要。

总而言之，本书以早期中国典籍文献为中心，结合人类学、阐释学的思想与方法，对早期中国的符号思想的生成与发展进行了探本溯源式的研究，对中国的伦理符号学进程进行了多维度的探索与揭示。我们回望历史，是为了能更好地把握现代，能够为当代的社会发展、文化活动提供参照与反思。对早期中国文献典籍中的伦理符号学思想进行研究，发掘传统文化典籍中的人文精神，如其对协调人与自然、人与社会以及人与自身之间的关系的思考，对转型期中国社会中的生态伦理问题、道德失范问题等都有一定的资源借鉴作用与启示意义，对方今中国文化的发展、和谐社会的建构、文化自信的培育等都有十分重要的现实意义。当

---

[1] 李建华：《伦理连接："大断裂"时代的伦理学主题》，《浙江社会科学》，2019年第7期。

然，限于学力与时间方面的原因，本书的一些论题尚未得到充分的展开，还有一些议题（如道论等）尚未纳入研究之中，我们希望能够在今后的研究中继续深入扩展下去，将这一研究论域往纵深方向持续推进。

参考文献

一、典籍著作类

Spinoza: *On the Improvement of the Understanding, The Ethics, Correspondence,* Dover publications, Inc., 1955.

T.A.凯纳:《符号的故事》,朴锋春,颜剑丽译,北京:中国青年出版社,2010 年版。

Thomas A. Sebeok: *Signs: An Introduction to Semiotics,* Toronto: University of Toronto Press, 2001.

Umberto Eco: *A Theory of Semiotics,* Bloomington: Indiana University Press, 1976.

阿诺尔德·范热内普:《过渡礼仪》,张举文译,北京:商务印书馆,2012 年版。

艾兰,汪涛,范毓周主编:《中国古代思维模式与阴阳五行说探源》,南京:江苏古籍出版社,1998 年版。

白川静:《西周史略》,袁林,徐喜辰译,西安:三秦出版社,1992 年版。

白茜:《文化文本的意义研究》,北京:中国社会科学出版社,2007 年版。

白寿彝主编:《中国通史》卷三,上海:上海人民出版社,1994 年版。

白奚:《稷下学研究——中国古代的思想自由与百家争鸣》,北京:生活·读书·新知三联书店,1998 年版。

保罗·科布利:《劳特利奇符号学指南》,周劲松,赵毅衡译,南京:南京大学出版社，2013 年版。

班固：《汉书》册四，北京：中华书局，1962 年版。

北京大学《荀子》注释组：《荀子新注》，北京：中华书局，1979 年版。

卜工：《文明起源的中国模式》，北京：科学出版社，2007 年版。

蔡家麒：《论原始宗教》，昆明：云南民族出版社，1988 年版。

蔡玉忠：《正名：中国人的逻辑》，北京：中央编译出版社，2013 年版。

蔡忠德：《中国音乐美学史料注译》，北京：人民音乐出版社，1990 年版。

曹峰：《上博楚简思想研究》，台北：万卷楼图书股份有限公司，2006 年版。

曹建墩：《先秦礼制探赜》，天津：天津人民出版社，2010 年版。

曹慕樊：《庄子新义》，重庆：重庆出版社，2005 年版。

常玉芝：《商代宗教祭祀》，北京：中国社会科学出版社，2010 年版。

晁福林：《先秦社会思想研究》，北京：商务印书馆，2007 年版。

陈高傭：《墨辩今解》，北京：商务印书馆，2016 年版。

陈鼓应：《管子四篇诠释》，北京：商务印书馆，2006 年版。

陈鼓应：《易传与道家思想》，北京：商务印书馆，2007 年版。

陈鼓应：《黄帝四经今注今译》，北京：商务印书馆，2007 年版。

陈国庆：《汉书艺文志注释汇编》，北京：中华书局，1983 年版。

陈澔：《礼记集说》，南京：凤凰出版社，2010 年版。

陈嘉映：《简明语言哲学》，北京：中国人民大学出版社，2013 年版。

陈来：《古代思想文化的世界》，北京：生活·读书·新知三联书店，2009 年版。

陈来：《古代宗教与伦理：儒家思想的根源》，北京：生活·读书·新知三联书店，2009 年版。

陈立：《白虎通疏证》，北京：中华书局，1994 年版。

陈良运：《周易与中国文学》，南昌：百花洲文艺出版社，1999 年版。

陈梦家：《陈梦家学术论文集》，北京：中华书局，2016 年版。

陈梦家：《殷墟卜辞综述》，北京：中华书局，1988 年版。

陈戍国：《先秦礼制研究》，长沙：湖南教育出版社，1991 年版。

陈振孙：《直斋书录解题》，上海：上海古籍出版社，2015 年版。

陈遵妫：《中国天文学史》册一，上海：上海人民出版社，1980 年版。

程俊英，蒋见元：《诗经注析》，北京：中华书局，1991 年版。

程树德：《论语集释》，北京：中华书局，2014 年版。

池上嘉彦：《符号学入门》，张晓云译，北京：国际文化出版公司，1985 年版。

大卫·科泽：《仪式、政治与权力》，王海洲译，南京：江苏人民出版社，2015 年版。

邓晓芒：《哲学起步》，北京：商务印书馆，2017 年版。

丁原明：《黄老学论纲》，济南：山东大学出版社，1997 年版。

董英哲：《先秦名家四子研究》，上海：上海古籍出版社，2014 年版。

杜维明：《思想·文献·历史——思孟学派新探》，北京：北京大学出版社，2008 年版。

段玉裁：《说文解字注》，北京：中华书局，2013 年版。

范晔：《后汉书》，北京：中华书局，1965 年版。

方克立主编：《中国哲学大辞典》，北京：中国社会科学出版社，1994 年版。

房玄龄，等：《晋书》，北京：中华书局，1974 年版。

冯时：《文明以止——上古的天文、思想与制度》，北京：中国社会科学出版社，2018 年版。

冯时：《中国古代的天文与人文》，北京：中国社会科学出版社，2006 年版。

冯时：《中国天文考古学》，北京：中国社会科学出版社，2017 年版。

弗雷泽：《金枝》，汪培基，等译，北京：商务印书馆，2013 年版。

傅斯年：《民族与古代中国史》，上海：上海人民出版社，2014 年版。

高亨：《周易大传今注》，北京：清华大学出版社，2010 年版。

高亨：《周易古经今注》，北京：中华书局，1984 年版。

高亨：《周易杂论》，济南：齐鲁书社，1979 年版。

高怀民：《先秦易学史》，桂林：广西师范大学出版社，2007 年版。

高明：《帛书老子校注》，北京：中华书局，1996 年版。

葛兆光：《中国思想史》卷一，上海：复旦大学出版社，2005 年版。

耿占春：《隐喻》，北京：东方出版社，1993 年版。

龚鹏程：《文化符号学导论》，北京：北京大学出版社，2005 年版。

苟志效：《意义与符号》，广州：广东人民出版社，1999 年版。

古文字诂林编纂委员会：《古文字诂林》，上海：上海教育出版社，1999 年版。

顾颉刚编著：《古史辨》，上海：上海古籍出版社，1982 年版。

顾颉刚，刘起釪：《尚书校释译论》，北京：中华书局，2005 年版。

顾实：《汉书艺文志讲疏》，上海：商务印书馆，1930 年版。

顾炎武：《日知录集释》，黄汝成集释，上海：上海古籍出版社，2006 年版。

郭沫若：《管子集校》，北京：人民出版社，1984 年版。

郭沫若：《金文丛考》，北京：人民出版社，1954 年版。

郭沫若：《青铜时代》，《郭沫若全集·历史编》卷一，北京：人民出版社，1982 年版。

郭沫若：《十批判书》，北京：人民出版社，2012 年版。

郭沫若：《中国古代社会研究》，北京：商务印书馆，2011 年版。

郭庆藩：《庄子集释》，北京：中华书局，2004 年版。

郭象注，成玄英疏：《庄子注疏》，北京：中华书局，2011 年版。

郭沂：《郭店竹简与先秦学术思想》，上海：上海教育出版社，2001 年版。

郭湛波：《先秦辩学史》，上海：上海古籍出版社，2015 年版。

国家文物局古文献研究室：《马王堆汉墓帛书〔壹〕》，北京：文物出版社，1980 年版。

过常宝：《制礼作乐与西周文献的生成》，北京：中国社会科学出版社，2015 年版。

河南省文物考古研究所:《舞阳贾湖》,北京:科学出版社,1999 年版。

何宁:《淮南子集释》,北京:中华书局,1998 年版。

何伟亚:《怀柔远人:马格尔尼使华的中英礼仪冲突》,邓常春译,北京:社会科学文献出版社,2015 年版。

贺凌虚:《吕氏春秋的政治理论》,台北:台湾商务印书馆股份有限公司,1970 年版。

侯外庐,赵纪彬,杜国庠:《中国思想通史》,北京:人民出版社,2011 年版。

胡厚宣,胡振宇:《殷商史》,上海:上海人民出版社,2019 年版。

胡适:《中国哲学史大纲》,长沙:岳麓书社,2010 年版。

胡新生:《周代的礼制》,北京:商务印书馆,2006 年版。

胡易容,赵毅衡:《符号学–传媒学词典》,南京:南京大学出版社,2012 年版。

华强:《古代典章礼仪百问》,上海:上海古籍出版社,2004 年版。

黄怀信:《逸周书校补注译》,西安:西北大学出版社,1996 年版。

黄怀信,等:《逸周书汇校集注》,上海:上海古籍出版社,2007 年版。

黄敬刚:《中国先秦音乐文物考古与研究》,北京:人民出版社,2017 年版。

黄俊杰主编:《中国人的宇宙观》,合肥:黄山书社,2012 年版。

黄寿祺,张善文:《周易译注》,上海:上海古籍出版社,2004 年版。

黄寿祺,张善文主编:《周易研究论文集》第 1 辑,北京:北京师范大学出版社,1987 年版。

吉尔兹:《地方性知识》,王海龙,张家瑄译,北京:中央编译出版社,2000 年版。

季旭升:《〈上海博物馆藏战国楚竹书(三)〉读本》,台北:万卷楼图书股份有限公司,2005 年版。

纪昀,等:《四库全书总目》,北京:中华书局,1997 年版。

江林:《〈诗经〉与宗周礼乐文明》,上海:上海古籍出版社,2010 年版。

姜李勤:《〈文子〉思想研究》,成都:巴蜀书社,2017 年版。

蒋孔阳：《先秦音乐美学思想论稿》，合肥：安徽教育出版社，2007年版。

金景芳，吕绍纲：《周易全解（修订本）》，上海：上海古籍出版社，2005年版。

荆门市博物馆：《郭店楚墓竹简》，北京：文物出版社，1998年版。

卡莱维·库尔：《生命符号学：塔尔图的进路》，彭佳，汤黎，等译，成都：四川大学出版社，2014年版。

康澄：《文化及其生存与发展的空间》，南京：河海大学出版社，2006年版。

康德：《三大批判合集》，邓晓芒译，杨祖陶校，北京：人民出版社，2009年版。

孔广森：《大戴礼记补注》，北京：中华书局，2013年版。

孔义龙：《两周编钟音列研究》，北京：文化艺术出版社，2018年版。

来知德：《周易集注》，北京：九州出版社，2012年版。

劳思光：《新编中国哲学史》，北京：生活·读书·新知三联书店，2015年版。

黎翔凤：《管子校注》，北京：中华书局，2004年版。

李安宅：《〈仪礼〉与〈礼记〉之社会学的研究》，上海：上海人民出版社，2005年版。

李伯谦：《青铜器与中国青铜时代》，合肥：中国科学技术大学出版社，2018年版。

李春青：《趣味的历史》，北京：生活·读书·新知三联书店，2014年版。

李鼎祚：《周易集解》，北京：中央编译出版社，2011年版。

李汉三：《先秦两汉阴阳五行学说》，台北：维新书局，1981年版。

李建国：《汉语训诂学史（修订版）》，上海：上海辞书出版社，2002年版。

李镜池：《周易探源》，北京：中华书局，1978年版。

李镜池：《周易通义》，北京：中华书局，1981年版。

李零：《郭店楚简校读记》，北京：生活·读书·新知三联书店，2012年版。

李零：《中国方术续考》，北京：中华书局，2006年版。

李山：《诗经的文化精神》，北京：东方出版社，1997年版。

李斯卡：《皮尔斯：论符号》，赵星植译，成都：四川大学出版社，2014年版。

李学勤主编：《十三经注疏》，北京：北京大学出版社，1999年版。

李幼蒸：《理论符号导论》，北京：中国人民大学出版社，2007年版。

李约瑟：《中国科学技术史》第二卷《科学思想史》，北京、上海：科学出版社、上海古籍出版社，1990年版。

李泽厚：《美学百科全书》，北京：社会科学文献出版社，1990年版。

李泽厚：《中国古代思想史论》，北京：生活·读书·新知三联书店，2009年版。

李壮鹰：《逸园丛录》，济南：齐鲁书社，2005年版。

梁启超：《先秦政治思想史》，北京：商务印书馆，2014年版。

梁启雄：《韩子浅解》，北京：中华书局，2009年版。

梁启雄：《荀子简释》，北京：中华书局，1983年版。

廖明春：《〈周易〉经传十五讲》，北京：大学出版社，2012年版。

廖明春：《〈周易〉经传与易学史新论》，济南：齐鲁书社，2001年版。

列维·布留尔：《原始思维》，丁由译，北京：商务印书馆，1981年版。

林惠祥：《文化人类学》，北京：商务印书馆，2011年版。

凌廷堪：《凌廷堪全集·礼经释例》，合肥：黄山书社，2009年版。

刘宝楠：《论语正义》，北京：中华书局，1990年版。

刘师培：《刘师培全集》册二，北京：中央党校出版社，1997年版。

刘文英：《中国古代时空观念的产生和发展》，上海：上海人民出版社，1980年版。

刘熙：《释名疏证补》，毕沅疏证，王先谦补，北京：中华书局，2008年版。

刘翔：《中国传统价值观诠释学》，上海：华东师范大学出版社，2010年版。

刘笑敢：《老子古今：五种对勘与析评引论》，北京：中国社会科学出版社，2006年版。

刘兴均：《"三礼"名物词研究》，北京：商务印书馆，2016 年版。

刘源：《商周祭祀研究》，北京：商务印书馆，2004 年版。

刘再生：《中国古代音乐史简述（修订版）》，北京：人民音乐出版社，2006 年版。

刘再生：《中国古代音乐史简述》，北京：人民音乐出版社，1980 年版。

吕大吉：《宗教学通论新编》，北京：中国社会科学出版社，1998 年版。

吕思勉：《经子解题》，上海：华东师范大学出版社，1995 年版。

吕思勉：《先秦史》，上海：上海古籍出版社，2005 年版。

吕思勉：《先秦学术概论》，北京：中国人民大学出版社，2011 年版。

吕思勉：《中国社会史》，上海：上海古籍出版社，2007 年版。

马承源：《上海博物馆藏战国楚竹书（三）》，上海：上海古籍出版社，2003 年版。

马承源：《中国古代青铜器》，上海：上海人民出版社，2008 年版。

马承源：《中国青铜器》，上海：上海古籍出版社，2003 年版。

摩尔根：《古代社会》，杨东莼，马雍，马巨译，1977 年版。

莫里斯：《开放的自我》，定扬译，上海：上海人民出版社，2010 年版。

庞朴：《庞朴文集》，济南：山东大学出版社，2005 年版。

庞朴：《中国的名家》，北京：中国国际广播出版社，2010 年版。

庞朴：《中国文化十一讲》，北京：中华书局，2008 年版。

彭林：《中国古代礼仪文明》，北京：中华书局，2004 年版。

皮尔斯：《皮尔斯：论符号》，赵星植译，成都：四川大学出版社，2014 年版。

皮锡瑞：《孝经郑注疏》，北京：中华书局，2016 年版。

齐思和：《中国史探研》，石家庄：河北人民出版社，2000 年版。

钱曾：《读书敏求记》，北京：书目文献出版社，1984 年版。

钱大昕：《潜研堂集》，上海：上海古籍出版社，2009 年版。

钱穆：《国史大纲》，北京：商务印书馆，2012 年版。

钱穆：《先秦诸子系年》，北京：九州出版社，2011年版。

钱穆：《中国文化史导论》，北京：商务印书馆，1994年版。

钱锺书：《管锥编》，北京：生活·读书·新知三联书店，2008年版。

屈万里：《尚书今注今译》，上海：上海古籍出版社，2015年版。

任继愈：《中国哲学发展史》，北京：人民出版社，1985年版。

任铭善：《礼记目录后案》，济南：齐鲁书社，1982年版。

尚秉和：《周易尚氏学》，北京：中华书局，1980年版。

尚杰：《中西：语言与思想制度》，北京：北京大学出版社，2010年版。

沈文倬：《菿闇文存》，北京：商务印书馆，2006年版。

史华兹：《古代中国的思想世界》，程刚译，南京：江苏人民出版社，2004年版。

睡虎地秦墓竹简整理小组：《睡虎地秦墓竹简》，北京：文物出版社，1990年版。

司马迁：《史记》，北京：中华书局，1982年版。

宋濂：《诸子辩》，上海：朴社出版社，1928年版。

苏珊·朗格：《情感与形式》，刘大基，等译，北京：中国社会科学出版社，1986年版。

苏珊·佩特丽莉，奥古斯都·庞奇奥：《打开边界的符号学：穿越符号开放网络的解释路径》，王永祥，等译，南京：译林出版社，2015年版。

苏珊·佩特丽莉：《符号疆界：从总体符号学到伦理符号学》，周劲松译，成都：四川大学出版社，2014年版。

苏智：《〈周易〉的符号学研究》，成都：四川大学出版社，2018年版。

孙希旦：《礼记集解》，北京：中华书局，1989年版。

孙诒让：《墨子间诂》，北京：中华书局，2001年版。

孙诒让：《周礼正义》，北京：中华书局，2013年版。

孙占宇：《天水放马滩秦简集释》，兰州：甘肃文化出版社，2013年版。

索绪尔：《普通语言学教程》，高名凯译，北京：商务印书馆，1980 年版。

谭戒甫：《公孙龙子形名发微》，北京：中华书局，1963 年版。

唐明邦：《周易评注》，北京：中华书局，2009 年版。

童书业：《春秋左传研究》，上海：上海人民出版社，1980 年版。

涂尔干，莫斯：《原始分类》，汲喆译，渠敬东校，北京：商务印书馆，2012 年版。

屠友祥：《索绪尔手稿初检》，上海：上海人民出版社，2011 年版。

万资姿：《符号与文化创造》，北京：中国社会科学出版社，2011 年版。

王爱和：《中国古代宇宙观与政治文化》，金蕾，徐峰译，徐峰校，上海：上海古籍出版社，2018 年版。

王葆玹：《黄老与老庄》，北京：中国人民大学出版社，2012 年版。

王弼：《王弼集校释》，楼宇烈校释，北京：中华书局，1980 年版。

王贵民：《先秦文化史》，上海：上海人民出版社，2013 年版。

王琯：《公孙龙子悬解》，北京：中华书局，1992 年版。

王国维：《观堂集林》，石家庄：河北教育出版社，2003 年版。

王国维：《宋元戏曲考》，天津：百花文艺出版社，2002 年版。

王力，等：《中国古代文化讲座》，桂林：广西师范出版社，2003 年版。

王铭玉，等：《现代语言符号学》，北京：商务印书馆，2013 年版。

王宁：《训诂学原理》，北京：中国国际广播出版社，1996 年版。

王启湘：《周秦名家三子校诠》，北京：古籍出版社，1957 年版。

王文生：《中国文学思想体系》，上海：上海古籍出版社，2017 年版。

王小盾：《经典之前的中国智慧》，北京：北京大学出版社，2016 年版。

王小盾：《中国早期思想与符号研究》，上海：上海人民出版社，2007 年版。

王小盾：《中国早期艺术与宗教》，上海：东方出版中心，1998 年版。

王先谦：《荀子集解》，北京：中华书局，1988 年版。

王亚南：《中国官僚政治研究》，北京：中国社会科学出版社，1981 年版。

王逸：《楚辞补注》，北京：中华书局，1983 年版。

魏征，等：《隋书》，北京：中华书局，1973 年版。

吴安安：《五礼名义考》，台北：花木兰出版社，2010 年版。

吴风：《艺术符号美学》，北京：北京广播学院出版社，2002 年版。

巫鸿：《礼仪中的美术》，北京：生活·读书·新知三联书店，2016 年版。

吴丽娱：《礼与中国古代社会·先秦卷》，北京：中国社会科学出版社，2016 年版。

吴龙辉：《原始儒家考述》，北京：中国社会科学出版社，1996 年版。

吴毓江：《墨子校注》，北京：中华书局，1993 年版。

西比奥克，马塞尔·德尼西：《意义的形式：建模系统理论与符号学分析》，余红兵译，成都：四川大学出版社，2016 年版。

习近平：《习近平谈治国理政》，北京：外文出版社，2014 年版。

夏曾佑：《中国古代史》，北京：东方出版社，2012 年版。

夏甄陶：《认识论引论》，北京：人民出版社，1986 年版。

萧统编，李善注：《文选》，上海：上海古籍出版社，2019 年版。

谢谦：《中国古代宗教与礼乐文化》，成都：四川人民出版社，1996 年版。

修海林：《古乐的沉浮》，济南：山东文艺出版社，1989 年版。

徐复观：《中国思想史论集续编》，北京：九州出版社，2014 年版。

徐旭生：《中国古史的传说时代》，北京：文物出版社，1985 年版。

徐元诰：《国语集解》，北京：中华书局，2002 年版。

徐中舒：《甲骨文字典》，成都：四川辞书出版社，2014 年版。

徐中舒：《先秦史十讲》，北京：中华书局，2015 年版。

许富宏：《吕氏春秋先秦史料考订编年》，南京：凤凰出版社，2017 年版。

许富宏：《慎子集校集注》，北京：中华书局，2013 年版。

许维遹：《韩诗外传集释》，北京：中华书局，1980 年版。

许维遹：《吕氏春秋集释》，北京：中华书局，2009 年版。

许兆昌：《先秦礼乐文化考论》，哈尔滨：黑龙江人民出版社，2010 年版。

许倬云：《西周史》，北京：生活·读书·新知三联书店，2012 年版。

严可均：《全上古三代秦汉三国六朝文》册一，北京：中华书局，1958 年版。

阎步克：《从爵本位到官本位》，北京：生活·读书·新知三联书店，2017 年版。

杨伯峻：《春秋左传注》，北京：中华书局，1990 年版。

杨伯峻：《论语译注》，北京：中华书局，1980 年版。

杨伯峻：《列子集释》，北京：中华书局，1979 年版。

杨国荣：《庄子的思想世界》，北京：北京大学出版社，2006 年版。

杨华：《先秦礼乐文化》，武汉：湖北教育出版社，1997 年版。

杨宽：《古史新探》，上海：上海人民出版社，2016 年版。

杨宽：《西周史》，上海：上海人民出版社，2016 年版。

杨宽：《中国上古史导论》，上海：上海人民出版社，2016 年版。

杨柳桥：《荀子诂译》，济南：齐鲁书社，2009 年版。

杨荣国：《中国古代思想史》，北京：人民出版社，1973 年版。

杨向奎：《宗周社会与礼乐文明》，北京：人民出版社，1992 年版。

杨荫浏：《中国古代音乐史稿》，北京：人民音乐出版社，1981 年版。

杨志刚：《中国礼仪制度研究》，上海：华东师范大学出版社，2000 年版。

姚小鸥：《诗经三颂与先秦礼乐文化》，北京：北京广播学院出版社，2000 年版。

叶程义：《庄子寓言研究》，台北：文史哲出版社，2004 年版。

叶舒宪：《文化符号学——大小传统新视野》，西安：陕西师范大学出版社，2013 年版。

殷南根：《五行新论》，沈阳：辽宁教育出版社，1993 年版。

尤瓦尔·赫拉利：《人类简史》，林俊宏译，北京：中信出版社，2017 年版。

余敦康：《周易现代解读》，北京：中华书局，2016 年版。

余红兵：《符号建模论》，苏州：苏州大学出版社，2019 年版。

余甲方：《中国古代音乐史》，上海：上海人民出版社，2014 年版。

余英时：《论天人之际：中国古代思想起源试探》，北京：中华书局，2014 年版。

袁行霈：《诗经国风新注》，北京：中华书局，2018 年版。

袁静芳：《中国传统音乐概论》，上海：上海音乐出版社，2000 年版。

约翰·迪利：《符号学基础》，张祖建译，北京：中国人民大学出版社，2012 年版。

张光直：《商文明》，北京：生活·读书·新知三联书店，2013 年版。

张光直：《中国青铜时代》，北京：生活·读书·新知三联书店，2013 年版。

张汉良：《文学的边界——语言符号的考察》，上海：复旦大学出版社，2012 年版。

张汝舟：《二毋室论学杂著》，贵阳：贵州人民出版社，1990 年版。

张沛：《隐喻的生命》，北京：北京大学出版社，2004 年版。

张绍杰：《语言符号的任意性研究》，上海：上海外语教育出版社，2004 年版。

张双棣，等：《吕氏春秋译注》，北京：北京大学出版社，2011 年版。

张舜徽：《汉书艺文志通释》，武汉：华中师范大学出版社，2004 年版。

张舜徽：《说文解字约注》，武汉：华中师范大学出版社，2009 年版。

张舜徽：《周秦道论发微》，武汉：华中师范大学出版社，2005 年版。

张亚初，刘雨：《西周金文官制研究》，北京：中华书局，1986 年版。

张荫麟：《中国史纲》，沈阳：辽宁教育出版社，1998 年版。

张造群：《礼制之道：汉代名教研究》，北京：人民出版社，2011 年版。

张忠培，严文明：《中国远古时代》，上海：上海人民出版社，2017 年版。

张宗祥：《论衡校注》，上海：上海古籍出版社，2013 年版。

张苗：《语言的困境与突围——文学的言意关系研究》，北京：中国社会科学出版社，2010 年版。

赵爱国：《20世纪俄罗斯语言学遗产：理论、方法及流派》，北京：北京大学出版社，2012年版。

赵光贤：《周代社会辨析》，北京：人民出版社，1980年版。

赵沛霖：《兴的源起——历史积淀与诗歌艺术》，北京：中国社会科学出版社，1987年版。

赵毅衡：《符号学：原理与推演》，南京：南京大学出版社，2016年版。

赵毅衡：《形式之谜》，上海：复旦大学出版社，2016年版。

赵毅衡：《哲学符号学：意义世界的形成》，成都：四川大学出版社，2017年版。

赵毅衡主编：《符号学文学论文集》，天津：百花文艺出版社，2004年版。

赵仲明：《巫师、巫术、秘境——中国巫术文化追踪》，昆明：云南大学出版社，1993年版。

郑樵：《通志十二略》，北京：中华书局，1995年版。

中共中央马克思恩格斯列宁斯大林著作编译局：《马克思恩格斯选集》，北京：人民出版社，1972年版。

周亮工：《书影》，上海：上海古籍出版社，1981年版。

周武彦：《中国古代音乐考释》，长春：吉林人民出版社，2005年版。

朱伯崑：《易学哲学史》，北京：华夏出版社，1995年版。

朱光潜：《诗论》，北京：北京出版社，2011年版。

朱谦之：《老子校释》，北京：中华书局，1984年版。

朱谦之：《中国音乐文学史》，上海：上海人民出版社，2006年版。

朱熹：《诗集传》，北京：中华书局，2017年版。

朱熹：《四书章句集注》，北京：中华书局，1983年版。

朱熹：《周易本义》，上海：上海古籍出版社，1987年版。

朱自清：《诗言志辨》，上海：华东师范大学出版社，1996年版。

祝东：《先秦符号思想研究》，成都：四川大学出版社，2014年版。

邹衡：《夏商周考古学论集》，北京：文物出版社，1980 年版。

二、研究论文类

爱德华·A.阿姆斯特朗：《史前时期的崇鸟习俗及其历史背景》，陈淑卿译，方辉校，《南方文物》，2006 年第 4 期。

保罗·柯布利：《符号伦理学、意志论、反人本论》，方小莉译，张碧，唐小林编：《欧洲马克思主义符号学文集》，成都：四川大学出版社，2016 年版。

曹锦炎：《说卜辞中的延尸》，《徐中舒先生百年诞辰纪念文集》，成都：巴蜀书社，1998 年版。

晁福林：《卜辞所见商代祭尸礼浅探》，《考古学报》，2016 年第 3 期。

陈恩林：《先秦两汉文献中所见周代诸侯五等爵》，《历史研究》，1994 年第 6 期。

邓文通：《中国古代的鸟历》，《广西民族学院学报（自然科学版）》，2003 年第 4 期。

范毓周：《临汝阎村新石器时代遗址出土陶画〈鹳鱼石斧图〉试释》，《中原文物》，1983 年第 3 期。

方述鑫：《殷墟卜辞中所见的"尸"》，《考古与文物》，2000 年第 5 期。

付军龙：《比德于众禽——也论中国古代的"比德"观》，《北方论丛》，2007 年第 4 期。

高炜：《龙山时代的礼制》，《庆祝苏秉琦考古五十五年论文集》，北京：文物出版社，1989 年版。

韩蕾：《论〈老子〉的人类主体世界建构：一个生物符号学观点》，《符号与传媒》，2018 年第 2 期。

河南省文物研究所：《河南舞阳贾湖新石器时代遗址第二至六次发掘简报》，

《文物》，1989 年第 1 期。

胡厚宣：《甲骨文所见商族鸟图腾的新证据》，《文物》，1977 年第 2 期。

康澄：《名称透视下的神话意识及其文化表征与类型》，《解放军外国语学院学报》，2010 年第 6 期。

李建华：《伦理连接："大断裂"时代的伦理学主题》，《浙江社会科学》，2019 年第 7 期。

李零：《〈管子〉三十时节与二十四节气》，《管子学刊》，1988 年第 2 期。

李学勤：《商代的四风与四时》，《中州学刊》，1985 年第 5 期。

李媛：《塑像与木主：明朝祭孔形象的变迁及其原因》，《史学研究》，2011 年第 8 期。

刘文英：《"易"的抽象和"易"的秘密——圭表和日影的启示》，《天府新论》，1988 年第 2 期。

刘正国：《"乐"之本义与祖灵（葫芦）崇拜》，《交响-西安音乐学院学报》，2011 年第 4 期。

萧兴华：《中国音乐文化文明九千年——论河南舞阳贾湖骨笛的发掘及其意义》，《音乐研究》，2000 年第 1 期。

卢央，邵望平：《考古遗存中所反映的史前天文知识》，《中国古代天文文物论集》，北京：文物出版社，1989 年版。

洛地：《"乐"字考释》，《音乐艺术》，2007 年第 1 期。

洛地：《"乐"字音义考释》，《音乐艺术》，2013 年第 3 期。

马卫东：《春秋时代五等爵制的存留及其破坏》，《史学集刊》，2006 年第 4 期。

毛振华：《〈左传〉赋诗研究》，郑州大学 2005 年硕士论文。

米哈依·洛特曼：《主体世界与符号域》，汤黎译，《符号与传媒》，2013 年第 1 期。

聂珍钊：《文学伦理学批评：文学批评方法新探索》，《外国文学研究》，2004 年第 5 期。

彭华：《阴阳五行研究（先秦篇）》，华东师范大学 2004 年博士论文。

彭佳：《文化对自然的模塑：一个生态符号学模式的提出》，《哲学与文化》，2015 年第 8 期。

彭佳：《自然文化：概念、功能和符号学维度》，《河南师范大学学报》，2014 年第 4 期。

彭佳，刘玲：《论先验意识的指示性框架及作为第二性的指示性：兼与赵毅衡商榷》，《上海大学学报》，2017 年第 6 期。

沈建华：《从甲骨文圭字看殷代仪礼中的五行观念》，《文物》，1993 年第 5 期。

谭光辉：《幸福感符号研究的现状与未来》，《贵州社会科学》，2012 年第 12 期。

王东昕，万志琼：《论文化语境中自然崇拜的本质》，《云南民族大学学报》，2009 年第 3 期。

王奇伟：《东夷集团在中国上古时代的地位应予以重新认识》，《徐州师范大学学报》，2008 年第 2 期。

王小盾：《上古中国人的用耳之道——兼论若干音乐学概念和哲学概念的起源》，《中国社会科学》，2017 年第 4 期。

王小盾：《寓教于“乐”——从三个侧面看乐教》，《文史知识》，2014 年第 4 期。

王小英，祝东：《全球化语境下的伦理符号学研究进路——以中国先秦典籍为中心》，《中国比较文学》，2018 年第 3 期。

吴培德：《〈易经〉中的伦理道德思想》，《曲靖师专学报》，2000 年第 1 期。

徐小霞：《佛教像似符号探究：以大日如来的再现为例》，《符号与传媒》，2017 年第 2 期。

薛富兴：《先秦“比德”观的审美意义》，《陕西师范大学学报（哲学社会科学版）》，2009 年第 4 期。

严文明：《龙山文化和龙山时代》，《文物》，1981 年第 6 期。

严文明：《中国史前的稻作农业》，《周秦文化研究》，西安：陕西人民出版社，1998 年版。

杨高南：《春秋时期两大思潮与孔学伦理政治》，《怀化学院学报》，2007 年第 3 期。

叶舒宪：《中国文化的大传统与小传统》，《党建》，2010 年第 7 期。

尹荣方：《少昊与中国古代的"鸟历"》，《农业考古》，1996 年第 3 期。

余红兵：《西比奥克建模系统理论与塔尔图学派的渊源》，《俄罗斯文艺》，2016 年第 4 期。

张岱海：《陶寺文化与龙山时代》，《庆祝苏秉琦考古五十五年论文集》，北京：文物出版社，1989 年版。

张居中，等：《舞阳贾湖碳化稻米粒型再研究》，《农业考古》，2009 年第 4 期。

张燕：《论中国艺术的比德观》，《文艺研究》，2000 年第 6 期。

赵和平：《奠雁——两千年婚礼仪式的变与不变》，《敦煌研究》，2017 年第 5 期。

赵毅衡：《形式直观：符号现象学的出发点》，《文艺研究》，2015 年第 1 期。

赵毅衡：《意义理论，符号现象学，哲学符号学》，《符号与传媒》，2017 年第 2 期。

赵毅衡：《指示性是符号的第一性》，《上海大学学报》，2017 年第 6 期。

钟子翱：《论先秦美学中的"比德"说》，《北京师范大学学报》，1982 年第 2 期。

周劲松：《苏珊·佩特丽莉及其开辟和倡导的伦理符号学》，《符号与传媒》，2012 年第 2 期。

祝东，王小英：《人类符号文化世界的祛魅》，《文化研究》，2015 年第 2 期。

祝东：《符号学视域下的易学元语言研究》，《符号与传媒》，2016 年第 1 期。

祝东：《复礼与正名：孔子思想的一个符号学视角》，《孔子研究》，2018 年第 6 期。

祝东：《礼与法：两种规约形式的符号学考察》，《上海大学学报》，2017 年第

5 期。

祝东：《礼与乐：儒家符号思想的伦理进路》,《贵州社会科学》,2017 年第 8 期。

祝东：《论〈老子〉的"自然"符号思想》,《河南师范大学学报》,2017 年第 4 期。

祝东：《论形名：从语言规范到行为秩序》,《江西社会科学》,2017 年第 8 期。

祝东：《去符号化：老子的伦理符号思想初探》,《社会科学战线》,2016 年第 8 期。

祝东：《仪俗、政治与伦理——儒家伦理符号思想的发展及反思》,《符号与传媒》,2014 年第 2 期。

宗争：《符号现象学何以可能?》,《符号与传媒》,2017 年第 2 期。

后 记

　　本书是在我的国家社科基金项目"先秦典籍中的伦理符号学思想研究"基础之上修订而成的。2016 年，我有幸以该题名申请到国家社科基金项目一项，而我从事符号学思想史研究实际上比这个时间更早。我自 2010 四川大学文学与新闻学院博士毕业并开始工作之后，就逐渐由中国古典文学转入中国古代符号学思想史研究领域。初生牛犊不怕虎，我这个门外汉一头扎进先秦文献典籍之中，一晃十来年就过去了。

　　在学术的道路上，我一直有幸承蒙四川大学符号学-传媒学研究所赵毅衡老师的帮助鼓励，先是参与了赵老师主编的《符号学-传媒学词典》(2010)，后又与唐小林老师合编了《符号学诸领域》(2011)，在这个基础之上，又出版了我的第一部符号学研究专著《先秦符号思想研究》(2014)。这本书在出版后陆续得到一些学界师友的关注和肯定，还荣获了 2020 年教育部第八届高等学校科学研究优秀成果奖（人文社会科学）。但是说实话，我对那本著作不太满意。那时我在原单位的工作压力很大，一周几十节课的教学工作量，还一直兼职着大量行政杂务工作，也没有学术氛围，想做点研究全靠自己的兴趣和努力，书稿基本上是熬夜写就的。因为是国家出版基金项目，时间比较紧张，修订打磨也比较仓促，因此留下了不少遗憾。当然这也是一个动力，我一直想重新调整思路和角度，再一次进入早期中国的符号思想世界，去思考先哲们是如何通过符号来思维并建构其意义世界的，本书就是在这一背景下完成的。

　　项目结项之后，我遵照匿名评审专家的意见和建议部分进行了修订，完成现在这样一部书稿，并按照文稿涉及内容的实际，将题目拟定为《早期中国符号学思想与伦理转向》。伦理符号学强调的是人类的符号反思活动能力及伦理责任，其中礼乐两章涉及的内容已经超出了先秦典籍，兼采考古文物，在考察时间长度上也各有拉伸，部分内容延伸到汉代，"先秦"已经不能完全涵盖，因此我采用了"早期中国"这一概念。"早期中国"是西方汉学家提出的学术范畴，并得到了中国学界的认可，主要是指汉代灭亡前或佛教来华前的时段，其基本时间范围即从史前到汉代。早期中国思想奠定了中华文化性格的基础，为中华民族共同体的形成提供了长盛不衰的精神养料。回归早期中国的符号思想与伦理反思，也是为了更好地从中华优秀传统文化中吸收养料，为当代文化建设服务。

学界常用"十年磨一剑"来形容精心打磨一部著作，本书的写作没有经历那么长的时间，但是如果从我转入符号学研究开始，确实已经十来年了，其间也断续发表过一些小文章。然而写这样一个"大部头"，对我而言，确实是经过了近十年的沉淀和积累，才有这样一点收获的。当然，相对于中国符号学思想的宝库来说，这是非常有限的一点而已。暨南大学新闻与传播学院符号修辞学研究团队的刘涛、李红、彭佳等诸位老师，经常同我一起交流，相互切磋辩难，让我受益良多，学术的道路上有这样一群良师益友无疑是幸运的。内子王小英无论是在生活中还是在学术工作上，都给予了我极大的鼓励和支持，这也是我用学术来寻找人生意义的动力之源。我们也真诚希望有更多的学界同仁加入这一研究，共同促进中国符号学思想史研究，从中国的表意实践出发，探寻我们民族的表意规律与符号思想机制，促进中华优秀传统文化的现代转化，共创中国特色的符号学派。

祝　东

2021 年 4 月 2 日于暨南大学第二文科楼 538 室

2021 年 10 月 12 日改定于暨大第一文科楼 102 室

图书在版编目(CIP)数据

早期中国符号学思想与伦理转向/祝东著. —上海：
上海人民出版社,2023
ISBN 978 - 7 - 208 - 18086 - 4

Ⅰ. ①早…　Ⅱ. ①祝…　Ⅲ. ①符号学-研究-中国
Ⅳ. ①H0

中国版本图书馆 CIP 数据核字(2022)第 241971 号

责任编辑　赵　伟　陶听蝉
封面设计　曹婷婷

早期中国符号学思想与伦理转向

祝　东　著

出　　版　上海人民出版社
　　　　　（201101　上海市闵行区号景路 159 弄 C 座）
发　　行　上海人民出版社发行中心
印　　刷　苏州工业园区美柯乐制版印务有限责任公司
开　　本　720×1000　1/16
印　　张　21
插　　页　2
字　　数　299,000
版　　次　2023 年 2 月第 1 版
印　　次　2023 年 2 月第 1 次印刷
ISBN 978 - 7 - 208 - 18086 - 4/G・2137
定　　价　88.00 元